D1739656

Rechnungswesen und Unternehmensüberwachung

Herausgegeben von
H.-J. Böcking, Frankfurt, Deutschland
M. Hommel, Frankfurt, Deutschland
J. Wüstemann, Mannheim, Deutschland

Die Schriftenreihe präsentiert Ergebnisse der betriebswirtschaftlichen Forschung zu den Themengebieten Financial Accounting, Business Reporting, Business Audit, Business Valuation und Corporate Governance. Die Beiträge dieser Reihe verfolgen das Ziel, Vorgaben der Gesetzgebung, der nationalen und internationalen Standardsetter sowie Empfehlungen der Wirtschaftspraxis mittels des Instrumentariums der betriebswirtschaftlichen Theorie zu beschreiben, zu analysieren und insbesondere vor dem Hintergrund der Anforderungen des Kapitalmarktes weiterzuentwickeln.

Herausgegeben von
Hans-Joachim Böcking   Jens Wüstemann
Frankfurt am Main   Mannheim

Michael Hommel
Frankfurt am Main

Thomas Brauchle

Unternehmerische Entscheidung und Risikomanagement

Vorstandsermessen im
Spannungsfeld von
Organhaftung, Corporate
Governance und Kapitalmarkt

Thomas Brauchle
Mannheim, Deutschland

Dissertation Universität Mannheim, 2015

Rechnungswesen und Unternehmensüberwachung
ISBN 978-3-658-11419-0   ISBN 978-3-658-11420-6 (eBook)
DOI 10.1007/978-3-658-11420-6

Die Deutsche Nationalbibliothek verzeichnet diese Publikation in der Deutschen Nationalbibliografie; detaillierte bibliografische Daten sind im Internet über http://dnb.d-nb.de abrufbar.

Springer Gabler
© Springer Fachmedien Wiesbaden 2016

Gedruckt auf säurefreiem und chlorfrei gebleichtem Papier

Springer Fachmedien Wiesbaden ist Teil der Fachverlagsgruppe Springer Science+Business Media (www.springer.com)

Geleitwort

Die Rechtsfigur der *business judgment rule* wurde im Jahre 2005 durch das Gesetz zur Unternehmensintegrität und Modernisierung des Anfechtungsrechts (UMAG) im deutschen Aktienrecht verankert: Demnach liegt eine Pflichtverletzung eines Vorstandsmitglieds dann nicht vor, wenn dieses „bei einer unternehmerischen Entscheidung vernünftigerweise annehmen durfte, auf der Grundlage angemessener Information zum Wohle der Gesellschaft zu handeln" (§ 93 Abs. 1 Satz 2 AktG). Nicht zuletzt durch die zurückliegende Finanzkrise wurde sowohl die normative als auch die tatsächliche Dimension dieser Norm pivotal, insbesondere auch in der gerichtlichen Aufarbeitung. Aus Sicht der betriebswirtschaftlichen Forschung war und ist dabei allerdings zu beklagen, dass das Feld normativer Analyse dieser zentralen Rechtsfigur im wissenschaftlichen Diskurs bislang weitestgehend der Rechtswissenschaft überlassen wurde. Dies ist deshalb beklagenswert, weil zahlreiche inhaltliche Fragestellungen, insbesondere zu informationeller Entscheidungsgrundlage, Entscheidungsfindung und Risikomanagementsystem, originär betriebswirtschaftliche Expertise verlangen, um zu auch wirtschaftlich sinnvollen rechtlichen Wertungen zu gelangen.

In vorbildlich interdisziplinärer Weise konkretisiert die vorliegende Arbeit diese Rechtsfigur: Auf eindrucksvoller Grundlage betriebswirtschaftlicher Theorien und empirischer Erkenntnis entwickelt der Verfasser zunächst ein entsprechendes System von Grundsätzen zur Ermittlung einer geeigneten Informationsgrundlage für unternehmerische Entscheidungen *de lege lata* und leitet dann zweckgerechte Grundsätze zur angemessenen Entscheidungsfindung unter Risiko ab. Da unternehmerische Entscheidungen im deutschen Recht der Aktiengesellschaft mit ihrem dualen Leitungssystem (*two-tier system*) aber auch eingebettet sind in ein tief gestaffeltes Informationssystem der *insider control* (insbesondere im Rahmen von *corporate governance*) und der *outsider control* (insbesondere durch *market control*), nimmt sich die Arbeit anschließend in überzeugender Manier den informationellen Mechanismen an, die beide Spielarten effektiver Unternehmenskontrolle erst ermöglichen.

Dieser systematische Zugriff auf die Konkretisierung von Informationsinteressen und Informationspflichten, die dem Betriebswirt möglicherweise näher liegt als dem Juristen, erlaubt die sinnvolle und erkenntnisfördernde Engführung vergleichbarer interessengerechter Informationsinhalte aus disparaten rechtlichen Regulierungszusammenhängen.

Die Arbeit wird Wissenschaft und Praxis nachhaltig bereichern. Sie zeugt zudem durchweg gedanklich und sprachlich von einem Respekt vor der Sache und dem Leser, die ebenso notwendig wie selten geworden ist für wissenschaftlichen Erkenntnisfortschritt. Sie zeigt damit auch exemplarisch, dass als wissenschaftliche Monographien gestaltete Dissertationsschriften dort, wo komplexe Inhalte erst einmal in ihrer Breite und Tiefe systematisch durchdrungen werden müssen, um wissenschaftlichen Neuigkeitswert zu generieren, auch in einer Betriebswirtschaftslehre, die sich – nicht zuletzt dem internationalen Wettbewerb geschuldet – zunehmend auf Aufsätze in *journals* konzentriert, eine Zukunft haben müssen.

Prof. Dr. Jens Wüstemann

Vorwort

Insbesondere im Zuge der Finanzkrise und der nachfolgenden weltweiten Krise der Realwirtschaft wird zunehmend eine Verschärfung der Organhaftung gefordert – sowohl von Seiten der Öffentlichkeit als auch über die unterschiedlichen politischen Partien in Deutschland hinweg. Gleichfalls stellt die Organhaftung lediglich ein (wenngleich durchaus bedeutsames) Element zur Steuerung des Verhaltens von Leitungsorganen im unternehmerischen Umfeld dar: Sie wird fundamental ergänzt durch die jeweils vorliegenden institutionellen Rahmenbedingungen, auf deren Grundlage die internen und externen Überwachungsmechanismen aufsetzen. Ziel der vorliegenden Arbeit, die in leicht veränderter Form von der Fakultät für Betriebswirtschaftslehre der Universität Mannheim im Frühjahrs-/Sommersemester 2015 als Dissertation angenommen wurde, ist daher eine Konkretisierung der normativen Anforderungen *de lege lata* an das unternehmerische Ermessen von Leitungsorganen in wirtschaftlicher Betrachtungsweise sowie eine interdisziplinäre Durchdringung sämtlicher damit verbundenen Rechtsgebiete – ausgehend von der unternehmerischen Entscheidung über deren Informationsgrundlage bis hin zur informationellen Verbreitung über private und öffentlich zugängliche Informationskanäle.

Während meines Promotionsvorhabens haben mich zahlreiche Personen unterstützt, bei denen ich mich an dieser Stelle recht herzlich bedanken darf. Zu größtem Dank bin ich meinem verehrten Doktorvater, Herrn Professor Dr. Jens Wüstemann, verpflichtet, der mir nicht nur die Möglichkeit zur Promotion eröffnet hat, sondern vielmehr durch seine fachliche und persönliche Förderung, seinen Wissensdrang sowie seine Begeisterungsfähigkeit für betriebswirtschaftliche Fragestellungen verschiedenster Art maßgeblich zu deren erfolgreichen Abschluss beigetragen hat. Herrn Professor Dr. Dirk Simons danke ich für die freundliche Übernahme und die sehr schnelle Fertigstellung des Zweitgutachtens. Ebenso möchte ich mich bei Herrn Professor Dr. Christoph Spengel für sein Mitwirken in der Prüfungskommission bedanken. Herrn Professor Dr. Hans-Joachim Böcking, Herrn Professor Dr. Michael Hommel und Herrn Professor Dr. Jens Wüstemann gebührt ferner meinen Dank für die Aufnahme meiner Arbeit in Ihrer Herausgeberreihe „Rechnungswesen und Unternehmensüberwachung."

Darüber hinaus bin ich meinen Kollegen am Lehrstuhl zu großem Dank verpflichtet: Herr Professor Dr. Jannis Bischof, Herr Professor Dr. Christopher Koch sowie Herr Dr. Kai Dänzer haben mir insbesondere zu Beginn meiner Tätigkeit am Lehrstuhl den Einstieg in Lehre und Forschung ungemein erleichtert. Herr Dr. Mario Englert ist mir als ständiger Wegbegleiter während meiner Promotionszeit jederzeit mit fachlichem und persönlichem Rat zur Seite gestanden: Seine Begeisterung für komplexe Fragestellungen sowie seine stete Diskussionsbereitschaft waren zugleich Ansporn und Motivation zur kontinuierlichen Weiterentwicklung meiner Forschungsarbeit. Herrn Michael Iselborn, M.Sc. sowie Herrn Matthias Backes, M.Sc. danke ich nicht nur für ihre unfehlbare Hilfsbereitschaft sowie ihre jederzeit konstruktiven Anmerkungen im Rahmen diverser Korrekturlesungen, sondern vor allem auch für die sehr angenehme Arbeitsatmosphäre sowie die zahlreichen privaten Unternehmungen.

Schließlich möchte ich mich von ganzem Herzen bei meiner Familie bedanken: Vor allem bei meinen Eltern Anita und Hubert Brauchle, ohne deren bedingungslose Unterstützung meine Promotion nicht möglich gewesen wäre; sowie bei meiner Frau Daniela Brauchle, die mich nicht nur während der Promotionszeit, sondern bei allen kleineren und größeren Herausforderungen des Lebens jederzeit und ohne Einschränkungen unterstützt – und durch die Geburt unseres Sohnes Luca Maximilian bereits reichlich beschenkt hat.

Thomas Brauchle

Inhaltsübersicht

Inhaltsverzeichnis

Abbildungs- und Tabellenverzeichnis

Abkürzungsverzeichnis

a.A.	anderer Ansicht
a.a.O.	am angegebenen Ort
AAP	Accident Analysis and Prevention (Zeitschrift)
Abacus	A Journal of Accounting, Finance and Business Studies (Zeitschrift)
Abl.	Amtsblatt
ABR	Accounting and Business Research (Zeitschrift)
ABS	Asset-Backed Securities
Abs.	Absatz
AER	American Economic Review (Zeitschrift)
AFG	Arbeitsförderungsgesetz
AG	Aktiengesellschaft, Die Aktiengesellschaft (Zeitschrift)
AH	Accounting Horizons (Zeitschrift)
AiE	Accounting in Europe (Zeitschrift)
AIMR	Association of Investment Management and Research
AKEIÜ	Arbeitskreis Externe und Interne Überwachung der Unternehmung der Schmalenbach-Gesellschaft für Betriebswirtschaft e. V.
AKEU	Arbeitskreis Externe Unternehmensrechnung der Schmalenbach-Gesellschaft für Betriebswirtschaft e. V.
AktG	Aktiengesetz
ALER	American Law and Economics Review (Zeitschrift)
a. M.	am Main
Anm.	Anmerkung
AOS	Accounting, Organizations and Society (Zeitschrift)
AP	Acta Psychologica (Zeitschrift)
Art.	Artikel
Aufl.	Auflage
BaFin	Bundesanstalt für Finanzdienstleistungsaufsicht
BAnz	Bundesanzeiger

CPA	Certified Public Accountant
CRO	Chief Risk Officer
CRSG	Credit Risk Standing Group
CSR	Corporate Social Responsibility
CVaR	Conditional Value at Risk
DB	Der Betrieb (Zeitschrift)
D.C.	District of Columbia
DCGK	Deutscher Corporate Governance Kodex
DFA	Dodd-Frank-Act
DK	Der Konzern (Zeitschrift)
DRS	Deutsche(r) Rechnungslegungs Standard(s)
DRSC	Deutsches Rechnungslegungs Standards Committee e.V.
DSR	Deutscher Standardisierungsrat
DStR	Deutsches Steuerrecht (Zeitschrift)
DStZ	Deutsche Steuer-Zeitung (Zeitschrift)
D&O	Directors & Officers
EAR	European Accounting Review (Zeitschrift)
EBA	European Banking Authority
ED	Exposure Draft
EER	European Economic Review (Zeitschrift)
EFM	European Financial Management (Zeitschrift)
EG	Europäische Gemeinschaft
EP	Economic Policy (Zeitschrift)
EStG	Einkommensteuergesetz
et al.	et alii
EU	Europäische Union
f.	folgende
FAJ	Financial Analysts Journal (Zeitschrift)
FASB	Financial Accounting Standards Board

FAZ	Frankfurter Allgemeine Zeitung
FB	Finanz-Betrieb (Zeitschrift)
FD	Fair Disclosure
Fed	Federal Reserve System
FS	Festschrift
FSA	Financial Services Authority
FT	Financial Times
FTF	Foundations and Trends® in Finance (Zeitschrift)
F&E	Forschung und Entwicklung
ggf.	gegebenenfalls
GmbH	Gesellschaft mit beschränkter Haftung
GoB	Grundsätze ordnungsmäßiger Buchführung
GRI	Global Reporting Initiative
HBR	Harvard Business Review (Zeitschrift)
HGB	Handelsgesetzbuch
hrsg. v.	herausgegeben von
IAASB	The International Auditing and Assurance Standards Board
IAS	International Accounting Standard(s)
IASB	International Accounting Standards Board
i.d.R.	in der Regel
i.d.F.	in der Fassung
IDW	Institut der Wirtschaftsprüfer in Deutschland e.V.
i.e.S.	im engeren Sinne
IFAC	International Federation of Accountants
IFRS	International Financial Reporting Standard(s)
IIF	Institute of International Finance
IJA	The International Journal of Accounting (Zeitschrift)
IJF	International Journal of Forecasting (Zeitschrift)
IL	Illinois (US-Bundesstaat)

XXVIII

InsO	Insolvenzordnung
IO	International Organization (Zeitschrift)
IOSCO	International Organization of Securities Commissions
IRF	International Review of Finance (Zeitschrift)
IRZ	Zeitschrift für Internationale Rechnungslegung
i. S.	im Sinne
ISA	International Standards on Auditing
ISO	International Organization for Standardization
i.V.m.	in Verbindung mit
JAE	Journal of Accounting and Economics (Zeitschrift)
JAL	Journal of Accounting Literature (Zeitschrift)
J. Appl. Corp. Fin.	Journal of Applied Corporate Finance (Zeitschrift)
JAR	Journal of Accounting Research (Zeitschrift)
JB	Journal of Business (Zeitschrift)
JBE	Journal of Business Ethics (Zeitschrift)
JBF	Journal of Banking & Finance (Zeitschrift)
JBFA	Journal of Business Finance & Accounting (Zeitschrift)
JBES	Journal of Business & Economic Statistics (Zeitschrift)
JCL	The Journal of Corporation Law (Zeitschrift)
JCR	Journal of Credit Risk (Zeitschrift)
JEBO	Journal of Economic Behavior and Organization (Zeitschrift)
JEL	Journal of Economic Literature (Zeitschrift)
JEP	Journal of Economic Perspectives (Zeitschrift)
J. Exp. Psy. Hu. Perc. Perf.	Journal of Experimental Psychology: Human Perception and Performance (Zeitschrift)
JF	Journal of Finance (Zeitschrift)
JfB	Journal für Betriebswirtschaft (Zeitschrift)
JFE	Journal of Financial Economics (Zeitschrift)
JFM	Journal of Financial Markets (Zeitschrift)
JFRC	Journal of Financial Regulation and Compliance (Zeitschrift)

Mrd.	Milliarden
M&A	Mergers & Acquisitions
NBER	National Bureau of Economic Research
NJ	New Jersey (US-Bundesstaat)
NJW	Neue Juristische Wochenschrift (Zeitschrift)
No.	Number (Nummer)
Nr.	Nummer
NY	New York (US-Bundesstaat)
NYSE	New York Stock Exchange
NZG	Neue Zeitschrift für Gesellschaftsrecht
OH	Ohio (US-Bundesstaat)
OLG	Oberlandesgericht
Org. Beh. Hum. Dec. P.	Organizational Behavior and Human Decision Processes (Zeitschrift)
o.V.	ohne Verfasser
PCAOB	Public Company Accounting Oversight Board
PR	Psychological Review (Zeitschrift)
PS	Prüfungsstandard
QJE	The Quarterly Journal of Economics (Zeitschrift)
RA	Risk Analysis (Zeitschrift)
Rn.	Randnummer
RES	Review of Economic Studies (Zeitschrift)
RF	Review of Finance (Zeitschrift)
RFS	The Review of Financial Studies (Zeitschrift)
RGBl.	Reichsgesetzblatt
RM	Risiko Manager (Zeitschrift)
R&G	Regulation & Governance (Zeitschrift)

WPg	Die Wirtschaftsprüfung (Zeitschrift)
WpÜG	Wertpapiererwerbs- und Übernahmegesetz
z.B.	zum Beispiel
ZBB	Zeitschrift für Bankrecht und Bankwirtschaft
ZCG	Zeitschrift für Corporate Governance
ZfB	Zeitschrift für Betriebswirtschaft
ZfbF	Schmalenbachs Zeitschrift für betriebswirtschaftliche Forschung
ZfCM	Controlling & Management (Zeitschrift)
ZfgK	Zeitschrift für das gesamte Kreditwesen
ZGR	Zeitschrift für Unternehmens- und Gesellschaftsrecht
ZHR	Zeitschrift für das gesamte Handels- und Wirtschaftsrecht
ZIP	Zeitschrift für Wirtschaftsrecht

I Problemstellung

Die Analyse der Auswirkungen der institutionellen Rahmenbedingungen auf das unternehmerische Handeln stellt seit geraumer Zeit eine bedeutsame Forschungsrichtung in den Wirtschaftswissenschaften dar.[1] Gleichfalls ist die Haftung als weiterer Ansatzpunkt zur Beeinflussung des Vorstandsverhaltens seit Ende des 19. Jahrhunderts Gegenstand der rechtspolitischen Diskussion in Deutschland.[2] Im Zuge der Finanzkrise und der damit verbundenen negativen Auswirkungen auf die Weltwirtschaft[3] ist es allerdings vermehrt zu öffentlichkeitswirksamen gerichtlichen Auseinandersetzungen aufgrund des Vorwurfs der Verletzung der einem Vorstandsmitglied obliegenden Sorgfaltspflicht (§ 93 AktG) gekommen.[4] So sieht bspw. das OLG Düsseldorf im Fall IKB u.a.[5] aufgrund der Entscheidung des Vorstands zu einem Engagement im Verbriefungssektor in Höhe von € 25 Mrd. den Verdacht einer Pflichtverletzung gegeben, „[d]enn kein Vorstand handel[e] sorgfältig, wenn er Risiken für sein Unternehmen eingeh[e], die, wenn sie sich verwirklichen, zum Untergang des Unternehmens führ[t]en".[6] Im Fall der Übernahme der Dresdner Bank durch die Commerzbank ist hingegen nach Ansicht des OLG Frankfurt a. M. „eine Sorgfaltspflichtverletzung nicht ersichtlich", da u.a. „[i]m

---

[1] Vgl. *Wüstemann, Jens*: Institutionenökonomik und internationale Rechnungslegungsordnungen, Tübingen 2002, hier S. 7–54; *Simons, Dirk*: Internationalisierung von Rechnungslegung, Prüfung und Corporate Governance, Wiesbaden 2005, hier S. 163–215; *Moxter, Adolf*: Der Einfluß von Publizitätsvorschriften auf das unternehmerische Verhalten, Köln und Opladen 1962, hier S. 3–143.

[2] Vgl. u.a. *Spindler, Gerald*: Organhaftung in der AG – Reformbedarf aus wissenschaftlicher Perspektive, in: AG, 23. Jg. (2013), S. 889–904, hier S. 889.

[3] Vgl. *Gorton, Gary*: The Subprime Panic, in: EFM, Vol. 15 (2009), Nr. 1, S. 10–46, hier S. 30–37; *Rudolph, Bernd*: Die internationale Finanzkrise: Ursachen, Treiber, Veränderungsbedarf und Reformansätze, in: ZGR, 39. Jg. (2010), S. 1–47, hier S. 17–24; *Sinn, Hans-Werner*: Kasino-Kapitalismus: Wie es zur Finanzkrise kam, und was jetzt zu tun ist, 2. Aufl., Berlin 2009, hier S. 81–182.

[4] Strafrechtliche Verfahren gegen (ehemalige) Vorstandsmitglieder aufgrund des Verdachts von Untreue (z.B. Ortseifen/IKB), Steuerhinterziehung (z.B. Middelhoff/Arcandor) oder Bilanzfälschung (z.B. Nonnenmacher/HSH Nordbank) werden ausschließlich dann berücksichtigt, falls diese Rückschlüsse auf eine Verletzung der gesellschaftsrechtlichen Sorgfaltspflicht zulassen.

[5] Weitere Sachverhalte, die nach Ansicht des Gerichts den Verdacht auf ein pflichtwidriges Verhalten des Vorstands vermuten lassen, umfassen den Verstoß gegen den satzungsmäßigen Unternehmensgegenstand, das Eingehen von Klumpenrisiken, die unzureichende Informationsgrundlage und ein unkritisches Vertrauen auf Ratings sowie schwerwiegende Mängel im Risikomanagement, vgl. *Florstedt, Tim*: Zur organhaftungsrechtlichen Aufarbeitung der Finanzmarktkrise, in: AG, 20. Jg. (2010), S. 315–323, hier S. 316–322; *Fleischer, Holger*: Verantwortlichkeit von Bankgeschäftsleitern und Finanzmarktkrise, in: NJW, 63. Jg. (2010), S. 1504–1506; *Müller-Michaels, Olaf/Wingerter, Eugen*: Die Wiederbelebung der Sonderprüfung durch die Finanzkrise: IKB und die Folgen, in: AG, 20. Jg. (2010), S. 903–910, hier S. 906–908; *Spindler, Gerald*: Sonderprüfung und Pflichten eines Bankvorstands in der Finanzmarktkrise, in: NZG, 13. Jg. (2010), S. 281–285, hier S. 283–285.

[6] OLG Düsseldorf: Beschluss vom 09.12.2009 - I-6 W 45/09, in: AG, 20. Jg. (2010), S. 126–130, hier S. 129.

Rahmen der Due Diligence [...] eine sorgfältige und umfangreiche Prüfung [...] durchgeführt" und daher „mit dem Erwerb der Dresdner Bank [k]ein unangemessenes Risiko eingegangen" worden sei.[7] Als ein Beispiel außerhalb des Finanzsektors dient das Urteil des LG München im Fall Siemens. Nach Ansicht des Gerichts hat das ehemalige Vorstandsmitglied Neubürger „die Sorgfalt eines ordentlichen und gewissenhaften Geschäftsleiters [...] verletzt", da „[d]ie Einrichtung eines mangelhaften Compliance-Systems [...] eine Pflichtverletzung" bedeute; denn der ihm obliegenden „Organisationspflicht genüg[e] der Vorstand bei entsprechender Gefährdungslage nur dann, wenn er eine auf Schadensprävention und Risikokontrolle angelegte Compliance-Organisation" eingerichtet hat.[8] Die Auswirkungen dieses von *Bachmann* als „Paukenschlag"[9] titulierten Urteils für die Organhaftung ist noch nicht absehbar.[10]

Im Mittelpunkt dieser Gerichtsverfahren steht regelmäßig die Frage, inwieweit in der Vergangenheit getroffene Entscheidungen von Vorständen, die sich in einer ex-post-Betrachtung als nachteilig für das Unternehmen erweisen, pflichtwidriges Handeln darstellen oder ob diese nicht vielmehr durch die deutsche *business judgment rule*[11] gedeckt sind;[12] denn gemäß § 93 Abs. 1 Satz 2 AktG liegt „[e]ine Pflichtverletzung [...] nicht vor, wenn das Vorstandsmitglied bei einer unternehmerischen Entscheidung vernünftigerweise annehmen durfte, auf der Grundlage angemessener Information zum Wohle der Gesellschaft zu handeln." Sind alle Tatbestandsmerkmale erfüllt, ist eine Verletzung der Sorgfaltspflicht durch den Vorstand[13]

---

[7] OLG Frankfurt a. M.: Urteil vom 7.12.2010 - 5 U 29/10, in: ZIP, 21. Jg. (2011), S. 75–84, hier S. 81 f. (beide Zitate).

[8] LG München: Urteil vom 10.12.2013 - 5 HK O 1387/10, in: ZIP, 35. Jg. (2014), S. 570–583, hier S. 572–574 (alle Zitate).

[9] Ebenda, hier S. 579.

[10] Vgl. u.a. *Fleischer, Holger*: Aktienrechtliche Compliance-Pflichten im Praxistest: Das Siemens/Neubürger-Urteil des LG München I, in: NZG, 17. Jg. (2014), S. 321–329; *Simon, Stefan/Merkelbach, Matthias*: Organisationspflichten des Vorstands betreffend das Compliance-System – Der Neubürger-Fall, in: AG, 24. Jg. (2014), S. 318–321.

[11] Die deutsche *business judgment rule* wurde im Jahr 2005 im Rahmen des UMAG mit dem Ziel der Haftungsfreistellung von fehlgeschlagenen unternehmerischen Entscheidungen gesetzlich kodifiziert, vgl. Drucksache des Deutschen Bundestages 15/5092 vom 14.03.2005: Entwurf eines Gesetzes zur Unternehmensintegrität und Modernisierung des Anfechtungsrechts (UMAG), S. 1–44 (im Folgenden zitiert als Entwurf eines UMAG), hier S. 11 f.

[12] Vgl. u.a. *Becker, Christian et al.*: Wer bestimmt das Risiko? – Zur Untreuestrafbarkeit durch riskante Wertpapiergeschäfte in der Banken-AG, in: WM, 64. Jg. (2010), S. 875–881, hier S. 875; *Graumann, Matthias et al.*: Wann ist die Risikobereitschaft bei unternehmerischen Entscheidungen „in unzulässiger Weise überspannt"?, in: BFuP, 61. Jg. (2009), S. 492–505, hier S. 492.

[13] § 93 Abs. 1 Satz 2 AktG gilt über den Verweis in § 116 Satz 1 AktG analog für den Aufsichtsrat. Des Weiteren wird im Rahmen des UMAG explizit auf die Ausstrahlungswirkung der Regelung auf andere Rechtsgebiete, wie bspw. das GmbH-Recht, verwiesen, vgl. Entwurf eines UMAG, hier S. 12.

per se ausgeschlossen.[14]

Die geltende gesetzliche Regelung und insbesondere die damit verbundene Problematik einer möglichen existenzvernichtenden Haftung von Vorstandsmitgliedern bereits bei leichter Fahrlässigkeit war u.a. Thema auf dem 70. Deutschen Juristentag im September 2014.[15] Einzelne Reformvorschläge umfassen bspw. eine Änderung der geltenden Beweislastverteilung zulasten der Organmitglieder (§ 93 Abs. 2 Satz 2 AktG) durch eine Beschränkung auf amtierende Organmitglieder[16] oder sogar deren vollständige Umkehr,[17] eine Beschränkung der Haftungssumme qua Gesetz[18] oder Satzung[19] sowie eine verschuldensabhängige Begrenzung der Organhaftung durch eine Reduktion des Haftungsumfangs[20] bis hin zu einem vollständigen Haftungsausschluss[21] bei leichter Fahrlässigkeit. Eine Konkretisierung des als „Achillesverse der

---

[14] Vgl. u.a. *Lutter, Marcus*: Die Business Judgement Rule und ihre praktische Anwendung, in: ZIP, 28. Jg. (2007), S. 841–848, hier S. 842 f.; *Koch, Jens*: Das Gesetz zur Unternehmensintegrität und Modernisierung des Anfechtungsrechts (UMAG) – ein Überblick, in: ZGR, 35. Jg. (2006), S. 769–804, hier S. 784.

[15] Vgl. Deutscher Juristentag: Verhandlungen des 70. Deutschen Juristentages: Hannover 2014, Band I. Gutachten, München 2014, hier E 28–E 67.

[16] Vgl. *Hopt, Klaus J.*: Die Verantwortlichkeit von Vorstand und Aufsichtsrat: Grundsatz und Praxisprobleme – unter besonderer Berücksichtigung der Banken, in: ZIP, 34. Jg. (2013), S. 1793–1806, hier S. 1803; *Habersack, Mathias*: Perspektiven der aktienrechtlichen Organhaftung, in: ZHR, 177. Jg. (2013), S. 782–806, hier S. 805; a.A. hingegen *Paefgen, Walter G.*: Organhaftung: Bestandsaufnahme und Zukunftsperspektiven, in: AG, 24. Jg. (2014), S. 554–584, hier S. 566.

[17] Vgl. *Falkenhausen, Joachim Freiherr von*: Die Haftung außerhalb der Business Judgment Rule, in: NZG, 15. Jg. (2012), S. 644–651, hier S. 650 f.; *Paefgen, Walter G.*: Organhaftung: Bestandsaufnahme und Zukunftsperspektiven, a.a.O., hier S. 565 f.; *Haarmann, Wilhelm/Weiß, Michael*: Reformbedarf bei der aktienrechtlichen Organhaftung, in: BB, 69. Jg. (2014), S. 2115–2125, hier S. 2118–2120.

[18] Vgl. *Wagner, Gerhard*: Organhaftung im Interesse der Verhaltenssteuerung – Skizze eines Haftungsregimes, in: ZHR, 178. Jg. (2014), S. 227–281, hier S. 275–278; *Bayer, Walter/Scholz, Philipp*: Haftungsbegrenzung und D&O-Versicherung im Recht der aktienrechtlichen Organhaftung, in: NZG, 17. Jg. (2014), S. 926–934, hier S. 930; a.A. hingegen *Paefgen, Walter G.*: Organhaftung: Bestandsaufnahme und Zukunftsperspektiven, a.a.O., hier S. 569 f.; *Habersack, Mathias*: Perspektiven der aktienrechtlichen Organhaftung, a.a.O., hier S. 803.

[19] Vgl. u.a. *Fleischer, Holger*: Ruinöse Managerhaftung: Reaktionsmöglichkeiten de lege lata und de lege ferenda, in: ZIP, 35. Jg. (2014), S. 1305–1316, hier S. 1312 f.; *Vetter, Eberhard*: Aktienrechtliche Organhaftung und Satzungsautonomie, in: NZG, 17. Jg. (2014), S. 921–926, hier S. 922–924; *Habersack, Mathias*: Perspektiven der aktienrechtlichen Organhaftung, a.a.O., hier S. 803 f.; *Spindler, Gerald*: Organhaftung in der AG – Reformbedarf aus wissenschaftlicher Perspektive, a.a.O., hier S. 896; a.A. hingegen *Bayer, Walter/Scholz, Philipp*: Haftungsbegrenzung und D&O-Versicherung im Recht der aktienrechtlichen Organhaftung, a.a.O., hier S. 931 f.

[20] Vgl. *Hemeling, Peter*: Reform der Organhaftung?, in: ZHR, 178. Jg. (2014), S. 221–226, hier S. 224; wohl zustimmend *Koch, Jens*: Beschränkung der Regressfolgen im Kapitalgesellschaftsrecht, in: AG, 22. Jg. (2012), S. 429–440, hier S. 437 f.; a.A. hingegen *Vetter, Eberhard*: Aktienrechtliche Organhaftung und Satzungsautonomie, a.a.O., hier S. 922.

[21] Vgl. *Semler, Johannes*: Überlegungen zur Praktikabilität der Organhaftungsvorschriften, in: FS Goette, S. 499–512, hier S. 510; *Spindler, Gerald*: Organhaftung in der AG – Reformbedarf aus wissenschaftlicher Perspektive, a.a.O., hier S. 894–896; a.A. hingegen *Hemeling, Peter*: Reform der Organhaftung?, a.a.O., hier S. 224; *Fleischer, Holger*: Ruinöse Managerhaftung: Reaktionsmöglichkeiten de lege lata und de lege ferenda, a.a.O., hier S. 1311; *Habersack, Mathias*: Perspektiven der aktienrechtlichen Organhaftung, a.a.O., hier S. 803.

business judgment rule"[22] bezeichneten Tatbestandsmerkmals der angemessenen Informationsgrundlage steht hingegen nicht zur Diskussion.

Damit der Vorstand bei einer in der ex-post-Betrachtung fehlgeschlagenen unternehmerischen Entscheidung den *safe harbor* des § 93 Abs. 1 Satz 2 AktG in Anspruch nehmen kann, sind vor allem die Sicherstellung einer angemessenen Informationsgrundlage sowie die Durchführung eines möglichst intersubjektiv nachprüfbaren Entscheidungsprozesses von Bedeutung. Gleichfalls liegt eine weitergehende rechtliche Konkretisierung der an den Vorstand gestellten Anforderungen (zumindest gegenwärtig) nicht vor.[23] Daher erscheint aus ökonomischer Sicht ein Rückgriff auf Erkenntnisse der betriebswirtschaftlichen Forschung, u.a. im Rahmen einer ökonomischen Analyse des Rechts,[24] durch die Anwendung einer wirtschaftlichen Betrachtungsweise zur Konkretisierung der Rechtsfigur der *business judgment rule* äußerst vielversprechend.[25]

Dem Risikomanagement kommt hierbei durch die kontinuierliche Identifikation, Quantifizierung, Berichterstattung und Überwachung von Risiken[26] und die damit verbundene Funktion der Aufbereitung von entscheidungsrelevanten Informationen als Informationsgrundlage für den Vorstand[27] eine zentrale Rolle zu.[28] Vor diesem Hintergrund ist die gesetzliche Pflicht des Vorstands zur Einrichtung eines Früherkennungssystems für bestandsgefährdende Ent-

---

[22] *Arnold, Arnd*: Die Steuerung des Vorstandshandelns, München 2007, hier S. 179.

[23] Vgl. wohl zustimmend *Arnold, Arnd*: Die Steuerung des Vorstandshandelns, a.a.O., hier S. 176–179.

[24] Die ökonomische Analyse des Rechts steht im Mittelpunkt der Forschungsrichtung Law and Economics, welche in den vergangenen Jahrzehnten von zunehmender internationaler Bedeutung geworden ist; vgl. für das US-amerikanische Schrifttum u.a. *Posner, Richard A.*: Economic analysis of law, 9. Aufl., Austin, TX et al.: Wolters Kluwer Law & Business 2014; *Easterbrook, Frank H./Fischel, Daniel R.*: The Economic Structure of Corporate Law, Cambridge und London: Harvard University Press 1991; für das deutsche Schrifttum u.a. *Schäfer, Hans-Bernd/Ott, Claus*: Lehrbuch der ökonomischen Analyse des Zivilrechts, 5. Aufl., Berlin und Heidelberg 2012.

[25] Vgl. zur Anwendung der wirtschaftlichen Betrachtungsweise im Bilanzrecht *Moxter, Adolf*: Zur wirtschaftlichen Betrachtungsweise im Bilanzrecht, in: StuW, 58. Jg. (1981), S. 232–241; *Beisse, Heinrich*: Zum Verhältnis von Bilanzrecht und Betriebswirtschaftslehre, in: StuW, 61. Jg. (1984), S. 1–14.

[26] Für eine Übersicht über die regelmäßigen Prozessschritte im Risikomanagement, vgl. *Diederichs, Marc*: Risikomanagement und Risikocontrolling, 3. Aufl., München 2012, hier S. 49 f.; *Ballwieser, Wolfgang*: Controlling und Risikomanagement, in: Handbuch Corporate Governance, hrsg. v. P. Hommelhoff et al., 2. Aufl., Köln und Stuttgart 2009, S. 447–462, hier S. 449–451.

[27] Vgl. *Burger, Anton/Buchhart, Anton*: Zur Berücksichtigung von Risiko in der strategischen Unternehmensführung, in: DB, 55. Jg. (2002), S. 593–599, hier S. 595 f. Diese Funktion des Risikomanagements wird auch verstärkt von Regulierungs- und Aufsichtsbehörden in der Finanzindustrie gesehen, vgl. bspw. *Hofer, Markus/Hanenberg, Ludger*: Die aktuellen MaRisk nach der 4. Novelle – Umsetzung internationaler Entwicklungen in deutsche bankaufsichtliche Regeln zum Risikomanagement, in: WPg, 67. Jg. (2014), S. 570–578, hier S. 573.

[28] So wurde bspw. im Rahmen einer internationalen Umfrage unter mehr als 300 Finanzvorständen die Verbesserung der Entscheidungsfindung als größter Nutzen des Risikomanagements identifiziert, vgl. *Servaes, Henri et al.*: The Theory and Practice of Corporate Risk Management, in: J. Appl. Corp. Fin., Vol. 21 (2009), Nr. 4, S. 60–78, hier S. 69.

wicklungen (§ 91 Abs. 2 AktG) durch eine Auslegung der normativen Anforderungen im Rahmen einer wirtschaftlichen Betrachtungsweise entsprechend zu konkretisieren.

Neben der Organhaftung stellen die interne Corporate Governance sowie die externe Marktkontrolle zwei weitere Instrumente zur Beeinflussung und Überwachung des (Risiko-)Verhaltens von Vorständen dar.[29] In der ökonomischen Literatur wird eine effektive Überwachung des Vorstands in seiner Funktion als Agent[30] für die Gesellschaftseigner[31] als eine besonders kritische Voraussetzung für die Entscheidung zur Gründung einer Gesellschaft sowie deren nachhaltig profitabler Entwicklung gesehen – unabhängig davon, ob die Überwachung (überwiegend) durch interne oder externe Mechanismen sichergestellt wird.[32] Die relative Wichtigkeit von interner Corporate Governance und externer Marktkontrolle ist abhängig von den institutionellen Rahmenbedingungen und insbesondere von der Art des zugrunde liegenden Finanzsystems.[33] Vor dem Hintergrund der institutionellen Entwicklungen in Deutschland, welches als Insider-System[34] mit vermehrt beobachtbaren Tendenzen hin zu einem Outsider-System zu bezeichnen ist,[35] sind mithin beide Instrumente von Bedeutung.

---

[29] Auf weitere Ansätze zur Beeinflussung des (Risiko-)Verhaltens von Vorständen, wie bspw. Kontrollmechanismen durch die Hauptversammlung und bestehende Aktionäre oder anreizbasierte Vergütungsstrukturen, wird im Rahmen dieser Arbeit nicht eingegangen. Der interessierte Leser sei hierfür bspw. auf *Simons* sowie *Arnold* verwiesen, vgl. *Simons, Dirk*: Kosten und Nutzen von Aktienoptionsprogrammen, Wiesbaden 2002, hier S. 133–169; *Arnold, Arnd*: Die Steuerung des Vorstandshandelns, a.a.O., hier S. 83–99, 115–164.

[30] Bzw. in den Worten des BGH als „Verwalter des [...] fremden Vermögens", BGH: Urteil vom 21.12.2005 - 3 StR 470/04, in: BGHSt 50, S. 331–346, hier S. 335.

[31] Auf diesen sog. Prinzipal-Agent-Konflikt haben bereits *Berle* und *Means* im Jahr 1932 hingewiesen, vgl. *Berle, Adolph A./Means, Gardiner C.*: The Modern Corporation and Private Property, 2. Aufl., New York, NY: Harcourt, Brace & World 1932, hier S. 277; ebenso *Fama, Eugene F./Jensen, Michael C.*: Separation of Ownership and Control, in: JLE, Vol. 26 (1983), Nr. 2, S. 301–325, hier S. 304 f.; *Easterbrook, Frank H./Fischel, Daniel R.*: The Economic Structure of Corporate Law, a.a.O., hier S. 93 f.

[32] Vgl. *Jensen, Michael C./Meckling, William H.*: Theory of the firm: Managerial behavior, agency costs and ownership structure, in: JFE, Vol. 3 (1976), Nr. 4, S. 305–360, hier S. 323–325; *Watts, Ross L./ Zimmerman, Jerold L.*: Agency Problems, Auditing, and the Theory of the Firm: Some Evidence, in: JLE, Vol. 26 (1983), Nr. 3, S. 613–633, hier S. 614.

[33] Hierbei wird in der Literatur oftmals in sog. Insider- und Outsider-Systeme unterschieden, vgl. *Franks, Julian/Mayer, Colin*: Ownership and Control of German Corporations, in: RFS, Vol. 14 (2001), Nr. 4, S. 943–977, hier S. 943 f.; *Berglöf, Erik*: A Note on the Typology of Financial Systems, in: Comparative corporate governance: Essays and materials, hrsg. v. K. J. Hopt/E. Wymeersch, Berlin et al. 1997, S. 151–164, hier S. 159; *Leuz, Christian/Wüstemann, Jens*: The Role of Accounting in the German Financial System, in: The German Financial System, hrsg. v. J. P. Krahnen/R. H. Schmidt, Oxford: Oxford University Press 2004, S. 450–481, hier S. 452–464.

[34] Vgl. *Franks, Julian/Mayer, Colin*: Ownership and Control of German Corporations, a.a.O., hier S. 944; *Wüstemann, Jens*: Disclosure Regimes and Corporate Governance, in: JITE, Vol. 159 (2003), Nr. 4, S. 717–726, hier S. 721 f.; *Leuz, Christian/Wüstemann, Jens*: The Role of Accounting in the German Financial System, a.a.O., hier S. 454 f.

[35] Vgl. *Hackethal, Andreas et al.*: Banks and German Corporate Governance: on the way to a capital market-based system?, in: CG, Vol. 13 (2005), Nr. 3, S. 397–407, hier S. 400–405; *Leuz, Christian/Wüstemann, Jens*: The Role of Accounting in the German Financial System, a.a.O., hier S. 455 f.

Die Effektivität und Effizienz der beiden Instrumente werden wesentlich durch die Informationsversorgung der jeweiligen Überwachungsorgane determiniert. So sind für die interne Überwachung des Vorstands durch den Aufsichtsrat vor allem die unternehmensinternen Informationsflüsse zwischen Vorstand, Abschlussprüfer und Aufsichtsrat, wie z.B. die Berichte des Vorstands an den Aufsichtsrat (§ 90 AktG), der Prüfungsbericht des Abschlussprüfers (§ 321 HGB) sowie die mündliche Berichtspflicht des Abschlussprüfers (§ 171 Abs. 1 Satz 2 AktG) maßgeblich.[36] Für die Überwachung des Vorstands durch die externe Marktkontrolle spielen vor allem der Bestätigungsvermerk des Abschlussprüfers (§ 322 HGB) und die Risikoberichterstattung des Vorstands im (Konzern-)Lagebericht (§§ 289, 315 HGB) sowie im Rahmen des *IFRS Practice Statement Management Commentary* eine wesentliche Rolle.[37] Angesichts der grundsätzlich diametralen Wirkungsmechanismen von interner Corporate Governance und externer Marktkontrolle besteht die Schwierigkeit darin, die zur Verfügung stehenden Informationskanäle im Sinne einer möglichst effizienten Beeinflussung des (Risiko-)Verhaltens von Vorständen unter expliziter Berücksichtigung potenziell negativer Wechselwirkungen mit dem jeweils anderen Instrument auszugestalten. So ist bspw. die externe Offenlegung von extremen, wenngleich sehr unwahrscheinlichen Risiken grundsätzlich als der externen Marktkontrolle dienlich einzuschätzen; gleichfalls werden die Möglichkeiten einer ausschließlich unternehmensinternen Kommunikation und Adressierung durch entsprechende Maßnahmen des Aufsichtsrats dadurch signifikant beeinträchtigt.[38]

---

[36] Vgl. *Ball, Ray et al.*: The effect of international institutional factors on properties of accounting earnings, in: JAE, Vol. 29 (2000), Nr. 1, S. 1–51, hier S. 14 f.

[37] Gegeben der Entwicklungstendenzen in Deutschland sehen sich nicht von ungefähr gerade der Bestätigungsvermerk sowie die Risikoberichterstattung im (Konzern-)Lagebericht in jüngster Zeit einer grundsätzlichen Erweiterung der Anforderungen ausgesetzt, vgl. Drucksache des Deutschen Bundestages 15/3419 vom 24.06.2004: Entwurf eines Gesetzes zur Einführung internationaler Rechnungslegungsstandards und zur Sicherung der Qualität der Abschlussprüfung (Bilanzrechtsreformgesetz – BilReG), S. 1–63 (im Folgenden zitiert als Entwurf eines BilReG), hier S. 44 f.; Drucksache des Deutschen Bundestages 16/10067 vom 30.07.2008: Entwurf eines Gesetzes zur Modernisierung des Bilanzrechts (Bilanzrechtsmodernisierungsgesetz – BilMoG), S. 1–124 (im Folgenden zitiert als Entwurf eines BilMoG), hier S. 76 f.

[38] Bei der Festlegung des Umfangs der unternehmensexternen Informationsflüsse ist auch eine potenzielle Gefährdung von schutzwürdigen Interessen der Gesellschaft zu berücksichtigen, vgl. *Moxter, Adolf*: Vorschriften zur Rechnungslegung und Abschlußprüfung im Referentenentwurf eines Gesetzes zur Kontrolle und Transparenz im Unternehmensbereich, in: BB, 52. Jg. (1997), S. 722–730, hier S. 723; a.A. hingegen *Küting, Karlheinz/Hütten, Christoph*: Die Lageberichterstattung über Risiken der künftigen Entwicklung, in: AG, 7. Jg. (1997), S. 250–256, hier S. 255.

Ziel der vorliegenden Arbeit ist es, Möglichkeiten und Grenzen der Beeinflussung des (Risiko-)Verhaltens des Vorstands im Spannungsfeld von Organhaftung, Corporate Governance und Kapitalmarkt unter besonderer Berücksichtigung der Funktion des Risikomanagements aus ökonomischer Sicht darzustellen und kritisch zu würdigen. Durch die Entwicklung eines Systems aus justiziablen Grundsätzen für die Ermittlung einer angemessenen Informationsgrundlage sowie für ein angemessenes Entscheidungsverhalten soll einerseits die rechtliche Bewertung möglicher Verstöße des Vorstands gegen die Sorgfaltspflicht bei unternehmerischen Entscheidungen unterstützt und andererseits ein Orientierungsrahmen für die erforderliche Sorgfalt bei unternehmerischen Entscheidungen für die Unternehmenspraxis bereit gestellt werden. Darüber hinaus soll durch eine in sich konsistente Weiterentwicklung der Anforderungen an die interne und externe Berichterstattung über die Informationsgrundlage von unternehmerischen Entscheidungen durch Anwendung einer wirtschaftlichen Betrachtungsweise die Überwachung des (Risiko-)Verhaltens des Vorstands durch die interne Corporate Governance sowie die externe Marktkontrolle gestärkt werden. Folglich leistet diese Arbeit einen Beitrag zur Konkretisierung der rechtlichen Anforderungen an die Sorgfaltspflicht des Vorstands bei unternehmerischen Entscheidungen sowie zur Unterstützung dessen effektiver und effizienter Überwachung vor dem Hintergrund der institutionellen Rahmenbedingungen in Deutschland.

Der Gang der Untersuchung gestaltet sich wie folgt: In einem ersten Schritt werden die normativen Grundlagen der Organhaftung in Deutschland sowie deren rechtstatsächliche Umsetzung durch die Rechtsprechung dargestellt und kritisch gewürdigt (Kapital II). Sodann werden auf Basis einer ökonomischen Betrachtungsweise zentrale Grundsätze zur Sicherstellung einer angemessenen Informationsgrundlage und der daraus resultierenden Anforderungen an das Risikomanagement als auch eines angemessenen Entscheidungsverhaltens bei unternehmerischen Entscheidungen entwickelt (Kapitel III). Darauf folgend werden Wirkungsweise und kritische Erfolgsfaktoren der beiden weiteren Instrumente zur Beeinflussung des (Risiko-)Verhaltens von Vorständen – interne Corporate Governance und externe Marktkontrolle – detailliert erörtert. Hierbei werden auf Basis von jeweils einschlägigen theoretischen und empirischen Erkenntnissen der betriebswirtschaftlichen Forschung konkrete Anforderungen an die internen und externen Informationsflüsse hinsichtlich der Berichterstattung über die Informationsgrundlage von unternehmerischen Entscheidungen abgeleitet (Kapitel IV und V). Die Arbeit schließt mit einer thesenförmigen Zusammenfassung.

II Die Reichweite des unternehmerischen Ermessens des Vorstands im Rahmen der deutschen *business judgment rule* aus ökonomischer Sicht

1. Weiter Ermessensspielraum bei unternehmerischen Entscheidungen des Vorstands zur Sicherstellung des Normzwecks des § 93 Abs. 1 Satz 2 AktG

a) Die deutsche business judgment rule im Wortlaut des § 93 Abs. 1 Satz 2 AktG

Gemäß § 93 Abs. 1 Satz 2 AktG liegt eine Pflichtverletzung nicht vor, „wenn das Vorstands-mitglied bei einer unternehmerischen Entscheidung vernünftigerweise annehmen durfte, auf der Grundlage angemessener Information zum Wohle der Gesellschaft zu handeln." Im Zu-sammenhang mit der allgemeinen Sorgfaltspflicht gemäß § 91 Abs. 1 Satz 1 AktG, wonach „Vorstandsmitglieder [...] bei ihrer Geschäftsführung die Sorgfalt eines ordentlichen und ge-wissenhaften Geschäftsleiters anzuwenden" haben, wird dem Vorstandsmitglied einer Akti-engesellschaft somit ein „sichere[r] Hafen"[39] zugesprochen, demgemäß bei Vorliegen be-stimmter Voraussetzungen eine Pflichtverletzung zwingend ausgeschlossen ist.[40] Die Rechts-figur der *business judgment rule* gewährt dem Entscheidungsträger einen Ermessensspiel-raum, innerhalb dessen eine, in einer ex-post-Betrachtung fehlgeschlagene Maßnahme zu kei-ner persönlichen Haftung führt,[41] da alleine auf Basis eines im Nachgang festgestellten Miss-erfolgs einer unternehmerischen Entscheidung nicht auf eine Pflichtverletzung des Entschei-dungsträgers zum Zeitpunkt der Entscheidung geschlossen werden kann.[42] Gesetzliche Haftungsregeln erfüllen grundsätzlich eine Präventiv- bzw. Steuerungsfunktion,

---

[39] *Schäfer, Carsten*: Die Binnenhaftung von Vorstand und Aufsichtsrat nach der Renovierung durch das UMAG, in: ZIP, 26. Jg. (2005), S. 1253–1259, hier S. 1254.

[40] Vgl. *Fleischer, Holger*: Die „Business Judgment Rule": Vom Richterrecht zur Kodifizierung, in: ZIP, 25. Jg. (2004), S. 685–692, hier S. 688 f.; *Lutter, Marcus*: Die Business Judgement Rule und ihre praktische An-wendung, a.a.O., hier S. 842 f.; *Hüffer, Uwe*: Kommentierung zu § 93 AktG, in: Kurzkommentar AktG, hier Rn. 8.

[41] Vgl. *Graumann, Matthias/Grundei, Jens*: Business Judgment Rule, in: DBW, 65. Jg. (2005), S. 652–657, hier S. 652; *Lutter, Marcus*: Die Business Judgement Rule und ihre praktische Anwendung, a.a.O., hier S. 842 f.; *Ihrig, Hans-Christoph*: Reformbedarf beim Haftungstatbestand des § 93 AktG, in: WM, 58. Jg. (2004), S. 2098–2107, hier S. 2098; *Habersack, Mathias*: Perspektiven der aktienrechtlichen Organhaftung, a.a.O., hier S. 797 f.

[42] Vgl. *Schäfer, Carsten*: Die Binnenhaftung von Vorstand und Aufsichtsrat nach der Renovierung durch das UMAG, a.a.O., hier S. 1253 f.; *Grunewald, Barbara/Hennrichs, Joachim*: Haftungsgrundsätze für Ent-scheidungen unter Unsicherheit, in: FS Hüffer, S. 147–159, hier S. 148; *Ulmer, Peter*: Haftungsfreistellung bis zur Grenze grober Fahrlässigkeit bei unternehmerischen Fehlentscheidungen von Vorstand und Auf-sichtsrat?, in: DB, 57. Jg. (2004), S. 859–863, hier S. 860; *Merkt, Hanno*: Managerhaftung im Finanzsektor: Status Quo und Reformbedarf, in: FS Hommelhoff, S. 711–729, hier S. 715; *Easterbrook, Frank H./Fischel, Daniel R.*: The Economic Structure of Corporate Law, a.a.O., hier S. 98 f.

indem sie für den Vorstand einen Anreiz setzen, seiner Sorgfaltspflicht nachzukommen.[43] Gleichzeitig wird die Einrichtung eines Haftungsfreiraums ökonomisch dadurch begründet, dass eine zu große Risikoaversion des Vorstands aufgrund einer möglichen persönlichen Haftung vermieden werden soll, da das Nutzen von unternehmerischen Chancen, welches regelmäßig auch das Eingehen von Risiken erfordert,[44] sowohl aus einer volkswirtschaftlichen Perspektive als auch aus Sicht des einzelnen Aktionärs vorteilhaft ist.[45] Gleichfalls hängt die Relevanz der Haftungsregelung für das Vorstandsverhalten von der tatsächlichen Verfolgung durch die Gerichtsbarkeit ab.[46] In diesem Zusammenhang ist auf ein weiteres Argument zur Zusicherung eines Haftungsfreiraums für den Vorstand hinzuweisen. Die Überprüfung der Einhaltung der Sorgfaltspflicht durch die Rechtsprechung erfolgt (der Natur der Sache entsprechend) im Rahmen einer ex-post-Betrachtung. Hierbei besteht die Gefahr, anhand der tatsächlich eingetretenen Entwicklungen einen – insofern unzulässigen – Rückschluss auf die ex-ante angewandte Sorgfalt des Vorstands zu ziehen:[47] Denn Entscheidungen sind grundsätzlich nicht auf Basis von Ergebnissen, sondern unter ausschließlicher Berücksichtigung der jeweiligen Entscheidungssituation zum Zeitpunkt der Entscheidung zu evaluieren.[48] In der verhaltenswissenschaftlichen Forschung ist dieses Phänomen als sog. *hindsight bias* be-

---

[43] Vgl. *Fleischer, Holger*: Die "Business Judgment Rule" im Spiegel von Rechtsvergleichung und Rechtsökonomie, in: FS Wiedemann, S. 827–849, hier S. 829; *Hopt, Klaus J.*: Die Verantwortlichkeit von Vorstand und Aufsichtsrat: Grundsatz und Praxisprobleme – unter besonderer Berücksichtigung der Banken, a.a.O., hier S. 1795; *Lohse, Andrea*: Unternehmerisches Ermessen: Zu den Aufgaben und Pflichten von Vorstand und Aufsichtsrat, Tübingen 2005, hier S. 37. Nach Ansicht von *Wagner* wird der Präventionsfunktion im geltenden Recht der Organhaftung in Deutschland nur eine untergeordnete Rolle zugeschrieben, vgl. *Wagner, Gerhard*: Organhaftung im Interesse der Verhaltenssteuerung – Skizze eines Haftungsregimes, a.a.O., hier S. 251–253; wohl zustimmend *Bayer, Walter/Scholz, Philipp*: Haftungsbegrenzung und D&O-Versicherung im Recht der aktienrechtlichen Organhaftung, a.a.O., hier S. 928 f.

[44] Vgl. *Semler, Johannes*: Entscheidungen und Ermessen im Aktienrecht, in: FS Ulmer, S. 627–642, hier S. 627 f.; *Spindler, Gerald*: Kommentierung zu § 93 AktG, in: Münchener Kommentar AktG, hier Rn. 36.

[45] Vgl. *Fleischer, Holger*: Die „Business Judgment Rule": Vom Richterrecht zur Kodifizierung, a.a.O., hier S. 685 f.; *Fleischer, Holger*: Die "Business Judgment Rule" im Spiegel von Rechtsvergleichung und Rechtsökonomie, a.a.O., hier S. 830; *Paefgen, Walter G.*: Dogmatische Grundlagen, Anwendungsbereich und Formulierung einer Business Judgment Rule im künftigen UMAG, in: AG, 14. Jg. (2004), S. 245–261, hier S. 247 f.

[46] Vgl. *Hopt, Klaus J.*: Die Haftung von Vorstand und Aufsichtsrat, in: FS Mestmäcker, S. 909–931, hier S. 914; *Merkt, Hanno*: Managerhaftung im Finanzsektor: Status Quo und Reformbedarf, a.a.O., hier S. 722.

[47] Vgl. *Fleischer, Holger*: Die "Business Judgment Rule" im Spiegel von Rechtsvergleichung und Rechtsökonomie, a.a.O., hier S. 832; *Fleischer, Holger*: Die „Business Judgment Rule": Vom Richterrecht zur Kodifizierung, a.a.O., hier S. 686; *Schäfer, Carsten*: Die Binnenhaftung von Vorstand und Aufsichtsrat nach der Renovierung durch das UMAG, a.a.O., hier S. 1253 f.; *Brömmelmeyer, Christoph*: Neue Regeln für die Binnenhaftung des Vorstands – Ein Beitrag zur Konkretisierung der Business Judgement Rule, in: WM, 59. Jg. (2005), S. 2065–2070, hier S. 2068 f. Nach Ansicht des OLG Koblenz darf das Gericht „nicht als ‚nachträglicher Besserwisser' erscheinen", OLG Koblenz: Urteil vom 23.12.2014 - 3 U 1544/13, in: ZIP, 36. Jg. (2015), S. 224–225, hier S. 225.

[48] Vgl. u.a. *Eisenführ, Franz et al.*: Rationales Entscheiden, 5. Aufl., Heidelberg et al. 2010, hier S. 4 f.

kannt.[49] Im Ergebnis bleibt daher festzuhalten, dass mit der Rechtsfigur der *business judgment rule* das Ziel verfolgt wird, eine angemessene Risikobereitschaft des Vorstands sicher zu stellen,[50] wofür eine ausgewogene Balance zwischen Vorstandshaftung und unternehmerischem Handlungsfreiraum unabdingbar ist.[51]

b)   Die Diskussionen im Vorfeld der Aufnahme der business judgment rule in das deutsche Aktienrecht

aa)   Skizze der Rechtsprechung des BGH im Fall ARAG/Garmenbeck im Jahr 1997

Während der BGH bereits in seiner früheren Rechtsprechung seit dem Jahr 1977 den Weg für eine *business judgment rule* geebnet hatte,[52] erfolgte deren „höchstrichterliche[r] Ritterschlag"[53] durch dessen Urteil im Fall ARAG/Garmenbeck im Jahr 1997. In einem dem Urteil vorangestellten Leitsatz hält der BGH fest, dass „dem Vorstand für die Leitung der Geschäfte der AG ein weiter Handlungsspielraum zugebilligt werden muß, ohne den unternehmerisches Handeln schlechterdings nicht denkbar"[54] sei. In der nachfolgenden Urteilsbegründung führt das Gericht ferner aus, dass eine Schadenersatzpflicht eines Vorstandsmitglieds „wegen einer Verletzung seiner Geschäftsführungspflichten" erst dann in Betracht komme, „wenn die Grenzen, in denen sich ein von Verantwortungsbewußtsein getragenes, ausschließlich am Unternehmenswohl orientiertes, auf sorgfältiger Ermittlung der Entscheidungsgrundlagen beruhendes unternehmerisches Handeln bewegen muß, deutlich überschritten sind, die Bereit-

---

[49] Unter dem *hindsight bias* wird eine Überschätzung der Wahrscheinlichkeit von ex-ante unsicheren Ereignissen nach deren tatsächlich erfolgtem Eintritt verstanden, vgl. grundlegend *Fischhoff, Baruch*: Hindsight ≠ Foresight: The Effect of Outcome Knowledge on Judgment Under Uncertainty, in: J. Exp. Psy. Hu. Perc. Perf., Vol. 1 (1975), Nr. 3, S. 288–299, hier S. 297; *Fleischer, Holger*: Die „Business Judgment Rule": Vom Richterrecht zur Kodifizierung, a.a.O., hier S. 686; *Kocher, Dirk*: Zur Reichweite der Business Judgment Rule, in: CCZ, 2. Jg. (2009), S. 215–221, hier S. 216. Zum *hindsight bias* in der US-amerikanischen Rechtsprechung, vgl. *Rachlinski, Jeffrey J.*: A Positive Psychological Theory of Judging in Hindsight, in: The University of Chicago Law Review, Vol. 65 (1998), Nr. 2, S. 571–625, hier S. 588–590; *Rachlinski, Jeffrey J.*: Heuristics and Biases in the Courts: Ignorance or Adaptation, in: Oregon Law Review, Vol. 79 (2000), Nr. 1, S. 61–102, hier S. 66–69.
[50] Vgl. u.a. *Brömmelmeyer, Christoph*: Neue Regeln für die Binnenhaftung des Vorstands – Ein Beitrag zur Konkretisierung der Business Judgement Rule, a.a.O., hier S. 2066.
[51] Vgl. u.a. *Hopt, Klaus J.*: Die Haftung von Vorstand und Aufsichtsrat, a.a.O., hier S. 919.
[52] Vgl. BGH: Urteil vom 4.7.1977 - II ZR 150/75, in: BGHZ 69, S. 207–223, hier S. 210; BGH: Urteil vom 9.7.1979 - II ZR 118/77, in: BGHZ 75, S. 96–116, hier S. 110; BGH: Beschluss vom 24.2.1997 - II ZB 11/96, in: BGHZ 134, S. 392–401, hier S. 398 f. sowie die Übersicht bei *Goette*, vgl. *Goette, Wulf*: Leitung, Aufsicht, Haftung – zur Rolle der Rechtsprechung bei der Sicherung einer modernen Unternehmensführung, in: FS BGH, S. 123–142, hier S. 133–138.
[53] *Fleischer, Holger*: Die "Business Judgment Rule" im Spiegel von Rechtsvergleichung und Rechtsökonomie, a.a.O., hier S. 837.
[54] BGH: Urteil vom 21.4.1997 - II ZR 175/95, in: BGHZ 135, S. 244–257, hier S. 244.

schaft, unternehmerische Risiken einzugehen, in unverantwortlicher Weise überspannt worden ist oder das Verhalten des Vorstands aus anderen Gründen als pflichtwidrig gelten muß", denn „die unternehmerische Handlungsfreiheit ist Teil und notwendiges Gegenstück der dem Vorstand [...] obliegenden Führungsaufgabe".[55] Eine Verletzung der Sorgfaltspflicht kann mithin auf drei Arten erfolgen:[56] eine deutliche Überschreitung des dem Vorstand zustehenden Handlungsspielraums, eine unverantwortliche Übernahme unternehmerischer Risiken sowie andere Gründe, die ein pflichtwidriges Verhalten nach sich ziehen.[57]

bb)   Analyse der US-amerikanischen *business judgment rule* als Leitbild für die Entwicklung in Deutschland

Seit der Entscheidung des Louisiana Supreme Court im Jahr 1829[58] ist die *business judgment rule* maßgeblich für die rechtliche Bewertung von unternehmerischen Entscheidungen des Leitungsorgans in der US-amerikanischen Rechtsprechung.[59] Wenngleich die *business judgment rule* in den USA nicht gesetzlich kodifiziert ist, kommt sie in allen relevanten US-Bundesstaaten zur Anwendung.[60] Neben dem Wortlaut des American Law Institute im Rahmen der Principles of Corporate Governance[61] ist vor allem auch die Formulierung der Ge-

---

[55]   BGH: Urteil vom 21.4.1997 - II ZR 175/95, a.a.O., hier S. 253 f. (alle Zitate).

[56]   Vgl. *Ihrig, Hans-Christoph*: Reformbedarf beim Haftungstatbestand des § 93 AktG, a.a.O., hier S. 2100.

[57]   Nach *Henze* ist zur Konkretisierung der anderen Gründe ein Rückgriff auf § 93 Abs. 3 AktG möglich, vgl. *Henze, Hartwig*: Die Entscheidungspraxis des Bundesgerichtshofes, in: NJW, 51. Jg. (1998), S. 3309–3312, hier S. 3311.

[58]   Vgl. Percy v. Millaudon, 8 Mart. (n.s) 68 (La. 1829).

[59]   Vgl. *Block, Dennis J. et al.*: The Business Judgment Rule – Fiduciary Duties of Corporate Directors, 5. Aufl., New York, NY: Aspen Law & Business 1998, hier S. 4–6; *Fleischer, Holger*: Die "Business Judgment Rule" im Spiegel von Rechtsvergleichung und Rechtsökonomie, a.a.O., hier S. 833; *Kock, Martin/Dinkel, Renate*: Die zivilrechtliche Haftung von Vorständen für unternehmerische Entscheidungen – Die geplante Kodifizierung der Business Judgment Rule im Gesetz zur Unternehmensintegrität und Modernisierung des Anfechtungsrechts in: NZG, 7. Jg. (2004), S. 441–448, hier S. 445.

[60]   Vgl. *Block, Dennis J. et al.*: The Business Judgment Rule – Fiduciary Duties of Corporate Directors, a.a.O., hier S. 19–24; *Fleischer, Holger*: Die "Business Judgment Rule" im Spiegel von Rechtsvergleichung und Rechtsökonomie, a.a.O., hier S. 833.

[61]   § 4.01 (c) enthält folgende Formulierung: „A Director or officer who makes a business judgment in good faith fullfills the duty of care if the Director or officer: (1) is not interested in the subject of the business judgment; (2) is informed with respect to the subject of the business judgment to the extent the Director or officer reasonably believes to be appropriate under the circumstances; and (3) rationally believes that the business judgment is in the best interests of the corporation", abgedruckt bei *Eisenberg*, vgl. American Law Institute: American Law Institute Principles of Corporate Governance: Analysis and Recommendations (1994), in: Corporations and other business organizations: statutes, rules, materials, and forms, hrsg. v. M. A. Eisenberg, New York, NY: Thomson Reuters/Foundation Press 2012, S. 1331–1399, hier S. 1357.

richte im Bundesstaat Delaware von Bedeutung.[62] Demnach beinhaltet die *business judgment rule* „a presumption that the Board acted independently, on an informed basis, in good faith and in the honest belief that its actions taken were in the best interest of the company"[63]. Die *business judgment rule* soll vermeiden, dass die Gerichte im Nachhinein eine unternehmerische Entscheidung des Leitungsorgans[64] infrage stellen; eine Zielsetzung, die wesentlich durch die Erkenntnisse der Forschungsrichtung Behavioral Law and Economics unterstützt wird.[65] So hat bspw. der Delaware Supreme Court im Fall Brehm vs. Eisner bzgl. der Höhe der Abfindungszahlung von Walt Disney an Michael Ovitz im Jahr 2000 festgehalten, „that a court will not apply 20/20 hindsight to second guess a board's decision, except, in rare cases [where] a transaction may be so egregious on its face that the board approval cannot meet the test of business judgment."[66]

Ferner unterliegt der US-amerikanischen *business judgment rule* die Vermutung, dass das Leitungsorgan grundsätzlich pflichtgemäß handelt,[67] mithin seinen *duties of loyalty* und *duties of care* regelmäßig Folge leistet.[68] Daher liegt die Beweislast, dass die Voraussetzungen der *business judgment rule* nicht vorliegen, grundsätzlich bei der Gesellschaft.[69] Aufgrund des

---

[62] Da mehr als die Hälfte der US-amerikanischen Aktiengesellschaften ihren Hauptsitz im Bundesstaat Delaware haben und die anderen Bundesstaaten der Rechtsprechung in Delaware i.d.R. folgen, vgl. *Bebchuk, Lucian A./Source, Alma C.*: Firms' Decisions Where to Incorporate, in: JLE, Vol. 46 (2003), Nr. 2, S. 383–425, hier S. 391.

[63] Vgl. Smith v. van Gorkom, 488 A.2d 858 (872) (Del. 1985); Revlon, Inc. v. MacAndrews & Forbes Holding, 506 A.2d 173 (180) (Del. 1986); Unocal Corporation v. Mesa Petroleum Co., 493 A.2d 946 (954) (Del. 1985); Aronson v. Lewis, 473 A.2d 805 (812) (Del. 1984); McMullin v. Beran, 765 A.2d 910 (916) (Del. 2000); Cede & Co.v. Technicolor Inc., 634 A.2d 345 (360) (Del. 1993).

[64] Im US-amerikanischen Gesellschaftsrecht sind dies *director* oder *officer*, vgl. *Block, Dennis J. et al.*: The Business Judgment Rule – Fiduciary Duties of Corporate Directors, a.a.O., hier S. 97–100.

[65] Vgl. *Sunstein, Cass R.*: Behavioral Law and Economics: A Progress Report, in: ALER, Vol. 1 (1999), Nr. 1–2, S. 115–157, hier S. 138; *Jolls, Christine*: Behavioral Law and Economics, NBER Working Paper No. 12827, NBER 2007, hier S. 27; *Rachlinski, Jeffrey J.*: A Positive Psychological Theory of Judging in Hindsight, a.a.O., hier S. 619–624.

[66] Brehm v. Eisner, 746 A.2d 244 (264) (Del. 2000).

[67] Vgl. *Hopt, Klaus J.*: Die Haftung von Vorstand und Aufsichtsrat, a.a.O., hier S. 920; *Merkt, Hanno*: Managerhaftung im Finanzsektor: Status Quo und Reformbedarf, a.a.O., hier S. 716.

[68] Zur Abgrenzung von *duties of loyalty* und *duties of care* im US-amerikanischen Gesellschaftsrecht, vgl. *Block, Dennis J. et al.*: The Business Judgment Rule – Fiduciary Duties of Corporate Directors, a.a.O., hier S. 109–117; *Easterbrook, Frank H./Fischel, Daniel R.*: The Economic Structure of Corporate Law, a.a.O., hier S. 103; *Oltmanns, Martin*: Geschäftsleiterhaftung und unternehmerisches Ermessen, Frankfurt a. M. et al. 2001, hier S. 14–17. Eine Analyse der Umsetzung von Treue- und Sorgfaltspflichten innerhalb der EU findet sich bei *Bachmann*, vgl. *Bachmann, Gregor*: Organhaftung in Europa – Die Ergebnisse der LSE-Studie 2013, in: ZIP, 34. Jg. (2013), S. 1946–1952, hier S. 1947–1949.

[69] Vgl. *Bainbridge, Stephen M.*: The Business Judgment Rule as Abstention Doctrine, in: Vanderbilt Law Review, Vol. 57 (2004), Nr. 1, S. 81–130, hier S. 88 f.; *Oltmanns, Martin*: Geschäftsleiterhaftung und unternehmerisches Ermessen, a.a.O., hier S. 98–100; *Hopt, Klaus J.*: Die Haftung von Vorstand und Aufsichtsrat, a.a.O., hier S. 920.

i.d.R. schwierigen Nachweises einer Verletzung der Sorgfaltspflicht durch den Geschädigten sowie der Zurückhaltung der US-amerikanischen Gerichte bzgl. der nachträglichen Überprüfung einer unternehmerischen Entscheidung liegt der Fokus der gerichtlichen Auseinandersetzung vor allem auf der Angemessenheit des Entscheidungsprozesses.[70] So hat bspw. der Delaware Supreme Court im Fall Smith vs. van Gorkom bzgl. der Zustimmung des *board of directors* zum Verkauf der Trans Union im Jahr 1985 eine Verletzung der Sorgfaltspflicht der *directors* ausschließlich deshalb festgestellt, da diese ihre Entscheidung „too hastily, without the right information, and without asking the right questions"[71] getroffen hatten.

cc)   Ausgewählte Vorschläge zur Formulierung einer deutschen *business judgment rule* im Vorfeld des UMAG

aaa)   Erster Formulierungsvorschlag von *Ulmer* im Jahr 1999 und dessen Übernahme durch die Regierungskommission Corporate Governance

Ulmer hat u.a. als Gegengewicht zur Verschärfung des Minderheitenrechts gemäß § 147 Abs. 3 AktG sowie „im Interesse der Rechtstransparenz" folgende Erweiterung von § 93 Abs. 2 AktG vorgeschlagen: „Eine Pflichtverletzung liegt nicht vor, wenn der Schaden durch unternehmerisches Handeln im Interesse der Gesellschaft auf der Grundlage angemessener Informationen verursacht wurde, auch wenn dieses Handeln sich aufgrund späterer Entwicklungen oder Erkenntnisse als für die Gesellschaft nachteilig erweist."[72] Dieser Vorschlag zur Kodifizierung der *business judgment rule* wurde durch den 63. Deutschen Juristentag im Jahr 2000 übernommen.[73] Des Weiteren hat sich auch die von der Bundesregierung im Nachgang der Insolvenz der Philipp Holzmann AG eingesetzte Regierungskommission Corporate Governance unter der Leitung von *Baums* den Ausführungen von *Ulmer* angeschlossen, da hierdurch klargestellt werde, dass „bei Verletzung der allgemeinen Sorgfaltspflicht eine reine Erfolgshaftung der Organmitglieder gegenüber der Gesellschaft ausscheidet, dass also für

---

[70]   Vgl. *Stout, Lynn A.*: In Praise of Procedure: An Economic and Behavioral Defense of Smith v. Van Gorkom and the Business Judgment Rule, in: Northwestern University Law Review, Vol. 96 (2001), Nr. 2, S. 675–693, hier S. 675 f.; *Oltmanns, Martin*: Geschäftsleiterhaftung und unternehmerisches Ermessen, a.a.O., hier S. 70 f.; *Block, Dennis J.*: The Business Judgment Rule – Fiduciary Duties of Corporate Directors, a.a.O., hier S. 74.

[71]   Smith v. van Gorkom, 488 A.2d 858 (872) (Del. 1985).

[72]   *Ulmer, Peter*: Die Aktionärsklage als Instrument zur Kontrolle des Vorstands- und Aufsichtsratshandelns, in: ZHR, 163. Jg. (1999), S. 290–342, hier S. 299 (beide Zitate).

[73]   Vgl. Deutscher Juristentag: Verhandlungen des 63. Deutschen Juristentages: Leipzig 2000, Band 2,1. Sitzungsberichte – Referate und Beschlüsse, München 2000, hier O 79.

Fehler im Rahmen des unternehmerischen Ermessens nicht gehaftet wird"[74].

bbb) Veröffentlichung des Referentenentwurfs des UMAG im Jahr 2004

In Anlehnung an die Empfehlung der Regierungskommission Corporate Governance veröffentlichte das Bundesministerium der Justiz (BMJ) am 28. Januar 2004 einen Referentenentwurf des UMAG, wonach § 93 Abs. 1 AktG um folgenden Satz 2 ergänzt werden sollte: „Eine Pflichtverletzung liegt nicht vor, wenn das Vorstandsmitglied bei einer unternehmerischen Entscheidung ohne grobe Fahrlässigkeit annehmen durfte, auf der Grundlage angemessener Information zum Wohle der Gesellschaft zu handeln."[75] Neben der abweichenden Verortung in § 93 Abs. 1 AktG ist insbesondere die explizite Nennung des Verschuldensmaßstabs der groben Fahrlässigkeit im Rahmen der subjektiven Bewertung der Angemessenheit der Informationsgrundlage als Unterschied zum Vorschlag von *Ulmer* festzustellen. Nach Ansicht der Verfasser soll durch eine Lockerung des Verschuldensmaßstabs eine „subjektive Absicherung des Freiraums" des Vorstandsmitglieds bei einer unternehmerischen Entscheidung geschaffen werden, da hierdurch eine „volle[.] ex post-Überprüfung durch die Gerichte" verhindert werde.[76] Des Weiteren verweist die amtliche Begründung auf die Vorbildfunktion der *business judgment rule* in den USA sowie auf die Parallelen zum Urteil des BGH im Fall ARAG/Garmenbeck[77] und bietet mithin weitere Ansatzpunkte zur normativen Interpretation von § 93 Abs. 1 AktG.

ccc) In der Literatur diskutierte Änderungsvorschläge zum Referentenentwurf

Nach Ansicht von *Thümmel* lässt sich aus dem Tatbestandsmerkmal der unternehmerischen Entscheidung nicht zweifelsfrei ableiten, dass bei Verstößen gegen Gesetz oder Satzung kein unternehmerischer Ermessensspielraum gewährt werde; er plädiert daher für deren expliziten Ausschluss.[78] Des Weiteren äußert *Fleischer* insbesondere Bedenken in rechtsdogmatischer Hinsicht, da durch die explizite Nennung des Verschuldensmaßstabs der groben Fahrlässig-

---

[74] *Baums, Theodor*: Bericht der Regierungskommission Corporate Governance, Köln 2001, hier S. 107.

[75] BMJ: Entwurf eines Gesetzes zur Unternehmensintegrität und Modernisierung des Anfechtungsrechts (UMAG) vom 28.01.2004, Berlin 2004, hier S. 1.

[76] *Seibert, Ulrich/Schütz, Carsten*: Der Referentenentwurf eines Gesetzes zur Unternehmensintegrität und Modernisierung des Anfechtungsrechts – UMAG, in: ZIP, 25. Jg. (2004), S. 252–258, hier S. 254 (beide Zitate).

[77] Vgl. BMJ: Entwurf eines Gesetzes zur Unternehmensintegrität und Modernisierung des Anfechtungsrechts (UMAG) vom 28.01.2004, a.a.O., hier S. 17.

[78] Vgl. *Thümmel, Roderich C.*: Organhaftung nach dem Referentenentwurf des Gesetzes zur Unternehmensintegrität und Modernisierung des Anfechtungsrechts (UMAG) – Neue Risiken für Manager?, in: DB, 57. Jg. (2004), S. 471–474, hier S. 472.

keit ein Verschuldenselement in die Definition der Pflichtverletzung aufgenommen werde, wodurch es zu einer Vermischung unterschiedlicher zivilrechtlicher Kategorien komme.[79] Auch *Ulmer* empfiehlt eine Streichung des Verschuldensmaßstabs, da sowohl aus einer rechtsvergleichenden als auch aus einer rechtssystematischen Sicht eine Reduzierung der Haftungsvoraussetzungen für ein pflichtwidriges Verhalten eines Vorstandsmitglieds auf grobe Fahrlässigkeit sachlich nicht zu rechtfertigen sei.[80] *Paefgen* fordert auf Basis einer rechtsvergleichenden Analyse eine deutliche Erweiterung der gesetzlichen Kodifizierung, welche explizit die Unverantwortlichkeit der Entscheidung als Ausschlussgrund für die Schutzwirkung des § 93 Abs. 1 Satz 2 AktG zum Ausdruck bringen sowie den Schutz des unternehmerischen Ermessens differenziert nach der Beeinflussung der Entscheidung durch einzelne Vorstandsmitglieder mit gesellschaftsfremden Interessen ausgestalten solle.[81] Des Weiteren spricht sich *Paefgen* für eine Anpassung der Beweislastverteilung zu Gunsten der beklagten Vorstandsmitglieder aus, so dass es zunächst der Klägerseite obliege, einen hinreichenden Beweis für den Verdacht eines pflichtwidrigen Verhaltens zu erbringen und erst danach die Beklagtenseite den Beweis eines pflichtgemäßen Verhaltens anzutreten habe.[82] Auch *Roth* fordert aufgrund der Verschärfung des Minderheitenrechts und der damit einhergehenden Gefahr einer Inanspruchnahme der Vorstandsmitglieder eine Änderung der Beweislast entsprechend den US-amerikanischen Verhältnissen.[83]

---

[79] Vgl. *Fleischer, Holger*: Die „Business Judgment Rule": Vom Richterrecht zur Kodifizierung, a.a.O., hier S. 689.

[80] Vgl. *Ulmer, Peter*: Haftungsfreistellung bis zur Grenze grober Fahrlässigkeit bei unternehmerischen Fehlentscheidungen von Vorstand und Aufsichtsrat?, a.a.O., hier S. 860–863. Im Ergebnis übereinstimmend *Ihrig, Hans-Christoph*: Reformbedarf beim Haftungstatbestand des § 93 AktG, a.a.O., hier S. 2106 sowie *Thümmel, Roderich C.*: Organhaftung nach dem Referentenentwurf des Gesetzes zur Unternehmensintegrität und Modernisierung des Anfechtungsrechts (UMAG) – Neue Risiken für Manager ?, a.a.O., hier S. 472.

[81] Vgl. *Paefgen, Walter G.*: Dogmatische Grundlagen, Anwendungsbereich und Formulierung einer Business Judgment Rule im künftigen UMAG, a.a.O., hier S. 253, 255.

[82] Vgl. ebenda, hier S. 258 f.

[83] Vgl. *Roth, Markus*: Das unternehmerische Ermessen des Vorstands, in: BB, 59. Jg. (2004), S. 1066–1069, hier S. 1067.

c)   *Die Kodifizierung der business judgment rule durch das UMAG im Jahr 2005*

aa)   Möglichkeiten und Grenzen einer gesetzlichen Kodifizierung des unternehmerischen Ermessens

Mit der gesetzlichen Verankerung der *business judgment rule* wird eine „gleichmäßigere Rechtsanwendung im Hinblick auf die Ermessensgrenzen"[84] des Vorstandsmitglieds verbunden, wofür mit dem Urteil des BGH im Fall ARAG/Garmenbeck sowie den nachfolgenden Diskussionen die notwendigen Voraussetzungen grundsätzlich gegeben sind.[85] Neben der erhöhten „Legitimation, Transparenz und Rechtssicherheit" wird insbesondere auch der „Signalcharakter" einer gesetzlichen Kodifizierung des unternehmerischen Ermessens positiv bewertet.[86] Dementgegen unterbindet die Übernahme der *business judgment rule* in positives Recht zumindest teilweise den Dialog zwischen Rechtsprechung und Rechtslehre zur weitergehenden Entwicklung der Anforderungen an das unternehmerische Ermessen.[87] Dieser Verlust an Flexibilität ist bspw. ein wichtiger Grund dafür, weshalb in den USA[88] und Großbritannien[89] (bislang) auf eine gesetzliche Verankerung der *business judgment rule* verzichtet wurde. Obwohl demselben Rechtskreis angehörend, hat sich Australien bereits im Jahr 1999 zu einer gesetzlichen Kodifizierung des unternehmerischen Ermessens entschieden.[90] Im europäischen Vergleich[91] ist die *business judgment rule* neben Deutschland in weiteren 19 Mitgliedstaaten anerkannt, von denen sich fünf für eine Kodifizierung entschieden haben.[92] Folg-

---

[84]   *Thümmel, Roderich C.*: Organhaftung nach dem Referentenentwurf des Gesetzes zur Unternehmensintegrität und Modernisierung des Anfechtungsrechts (UMAG) – Neue Risiken für Manager ?, a.a.O., hier S. 472.

[85]   Vgl. *Ihrig, Hans-Christoph*: Reformbedarf beim Haftungstatbestand des § 93 AktG, a.a.O., hier S. 2101.

[86]   *Fleischer, Holger*: Die „Business Judgment Rule": Vom Richterrecht zur Kodifizierung, a.a.O., hier S. 687 (beide Zitate).

[87]   Vgl. *Koch, Jens*: Das Gesetz zur Unternehmensintegrität und Modernisierung des Anfechtungsrechts (UMAG) – ein Überblick, a.a.O., hier S. 783; *Fleischer, Holger*: Die „Business Judgment Rule": Vom Richterrecht zur Kodifizierung, a.a.O., hier S. 687; a.A. hingegen *Lutter, Marcus*: Die Business Judgement Rule und ihre praktische Anwendung, a.a.O., hier S. 842.

[88]   Im Rahmen des Revised Model Business Corporation Act im Jahr 1998 wurde (erneut) bewusst auf eine gesetzliche Kodifizierung der *business judgment rule* in den USA verzichtet, vgl. *Balotti, R. Franklin/ Hinsey, Joseph*: Director Care, Conduct, and Liability: The Model Business Corporation Act Solution, in: The Business Lawyer, Vol. 56 (2000), Nr. 1, S. 35–61, hier S. 56 f.

[89]   Vgl. The Company Law Review Steering Group: Modern Company Law for a Competitive Economy – Developing the Framework, London 2000, hier S. 42.

[90]   Vgl. *Fleischer, Holger*: Die "Business Judgment Rule" im Spiegel von Rechtsvergleichung und Rechtsökonomie, a.a.O., hier S. 834 f.

[91]   Die Ergebnisse basieren auf einer von der Europäischen Kommission in Auftrag gegebenen Studie zur Organhaftung in der EU durch die London School of Economics, vgl. *Gerner-Beuerle, Carsten et al.*: Study on Directors' Duties and Liability, London 2013, hier S. 115–118.

[92]   Vgl. *Bachmann, Gregor*: Organhaftung in Europa – Die Ergebnisse der LSE-Studie 2013, a.a.O., hier S. 1947.

lich erscheint die explizite Verankerung der *business judgment rule* im deutschen Aktienrecht zwar grundsätzlich sachgerecht, allerdings nicht zwingend erforderlich.

bb)   Kodifizierung der deutschen *business judgment rule* durch die Einführung des § 93 Abs. 1 Satz 2 AktG in das deutsche Aktienrecht

Im Grundsatz hat „die Business Judgment Rule [...] in Gesetzesform gegossen, was in Rechtsprechung und Schrifttum ohnehin anerkannt war"[93]. Im Vergleich zum Referentenentwurf unterscheidet sich der finale Wortlaut des § 93 Abs. 1 Satz 2 AktG ausschließlich darin, dass der Verschuldensmaßstab der groben Fahrlässigkeit durch den Begriff ‚vernünftigerweise' ersetzt wurde. Mithin liegt die Beweislast für eine Inanspruchnahme der Schutzwirkung der *business judgment rule* (unverändert) beim Vorstandsmitglied.[94] In der Regierungsbegründung stellt der Gesetzgeber klar, dass mit der Einführung von § 93 Abs. 1 Satz 2 AktG „eine Erfolgshaftung der Organmitglieder gegenüber der Gesellschaft ausscheide[.]" und der Bereich des „unternehmerischen Handlungsspielraums [...] aus dem Tatbestand der Sorgfaltspflichtverletzung nach Satz 1" ausgegrenzt werde.[95] Des Weiteren wird explizit auf die Ausstrahlungswirkung der Regelung auf andere Rechtsgebiete verwiesen, da „der Grundgedanke eines Geschäftsleiterermessens im Bereich unternehmerischer Entscheidungen [...] nicht auf den Haftungstatbestand des § 93 AktG und nicht auf die Aktiengesellschaft beschränkt"[96] sei.[97]

Aufgrund der zumindest teilweise problematischen Kodifizierung des unternehmerischen Ermessens ist die durch das UMAG eingeführte Erweiterung des § 93 AktG als Kompromiss zu

---

[93]   *Habersack, Mathias*: Perspektiven der aktienrechtlichen Organhaftung, a.a.O., hier S. 797 [im Original teilweise hervorgehoben].

[94]   Vgl. Entwurf eines UMAG, a.a.O., hier S. 12; *Habersack, Mathias*: Perspektiven der aktienrechtlichen Organhaftung, a.a.O., hier S. 799; *Hopt, Klaus J.*: Die Verantwortlichkeit von Vorstand und Aufsichtsrat: Grundsatz und Praxisprobleme – unter besonderer Berücksichtigung der Banken, a.a.O., hier S. 1799 f.; *Loritz, Karl-Georg/Wagner, Klaus-R.*: Haftung von Vorständen und Aufsichtsräten, in: DStR, 50. Jg. (2012), S. 2189–2195, hier S. 2189; *Rieder, Markus S./Holzmann, Daniel*: Die Auswirkungen der Finanzkrise auf die Organhaftung, in: AG, 21. Jg. (2011), S. 265–274, hier S. 266.

[95]   Entwurf eines UMAG, a.a.O., hier S. 11 (beide Zitate).

[96]   Ebenda, hier S. 12.

[97]   Vgl. *Lutter, Marcus*: Die Business Judgement Rule und ihre praktische Anwendung, a.a.O., hier S. 847; *Graumann, Matthias/Grundei, Jens*: Wann entsprechen unternehmerische Entscheidungen der gesellschaftsrechtlichen Anforderung »angemessener Information«?, in: DBW, 71. Jg. (2011), S. 379–399, hier S. 380; *Falkenhausen, Joachim Freiherr von*: Die Haftung außerhalb der Business Judgment Rule, a.a.O., hier S. 646. Für eine analoge Anwendung auf Mitglieder des Aufsichtsorgans einer Anstalt des öffentlichen Rechts, vgl. *Schmidt, Reiner/Bulla, Simon*: Zur Haftung von Mitgliedern der Aufsichtsorgane von Anstalten des öffentlichen Rechts am Beispiel der Bayerischen Landesbank und der Bayerischen Staatsforsten, in: FS Hommelhoff, S. 1001–1022, hier S. 1010 f.; *Casper, Matthias*: Die Anwendbarkeit der Business Judgment Rule bei Landesbanken, in: FS Goette, S. 29–42, hier S. 30–32.

bewerten: Durch die knappe Formulierung in § 93 Abs. 1 Satz 2 AktG werden einerseits die Grundsätze für einen unternehmerischen Ermessensspielraum gesetzlich fixiert, gleichzeitig wird der Rechtsprechung genügend Raum für eine detailliertere Ausgestaltung der *business judgment rule* zugesprochen.[98]

d) Kritische Würdigung des weiten Ermessensspielraums des Vorstands zur Sicherstellung des Normzwecks des § 93 Abs. 1 Satz 2 AktG aus ökonomischer Sicht

aa) Die Billigung eines weiten Ermessensspielraums für den Vorstand bei unternehmerischen Entscheidungen zur Sicherstellung des Normzwecks des § 93 Abs. 1 Satz 2 AktG

Die Regelung der Vorstandshaftung darf nicht dazu führen, dass Vorstandsmitglieder aufgrund der Gefahr einer möglichen nachträglichen Haftung für fehlgeschlagene Entscheidungen ökonomisch sinnvolle Risiken vermeiden.[99] Ein weiter Ermessensspielraum bei unternehmerischen Entscheidungen trägt zu einer sachgerechten Reduzierung dieser Gefahr bei.[100] Des Weiteren erfordern auch die regelmäßig vorliegenden Charakteristika einer unternehmerischen Entscheidung (Unsicherheit und Zeitdruck) einen gewissen Ermessensspielraum für das Leitungsorgan, um der Gefahr des Auslassens von ökonomischen Chancen entgegen zu treten.[101] Gleichzeitig liegen Erkenntnisse aus der verhaltenswissenschaftlichen Forschung vor, wonach Entscheidungsträger auch bei Billigung eines weiten Ermessensspielraums einen Anreiz haben, ihrer Sorgfaltspflicht nachzukommen, wodurch die mit einem weiten Ermessensspielraum einhergehenden Nachteile, wie bspw. die Gefahr der Übernahme von unver-

---

[98] Vgl. *Koch, Jens*: Das Gesetz zur Unternehmensintegrität und Modernisierung des Anfechtungsrechts (UMAG) – ein Überblick, a.a.O., hier S. 783; *Ihrig, Hans-Christoph*: Reformbedarf beim Haftungstatbestand des § 93 AktG, a.a.O., hier S. 2102; *Bachmann, Gregor*: Editorial: Reformbedarf bei der Business Judgement Rule?, in: ZHR, 177. Jg. (2013), S. 1–12, hier S. 11; *Koch, Jens*: Keine Ermessensspielräume bei der Entscheidung über die Inanspruchnahme von Vorstandsmitgliedern, in: AG, 19. Jg. (2009), S. 93–102, hier S. 95 f.

[99] Vgl. *Rieder, Markus S./Holzmann, Daniel*: Die Auswirkungen der Finanzkrise auf die Organhaftung, a.a.O., hier S. 266; *Spindler, Gerald*: Organhaftung in der AG – Reformbedarf aus wissenschaftlicher Perspektive, a.a.O., hier S. 890.

[100] Vgl. *Roth, Markus*: Unternehmerisches Ermessen und Haftung des Vorstands, München 2001, hier S. 93.

[101] Vgl. *Semler, Johannes*: Entscheidungen und Ermessen im Aktienrecht, a.a.O., hier S. 640; *Nauheim, Markus/Goette, Constantin*: Managerhaftung im Zusammenhang mit Unternehmenskäufen – Anmerkungen zur Business Judgment Rule aus der M&A-Praxis, in: DStR, 51. Jg. (2013), S. 2520–2526, hier S. 2521; *Spindler, Gerald*: Kommentierung zu § 93 AktG, a.a.O., hier Rn. 41. Diese Besonderheiten einer unternehmerischen Entscheidung werden auch vom Gesetzgeber geteilt, vgl. Entwurf eines UMAG, a.a.O., hier S. 11.

hältnismäßig großen Risiken, teilweise abgeschwächt werden.[102]

Eine Einschränkung des Normzwecks des § 93 Abs. 1 Satz 2 AktG liegt hingegen in der Beweislastverteilung, mit welcher gleichfalls signifikante Anforderungen an die Dokumentation sowie oftmals große Schwierigkeiten des ex-post-Nachweises eines pflichtgemäßen Verhaltens verbunden sind. Dadurch werden insbesondere bereits ausgeschiedene Mitglieder des Leitungsorgans vor große Schwierigkeiten gestellt.[103] Darüber hinaus führt die zehnjährige Verjährungsfrist von Schadenersatzansprüchen aufgrund eines pflichtwidrigen Verhaltens eines Vorstandsmitglieds bei börsennotierten Gesellschaften (§ 93 Abs. 6 AktG) zu einer weiteren Verstärkung dieser Gefahr.[104] Allerdings trägt die Rechtsprechungspraxis (in gewissem Umfang) zu deren Begrenzung bei, da die Angabe von plausiblen Anhaltspunkten durch das Vorstandsmitglied als ausreichend angesehen wird und die sekundäre Darlegungslast sodann der Gesellschaft obliegt.[105]

Dementgegen ist nach Ansicht von *Lohse* der Ermessensspielraum für das Leitungsorgan aufgrund der fehlenden Regelungen hinsichtlich der Informationsgrundlage sowie des Gesellschaftswohls zu weit gefasst, so dass die „Organhaftung [...] ihre Steuerungsfunktion" verliere und im Ergebnis „sogar [zu] eine[r] Fehlsteuerung" führe.[106] Dieser Einschätzung ist entgegen zu halten, dass eine Kodifizierung von konkreten Regelungen für das unternehmerische Ermessen einerseits nur weitgehend allgemeiner Natur sein kann, sowie andererseits potenzielle Anreize zur Erfüllung der gesetzlichen Regelungen bei gleichzeitiger Missachtung des Sinn und Zwecks der Norm setzen kann. Insofern ist der Lösungsansatz des § 93 Abs. 1 Satz 2 AktG als sachgerecht zu bezeichnen.

---

[102] Vgl. *Stout, Lynn A.*: On the Proper Motives of Corporate Directors (Or, Why You Don't Want to Invite Homo Economicus to Join Your Board), in: Delaware Journal of Corporate Law, Vol. 28 (2003), Nr. 1, S. 1–25, hier S. 8–10. So gibt es bspw. zahlreiche Studien, in denen Individuen ein altruistisches Verhalten im Sinne der expliziten Berücksichtigung von fremden Interessen zeigen, ohne hieraus selbst einen direkten Nutzen zu ziehen, vgl. u.a. *Dawes, Robyn M./Thaler, Richard H.*: Anomalies: Cooperation, in: JEP, Vol. 2 (1988), Nr. 3, S. 187–197, hier S. 192–195; *Stout, Lynn A.*: On the Proper Motives of Corporate Directors (Or, Why You Don't Want to Invite Homo Economicus to Join Your Board), a.a.O., hier S. 10–13.

[103] Vgl. *Habersack, Mathias*: Perspektiven der aktienrechtlichen Organhaftung, a.a.O., hier S. 799; *Hopt, Klaus J.*: Die Verantwortlichkeit von Vorstand und Aufsichtsrat: Grundsatz und Praxisprobleme – unter besonderer Berücksichtigung der Banken, a.a.O., hier S. 1799, 1803.

[104] Vgl. u.a. *Baums, Theodor*: Managerhaftung und Verjährung, in: ZHR, 174. Jg. (2010), S. 593–615, hier S. 606–608; *Fleischer, Holger*: Verjährung von Organhaftungsansprüchen: Rechtspraxis – Rechtsvergleichung – Rechtspolitik, in: AG, 24. Jg. (2014), S. 457–472, hier S. 467.

[105] Vgl. *Bachmann, Gregor*: Editorial: Reformbedarf bei der Business Judgement Rule?, a.a.O., hier S. 7 f.

[106] *Lohse, Andrea*: Unternehmerisches Ermessen: Zu den Aufgaben und Pflichten von Vorstand und Aufsichtsrat, a.a.O., hier S. 48 (beide Zitate).

bb) Das Eingehen von unternehmerischen Risiken als notwendige Voraussetzung für unternehmerischen Erfolg

Das Eingehen von unternehmerischen Risiken ist untrennbar mit der Nutzung von unternehmerischen Chancen verbunden, welche gleichfalls für eine nachhaltige Gewinnerzielung unabdingbar ist;[107] denn „eine erfolgreiche wirtschaftliche Tätigkeit [ist] ohne das Eingehen vernünftiger Risiken nicht möglich."[108] Des Weiteren stellen die Unternehmenseigner unter expliziter Erwartung einer Rendite dem Unternehmen Kapital zur Verfügung, wodurch bewusst das Eingehen von Risiken durch das Leitungsorgan akzeptiert bzw. implizit eingefordert wird.[109] So ist bspw. die Einführung eines neuen Produkts oder einer neuen Technologie aufgrund der hiermit einhergehenden Kosten stets mit dem Risiko einer Fehlinvestition verbunden, falls das Produkt oder die Technologie die Erwartungen nicht vollständig zu erfüllen vermag.[110]

Darüber hinaus liefern die Diskussionen zur *business judgment rule* in den USA wertvolle Hinweise für eine ökonomische Würdigung des § 93 Abs. 1 Satz 2 AktG. So besteht der zentrale Ansatzpunkt der interdisziplinären Forschungsrichtung Law and Economics darin, dass der Nutzen einer Begrenzung der Organhaftung die damit verbundenen Kosten für die Unternehmenseigner übersteigt.[111] Neben dem Auslassen von Chancen wird dabei vor allem der mögliche Verlust von geeigneten Kandidaten für das Leitungsorgan als Kostenargument angeführt.[112] Während diese Überlegungen aus ökonomischer Sicht grundsätzlich überzeugen, wird insbesondere die Möglichkeit einer zuverlässigen Quantifizierung von Kosten und Nut-

---

[107] Vgl. *Paefgen, Walter G.*: Dogmatische Grundlagen, Anwendungsbereich und Formulierung einer Business Judgment Rule in künftigen UMAG, a.a.O., hier S. 247; *Semler, Johannes*: Entscheidungen und Ermessen im Aktienrecht, a.a.O., hier S. 627 f.; *Freitag, Robert/Korch, Stefan*: Die Angemessenheit der Information im Rahmen der Business Judgment Rule (§ 93 Abs. 1 Satz 2 AktG), in: ZIP, 33. Jg. (2012), S. 2281–2286, hier S. 2284; *Lohse, Andrea*: Unternehmerisches Ermessen: Zu den Aufgaben und Pflichten von Vorstand und Aufsichtsrat, a.a.O., hier S. 37.

[108] *Kocher, Dirk*: Zur Reichweite der Business Judgment Rule, a.a.O., hier S. 216.

[109] Vgl. *Paefgen, Walter G.*: Dogmatische Grundlagen, Anwendungsbereich und Formulierung einer Business Judgment Rule im künftigen UMAG, a.a.O., hier S. 247; *Fleischer, Holger*: Die "Business Judgment Rule" im Spiegel von Rechtsvergleichung und Rechtsökonomie, a.a.O., hier S. 830; *Block, Dennis J. et al.*: The Business Judgment Rule – Fiduciary Duties of Corporate Directors, a.a.O., hier S. 12–15.

[110] Vgl. auch *Brömmelmeyer, Christoph*: Neue Regeln für die Binnenhaftung des Vorstands – Ein Beitrag zur Konkretisierung der Business Judgement Rule, a.a.O., hier S. 1066.

[111] Vgl. *Aman, Todd M.*: Cost-Benefit Analysis of the Business Judgment Rule: A Critique In Light of the Financial Meltdown, in: Albany Law Review, Vol. 74 (2011), Nr. 1, S. 1–45, hier S. 4. Zum Ansatz der Forschungsrichtung Law and Economics, vgl. *Posner, Richard A.*: Economic analysis of law, a.a.O., hier S. 23–27.

[112] Vgl. *Block, Dennis J. et al.*: The Business Judgment Rule – Fiduciary Duties of Corporate Directors, a.a.O., hier S. 12.

zen infrage gestellt.[113]

cc) Die Beschränkung des Ermessensspielraums des Vorstands aufgrund von
     Schutzbedürfnissen anderer Anspruchsgruppen

Die Verwaltungsorgane einer Aktiengesellschaft handeln bei Ausführung ihrer Leitungsfunktion als treuhänderische Vermögensverwalter für die Gesellschaftseigner.[114] Laut BGH obliegt ihnen „eine Vermögensbetreuungspflicht, die aus ihrer Stellung als Verwalter des für sie
fremden Vermögens der Aktiengesellschaft folgt."[115] Die Organhaftung hat daher neben einer
Steuerungsfunktion insbesondere auch eine Kompensationsfunktion zu erfüllen, nach welcher
die aufgrund eines pflichtwidrigen Verhaltens des Vorstands geschädigte Gesellschaft Anspruch auf einen Ausgleich des Schadens geltend machen kann.[116] Hierfür ist eine gewisse
Beschränkung des Ermessensspielraums des Vorstands erforderlich, durch welche gleichfalls
das die Gesellschaft tragende Risiko begrenzt wird.[117] Mithin ist es Aufgabe der Rechtsprechung, im Rahmen der fallspezifischen Bewertung die Steuerungsfunktion der Organhaftung
zu gewährleisten und gleichzeitig der Kompensationsfunktion ausreichend Gewicht einzu-
räumen.

Darüber hinaus stellt die *business judgment rule* sicher, dass der Vorstand die Leitungsfunktion über die Belange der Gesellschaft auch tatsächlich wahrnehmen kann. Durch die (implizi-
te) Ablehnung eines Rechts der Gesellschaftseigner zu einer regelmäßigen Überprüfung von
unternehmerischen Entscheidungen durch die Rechtsprechung wird verhindert, dass die Lei-

---

[113] Vgl. u.a. *Aman, Todd M.*: Cost-Benefit Analysis of the Business Judgment Rule: A Critique In Light of the
       Financial Meltdown, a.a.O., hier S. 32–43. Problematisch sind hierbei insbesondere die vollständige Erfas-
       sung von Kosten und Nutzen aufgrund von Externalitäten sowie die Anwendung eines zuverlässig ermittel-
       baren Wertgerüsts, vgl. *Kennedy, Duncan*: Cost-Benefit Analysis of Entitlement Problems: A Critique, in:
       Stanford Law Review, Vol. 33 (1981), Nr. 3, S. 387–445, hier S. 393–421.
[114] Vgl. *Säcker, Franz J.*: Finanzmarktkrise, Sorglosigkeit von Verwaltungsorganen und Untreuetatbestand, in:
       Die Finanzkrise, das Wirtschaftsstrafrecht und die Moral, hrsg. v. K. Lüderssen et al., Berlin und New York,
       NY 2010, S. 119–131, hier S. 124; *Raiser, Thomas*: Pflicht und Ermessen von Aufsichtsratsmitgliedern –
       Zum Urteil des OLG Düsseldorf im Fall ARAG/Garmenbeck, in: NJW, 49. Jg. (1996), S. 552–554, hier
       S. 553 f.
[115] BGH: Urteil vom 21.12.2005 - 3 StR 470/04, a.a.O., hier S. 335.
[116] Vgl. *Hopt, Klaus J.*: Die Verantwortlichkeit von Vorstand und Aufsichtsrat: Grundsatz und Praxisprobleme
       – unter besonderer Berücksichtigung der Banken, a.a.O., hier S. 1795; *Horn, Norbert*: Die Haftung des
       Vorstands der AG nach § 93 AktG und die Pflichten des Aufsichtsrats, in: ZIP, 18. Jg. (1997), S. 1129–1139,
       hier S. 1129; *Lohse, Andrea*: Unternehmerisches Ermessen: Zu den Aufgaben und Pflichten von Vorstand
       und Aufsichtsrat, a.a.O., hier S. 37; *Roth, Markus*: Unternehmerisches Ermessen und Haftung des Vorstands,
       a.a.O., hier S. 29 f.
[117] Vgl. *Lutter, Marcus*: Bankenkrise und Organhaftung, in: ZIP, 30. Jg. (2009), S. 197–201, hier S. 198;
       Werder, Axel von: Wirtschaftskrise und persönliche Managementverantwortung: Sanktionsmechanismen aus
       betriebswirtschaftlicher Sicht, in: ZIP, 30. Jg. (2009), S. 500–507, hier S. 501.

tungsfunktion mittelbar auf die (klagenden) Gesellschaftseigner verlagert wird.[118] Zutreffend findet sich daher in der US-amerikanischen Rechtsprechung die Feststellung, dass die *business judgment rule* „protect[s] the corporation and its stockholders from other stockholders"[119]; denn bei Unzufriedenheit der Gesellschaftseigner mit der Ausführung der Leitungsfunktion durch den Vorstand steht diesen grundsätzlich die Möglichkeit zu dessen Abberufung zur Verfügung.[120]

---

[118] Vgl. *Block, Dennis J. et al.*: The Business Judgment Rule – Fiduciary Duties of Corporate Directors, a.a.O., hier S. 17 f.

[119] In re Consumers Power Co. Derivative Litigation, 132 F.R.D. 455 (464) (Mich. 1990).

[120] Vgl. *Block, Dennis J. et al.*: The Business Judgment Rule – Fiduciary Duties of Corporate Directors, a.a.O., hier S. 18.

2. Notwendigkeit der kumulativen Erfüllung der Tatbestandsmerkmale zur Inanspruchnahme des *safe harbor* gemäß § 93 Abs. 1 Satz 2 AktG

a) Fragliche Abgrenzbarkeit von unternehmerischen und rechtlich gebundenen Entscheidungen

Der Gesetzgeber unterscheidet in der Regierungsbegründung zum UMAG explizit zwischen unternehmerischen und rechtlich gebundenen Entscheidungen.[121] Mithin besteht der Schutz der *business judgment rule* weder bei Gesetzesverstößen noch bei Verstößen gegen Satzung, Anstellungsvertrag oder andere vertragliche Pflichten.[122] Aus ökonomischer Sicht ist das Tatbestandsmerkmal der unternehmerischen Entscheidung unter Berücksichtigung des Sinn und Zwecks der *business judgment rule* auszulegen.[123] Demnach sind hierunter sämtliche Entscheidungssituationen zu fassen, bei welchen eine Abwägung von unsicheren Chancen und Risiken über die zukünftige Entwicklung und die Auswirkungen der Entscheidung vorzunehmen ist.[124] Folglich zeichnen sich unternehmerische Entscheidungen dadurch aus, dass der Vorstand eine Auswahl zwischen mindestens zwei rechtlich zulässigen Alternativen treffen muss,[125] wobei sämtlichen Alternativen die Gefahr eines wirtschaftlichen Fehlschlags imma-

---

[121] Vgl. Entwurf eines UMAG, a.a.O., hier S. 11.

[122] Vgl. *Säcker, Franz J.*: Finanzmarktkrise, Sorglosigkeit von Verwaltungsorganen und Untreuetatbestand, a.a.O., hier S. 123; *Koch, Jens*: Das Gesetz zur Unternehmensintegrität und Modernisierung des Anfechtungsrechts (UMAG) – ein Überblick, a.a.O., hier S. 785 f.; *Ihrig, Hans-Christoph*: Reformbedarf beim Haftungstatbestand des § 93 AktG, a.a.O., hier S. 2105; *Schneider, Sven H.*: "Unternehmerische Entscheidungen" als Anwendungsvoraussetzung für die Business Judgement Rule, in: DB, 58. Jg. (2005), S. 707–712, hier S. 711; *Bosch, Nikolaus/Lange, Knut W.*: Unternehmerischer Handlungsspielraum des Vorstandes zwischen zivilrechtlicher Verantwortung und strafrechtlicher Sanktion, in: JZ, 64. Jg. (2009), S. 225–237, hier S. 230; *Lutter, Marcus*: Die Business Judgement Rule und ihre praktische Anwendung, a.a.O., hier S. 843; *Hopt, Klaus J./Roth, Markus*: Nachtrag zu § 93 AktG, in: Großkommentar AktG, hier Rn. 22–24.

[123] Vgl. *Schneider, Sven H.*: "Unternehmerische Entscheidungen" als Anwendungsvoraussetzung für die Business Judgement Rule, a.a.O., hier S. 708 f.; *Brömmelmeyer, Christoph*: Neue Regeln für die Binnenhaftung des Vorstands – Ein Beitrag zur Konkretisierung der Business Judgement Rule, a.a.O., hier S. 2066; *Schäfer, Carsten*: Die Binnenhaftung von Vorstand und Aufsichtsrat nach der Renovierung durch das UMAG, a.a.O., hier S. 1256. Zur kritischen Würdigung von Sinn und Zweck der *business judgment rule* siehe die Ausführungen in Abschnitt II.1.d).

[124] Vgl. *Brömmelmeyer, Christoph*: Neue Regeln für die Binnenhaftung des Vorstands – Ein Beitrag zur Konkretisierung der Business Judgement Rule, a.a.O., hier S. 2066; *Eckhold, Thomas*: Das Geschäftsleiterermessen des Bankvorstandes in der Krise, in: ZBB, 14. Jg. (2012), S. 364–373, hier S. 365. Die Auswahl hat ferner oftmals unter erheblichem Zeitdruck zu erfolgen, vgl. *Schäfer, Carsten*: Die Binnenhaftung von Vorstand und Aufsichtsrat nach der Renovierung durch das UMAG, a.a.O., hier S. 1258; *Nauheim, Markus/Goette, Constantin*: Managerhaftung im Zusammenhang mit Unternehmenskäufen – Anmerkungen zur Business Judgment Rule aus der M&A-Praxis, a.a.O., hier S. 2525.

[125] Vgl. *Schneider, Sven H.*: "Unternehmerische Entscheidungen" als Anwendungsvoraussetzung für die Business Judgement Rule, a.a.O., hier S. 709 f. Nach Ansicht von *Graumann* empfiehlt sich hierbei die Übernahme des weiten Entscheidungsbegriffs aus der betriebswirtschaftlichen Entscheidungslehre, vgl. *Graumann, Matthias*: Der Entscheidungsbegriff in § 93 Abs. 1 Satz 2 AktG, in: ZGR, 40. Jg. (2011), S. 293–303, hier S. 302.

nent ist.[126]

Kritisch ist die Anwendbarkeit der *business judgment rule* bei Entscheidungen mit rechtlicher Bindung zu sehen, wenn dem Vorstand ein gewisser Spielraum, wie bspw. bei der Einrichtung eines Risikofrüherkennungssystems gemäß § 91 Abs. 2 AktG, zugestanden wird. Nach Teilen der Literatur ist eine schützende Wirkung der *business judgment rule* hierbei dann in Erwägung zu ziehen, wenn Unsicherheiten bzgl. der Rechtslage vorliegen,[127] rechtliche Handlungsanweisungen fehlen[128] oder die konkrete Ausgestaltung (teilweise) eine Zukunftsprognose erfordert.[129] Demgegenüber spricht gegen eine Anwendung der *business judgment rule*, dass bei Entscheidungen mit rechtlicher Bindung i.d.R. keine Gefahr eines risikoaversen Verhaltens des Vorstands vorliegt und der Vorstand auch nicht (primär) im Interesse der Gesellschaftseigner agiert.[130] Insofern ist dem Vorstand in der Ausführung von Pflichtaufgaben mit rechtlicher Bindung zwar ein Beurteilungsspielraum zuzusprechen, dieser entspricht allerdings nicht dem unternehmerischen Ermessen, welches durch § 93 Abs. 1 Satz 2 AktG geschützt wird.[131]

Analog ist die Anwendbarkeit der *business judgment rule* bei unternehmerischen Entscheidungen des Aufsichtsrats, wie bspw. der Entscheidung zur Geltendmachung von Schadenersatzansprüchen gegen Vorstandsmitglieder, zu bewerten. Hierbei hat der Aufsichtsrat grund-

---

[126] Vgl. *Bosch, Nikolaus/Lange, Knut W.*: Unternehmerischer Handlungsspielraum des Vorstandes zwischen zivilrechtlicher Verantwortung und strafrechtlicher Sanktion, a.a.O., hier S. 230; *Lutter, Marcus*: Die Business Judgement Rule und ihre praktische Anwendung, a.a.O., hier S. 843; *Meyer, Andreas*: Finanzmarktkrise und Organhaftung, in: CCZ, 4. Jg. (2011), S. 41–47, hier S. 41 f.; *Habbe, Julia S./Köster, Anna-Elisabeth*: Neue Anforderungen an Vorstand und Aufsichtsrat von Finanzinstituten, in: BB, 66. Jg. (2011), S. 265–268, hier S. 267.

[127] Vgl. *Kocher, Dirk*: Zur Reichweite der Business Judgment Rule, a.a.O., hier S. 217 f.; *Thole, Christophe*: Managerhaftung für Gesetzesverstöße, in: ZHR, 173. Jg. (2009), S. 504–535, hier S. 522–525; *Paefgen, Walter G.*: Organhaftung: Bestandsaufnahme und Zukunftsperspektiven, a.a.O., hier S. 560.

[128] Vgl. *Bosch, Nikolaus/Lange, Knut W.*: Unternehmerischer Handlungsspielraum des Vorstandes zwischen zivilrechtlicher Verantwortung und strafrechtlicher Sanktion, a.a.O., hier S. 230.

[129] Vgl. *Kocher, Dirk*: Zur Reichweite der Business Judgment Rule, a.a.O., hier S. 217 f.; *Brömmelmeyer, Christoph*: Neue Regeln für die Binnenhaftung des Vorstands – Ein Beitrag zur Konkretisierung der Business Judgement Rule, a.a.O., hier S. 2066; wohl zustimmend *Kort, Michael*: Compliance-Pflichten von Vorstandsmitgliedern und Aufsichtsratsmitgliedern, in: FS Hopt, S. 983–1003, hier S. 991; *Merkt, Hanno*: Compliance und Risikofrüherkennung in kleinen und mittleren Unternehmen, in: ZIP, 35. Jg. (2014), S. 1705–1714, hier S. 1711.

[130] Vgl. *Holle, Philipp M.*: Rechtsbindung und Business Judgment Rule, in: AG, 21. Jg. (2011), S. 778–786, hier S. 782. Im Ergebnis übereinstimmend *Ihrig, Hans-Christoph*: Reformbedarf beim Haftungstatbestand des § 93 AktG, a.a.O., hier S. 2103.

[131] Vgl. *Holle, Philipp M.*: Rechtsbindung und Business Judgment Rule, a.a.O, hier S. 785; *Hopt, Klaus J./Roth, Markus*: Nachtrag zu § 93 AktG, a.a.O., hier Rn. 51–56; a.A. hingegen *Spindler, Gerald*: Risikomanagementpflichten nach § 91 Abs. 2 AktG und Prüfung durch den Abschlussprüfer, in: FS Ballwieser, S. 849–872, hier S. 851 f.

sätzlich eine zweistufige Prüfung durchzuführen.[132] Nach Feststellung des Bestehens und der Durchsetzbarkeit des Schadenersatzanspruchs ist zu prüfen, inwieweit ausnahmsweise von einer Anspruchsverfolgung abgesehen werden kann.[133] Zwar sind im Rahmen dieser Prüfung zahlreiche Entscheidungen unter Unsicherheit zu treffen (z.B. Ausgang des Gerichtsprozesses),[134] der ökonomische Sinn und Zweck der *business judgment rule* zur Vermeidung eines risikoaversen Verhaltens des Aufsichtsrats ist hingegen nicht einschlägig.[135] Mithin ist dem Aufsichtsrat zwar ein Beurteilungsspielraum zuzuordnen, allerdings sollte dessen Ausgestaltung grundsätzlich einer nachträglichen Überprüfung durch die Rechtsprechung zugänglich sein.[136]

b) Notwendige Konkretisierung der Anforderungen an die Angemessenheit der Informationsgrundlage

Aufgrund der Wichtigkeit des Tatbestandsmerkmals der angemessenen Informationsgrundlage zur Inanspruchnahme der *business judgment rule* ist deren Sicherstellung und Nachvollziehbarkeit von besonderer Bedeutung.[137] Nach Ansicht des Gesetzgebers bestimmt sich die Angemessenheit der Informationsgrundlage „anhand des Zeitvorlaufs, des Gewichts und der Art der zu treffenden Entscheidung"[138]. Angemessene Information ist daher nicht gleichbe-

---

[132] In Anlehnung an das Urteil des BGH im Fall ARAG/Garmenbeck, vgl. BGH: Urteil vom 21.4.1997 - II ZR 175/95, a.a.O, hier S. 253–256.

[133] Vgl. *Eichner, Christian/Höller, Timo*: Anforderungen an das Tätigwerden des Aufsichtsrats bei Verdacht einer Sorgfaltspflichtverletzung des Vorstands, in: AG, 21. Jg. (2011), S. 885–894, hier S. 886.

[134] Vgl. *Kocher, Dirk*: Zur Reichweite der Business Judgment Rule, a.a.O., hier S. 219; *Paefgen, Walter G.*: Die Inanspruchnahme pflichtvergessener Vorstandsmitglieder als unternehmerische Ermessensentscheidung des Aufsichtsrats, in: AG, 18. Jg. (2008), S. 761–769, hier S. 763.

[135] Vgl. *Kocher, Dirk*: Zur Reichweite der Business Judgment Rule, a.a.O., hier S. 219; *Koch, Jens*: Keine Ermessensspielräume bei der Entscheidung über die Inanspruchnahme von Vorstandsmitgliedern, a.a.O., hier S. 95 f.

[136] Vgl. *Schäfer, Carsten*: Die Binnenhaftung von Vorstand und Aufsichtsrat nach der Renovierung durch das UMAG, a.a.O., hier S. 1258; *Ihrig, Hans-Christoph*: Reformbedarf beim Haftungstatbestand des § 93 AktG, a.a.O., hier S. 2106 f.; *Kindler, Peter*: Unternehmerisches Ermessen und Pflichtbindung, in: ZHR, 162. Jg. (1998), S. 101–119, hier S. 113 f.; wohl zustimmend *Koch, Jens*: Die schleichende Erosion der Verfolgungspflicht nach ARAG/Garmenbeck, in: NZG, 17. Jg. (2014), S. 934–942, hier S. 939–941. Im Ergebnis übereinstimmend mit dem Urteil des BGH im Fall ARAG/Garmenbeck.

[137] Vgl. *Böttcher, Lars*: Bankvorstandshaftung im Rahmen der Sub-Prime Krise, in: NZG, 12. Jg. (2009), S. 1047–1052, a.a.O., hier S. 1048; *Herrmann, Marco et al.*: Haftung des Vorstandes und des Aufsichtsrates in der Staatsschuldenkrise, in: BB, 67. Jg. (2012), S. 1935–1943, hier S. 1936; *Mülbert, Peter O.*: Rechtliche Grenzen der Optimierung – das gesellschaftsrechtlich erlaubte Risiko, in: Ökonomie versus Recht im Finanzmarkt?, hrsg. v. E. Kempf et al., Berlin und Boston, MA 2011, S. 85–93, hier S. 93; *Kinzl, Ulrich-Peter*: Wie angemessen muss "angemessene Information" als Grundlage für Vorstandsentscheidungen sein?, in: DB, 57. Jg. (2004), S. 1653–1654, hier S. 1653; *Graumann, Matthias et al.*: Ausübung des Geschäftsleiterermessens bei riskanten Entscheidungen, a.a.O., hier S. 23.

[138] Entwurf eines UMAG, a.a.O., hier S. 12.

deutend mit vollständiger[139] oder bestmöglicher[140] Information; vielmehr sind ausschließlich die für die unternehmerische Entscheidung relevanten Informationen zu berücksichtigen. In diesem Sinne ist auch die Rechtsprechung des BGH zu verstehen, wonach der Geschäftsführer einer GmbH im Rahmen der sorgfältigen Ermittlung der Entscheidungsgrundlagen „alle verfügbaren Informationsquellen tatsächlicher und rechtlicher Art"[141] zu beachten habe. Dies erfordert nicht die Berücksichtigung aller „nur denkbaren Daten",[142] sondern verlangt vielmehr die Identifikation sämtlicher für die konkrete Entscheidungssituation relevanten Informationen aus den zur Verfügung stehenden Informationsquellen. So sind bspw. regelmäßig höhere Anforderungen an die Informationsgrundlage bei strategischen Entscheidungen (z.B. Übernahme eines Unternehmens) im Vergleich zu operativen Entscheidungen (z.B. Einstellung einer neuen Mitarbeiterin) zu stellen.[143] Weitere Einflussgrößen auf die Angemessenheit der Informationsgrundlage neben Art, Gewicht und Zeitdruck der zu treffenden unternehmerischen Entscheidung sind die Möglichkeit zur Informationsbeschaffung sowie der erwartete Erkenntnisgewinn von zusätzlichen Informationen.[144]

Bei der Bestimmung des Informationsbedarfs wird dem Vorstand ein „erheblicher Spielraum"[145] zugesprochen; mithin obliegt es dem Vorstand, abzuschätzen, ab wann sämtliche für

---

[139] Vgl. *Bunz, Thomas*: Ist nur vollständige Information "angemessen"? Anforderungen an den Grad der Informiertheit bei unternehmerischen Entscheidungen, in: DK, 10. Jg. (2012), S. 444–449, hier S. 447; *Merkt, Hanno*: Managerhaftung im Finanzsektor: Status Quo und Reformbedarf, a.a.O., hier S. 715; *Kocher, Dirk*: Zur Reichweite der Business Judgment Rule, a.a.O., hier S. 220 f.; *Fleischer, Holger*: Aktuelle Entwicklungen der Managerhaftung, in: NJW, 62. Jg. (2009), S. 2337–2343, hier S. 2339; *Meyer, Andreas*: Finanzmarktkrise und Organhaftung, a.a.O., hier S. 42.

[140] Vgl. *Schäfer, Carsten*: Die Binnenhaftung von Vorstand und Aufsichtsrat nach der Renovierung durch das UMAG, a.a.O., hier S. 1258; *Binder, Jens-Hinrich*: Anforderungen an Organentscheidungsprozesse in der neueren höchstrichterlichen Rechtsprechung – Grundlagen einer körperschaftsrechtlichen Entscheidungslehre?, in: AG, 22. Jg. (2012), S. 885–898, hier S. 891.

[141] BGH: Beschluss vom 14.7.2008 - II ZR 202/07, in: ZIP, 29. Jg. (2008), S. 1675–1677, hier S. 1676.

[142] *Fleischer, Holger*: Die „Business Judgment Rule": Vom Richterrecht zur Kodifizierung, a.a.O., hier S. 691.

[143] Vgl. *Peters, Kai*: Angemessene Informationsbasis als Voraussetzung pflichtgemäßen Vorstandshandelns, in: AG, 20. Jg. (2010), S. 811–817, hier S. 813; *Habbe, Julia S./Köster, Anna-Elisabeth*: Neue Anforderungen an Vorstand und Aufsichtsrat von Finanzinstituten, a.a.O., hier S. 267; *Lutter, Marcus*: Die Business Judgement Rule und ihre praktische Anwendung, a.a.O., hier S. 844; *Hopt, Klaus J./Roth, Markus*: Nachtrag zu § 93 AktG, a.a.O., hier Rn. 46 f.; *Hüffer, Uwe*: Kommentierung zu § 93 AktG, a.a.O., hier Rn. 22; wohl auch *Goette, Constantin*: Managerhaftung: Handeln auf Grundlage angemessener Information – Umfang einer Due-Diligence-Prüfung beim Unternehmenskauf, in: DStR, 52. Jg. (2014), S. 1776–1780, hier S. 1776-1778.

[144] Vgl. *Meyer, Andreas*: Finanzmarktkrise und Organhaftung, a.a.O., hier S. 42 f.; *Bunz, Thomas*: Ist nur vollständige Information "angemessen"? Anforderungen an den Grad der Informiertheit bei unternehmerischen Entscheidungen, a.a.O., hier S. 448.

[145] Entwurf eines UMAG, a.a.O., hier S. 12. Nach *Druey* ist die „Informationsbeschaffung [...] business judgment par excellence", *Druey, Jean N.*: Standardisierung der Sorgfaltspflicht? Fragen zur Business Judgment Rule, in: FS Goette, S. 57–73, hier S. 65.

die Entscheidung relevanten Informationen vorliegen.[146] Dieser Ermessensspielraum ist durch die Formulierung „vernünftigerweise annehmen durfte" explizit in § 93 Abs. 1 Satz 2 AktG verankert.[147] Darüber hinaus verweist der Gesetzgeber zur Ausfüllung des Ermessensspielraums auf eine „Berücksichtigung anerkannter betriebswirtschaftlicher Verhaltensmaßstäbe"[148], welche auch bereits vor der Kodifizierung der *business judgment rule* von Vertretern der Betriebswirtschaftslehre empfohlen wurde.[149] Aus betriebswirtschaftlicher Sicht ist zunächst eine möglichst rationale Entscheidungsfindung zu fordern. Wenngleich der Gesetzgeber bei einer unternehmerischen Entscheidung auch auf begrenzt rationale Elemente wie „Instinkt, Erfahrung, Phantasie und Gespür für künftige Entwicklungen"[150] verweist, ist sowohl aus Gründen der Nachvollziehbarkeit der Entscheidung als auch aus theoretischen Überlegungen die Durchführung eines möglichst strukturierten Problemlösungsprozesses einer intuitiven Vorgehensweise vorzuziehen.[151] Durch die Vorgabe eines idealtypischen Entscheidungsprozesses leistet die betriebswirtschaftliche Entscheidungslehre an dieser Stelle einen wertvollen Beitrag.[152] Des Weiteren finden sich in der betriebswirtschaftlichen Literatur unterschiedliche Ansätze zur Konkretisierung der Anforderungen an die Informationsgrundlage

---

[146] Vgl. *Freitag, Robert/Korch, Stefan*: Die Angemessenheit der Information im Rahmen der Business Judgment Rule (§ 93 Abs. 1 Satz 2 AktG), a.a.O., hier S. 2284 f.; *Koch, Jens*: Das Gesetz zur Unternehmensintegrität und Modernisierung des Anfechtungsrechts (UMAG) – ein Überblick, a.a.O., hier S. 789; *Lutter, Marcus*: Die Business Judgement Rule und ihre praktische Anwendung, a.a.O., hier S. 845; *Kocher, Dirk*: Zur Reichweite der Business Judgment Rule, a.a.O., hier S. 220 f.; *Peters, Kai*: Angemessene Informationsbasis als Voraussetzung pflichtgemäßen Vorstandshandelns, a.a.O., hier S. 812; *Bosch, Nikolaus/Lange, Knut W.*: Unternehmerischer Handlungsspielraum des Vorstandes zwischen zivilrechtlicher Verantwortung und strafrechtlicher Sanktion, a.a.O., hier S. 231.

[147] Vgl. *Meyer, Andreas*: Finanzmarktkrise und Organhaftung, a.a.O., hier S. 42.

[148] Entwurf eines UMAG, a.a.O., hier S. 12.

[149] Vgl. *Werder, Axel von*: Grundsätze ordnungsmäßiger Unternehmensleitung (GoU) – Bedeutung und erste Konkretisierung von Leitlinien für das Top-Management, in: ZfbF, 48. Jg. (1996), Sonderheft, S. 27–73, hier S. 31 f.; *Werder, Axel von*: Management: Mythos oder regelgeleitete Kunst des Möglichen?, in: DB, 48. Jg. (1995), S. 2177–2183, hier S. 2177–2179.

[150] Entwurf eines UMAG, a.a.O., hier S. 11.

[151] Vgl. bereits *Gutenberg, Erich*: Grundlagen der Betriebswirtschaftslehre, 21. Aufl., Berlin et al. 1975, hier S. 132; *Werder, Axel von*: Grundsätze ordnungsmäßiger Unternehmensleitung (GoU) – Bedeutung und erste Konkretisierung von Leitlinien für das Top-Management, a.a.O., hier S. 53; *Graumann, Matthias/Grundei, Jens*: Wann entsprechen unternehmerische Entscheidungen der gesellschaftsrechtlichen Anforderung »angemessener Information«?, a.a.O., hier S. 384; *Grundei, Jens/ Werder, Axel von*: Die Angemessenheit der Informationsgrundlage als Anwendungsvoraussetzung der Business Judgment Rule, in: AG, 15. Jg. (2005), S. 825–834, hier S. 830–832; *Brömmelmeyer, Christoph*: Neue Regeln für die Binnenhaftung des Vorstands – Ein Beitrag zur Konkretisierung der Business Judgement Rule, a.a.O., hier S. 2067; *Mülbert, Peter O.*: Rechtliche Grenzen der Optimierung – das gesellschaftsrechtlich erlaubte Risiko, a.a.O., hier S. 89.

[152] Vgl. *Eisenführ, Franz et al.*: Rationales Entscheiden, a.a.O., hier S. 20–37; *Bazerman, Max H./Moore, Don A.*: Judgment in Managerial Decisions, 8. Aufl., Hoboken, NJ: John Wiley & Sons 2013, hier S. 2 f.; *Graumann, Matthias et al.*: Wann ist die Risikobereitschaft bei unternehmerischen Entscheidungen „in unzulässiger Weise überspannt"?, a.a.O., hier S. 497.

einer rationalen Entscheidungsfindung. Neben einer systematisch-analytischen Fundierung der Entscheidung sowie einer ausgewogenen Berücksichtigung von Risiken und Chancen[153] werden auch zusätzliche Angaben zu Ausgangsbedingungen und Einflussbeziehungen bzgl. der konkreten Entscheidungssituation genannt.[154]

Die Informationsanforderungen sind hierbei für die einzelnen Stufen des Entscheidungsprozesses unterschiedlich.[155] So werden bspw. bei der Auswahl möglicher Handlungsalternativen auch Informationen bzgl. deren rechtlicher Zulässigkeit benötigt, wohingegen bei deren Bewertung vor allem quantitative Informationen bzgl. des jeweiligen Nutzenbeitrags erforderlich sind. Allerdings wird die „Rezeption umfassend angelegter betriebswirtschaftlicher Entscheidungsmethoden" zur Auslegung der *business judgment rule* im rechtlichen Schrifttum (weiterhin) kritisch betrachtet, wenngleich ein Rückgriff auf betriebswirtschaftliche Erkenntnisse zur „Konkretisierung des gesellschaftsrechtlichen Pflichtenprogramms" teilweise begrüßt wird.[156]

Darüber hinaus ist die Berücksichtigung von Einschätzungen von internen und externen Experten von Bedeutung für die Schaffung einer angemessenen Informationsgrundlage. Zwar besteht keine Pflicht zur Berücksichtigung von Informationen von Dritten,[157] allerdings ist der Vorstand nach geltender Rechtsprechung dazu angehalten, bei nicht hinreichender Sachkunde sein fehlendes Wissen durch einen Rückgriff auf fremde Expertise auszugleichen.[158] Der Vor-

---

[153] Vgl. *Werder, Axel von*: Vorstandsentscheidungen nur auf der Grundlage "sämtlicher relevanter Informationen"?, in: ZfB, 67. Jg. (1997), S. 901–922, hier S. 917; *Grundei, Jens/Werder, Axel von*: Die Angemessenheit der Informationsgrundlage als Anwendungsvoraussetzung der Business Judgment Rule, a.a.O., hier S. 833 f.

[154] Vgl. *Graumann, Matthias/Grundei, Jens*: Wann entsprechen unternehmerische Entscheidungen der gesellschaftsrechtlichen Anforderung »angemessener Information«?, a.a.O., hier S. 393 f.; *Graumann, Matthias et al.*: Wann ist die Risikobereitschaft bei unternehmerischen Entscheidungen „in unzulässiger Weise überspannt"?, a.a.O., hier S. 499 f.

[155] Vgl. *Graumann, Matthias et al.*: Ausübung des Geschäftsleiterermessens bei riskanten Entscheidungen, a.a.O., hier S. 24.

[156] *Binder, Jens-Hinrich*: Anforderungen an Organentscheidungsprozesse in der neueren höchstrichterlichen Rechtsprechung – Grundlagen einer körperschaftlichen Entscheidungslehre?, a.a.O., hier S. 898 (beide Zitate).

[157] Vgl. *Bunz, Thomas*: Ist nur vollständige Information "angemessen"? Anforderungen an den Grad der Informiertheit bei unternehmerischen Entscheidungen, a.a.O., hier S. 448 f.; *Binder, Jens-Hinrich*: Anforderungen an Organentscheidungsprozesse in der neueren höchstrichterlichen Rechtsprechung – Grundlagen einer körperschaftlichen Entscheidungslehre?, a.a.O., hier S. 891.

[158] Vgl. OLG Stuttgart: Urteil vom 25.11.2009 - 20 U 5/09, in: ZIP, 30. Jg. (2009), S. 2386–2391, hier S. 2389; BGH: Urteil vom 14.5.2007 - II ZR 48/06, in: ZIP, 28. Jg. (2007), S. 1265–1267, hier S. 1266 f. Nach Ansicht von *Sander* und *Schneider* stellt die Feststellung eines eigenen Kompetenzdefizits durch den Vorstand die erste Voraussetzung für die ordnungsgemäße Einholung von Expertenrat dar, vgl. *Sander, Julian/Schneider, Stefan*: Die Pflicht der Geschäftsleiter zur Einholung von Rat, in: ZGR, 42. Jg. (2013), S. 725–759, hier S. 747–749.

stand darf auf eingeholten Rat stets dann vertrauen, wenn dieser von einem sachkundigen, unabhängigen Experten erteilt wurde, welcher über sämtliche für die Beurteilung relevanten Informationen verfügte und einer eigenständigen Plausibilitätskontrolle unterzogen wurde;[159] eine lediglich ‚pro forma'-Einholung von Expertenrat scheidet generell aus.[160]

c) Notwendige Priorisierung bei konfliktären Mehrfachzielen im Hinblick auf das Wohl der Gesellschaft

Handeln im Sinne des Gesellschaftswohls erfordert grundsätzlich die Sicherstellung des langfristigen Bestehens und der Wettbewerbsfähigkeit der Gesellschaft.[161] Insofern hat der Vorstand das Wohl der Gesellschaft im Rahmen einer umfassenden Gegenüberstellung der mit der unternehmerischen Entscheidung verbundenen Chancen und Risiken zu berücksichtigen.[162] Diese Gegenüberstellung hat sowohl einzelprojektbezogen als auch in einer Gesamtschau der Auswirkungen auf das Risikoprofil des Unternehmens zu erfolgen.[163] Dabei ist zu berücksichtigen, dass Verstöße gegen Gesetz oder Satzung grundsätzlich nicht dem Wohl der Gesellschaft dienlich sind, denn „Verstöße gegen diese Vorschriften sind niemals im Unternehmensinteresse gerechtfertigt"[164]. Hingegen kann das Eingehen von existenzgefährdenden Risiken in Einzelfällen durchaus zum Wohl der Gesellschaft erfolgen.[165] So kann bspw. die Investition in eine neue Technologie auch bei unsicheren Ertragsaussichten (z.B. der Erwerb

---

[159] Vgl. *Fleischer, Holger:* Vorstandshaftung und Vertrauen auf anwaltlichen Rat, in: NZG, 13. Jg. (2010), S. 121–125, hier S. 122–125; *Peters, Kai:* Angemessene Informationsbasis als Voraussetzung pflichtgemäßen Vorstandshandelns, a.a.O., hier S. 815 f.; *Sander, Julian/Schneider, Stefan:* Die Pflicht der Geschäftsleiter zur Einholung von Rat, a.a.O., hier S. 749–755. Für die Einholung von Expertenrat durch den Aufsichtsrat sind die Kriterien analog anzuwenden, vgl. *Witte, Jürgen J./Indenhuck, Moritz:* Wege aus der Haftung – die Beauftragung externer Berater durch den Aufsichtsrat, in: BB, 69. Jg. (2014), S. 2563–2569, hier S. 2568 f.

[160] Vgl. *Fleischer, Holger:* Aktuelle Entwicklungen der Managerhaftung, a.a.O., hier S. 2339; *Merkt, Hanno:* Managerhaftung im Finanzsektor: Status Quo und Reformbedarf, a.a.O., hier S. 716; *Graumann, Matthias/ Grundei, Jens:* Business Judgment Rule, a.a.O., hier S. 655; *Spindler, Gerald:* Kommentierung zu § 93 AktG, a.a.O., hier Rn. 50.

[161] Vgl. *Baums, Theodor:* Risiko und Risikosteuerung im Aktienrecht, in: ZGR, 40. Jg. (2011), S. 218–274, hier S. 252; *Koch, Jens:* Das Gesetz zur Unternehmensintegrität und Modernisierung des Anfechtungsrechts (UMAG) – ein Überblick, a.a.O., hier S. 790; *Hüffer, Uwe:* Kommentierung zu § 76 AktG, in: Kurzkommentar AktG, hier Rn. 34.

[162] Vgl. *Graumann, Matthias et al.:* Wann ist die Risikobereitschaft bei unternehmerischen Entscheidungen „in unzulässiger Weise überspannt"?, a.a.O., hier S. 497 f.; *Mülbert, Peter O.:* Rechtliche Grenzen der Optimierung – das gesellschaftsrechtlich erlaubte Risiko, a.a.O., hier S. 89.

[163] Vgl. u.a. *Baums, Theodor:* Risiko und Risikosteuerung im Aktienrecht, a.a.O., hier S. 225 f.

[164] *Säcker, Franz J.:* Finanzmarktkrise, Sorglosigkeit von Verwaltungsorganen und Untreuetatbestand, a.a.O., hier S. 123 f.

[165] Vgl. *Binder, Jens-Hinrich:* Anforderungen an Organentscheidungsprozesse in der neueren höchstrichterlichen Rechtsprechung – Grundlagen einer körperschaftsrechtlichen Entscheidungslehre?, a.a.O., hier S. 895; *Hopt, Klaus J./Roth, Markus:* Nachtrag zu § 93 AktG, a.a.O., hier Rn. 36.

von UMTS-Lizenzen) im Interesse der Gesellschaft liegen, um deren zukünftige Wettbewerbsfähigkeit zu sichern;[166] bei Start-up-Unternehmen ist das Eingehen von potenziell existenzgefährdenden Risiken regelmäßig anzunehmen.[167] Gleichfalls „droht die Orientierung am theoretisch denkbaren Maximalrisiko jede unternehmerische Tätigkeit zu lähmen"[168]. So ist bspw. jedem Wertpapier- oder Kreditgeschäft die Möglichkeit eines Totalverlusts immanent.[169] Demgegenüber wird in Teilen der Literatur aber geltend gemacht, dass das Eingehen von bestandsgefährdenden Risiken grundsätzlich außerhalb des unternehmerischen Ermessensspielraums liege, da dies nicht mit dem Wohl der Gesellschaft vereinbar sei.[170] So benennt bspw. *Lutter* das Verbot des Eingehens von „Hazard-Entscheidungen", durch welche „die Existenz der Gesellschaft aufs Spiel" gesetzt werde, als explizites Tatbestandsmerkmal des § 93 Abs. 1 Satz 2 AktG.[171] Aus ökonomischer Sicht ist eine differenzierte Betrachtung der im Einzelfall vorliegenden Art des bestandsgefährdenden Risikos geboten. Bei konkreter Bestandsgefährdung liegt das Eingehen des Risikos nicht mehr im Unternehmensinteresse, auch wenn bei Einzelbetrachtung der unternehmerischen Entscheidung diese ökonomisch vorteilhaft erscheinen mag.[172] Eine teilweise geforderte Haftungsfreiheit bei der Übernahme von konkret bestandsgefährdenden Risiken[173] ist daher abzulehnen. Das Eingehen von abs-

---

[166] Vgl. *Balthasar, Stephan/Hamelmann, Uwe:* Finanzkrise und Vorstandshaftung nach § 93 Abs. 2 AktG: Grenzen der Justiziabilität unternehmerischer Entscheidungen, in: WM, 64. Jg. (2010), S. 589–594, hier S. 590. Weitere Beispiele für das Eingehen von potenziell bestandsgefährdenden Risiken im Interesse des Unternehmens finden sich bspw. bei *Meyer,* vgl. *Meyer, Andreas:* Finanzmarktkrise und Organhaftung, a.a.O., hier S. 43.

[167] Vgl. u.a. *Drygala, Tim:* Die Pflicht des Managements zur Vermeidung existenzgefährdender Risiken, in: FS Hopt, S. 541–558, hier S. 543–545.

[168] *Fleischer, Holger:* Verantwortlichkeit von Bankgeschäftsleitern und Finanzmarktkrise, a.a.O., hier S. 1505.

[169] Vgl. *Schäfer, Achim/Zeller, Ulrich:* Finanzkrise, Risikomodelle und Organhaftung, in: BB, 64. Jg. (2009), S. 1706–1711, hier S. 1708; *Fleischer, Holger:* Verantwortlichkeit von Bankgeschäftsleitern und Finanzmarktkrise, a.a.O., hier S. 1505.

[170] Vgl. u.a. *Schünemann, Bernd:* Die sogenannte Finanzkrise – Systemversagen oder global organisierte Kriminalität?, in: Die sogenannte Finanzkrise – Systemversagen oder global organisierte Kriminalität?, hrsg. v. B. Schünemann, Berlin 2010, S. 71–105, hier S. 92; *Lutter, Marcus:* Bankenkrise und Organhaftung, a.a.O., hier S. 199; *Bosch, Nikolaus/Lange, Knut W.:* Unternehmerischer Handlungsspielraum des Vorstandes zwischen zivilrechtlicher Verantwortung und strafrechtlicher Sanktion, a.a.O., hier S. 231; *Kasiske, Peter:* Aufarbeitung der Finanzkrise durch das Strafrecht? Zur Untreuestrafbarkeit durch Portfolioinvestments in Collateralized Debt Obligations via Zweckgesellschaften, in: Die sogenannte Finanzkrise – Systemversagen oder global organisierte Kriminalität?, hrsg. v. B. Schünemann, Berlin 2010, S. 13–42, hier S. 30; *Schröder, Christian:* Das erlaubte Risiko im Bankgeschäft am Beispiel der Pflichtwidrigkeit von ABS-Investitionen im Vorfeld der Finanzkrise, in: Ökonomie versus Recht im Finanzmarkt?, hrsg. v. E. Kempf et al., Berlin und Boston, MA 2011, S. 59–74, hier S. 69 f.

[171] *Lutter, Marcus:* Die Business Judgement Rule und ihre praktische Anwendung, a.a.O., hier S. 845 (beide Zitate).

[172] Vgl. *Baums, Theodor:* Risiko und Risikosteuerung im Aktienrecht, a.a.O., hier S. 255 f.

[173] Vgl. *Mülbert, Peter O.:* Rechtliche Grenzen der Optimierung – das gesellschaftsrechtlich erlaubte Risiko, a.a.O., hier S. 93.

trakt bestandsgefährdenden Risiken ist hingegen nicht *per se* pflichtwidrig.[174] Darüber hinaus ist die Konkretisierung des Gesellschaftswohls von zentraler Bedeutung, da zwischen Leitungsorgan, Eigentümern und weiteren Anspruchsgruppen der Gesellschaft, wie bspw. Gläubigern, Arbeitnehmern, Kunden und Lieferanten sowie der allgemeinen Öffentlichkeit, i.d.R. eine Interessenvielfalt gegeben ist und folglich teilweise divergierende Interessen anzutreffen sind.[175] So kann bspw. eine Maßnahme zur Effizienzsteigerung durch den Abbau von Arbeitsplätzen im Interesse der Eigentümer, nicht hingegen im Interesse der von der Maßnahme betroffenen Arbeitnehmer liegen.

Aus ökonomischer Sicht kann sowohl die Fokussierung auf die Interessen der Eigentümer als auch die Ausrichtung an den Interessen der weiteren Anspruchsgruppen vorteilhaft sein.[176] Auf mögliche Interessenkonflikte zwischen Leitungsorgan und Eigentümer haben *Berle* und *Means* bereits im Jahr 1932 hingewiesen.[177] Diese unterliegen vor allem seit den Ausführungen von *Jensen* und *Meckling*[178] unter dem Stichwort der Prinzipal-Agent-Theorie einer um-

---

[174] Vgl. *Binder, Jens-Hinrich*: Anforderungen an Organentscheidungsprozesse in der neueren höchstrichterlichen Rechtsprechung – Grundlagen einer körperschaftsrechtlichen Entscheidungslehre?, a.a.O., hier S. 895; *Fleischer, Holger*: Verantwortlichkeit von Bankgeschäftsleitern und Finanzmarktkrise, a.a.O., hier S. 1505; *Balthasar, Stephan/Hamelmann, Uwe*: Finanzkrise und Vorstandshaftung nach § 93 Abs. 2 AktG: Grenzen der Justiziabilität unternehmerischer Entscheidungen, a.a.O., hier S. 590; *Hüffer, Uwe*: Kommentierung zu § 93 AktG, a.a.O., hier Rn. 27; *Schmitz-Remberg, Florian J.*: Existenzgefährdende Maßnahmen im Lichte der Business Judgement Rule des § 93 Abs. 1 S. 2 AktG, in: BB, 69. Jg. (2014), S. 2701–2704, hier S. 2703 f.; *Drygala, Tim*: Die Pflicht des Managements zur Vermeidung existenzgefährdender Risiken, a.a.O., hier S. 550 f.

[175] Vgl. *Kuhner, Christoph*: Unternehmensinteresse vs. Shareholder Value als Leitmaxime kapitalmarktorientierter Aktiengesellschaften, in: ZGR, 33. Jg. (2004), S. 244–279, hier S. 270–272; *Kort, Michael*: Vorstandshandeln im Spannungsverhältnis zwischen Unternehmensinteresse und Aktionärsinteressen, in: AG, 22. Jg. (2012), S. 605–610, hier S. 608; *Werder, Axel von*: Shareholder Value-Ansatz als (einzige) Richtschnur des Vorstandshandelns?, in: ZGR, 27. Jg. (1998), S. 69–91, hier S. 74 f.

[176] Vgl. *Schmidt, Reinhard H./Weiß, Marco*: Shareholder vs. Stakeholder: Ökonomische Fragen, in: Handbuch Corporate Governance, hrsg. v. P. Hommelhoff et al., 2. Aufl., Köln und Stuttgart 2009, S. 161–184, hier S. 169–172. Dazu kritisch *Klöhn, Lars*: Interessenkonflikte zwischen Aktionären und Gläubigern der Aktiengesellschaft im Spiegel der Vorstandspflichten, in: ZGR, 37. Jg. (2008), S. 110–158, hier S. 154 f.; *Wiedemann, Herbert*: Verantwortung in der Gesellschaft – Gedanken zur Haftung der Geschäftsleiter und der Gesellschafter in der Kapitalgesellschaft, in: ZGR, 40. Jg. (2011), S. 183–217, hier S. 195 f. Allerdings werden vermehrt Gründe für eine Fokussierung auf die Interessen der Eigentümer angeführt, vgl. *Fleischer, Holger*: Shareholders vs. Stakeholders: Aktienrechtliche Fragen, in: Handbuch Corporate Governance, hrsg. v. P. Hommelhoff et al., 2. Aufl., Köln und Stuttgart 2009, S. 185–218, hier S. 193 f.; *Kuhner, Christoph*: Unternehmensinteresse vs. Shareholder Value als Leitmaxime kapitalmarktorientierter Aktiengesellschaften, a.a.O., hier S. 252–257.

[177] Vgl. *Berle, Adolf A./Means, Gardiner C.*: The Modern Corporation and Private Property, a.a.O., hier S. 6.

[178] Vgl. *Jensen, Michael C./Meckling, William H.*: Theory of the firm: Managerial behavior, agency costs and ownership structure, a.a.O., hier S. 317–319.

fassenden Erörterung im ökonomischen Schrifttum.[179] Hinsichtlich des Verhältnisses der Interessen von Eigentümern und Gläubigern kann auf betriebswirtschaftliche Erkenntnisse aus dem Bereich Corporate Finance zurückgegriffen werden. Demnach haben Eigentümer einen Anreiz zu einer (verstärkten) Risikoübernahme, welche gleichfalls aus Sicht der Gläubiger nachteilig ist.[180] Eine theoretische Erklärung hierfür liefern *Black* und *Scholes* sowie *Merton*, wonach die Position der Eigentümer der Gesellschaft dem Wert einer Kaufoption (*call option*) entspricht, da diese unbegrenzt an einem möglichen Gewinn bei Durchführung eines riskanten Projekts partizipieren, gleichzeitig deren Verlust in Höhe ihrer Einlage begrenzt ist.[181] Aufgrund der teilweise divergierenden Interessen ist es die Aufgabe des Vorstands im Rahmen seiner Leitungsfunktion, neben den Interessen der Eigentümer auch die Interessen der weiteren Anspruchsgruppen in einem angemessenen Umfang zu berücksichtigen.[182]

d)   *Fragliche Reichweite der Überprüfung des Vorliegens von möglichen Interessenkonflikten*

Nach Ansicht des Gesetzgebers bedarf „die Freiheit von sachfremden Einflüssen und Sonderinteressen [...] keiner ausdrücklichen Erwähnung im Gesetzestext, da [...] nur der annehmen [dürfe], zum Wohle der Gesellschaft zu handeln, der sich bei seiner Entscheidung frei von

---

[179] Vgl. u.a. *Fama, Eugene F./Jensen, Michael C.*: Separation of Ownership and Control, a.a.O., hier S. 304 f.; *Jensen, Michael C.*: Agency costs of free cash flow, corporate finance and takeovers, in: AER, Vol. 76 (1986), Nr. 2, S. 323–329, hier S. 323.

[180] Vgl. *Jensen, Michael C./Meckling, William H.*: Theory of the firm: Managerial behavior, agency costs and ownership structure, a.a.O., hier S. 334; *Harris, Milton/Raviv, Artur*: The Theory of Capital Structure, in: JF, Vol. 46 (1991), Nr. 1, S. 297–355, hier S. 301; *Jensen, Michael C./Smith Jr., Clifford W.*: Stockholder, Manager, and Creditor Interests: Applications of Agency Theory, in: Recent Advances in Corporate Finance, hrsg. v. E. I. Altman/M. G. Subrahmanyam, Homewood, IL: Irwin 1985, S. 93–131, hier S. 111; *Baums, Theodor*: Risiko und Risikosteuerung im Aktienrecht, a.a.O., hier S. 244. Diese Anreize sind bei einer drohenden Bestandsgefährdung von zunehmender Bedeutung, vgl. *Myers, Stewart C.*: Financing of Corporations, in: Handbook of the Economics of Finance, bearb. v. G. M. Constantinides et al., Amsterdam: Elsevier 2003, S. 215–253, hier S. 226–228.

[181] Vgl. *Black, Fischer/Scholes, Myron*: The Pricing of Options and Corporate Liabilities, in: JPE, Vol. 81 (1973), Nr. 3, S. 637–654, hier S. 649 f.; *Merton, Robert C.*: On the Pricing of Corporate Debt: The Risk Structure of Interest Rates, in: JF, Vol. 29 (1974), Nr. 2, S. 449–470, hier S. 453 f. Aus dem Bereich Law and Economics, vgl. *McDaniel, Morey W.*: Bondholders and Stockholders, in: JCL, Vol. 13 (1988), Nr. 2, S. 205–315, hier S. 227–230.

[182] Vgl. *Henze, Hartwig*: Leitungsverantwortung des Vorstands – Überwachungspflicht des Aufsichtsrats, in: BB, 55. Jg. (2000), S. 209–216, hier S. 212; *Werder, Axel von*: Shareholder Value-Ansatz als (einzige) Richtschnur des Vorstandshandelns?, a.a.O., hier S. 89 f.; *Spindler, Gerald*: Kommentierung zu § 93 AktG, a.a.O., hier Rn. 46 f. Dies wird auch durch den DCGK gefordert, vgl. Regierungskommission Deutscher Corporate Governance Kodex: Deutscher Corporate Governance Kodex 2014, hier S. 6. Die Beachtung des Interesses der Öffentlichkeit wurde jüngst auch im Rahmen der Diskussionen zu CSR neu belebt, vgl. *Kort, Michael*: Gemeinwohlbelange beim Vorstandshandeln, in: NZG, 15. Jg. (2012), S. 926–930, hier S. 927.

solchen Einflüssen weiß"[183]. Dies resultiert bereits aus der Treuepflicht des Leitungsorgans gegenüber der Gesellschaft[184] und findet gleichfalls eine Parallele in der Rechtsprechung zur US-amerikanischen *business judgment rule*.[185] Bei Vorliegen eines Interessenkonflikts ist § 93 Abs. 1 Satz 2 AktG nicht anwendbar.[186] Gleichzeitig ist im Fall eines Interessenkonflikts die unternehmerische Entscheidung nicht schlechthin pflichtwidrig; sie unterliegt vielmehr der vollen inhaltlichen Überprüfung durch die Gerichte.[187] Demgegenüber sind die Ausführungen des Gesetzgebers zu einem pflichtgemäßen Handeln nach Offenlegung eines Interessenkonflikts[188] kritisch zu sehen: Denn auch bei dessen Offenlegung kann die eigene Entscheidungsfindung und dadurch mittelbar die Beurteilung durch die anderen Mitglieder des Leitungsorgans beeinflusst werden,[189] so dass zumindest die der *business judgment rule* zugrunde liegende Vermutung, dass ausschließlich zum Wohl der Gesellschaft gehandelt wurde, nicht aufrecht erhalten werden kann.[190] Hat hingegen ein Vorstandsmitglied keine Kenntnis über einen vorliegenden Interessenkonflikt bei einem anderen Vorstandsmitglied, so kann dieses sich weiterhin auf § 93 Abs. 1 Satz 2 AktG berufen;[191] denn ein Ausschluss des „unverschuldet Ahnungslosen" vom Schutz der *business judgment rule* steht dem Sinn und

---

[183] Entwurf eines UMAG, a.a.O., hier S. 11.

[184] Vgl. *Kindler, Peter*: Unternehmerisches Ermessen und Pflichtenbindung, a.a.O., hier S. 106; *Semler, Johannes*: Entscheidungen und Ermessen im Aktienrecht, a.a.O., hier S. 637; *Spindler, Gerald*: Kommentierung zu § 93 AktG, a.a.O., hier Rn. 60.

[185] Vgl. *Block, Dennis J. et al.*: The Business Judgment Rule – Fiduciary Duties of Corporate Directors, a.a.O., hier S. 41–61; *Oltmanns, Martin*: Geschäftsleiterhaftung und unternehmerisches Ermessen, a.a.O., hier S. 50–70; *Paefgen, Walter G.*: Dogmatische Grundlagen, Anwendungsbereich und Formulierung einer Business Judgment Rule im künftigen UMAG, a.a.O., hier S. 252 f.; *Hopt, Klaus J./Roth, Markus*: Nachtrag zu § 93 AktG, a.a.O., hier Rn. 38.

[186] Vgl. *Lutter, Marcus*: Interessenkonflikte und Business Judgment Rule, in: FS Canaris, S. 245–256, hier S. 247. So auch bereits *Semler* vor Einführung des § 93 Abs. 1 Satz 2 AktG, wonach sich der Vorstand bei Vorliegen eines Interessenkonflikts „nicht auf seine Geschäftsführungsprärogative berufen" kann, *Semler, Johannes*: Entscheidungen und Ermessen im Aktienrecht, a.a.O., hier S. 638.

[187] Vgl. *Lutter, Marcus*: Die Business Judgement Rule und ihre praktische Anwendung, a.a.O., hier S. 845 f.

[188] Vgl. Entwurf eines UMAG, a.a.O., hier S. 11.

[189] Vgl. *Bunz, Thomas*: Die Business Judgment Rule bei Interessenkonflikten im Kollegialorgan, in: NZG, 14. Jg. (2011), S. 1294–1297, hier S. 1296; *Spindler, Gerald*: Kommentierung zu § 93 AktG, a.a.O., hier Rn. 61.

[190] Vgl. *Lutter, Marcus*: Interessenkonflikte und Business Judgment Rule, a.a.O., hier S. 249 f.; *Schäfer, Carsten*: Die Binnenhaftung von Vorstand und Aufsichtsrat nach der Renovierung durch das UMAG, a.a.O., hier S. 1257; a.A. hingegen *Nauheim, Markus/Goette, Constantin*: Managerhaftung im Zusammenhang mit Unternehmenskäufen – Anmerkungen zur Business Judgment Rule aus der M&A-Praxis, a.a.O., hier S. 2524.

[191] Sofern die weiteren Tatbestandsmerkmale erfüllt sind, vgl. *Bunz, Thomas*: Die Business Judgment Rule bei Interessenkonflikten im Kollegialorgan, a.a.O., hier S. 1295 f.; a.A. hingegen *Lutter, Marcus*: Interessenkonflikte und Business Judgment Rule, a.a.O., hier S. 249.

Zweck der Regelung grundsätzlich entgegen.[192]

Darüber hinaus sieht *Lutter* bei Mitgliedern des Aufsichtsrats, insbesondere bei Vertretern von Wettbewerbern, Arbeitnehmern und Gewerkschaften, regelmäßig die Gefahr von Interessenkonflikten, welche bei tatsächlichem Vorliegen konsequenterweise eine Anwendung der *business judgment rule* auf die unternehmerische Entscheidung des Aufsichtsrats verhindern würde.[193] Dies ist vor allem im Fall eines Übernahmeangebots bedeutsam, da hierbei i.d.R. bereits ein Interessenkonflikt des Vorstands vorliegt und daher auch konsequenterweise gemäß WpÜG für besondere Handlungen des Vorstands die Zustimmung des Aufsichtsrats erforderlich ist.[194]

e)   Möglichkeiten und Grenzen der objektiven Bewertung des Handelns in gutem Glauben

Als letzte, ebenfalls implizit in § 93 Abs. 1 Satz 2 AktG enthaltene Tatbestandsvoraussetzung[195] ist ein Handeln in gutem Glauben erforderlich, d.h. der Vorstand muss selbst von der Richtigkeit seiner Entscheidung überzeugt sein:[196] Denn „[w]er bei seiner Ermessensausübung nicht gut-, sondern bösgläubig ist, der kann schon denklogisch nicht vernünftigerweise annehmen dürfen, zum Wohle des Unternehmens zu handeln."[197] Mithin ist eine subjektive Betrachtungsweise erforderlich, deren Nachvollziehbarkeit sich – zumal aus einer ex-post-Perspektive – regelmäßig als schwierig darstellen wird. Daher kommt nach Ansicht von *Fleischer* dem Handeln in gutem Glauben vor allem eine Art „Notbremsfunktion" zu, da es in den (seltenen) Fällen einer vermeintlich pflichtwidrigen Entscheidung oftmals „schon an einer der vorgenannten Tatbestandsvoraussetzungen fehlen" werde.[198] Als Beispiel soll auf eine Studie von *Fahlenbrach* und *Stulz* bzgl. der Auswirkungen von unternehmerischen Entscheidungen

---

[192] Vgl. *Bunz, Thomas*: Die Business Judgment Rule bei Interessenkonflikten im Kollegialorgan, a.a.O., hier S. 1295 (auch Zitat); *Löbbe, Marc/Fischbach, Jonas*: Die Business Judgment Rule bei Kollegialentscheidungen des Vorstands, in: AG, 24. Jg. (2014), S. 717–729, hier S. 727 f.

[193] Vgl. *Lutter, Marcus*: Interessenkonflikte und Business Judgment Rule, a.a.O., hier S. 253–255.

[194] Vgl. *Semler, Johannes*: Entscheidungen und Ermessen im Aktienrecht, a.a.O., hier S. 639; *Kuhner, Christoph/Schilling, Dirk*: Maßnahmen der Unternehmensleitung zur Abwehr von Unternehmensübernahmen in der rechts- und wirtschaftspolitischen Diskussion, in: BFuP, 54. Jg. (2002), S. 445–477, hier S. 449–451.

[195] Vgl. Entwurf eines UMAG, a.a.O., hier S. 11; *Falkenhausen, Joachim Freiherr von*: Die Haftung außerhalb der Business Judgment Rule, a.a.O., hier S. 649.

[196] Vgl. *Bosch, Nikolaus/Lange, Knut W.*: Unternehmerischer Handlungsspielraum des Vorstandes zwischen zivilrechtlicher Verantwortung und strafrechtlicher Sanktion, a.a.O., hier S. 231; *Meyer, Andreas*: Finanzmarktkrise und Organhaftung, a.a.O., hier S. 43; AKEIÜ: Praktische Empfehlungen für unternehmerisches Entscheiden, in: DB, 59. Jg. (2006), S. 2189–2196, hier S. 2192 f.

[197] *Nauheim, Markus/Goette, Constantin*: Managerhaftung im Zusammenhang mit Unternehmenskäufen – Anmerkungen zur Business Judgment Rule aus der M&A-Praxis, a.a.O., hier S. 2523.

[198] *Fleischer, Holger*: Die „Business Judgment Rule": Vom Richterrecht zur Kodifizierung, a.a.O., hier S. 691 (beide Zitate).

von Bankvorständen während der jüngsten Finanzkrise hingewiesen werden. Die Autoren können hierbei feststellen, dass die Vorstände keine übermäßigen Verkäufe von Aktien und Aktienoptionen des eigenen Instituts vorgenommen haben und dass deren eigenes Vermögen durch die Finanzkrise signifikant an Wert verloren hat.[199] Diese Ergebnisse können zumindest als Indiz für deren grundsätzliche Gutgläubigkeit interpretiert werden.

Das Handeln in *good faith* stellt gleichfalls ein zentrales Element der US-amerikanischen *business judgment rule* dar.[200] Nach Ansicht von *Griffith* wird das Kriterium allerdings zunehmend als eine Art Korrektiv verwendet, um in Zeiten von Unternehmenskrisen eine stärkere Verantwortlichkeit der *directors* einzufordern und nach einem gewissen zeitlichen Abstand wiederum deren Ermessensspielraum zu unterstreichen.[201]

---

[199] In Höhe von durchschnittlich US$ 30 Mio., vgl. *Fahlenbrach, Rüdiger/Stulz, René M.*: Bank CEO incentives and the credit crisis, in: JFE, Vol. 99 (2011), Nr. 1, S. 11–26, hier S. 22–24.

[200] Vgl. *Block, Dennis J. et al.*: The Business Judgment Rule – Fiduciary Duties of Corporate Directors, a.a.O., hier S. 80–83.

[201] Vgl. *Griffith, Sean J.*: Good Faith Business Judgement: A Theory of Rhetoric in Corporate Law Jurisprudence, in: Duke Law Journal, Vol. 55 (2005), Nr. 1, S. 1–73, hier S. 68–72.

3. Kritische Würdigung der Anwendung der *business judgment rule* durch die deutsche Rechtsprechung aus ökonomischer Sicht

a) Grundsätzliche Billigung eines weiten Ermessensspielraums bei Vorliegen einer unternehmerischen Entscheidung

aa) Zum Vorliegen einer unternehmerischen Entscheidung aus Sicht der Rechtsprechung in Deutschland

Nach Ansicht des BGH findet die Billigung eines weiten Ermessensspielraums bei Vorliegen einer unternehmerischen Entscheidung „ihre Rechtfertigung darin, dass unternehmerische Entscheidungen regelmäßig aufgrund einer zukunftsbezogenen Gesamtabwägung von Chancen und Risiken getroffen werden müssen, die wegen ihres Prognosecharakters die Gefahr erst nachträglich erkennbarer Fehlbeurteilungen"[202] enthalte. Dem vergleichbar charakterisiert das LG München eine unternehmerische Entscheidung „typischerweise" als „Entscheidung unter Unsicherheiten", welcher „größtenteils prognostische Elemente zugrunde liegen" würden.[203] Eine ähnliche Formulierung verwendet das OLG Stuttgart, wenn es die unternehmerische Entscheidung zur Ermittlung des Umtauschverhältnisses beim Zusammenschluss von zwei Unternehmen auf der „Grundlage von Prognosen"[204] kennzeichnet. Das LG Essen sieht in der Entscheidung zur Durchsetzung von Organhaftungsansprüchen ebenfalls eine unternehmerische Entscheidung gegeben, da hierbei „letztlich eine Prognoseentscheidung zu treffen"[205] sei.

Mithin hat sich in der deutschen Rechtsprechung eine weitgehend konsistente und ökonomisch zutreffende Definition der unternehmerischen Entscheidung etabliert. So wird bspw. die Kreditvergabe eines Bankvorstands regelmäßig als unternehmerische Entscheidung gesehen.[206] Des Weiteren werden der Erwerb einer Beteiligung an einem anderen Unternehmen oder die vollständige Übernahme eines Unternehmens als „typische unternehmerische Ent-

---

[202] BGH: Urteil vom 21.12.2005 - 3 StR 470/04, a.a.O., hier S. 336.

[203] LG München: Urteil vom 15.10.2010 - 5 HK O 2122/09, in: ZIP, 31. Jg. (2010), S. 2451–2457, hier S. 2454 (alle Zitate).

[204] OLG Stuttgart: Beschluss vom 14.10.2010 - 20 W 16/06, in: BeckRS 2010, Nr. 25689, hier S. 16.

[205] LG Essen: Urteil vom 25.4.2012 - 41 O 45/10, in: NZG, 15. Jg. (2012), S. 1307–1310, hier S. 1309.

[206] Vgl. OLG Celle: Urteil vom 28.5.2008 - 9 U 184/07, in: WM, 62. Jg. (2008), S. 1745–1748, hier S. 1746; BGH: Urteil vom 13.8.2009 - 3 StR 576/08, in: ZIP, 30. Jg. (2009), S. 1854–1859, hier S. 1857; BGH: Urteil vom 3.12.2001 - II ZR 308/99, in: ZIP, 23. Jg. (2002), S. 213–216, hier S. 214; BGH: Urteil vom 21.3.2005 - II ZR 54/03, in: ZIP, 26. Jg. (2005), S. 981–985, hier S. 982; BGH: Beschluss vom 3.11.2008 - II ZR 236/07, in: ZIP, 30. Jg. (2009), S. 223–224, hier S. 223; OLG Hamm: Urteil vom 12.7.2012 - I-27 U 12/10, in: DB, 65. Jg. (2012), S. 1975–1978, hier S. 1975 f.

scheidung[en]"[207] bezeichnet.[208] Zutreffend werden darüber hinaus weitere unternehmenspolitische Maßnahmen, wie bspw. Entscheidungen über die Erweiterung einer Niederlassung,[209] über Zuwendungen zur Förderung von Kunst, Wissenschaft, Sozialwesen und Sport,[210] über die Anmeldung von Kurzarbeit gemäß § 72 AFG,[211] über die Auswahl eines Dienstleisters und die Ausgestaltung des Dienstleistungsvertrags,[212] über Umstrukturierungsmaßnahmen[213] oder über die Höhe der Vergütung des Vorstands[214] als unternehmerische Entscheidungen bewertet.

Fraglich ist hingegen die Auffassung des OLG München, dass im Falle einer drohenden Zahlungsunfähigkeit „die Beantragung der Eröffnung eines Insolvenzverfahrens [...] keine unternehmerische Entscheidung" darstelle, da diese vielmehr einem „gesellschaftsrechtliche[n] Grundlagengeschäft im Verantwortungsbereich der Gesellschafter" entspreche. Dies ist umso bedenklicher, da das Gericht zum Nachweis einer drohenden Zahlungsunfähigkeit „eine Prognose, bei der den künftig verfügbaren liquiden Mitteln die künftig fällig werdenden Verbindlichkeiten gegenüberzustellen" sind, für erforderlich erachtet. Allerdings verweist das Gericht auch auf „die Schwierigkeit der konkreten Anwendung des Tatbestands der drohenden Zahlungsunfähigkeit i. S. von § 18 InsO", wonach gleichfalls die Billigung eines Ermessensspielraums für den GmbH-Geschäftsführer nach Vorbild der *business judgment rule* (optional) zu betrachten sei.[215]

[207] OLG Oldenburg: Urteil vom 22.6.2006 - 1 U 34/03, in: DB, 59. Jg. (2006), S. 2511–2516, hier S. 2512.

[208] Vgl. OLG Frankfurt a. M.: Urteil vom 7.12.2010 - 5 U 29/10, a.a.O., hier S. 82; OLG Köln: Beschluss vom 22.2.2010 - 18 W 1/10, in: AG, 20. Jg. (2010), S. 414–416, hier S. 415; LG München: Urteil vom 15.10.2010 - 5 HK O 2122/09, a.a.O., hier S. 2454; OLG Stuttgart: Beschluss vom 29.2.2012 - 20 W 5/11, in: ZIP, 33. Jg. (2012), S. 970–980, hier S. 979; OLG Stuttgart: Beschluss vom 14.10.2010 - 20 W 16/06, a.a.O., hier S. 15 f.

[209] Vgl. BGH: Urteil vom 22.2.2011 - II ZR 146/09, in: ZIP, 32. Jg. (2011), S. 766–768, hier S. 767.

[210] Vgl. BGH: Urteil vom 6.12.2001 - 1 StR 215/01, in: BGHSt 47, S. 187–202, hier S. 192 f.

[211] Vgl. BGH: Urteil vom 4.11.2002 - II ZR 224/00, in: BGHZ 152, S. 280–290, hier S. 282–285.

[212] Vgl. BGH: Urteil vom 18.6.2013 - II ZR 86/11, in: DB, 66. Jg. (2013), S. 1959–1964, hier S. 1962.

[213] Vgl. OLG Stuttgart: Urteil vom 30.5.2007 - 20 U 12/06, in: ZIP, 28. Jg. (2007), S. 1210–1217, hier S. 1215 f.

[214] Vgl. BGH: Urteil vom 21.12.2005 - 3 StR 470/04, a.a.O., hier S. 336; OLG Oldenburg: Urteil vom 22.6.2006 - 1 U 34/03, a.a.O., hier S. 2512.

[215] OLG München: Urteil vom 21.3.2013 - 23 U 3344/12, in: DB, 66. Jg. (2013), S. 1596–1600, hier S. 1597 f. (alle Zitate).

bb)   Zur Abgrenzung von rechtlich gebundenen Entscheidungen

Nach Ansicht des OLG Düsseldorf steht dem Vorstand eines Unternehmens „bei der Bege-hung von Gesetzes- und Satzungsverstößen kein Ermessensspielraum zu"[216]. In ähnlicher Weise handelt der Vorstand einer Hypothekenbank nach den Ausführungen des BGH beim Abschluss von Zinsderivategeschäften pflichtwidrig, wenn diese „ausschließlich in Verbin-dung mit anderen Derivategeschäften" stehen oder „ihr Umfang den Hypothekenbanken als Spezialinstituten gesetzte Grenzen" überschreite; dementgegen handelt er nicht pflichtwidrig, wenn diese einen „absichernden Charakter für die zulässigen Geschäfte" haben und gleich-falls „das Verlustrisiko begrenzt" bleibe, da „der Art und Weise der Absicherung eine unter-nehmerische Entscheidung zugrunde" liege.[217] Nach Ansicht des LG München liegt bei der Ausgestaltung des Compliance-Systems zur Verhinderung von Schmiergeldzahlungen keine unternehmerische Entscheidung vor, da der Vorstand „dafür Sorge tragen [müsse], dass das Unternehmen so organisiert und beaufsichtigt wird, dass keine [...] Gesetzesverletzungen stattfinden" können; mithin liege durch „[d]ie Einrichtung eines mangelhaften Compliance-Systems und auch dessen unzureichende Überwachung [...] eine Pflichtverletzung" des betref-fenden Vorstandsmitglieds vor.[218]

Dementgegen unstrittig liegt der Beantragung der Eröffnung eines Insolvenzverfahrens bei tatsächlicher Überschuldung oder Zahlungsunfähigkeit keine unternehmerische Entscheidung zugrunde, da diese, wie das OLG München zurecht ausführt, „der Erfüllung einer zwingenden gesetzlichen Pflicht gemäß § 15a InsO"[219] diene. Auch der Entscheidung des Vorstands zur Einberufung einer außerordentlichen Hauptversammlung ist nach Ansicht des OLG Düssel-dorf kein unternehmerischer Ermessensspielraum zuzusprechen, da hierbei „eine gebundene Vorstandsentscheidung" vorliege und der Vorstand „unter den Voraussetzungen des § 122 Abs. 1 Satz 1 AktG [...] nicht nur berechtigt, sondern grundsätzlich auch verpflichtet [sei], eine Hauptversammlung einzuberufen."[220] Fraglich ist hingegen die Auffassung des OLG Koblenz, wonach der Geschäftsführer einer GmbH bei der Vorbereitung der Entscheidung „über die Begründung oder Fortführung der Kreditengagements" durch das Kontrollgremium „kein Ermessen ausüben" könne. Zwar weist das Gericht zutreffend darauf hin, dass „die Vor-

---

[216] OLG Düsseldorf: Beschluss vom 9.12.2009 - I-6 W 45/09, a.a.O., hier S. 128.
[217] BGH: Urteil vom 15.1.2013 - II ZR 90/11, in: ZIP, 34. Jg. (2013), S. 455–458, hier S. 456–458 (alle Zitate).
[218] LG München: Urteil vom 10.12.2013 - 5 HK O 1387/10, a.a.O., hier S. 573 f. (beide Zitate).
[219] OLG München: Urteil vom 21.3.2013 - 23 U 3344/12, a.a.O., hier S. 1597.
[220] OLG Düsseldorf: Urteil vom 5.7.2012 - I-6 U 69/11, in: NZG, 16. Jg. (2013), S. 546–548, hier S. 547 (beide Zitate).

lage der Geschäftsführung an den Aufsichtsrat [...] alle Informationen enthalten [müsse], die den Aufsichtsrat in die Lage versetzen, die anstehende Entscheidung zu treffen". Die hierfür erforderliche Abwägung durch den Geschäftsführer bedarf hingegen eines Ermessensspielraums, beinhaltet diese doch u.a. auch die Erstellung von unsicheren Prognosen über die zukünftige Entwicklung des Kreditnehmers.[221]

b)   *Einzelfallabhängige Differenzierung hinsichtlich der Angemessenheit der Informationsgrundlage*

aa)   Zur Durchführung einer umfassenden und sorgfältigen Abwägung der mit der unternehmerischen Entscheidung verbundenen Chancen und Risiken

Nach Ansicht des BGH setzt eine Haftungsprivilegierung des Geschäftsführers einer GmbH voraus, „dass sein unternehmerisches Handeln auf einer sorgfältigen Ermittlung der Entscheidungsgrundlagen beruht", wonach dieser „in der konkreten Entscheidungssituation alle verfügbaren Informationsquellen tatsächlicher und rechtlicher Art auszuschöpfen und auf dieser Grundlage die Vor- und Nachteile der bestehenden Handlungsoptionen sorgfältig abzuschätzen und den erkennbaren Risiken Rechnung zu tragen" habe.[222] Während diese Formulierung im Wortlaut zumindest als unglücklich zu bezeichnen ist, führt der BGH im Fall der Ersteigerung von UMTS-Lizenzen durch den Vorstand der Deutschen Telekom in überzeugender Weise aus, dass „im maßgeblichen Zeitpunkt der Durchführung der Versteigerung allein die erfolgreiche Teilnahme an der Versteigerung der wirtschaftlichen Vernunft" entsprochen hätte: „Zwar waren die seitens der Telekom aufgewandten Kosten ‚exorbitant', jedoch versprach man sich damals allgemein von dem Lizenzerwerb ‚enorme wirtschaftliche Chancen'", da die neue Technik „seinerzeit als der ‚Kulminationspunkt für die Wachstumschancen der gesamten Branche' angesehen" worden wäre. Im Ergebnis liege kein pflichtwidriges Verhalten vor, da der Vorstand „bei der ihm auferlegten Chancen-Risiken-Abwägung die Grenzen der unternehmerischen Ermessensfreiheit gewahrt" habe.[223] Demgegenüber sieht der BGH eine Pflichtverletzung des Aufsichtsrats gegeben, wenn dieser seine Zustimmung zu einem zustimmungspflichtigen Rechtsgeschäft erteile, „ohne irgendeine Erkundigung über den konkreten Unternehmensgegenstand des geförderten Unternehmens, seine wirtschaftliche Situation, die von ihm verfolgten Geschäftsziele und das für deren Verwirklichung benötigte Kapital

---

[221] OLG Koblenz: Urteil vom 24.9.2007 - 12 U 1437/04, in: BeckRS 2008, Nr. 02728, hier S. 21 (alle Zitate).
[222] BGH: Beschluss vom 14.7.2008 - II ZR 202/07, a.a.O., hier S. 1676 f. (beide Zitate).
[223] BGH: Urteil vom 3.3.2008 - II ZR 124/06, in: BGHZ 175, S. 365–374, hier S. 369 (alle Zitate).

einzuholen"[224], denn – wie das OLG Hamm auch zutreffend festhält – „die sorgfältige Schaffung einer Entscheidungsgrundlage ist für jedes unternehmerische Handeln eine Selbstverständlichkeit"[225]. Ebenfalls stellt der BGH in seinem Urteil zur Kreditvergabe des Vorstands einer Genossenschaftsbank eine nicht angemessene Informationsgrundlage fest, da dieser „es unterlassen [...] [habe], sich zeitnahe und deshalb aussagekräftige Informationen über die mit der Kreditvergabe [...] verbundenen Risiken zu verschaffen." Fraglich erscheint hierbei allerdings, inwieweit ein möglicher *hindsight bias* in der Bewertung des Gerichts, dass „die künftige Kapitaldienstfähigkeit des Kunden [...] nicht ohne Weiteres gewährleistet" war, obwohl dieser „bisher allen finanziellen Verpflichtungen nachgekommen war", vorliegt.[226]

Dementgegen kritisch ist die aktuelle Rechtsprechung zum Engagement von Banken im Verbriefungssegment vor und während der Finanzkrise zu bewerten. So bedingt nach Ansicht des OLG Düsseldorf „bereits die übermäßige Komplexität und Intransparenz des Verbriefungssegments [...] nahezu die Unmöglichkeit für den Vorstand, Entscheidungen auf ausreichender Informationsgrundlage zu treffen."[227] Mithin ist das Gericht der insoweit pauschalen Auffassung, dass die Anwendung der *business judgment rule* auf die Entscheidung des Vorstands zur Investition in verbriefte Finanzprodukte aufgrund einer nicht angemessenen Informationsgrundlage grundsätzlich ausscheide. Wohl anderer Ansicht ist das OLG Frankfurt a. M., wenn es ausführt, dass „es sich bei ABS, weder für den Emittenten noch für den Investor, per se um etwas Verbotenes" handeln würde und auch nicht „gesagt werden kann, sie seien grundsätzlich oder objektiv undurchschaubar noch (subjektiv) zu komplex".[228] Auch das OLG Stuttgart weist darauf hin, dass „Derivatgeschäfte [...] nicht per se ‚übermäßig komplex' oder ‚intransparent'" seien und deshalb „dem handelnden Vorstand [...] das Treffen von Entscheidungen auf ausreichender Informationsgrundlage unmöglich gewesen wäre".[229] In diesem Sinne sieht das LG Leipzig eine angemessene Informationsgrundlage bei der Entscheidung zum Aufbau des Ormond Quay-Programms durch den Vorstand der SachsenLB gegeben, da „den Beschlüssen [...] eine ausführliche Stellungnahme des Kreditrisikomanagements [beilag], welche sowohl die Risiken aus den Liquiditätsfazilitäten als auch die Risiken aus den Valuation Agreements darstellte und bewertete und erklärte, warum das Kreditmanagement

---

[224] BGH: Urteil vom 11.12.2006 - II ZR 243/05, in: ZIP, 28. Jg. (2007), S. 224–226, hier S. 225 f.
[225] OLG Hamm: Urteil vom 12.7.2012 - I-27 U 12/10, a.a.O., hier S. 1975 f.
[226] BGH: Beschluss vom 3.11.2008 - II ZR 236/07, a.a.O., hier S. 223 (alle Zitate).
[227] OLG Düsseldorf: Beschluss vom 9.12.2009 - I-6 W 45/09, a.a.O., hier S. 128.
[228] OLG Frankfurt a. M.: Urteil vom 7.12.2010 - 5 U 29/10, a.a.O., hier S. 82 (beide Zitate).
[229] OLG Stuttgart: Beschluss vom 29.2.2012 - 20 W 5/11, a.a.O., hier S. 980 (beide Zitate).

trotz der Risiken befürwortet wird," so dass „die entscheidungsrelevanten Tatsachen bei der Entscheidung" vorgelegen hätten.[230] Auch das LG Düsseldorf sieht den Erwerb von strukturierten Finanzprodukten durch den Vorstand der ApoBank „innerhalb des [...] unternehmerischen Ermessens", da „die Entscheidungsgrundlagen sorgfältig ermittelt und das Für und Wider der Entscheidung mit der gebotenen Sorgfalt abgewogen" worden und insbesondere „[e]in derart massiver Preisverfall bei den bis dahin mit dem höchsten Rating ausgestatteten Assets [...] auch bei sorgfältigster Prüfung nicht zu erwarten" gewesen sei. Allerdings erscheint die Argumentation des LG Düsseldorf in Teilen widersprüchlich, stellt das Gericht doch gleichzeitig fest, dass „bei den komplexen CDO-Transaktionen [...] die Qualität der die Emissionen letztlich unterlegenden Forderungen für die Investoren nur schwer nachvollziehbar" gewesen seien.[231]

bb) Zur Reichweite der Schaffung einer angemessenen Informationsgrundlage auf Basis von Informationen von Dritten

Bei unternehmerischen Entscheidungen mit potenziell weitreichenden Konsequenzen ist die Einholung von Informationen von Dritten i.d.R. unabdingbar. So besteht nach Ansicht des LG München im Fall des Erwerbs der Depfa durch die BayernLB „angesichts des Transaktionsvolumens" auch „kein Zweifel daran [...], dass der Vorstand der Beklagten sich die erforderlichen Informationen nur mit Hilfe einer Due Diligence beschaffen konnte, um die Angemessenheit des Kaufpreises, aber auch und gerade die mit dem Erwerb [...] verbundenen Chancen und Risiken abschätzen zu können".[232] In ähnlicher Weise sieht das OLG Frankfurt a. M. keine Pflichtverletzung des Vorstands der Commerzbank beim Erwerb der Dresdner Bank vorliegen, da „eine sorgfältige und umfangreiche Prüfung der Dresdner Bank durchgeführt [wurde], bei der alle Risiken, die sich später realisiert haben, erkannt wurden." Ferner sieht das Gericht auch kein Erfordernis zur Durchführung einer ergänzenden Due Diligence nach Eintritt der Finanzkrise, da u.a. „eine erneute Due Diligence vor Abschluss der Änderungsvereinbarung [...] keine neuen Erkenntnisse gebracht [hätte], da die Risiken bereits identifiziert waren und ihre Neubewertung ergänzender Informationen über die Dresdner Bank nicht bedurfte".[233] Die Durchführung einer umfassenden Due Diligence unter Rückgriff auf externe Ex-

---

[230] LG Leipzig: Schlussurteil vom 8.11.2013 - 08 O 3757/10, in: BeckRS 2014, Nr. 01102, hier S. 31 (beide Zitate).
[231] LG Düsseldorf: Urteil vom 25.4.2014 - 39 O 36/11 U, in: BeckRS 2014, Nr. 08434, hier S. 18 (alle Zitate).
[232] LG München: Urteil vom 15.10.2010 - 5 HK O 2122/09, a.a.O., hier S. 2454 (beide Zitate).
[233] OLG Frankfurt a. M.: Urteil vom 7.12.2010 - 5 U 29/10, a.a.O., hier S. 81 (beide Zitate).

perten im Vorfeld eines Unternehmenserwerbs stelle allerdings keine erfolgreiche unternehmerische Entscheidung sicher, denn keine Due Diligence könne in diesem Sinne „perfekt sein"[234]. Das OLG Stuttgart sieht im Fall der Verschmelzung von Daimler Benz und Chrysler „keinen Anlass [...], dass vor der verbindlichen Vereinbarung des Umtauschverhältnisses der Sachverhalt lediglich unzureichend aufbereitet worden" wäre. Die Ertragswertgutachten seien von Wirtschaftsprüfungsunternehmen erstellt worden, wobei „sämtliche [...] für eine verlässliche Bewertung erforderlichen Arbeiten" durchgeführt und „alle benötigten Unterlagen und Informationen" zur Verfügung gestellt worden wären. „Der Umstand, dass zur Absicherung der Angemessenheit der im Verhandlungsweg gefundenen Umtauschrelation eine Beauftragung von Wirtschaftsprüfungsgesellschaften erfolgte, [sei] [...] ebenfalls nicht zu beanstanden".[235]

Gleichfalls ist nach Ansicht des OLG Düsseldorf der Vorstand dazu „gehalten, eigene Informationsquellen im Unternehmen zu schaffen" und „sich nicht nur auf Informationen Dritter [...] [zu] verlassen", weshalb das Gericht zu der Einschätzung kommt, dass im Fall IKB „die externen Ratings der amerikanischen Rating-Agenturen [...] den Vorstand von der Pflicht zu eigener Information nicht entbinden" konnten. Während dieser Auffassung des Gerichts grundsätzlich zuzustimmen ist, sind die folgenden Ausführungen zu einer „auf der Hand" liegenden fehlenden Objektivität sowie einem „erkennbaren Interessenkonflikt" der Ratingagenturen durch das Vorliegen eines potenziellen *hindsight bias* hingegen kritisch zu betrachten.[236]

Die kritische Auseinandersetzung des Leitungsorgans mit Informationen von Dritten betont auch das LG Essen im Rahmen der Überprüfung der Durchsetzung von Organhaftungsansprüchen durch den Aufsichtsrat. Nach Ansicht des Gerichts müssen „die Entscheidungsträger der Gesellschaft das ,Für und Wider' eines Regresses abwägen [...], sich hierzu kompetenten Rat einholen [...], der nicht kritiklos übernommen werden darf, und davon ausgehend eine aus damaliger Sicht vertretbare Entscheidung treffen [...], die keinesfalls von persönlichen Gründen getragen sein darf." Durch die Einholung von drei Gutachten und deren kritischer Diskussion in der Aufsichtsratssitzung hätten die angeklagten Aufsichtsräte „diese Voraussetzungen" erfüllt.[237]

---

[234] LG München: Urteil vom 15.10.2010 - 5 HK O 2122/09, a.a.O., hier S. 2455.
[235] OLG Stuttgart: Beschluss vom 14.10.2010 - 20 W 16/06, a.a.O., hier S. 28 f. (alle Zitate).
[236] OLG Düsseldorf: Beschluss vom 9.12.2009 - I-6 W 45/09, a.a.O., hier S. 128 (alle Zitate).
[237] LG Essen: Urteil vom 25.4.2012 - 41 O 45/10, a.a.O., hier S. 1309 (beide Zitate).

cc)   Zur erforderlichen Anwendung von anerkannten betriebswirtschaftlichen Grundsätzen

Bei der Kreditvergabe liegt nach ständiger Rechtsprechung eine Pflichtverletzung vor, wenn gegen die banküblichen Informations- und Prüfungspflichten verstoßen wird. So sind nach Ansicht des BGH „bei der Vergabe eines Großkredits [...] insbesondere die in § 18 Satz 1 KWG normierten Informations- und Prüfungspflichten von Bedeutung, nach denen eine Offenlegung der wirtschaftlichen Verhältnisse des Kreditnehmers zu verlangen" sei. Auch bei der Erschließung eines neuen Geschäftsfelds oder der Verwirklichung einer neuen Geschäftsidee müsse „sich der Entscheidungsträger für die erforderliche Risikoanalyse eine breite Entscheidungsgrundlage verschaffen." Mithin würden „Handlungs- und Beurteilungsspielräume [...] nur auf der Grundlage sorgfältig erhobener, geprüfter und analysierter Informationen" bestehen.[238] In einem weiteren Urteil führt der BGH aus, dass „eine Pflichtverletzung insbesondere dann gegeben [sei], wenn das Vorstandsmitglied gegen die in dieser Branche anerkannten Erkenntnisse und Erfahrungsgrundsätze verstößt." Im zu entscheidenden Fall der Kreditvergabe durch Vorstandsmitglieder einer Genossenschaftsbank konkretisiert der BGH die branchenüblichen Pflichten dahingehend, „dass sie Kredite grundsätzlich nicht ohne übliche Sicherheiten gewähren dürf[t]en und zudem für die ordnungsgemäße Bewertung der Sicherheiten sowie die Beachtung der Richtlinien über Beleihungsobergrenzen Sorge zu tragen" hätten.[239] Während der BGH dieser Auffassung noch in den Jahren 2005[240] und 2006[241] folgte, vollzog er mit seiner Rechtsprechung im Fall MPS im Jahr 2009 einen Paradigmenwechsel. Im letzteren Fall bewertet der BGH nämlich die Gewährung eines unbesicherten Darlehens als nicht pflichtwidrig, wenn „die Forderung als vollwertig bzw. ein Forderungsausfall unwahrscheinlich" erscheine, und zwar „auch dann, wenn es später wider Erwarten doch zu einem Forderungsausfall" komme.[242]

Darüber hinaus ist beim Erwerb eines anderen Unternehmens regelmäßig ein Rückgriff auf anerkannte betriebswirtschaftliche Grundsätze vorzunehmen. Nach Ansicht des OLG Oldenburg „mag [zwar] dahingestellt bleiben", ob „im Grundsatz eine generelle oder zumindest im Regelfall bestehende Verpflichtung [...] zur Durchführung einer ‚Due Diligence' vor einem Unternehmenserwerb" bestehe. Im zu entscheidenden Fall fehle allerdings eine „umfassende

---

[238] BGH: Urteil vom 13.8.2009 - 3 StR 576/08, a.a.O., hier S. 1857 (alle Zitate).
[239] BGH: Urteil vom 3.12.2001 - II ZR 308/99, a.a.O., hier S. 214 (beide Zitate).
[240] Vgl. BGH: Urteil vom 21.3.2005 - II ZR 54/03, a.a.O., hier S. 982 f.
[241] Vgl. BGH: Urteil vom 11.12.2006 - II ZR 243/05, a.a.O., hier S. 226.
[242] BGH: Urteil vom 1.12.2008 - II ZR 102/07, in: BGHZ 179, S. 71–84, hier S. 78 (beide Zitate).

und fundierte betriebswirtschaftliche Überprüfung der zu übernehmenden Klinik und ihres Entwicklungspotentials, wie sie aus betriebswirtschaftlicher Sicht möglich und notwendig gewesen wäre", was „mit den Geboten kaufmännischer Sorgfalt [...] nicht vereinbar" wäre.[243] Dem vergleichbar sieht das OLG Köln aufgrund der Anwendung des betriebswirtschaftlich anerkannten Ertragswertverfahrens zur Bestimmung eines angemessenen Kaufpreises keinen Verdacht auf ein pflichtwidriges Verhalten des Leitungsorgans.[244] Allerdings steht es nach Ansicht des BGH einem Gericht nicht zu, „das Fehlen branchentypischer Techniken fest[zu]stellen, ohne zuvor einen Sachverständigen gehört zu haben", wenn das Gericht nicht dargelegt habe, „dass es die dafür erforderliche Sachkunde besitzt".[245]

Insofern zutreffend beanstandet das OLG Brandenburg die fehlende Durchführung einer tragfähigen Wirtschaftlichkeitsberechnung vor Beginn eines Neubauvorhabens durch die Vorstandsmitglieder einer Baugenossenschaft, da diese der Kalkulation für den Beginn der Vermietung nach Fertigstellung des Bauvorhabens eine nachweislich zu hohe Miete zugrunde gelegt sowie Instandhaltungskosten, Verwaltungskosten und Mietausfall bei der Ermittlung der notwendigen Kostenmiete nicht berücksichtigt hätten. Aufgrund der fehlenden „sorgfältige[n] Vorbereitung der Entscheidung unter Einbeziehung aller Entscheidungsalternativen mit ihren Auswirkungen" könnten die Vorstandsmitglieder daher „zu ihrer Entlastung nicht auf ein unternehmerisches Ermessen abstellen".[246] Dem vergleichbar sieht das OLG München keine hinreichende Informationsgrundlage bei der Beantragung der Eröffnung eines Insolvenzverfahrens aufgrund einer drohenden Zahlungsunfähigkeit durch den Geschäftsführer einer GmbH gegeben, da dieser eine hierfür übliche Liquiditätsprognose nicht erstellt hätte und „damit auch nicht dargelegt [hätte], dass und inwiefern die Verbindlichkeiten der Gesellschaft ihre verfügbare Liquidität im Prognosezeitraum übersteigen würden."[247]

---

[243] OLG Oldenburg: Urteil vom 22.6.2006 - 1 U 34/03, a.a.O., hier S. 2513 (alle Zitate).
[244] Vgl. OLG Köln: Beschluss vom 22.2.2010 - 18 W 1/10, a.a.O., hier S. 415.
[245] BGH: Urteil vom 22.2.2011 - II ZR 146/09, a.a.O., hier S. 767 f. (beide Zitate).
[246] OLG Brandenburg: Urteil vom 15.2.2012 - 7 U 141/09, in: BeckRS 2012, Nr. 11396, hier S. 7 (beide Zitate).
[247] OLG München: Urteil vom 21.3.2013 - 23 U 3344/12, a.a.O., hier S. 1598.

c)   *Missachtung des Gesellschaftswohls bei Eingehen von unvertretbaren Risiken*

aa)   Ansätze zur Konkretisierung des Vorliegens von ex-ante unvertretbaren Risiken im Allgemeinen

Nach Ansicht des OLG Düsseldorf besteht im Fall IKB der „begründete Verdacht, dass er [der Vorstand, Anm. des Verf.] durch das eigene unmittelbare und mittelbare Engagement [...] in diesem Bereich (Gewährung der Kreditlinien für die Zweckgesellschaften) ein übergroßes Risiko eingegangen [sei] [...]. Denn kein Vorstand hand[l]e sorgfältig, wenn er Risiken für sein Unternehmen eingeh[e], die, wenn sie sich verwirklichen, zum Untergang des Unternehmens führen." Der Vorstand der IKB sei durch die Investition in hypothekenbesicherte Wertpapiere „Klumpenrisiken" eingegangen, welche als „übergroße und existenzbedrohende Risiken" für die Gesellschaft zu bewerten seien.[248] In ähnlicher Weise argumentiert das LG Düsseldorf, nach dessen Ansicht „[r]iskante Geschäfte [...] nach ihrem Volumen nie so hoch sein [dürfen], dass die Existenz des Unternehmens gefährdet wird."[249] Auch das OLG Jena sieht eine Pflichtverletzung des Geschäftsführers einer GmbH gegeben, falls „der unwahrscheinliche, aber nicht auszuschließende negative Ausgang des beabsichtigten Geschäfts zu unangemessen hohen Risiken für den Bestand und die Entwicklung der Firma" führt, denn „[e]in erlaubtes Risiko geht er [...] nicht schon dann ein, wenn zur Zeit der Vornahme des Geschäfts die bloße Wahrscheinlichkeit bestand, dass sich das Geschäft gewinnbringend auswirken würde." Gleichfalls seien allerdings „[g]ewagte Geschäfte [...] nicht stets als unangemessen anzusehen".[250]

Im Gegensatz dazu kann das OLG Frankfurt a. M. nicht feststellen, dass der Vorstand der Commerzbank „mit dem Erwerb der Dresdner Bank ein unangemessenes Risiko eingegangen" sei, da es sich bei dem erworbenen Wertpapierportfolio „nicht um ein Portfolio mit einheitlichem Risikoprofil [handle], weshalb auch das Risiko des Totalverlusts so nicht bestanden haben" könne. Das Gericht sieht sich ferner darin bestätigt, dass „nicht einmal für die Dresdner Bank stand alone [...] KPMG [der Abschlussprüfer, Anm. des Verf.] aufgrund des Bestandes strukturierter Wertpapiere Einwände gegen eine positive Fortführungsprognose erhoben" hätte.[251] Bei der Bewertung des Vorliegens eines unvertretbaren Risikos weist das OLG Stuttgart zurecht darauf hin, dass „die Verantwortbarkeit der Eingehung eines Risikos

---

[248]   OLG Düsseldorf: Beschluss vom 9.12.2009 - I-6 W 45/09, a.a.O., hier S. 128 f. (alle Zitate).

[249]   LG Düsseldorf: Urteil vom 25.04.2014 - 39 O 36/11 U, a.a.O., hier S. 21.

[250]   OLG Jena: Urteil vom 8.8.2000 - 8 U 1387/98, in: NZG, 4. Jg. (2001), S. 86–88, hier S. 87 (alle Zitate).

[251]   OLG Frankfurt a. M.: Urteil vom 7.12.2010 - 5 U 29/10, a.a.O., hier S. 82 (alle Zitate).

[...] nicht ex post anhand eines worst-case-Szenarios, sondern anhand einer ex-ante-Betrachtung unter Berücksichtigung der Wahrscheinlichkeit einer Verwirklichung des Risikos zu beurteilen" sei. Mithin könne „allein die mögliche Existenzgefährdung [...] noch nicht zur Unvertretbarkeit eines Risikos führen. Stattdessen [sei] [...] eine konkrete Risikobeurteilung, insbesondere eine ex-ante-Betrachtung der Eintrittswahrscheinlichkeit, erforderlich".[252] Auf die Maßgeblichkeit der ex-ante-Perspektive bei der Bewertung eines unvertretbaren Risikos weist auch das LG Leipzig im Fall SachsenLB hin, wenn es ausführt, dass „im Hinblick auf die Struktur des Ormond Quay-Programms, insbesondere die Tatsache, dass die Portfolien nach den Kreditanträgen nur Wertpapiere mit AAA/Aaa-Ratings und einer geringen Kursvolatilität enthielten, [...] nicht davon ausgegangen werden [könne], dass die Einführung des Ormond Quay Programms von Anfang an wegen Existenz gefährdender Risiken rechtswidrig war", auch wenn „aus Expost-Sicht eine anderweitige Beachtung der Risiken wünschenswert gewesen wäre".[253]

bb) Anforderungen an die Sicherheitenstellung bei der Darlehens- und Kreditvergabe im Besonderen

Nach Ansicht des BGH handeln die Vorstandsmitglieder einer Genossenschaftsbank pflichtwidrig, wenn diese eine „schädliche expansive Kreditpolitik und [...] unvertretbare[.] Kreditentscheidungen ohne ausreichende Bonitäts- und Sicherheitenprüfung" vornehmen, mithin also „das hohe Risiko eines Schadens unabweisbar [sei] [...] und keine vernünftigen geschäftlichen Gründe dafür sprechen, es dennoch einzugehen".[254] In einem weiteren Urteil des BGH zur Haftung des Vorstands einer Genossenschaftsbank wird „ein Blankokredit von fast 75%" als nicht vertretbar bewertet, da nach Ansicht des Gerichts „keine vernünftigen geschäftlichen Erwägungen dafür sprachen, ein solches Risiko gleichwohl einzugehen": Denn „bereits aus der Gewährung der Kredite ohne übliche Sicherheiten folg[e] ein hohes Schadensrisiko des Darlehensgebers, ohne dass es darauf ankomm[e], ob schon im Zeitpunkt der Kreditvergabe der Eintritt des konkreten späteren Schadens vorhersehbar war".[255] Demgegenüber betont der BGH im Fall MPS die Maßgeblichkeit der ex-ante-Perspektive, wonach kein „in dieser Hin-

---

[252] OLG Stuttgart: Beschluss vom 29.2.2012 - 20 W 5/11, a.a.O., hier S. 979 f. (beide Zitate).
[253] LG Leipzig: Schlussurteil vom 8.11.2013 - 08 O 3757/10, a.a.O., hier S. 32 (beide Zitate).
[254] BGH: Urteil vom 3.12.2001 - II ZR 308/99, a.a.O., hier S. 214 (beide Zitate). Nach Ansicht des KG Berlin kann ein solcher Grund gegeben sein, falls eine „Ausweitung des risikobehafteten Engagements letztlich doch noch zu einem positiven oder zumindest ausgeglichenen Geschäftsergebnis" führen könnte, KG Berlin: Urteil vom 22.3.2005 - 14 U 248/03, in: ZIP, 26. Jg. (2005), S. 1866–1868, hier S. 1867.
[255] BGH: Urteil vom 21.3.2005 - II ZR 54/03, a.a.O., hier S. 982 (alle Zitate).

sicht [...] nachteiliges Rechtsgeschäft" vorliege, wenn „aus der hier allein maßgeblichen ex-ante-Perspektive die Forderung als vollwertig bzw. ein Forderungsausfall unwahrscheinlich" erscheine.[256] Auch das OLG Celle sieht in „der Vergabe eines ungesicherten Kredits an ein finanzschwaches Start-up-Unternehmen kein unvertretbares Risiko" begründet, wenn „die fehlende Sicherheitenstellung ausdrücklich [durch den Aufsichtsrat, Anm. des Verf.] erörtert worden [sei], ohne dass das Fehlen gerügt worden" sei und „der Sicherheitenstellung [...] keine Bedeutung zugemessen wurde".[257]

---

[256] BGH: Urteil vom 1.12.2008 - II ZR 102/07, a.a.O., hier S. 78 (beide Zitate).
[257] OLG Celle: Urteil vom 28.5.2008 - 9 U 184/07, a.a.O., hier S. 1745–1747 (alle Zitate).

III Grundsätze zur Ermittlung einer angemessenen Informationsgrundlage sowie zur angemessenen Entscheidungsfindung bei unternehmerischen Entscheidungen durch ein Risikomanagement im ökonomischen Sinn

1. Konkretisierung der normativen Anforderungen an das Risikomanagement durch eine ökonomische Auslegung der gesetzlichen Vorgaben

a) Sinn und Zweck sowie Spezifizierung der normativen Anforderungen an das Risikomanagement

aa) Sinn und Zweck der Einrichtung eines Risikomanagements gemäß § 91 Abs. 2 AktG aus rechtlicher Sicht

Nach § 91 Abs. 2 AktG hat der Vorstand „geeignete Maßnahmen zu treffen, insbesondere ein Überwachungssystem einzurichten, damit den Fortbestand der Gesellschaft gefährdende Entwicklungen früh erkannt werden." Die durch das KonTraG eingeführte Vorschrift in das Aktiengesetz ist als eine „gesetzliche Hervorhebung"[258] der allgemeinen Pflicht des Vorstands zur Leitung der Gesellschaft gemäß § 76 AktG zu verstehen.[259] Im Speziellen handelt es sich um eine Konkretisierung der Organisationspflichten des Vorstands,[260] deren Missachtung u.a. einen wichtigen Grund für eine fristlose Kündigung darstellen kann.[261] Wenngleich in der Gesetzesbegründung von einer Ausstrahlungswirkung auf Gesellschaften anderer Rechtsformen ausgegangen wird,[262] ist dies jeweils im Einzelfall unter Berücksichtigung von Größe, Industrie sowie Art und Umfang der eingegangenen Risiken durch die Unternehmensleitung zu bewerten.[263]

---

[258] Drucksache des Deutschen Bundestages 13/9712 vom 28.01.1998: Entwurf eines Gesetzes zur Kontrolle und Transparenz im Unternehmensbereich (KonTraG), S. 1–37 (im Folgenden zitiert als Entwurf eines Kon-TraG), hier S. 15.

[259] Vgl. *Emmerich, Gerhard*: Risikomanagement in Industrieunternehmen – gesetzliche Anforderungen und Umsetzung nach dem KonTraG, in: ZfbF, 51. Jg. (1999), S. 1075–1089, hier S. 1078 f.; *Ernst, Christoph*: KonTraG und KapAEG sowie aktuelle Entwicklungen zur Rechnungslegung und Prüfung in der EU, in: WPg, 51. Jg. (1998), S. 1025–1035, hier S. 1026.

[260] Vgl. *Preußner, Joachim/Zimmermann, Dörte*: Risikomanagement als Gesamtaufgabe des Vorstandes, in: AG, 12. Jg. (2002), S. 657–662, hier S. 658 f.; *Zimmer, Daniel/Sonneborn, Andrea M.*: § 91 Abs. 2 AktG – Anforderungen und gesetzgeberische Absichten, in: Risikomanagement nach dem KonTraG, hrsg. v. K. W. Lange/F. Wall, München 2001, S. 38–59, hier S. 41; *Kort, Michael*: Kommentierung zu § 91 AktG, in: Großkommentar AktG, hier Rn. 52; *Hüffer, Uwe*: Kommentierung zu § 91 AktG, in: Kurzkommentar AktG, hier Rn. 4.

[261] Vgl. KG Berlin: Urteil vom 27.9.2004 - 2 U 191/02, in: AG, 15. Jg. (2005), S. 205–210, hier S. 209.

[262] Vgl. Entwurf eines KonTraG, a.a.O., hier S. 15.

[263] Vgl. *Drygala, Tim/Drygala, Anja*: Wer braucht ein Frühwarnsystem?, in: ZIP, 21. Jg. (2000), S. 297–305, hier S. 303 f.

Hintergrund der gesetzlichen Kodifizierung der Pflicht des Vorstands zur Einrichtung eines angemessenen Risikomanagements waren u.a. spektakuläre Unternehmenskrisen am Ende des 20. Jahrhunderts,[264] die oftmals das Fortbestehen des Unternehmens aufgrund einer drohenden Überschuldung oder Zahlungsunfähigkeit[265] gefährdeten.[266] Folglich besteht der Sinn und Zweck des Risikomanagements aus rechtlicher Sicht darin, dass potenziell bestandsgefährdende Entwicklungen für das Unternehmen möglichst frühzeitig identifiziert werden. In diesem Sinne ist eine Einschränkung hinsichtlich der Art der zu überwachenden Entwicklungen entsprechend ihres Gefährdungspotenzials vorzunehmen. Dies unterstreicht auch das OLG Celle, demnach „alleiniger Zweck [des Risikomanagements gemäß § 91 Abs. 2 AktG, Anm. des Verf.] [...] die frühzeitige Erkennung von existenzgefährdenden Entwicklungen"[267] sei. Aufgrund der potenziell weitreichenden Auswirkungen auf die Volkswirtschaft bei eintretender Überschuldung oder Zahlungsunfähigkeit eines Unternehmens[268] erscheint die Fokussetzung des Gesetzgebers an dieser Stelle zweckgerecht.

Des Weiteren wurde durch das BilMoG die Berichterstattung des Vorstands über das interne Kontroll- und das Risikomanagementsystems durch eine Ergänzung der §§ 289, 315 HGB, wonach dessen „wesentliche[.] Merkmale [...] im Hinblick auf den Rechnungslegungsprozess zu beschreiben" sind, erweitert.[269] Die Beschränkung auf den Rechnungslegungsprozess kann neben der potenziellen Gefährdung „schutzwürdiger Interessen der Unternehmen"[270] auch mit der Fokussetzung des Gesetzgebers auf bestandsgefährdende Risiken begründet werden – waren doch gerade Mängel in der Rechnungslegung mitverantwortlich für die Entwicklung

---

[264] An dieser Stelle sei bspw. auf die Geschehnisse bei Metallgesellschaft, Schneider und Balsam-Procedo hingewiesen, vgl. *Seibert, Ulrich*: Die Entstehung des § 91 Abs. 2 AktG im KonTraG – "Risikomanagement" oder "Frühwarnsystem"?, in: FS Bezzenberger, S. 427–439, hier S. 428; *Forster, Karl-Heinz*: MG, Schneider, Balsam und die Folgen – was können Aufsichtsräte und Abschlußprüfer gemeinsam tun?, in: AG, 5. Jg. (1995), S. 1–7, hier S. 1 f.

[265] Zur Bestandsgefährdung durch Überschuldung oder Zahlungsunfähigkeit, vgl. u.a. *Emmerich, Gerhard*: Risikomanagement in Industrieunternehmen – gesetzliche Anforderungen und Umsetzung nach dem KonTraG, a.a.O., hier S. 1082.

[266] Vgl. *Drygala, Tim/Drygala, Anja*: Wer braucht ein Frühwarnsystem?, a.a.O., hier S. 298.

[267] OLG Celle: Urteil vom 28.5.2008 - 9 U 184/07, a.a.O., hier S. 1746.

[268] An dieser Stelle sei nur auf die Auswirkungen der Insolvenzen von Philipp Holzmann, Enron oder Lehman Brothers hingewiesen, vgl. Philipp Holzmann AG: Geschäftsbericht 1999, Frankfurt a. M. 2000, hier S. 14 f.; o.V.: Enron – Kein Ende mit Schrecken, in: Manager Magazin 2001; *Brinkbäumer, Klaus et al.*: Gorillas Spiel, in: Spiegel 2009, Nr. 11, S. 40–52.

[269] Vgl. Entwurf eines BilMoG, a.a.O., hier S. 76, 86.

[270] Ebenda, hier S. 77.

von Unternehmensschieflagen in jüngster Zeit.[271]

bb) Rechtliche Spezifizierung der normativen Anforderungen an ein Risikomanagement gemäß § 91 Abs. 2 AktG

Den gemäß § 91 Abs. 2 AktG kodifizierten Organisationspflichten des Vorstands kann durch eine eindeutige Festlegung von Verantwortlichkeiten, ein adressatengerechtes Berichtswesen sowie eine angemessene Dokumentation des Risikomanagements entsprochen werden.[272] Zunächst sind bei der Einrichtung sowie der operativen Ausführung des Risikomanagements eindeutige Zuständigkeiten durch den Vorstand festzulegen.[273] Hierfür ist neben der Zuweisung von Entscheidungskompetenzen auch eine sachgerechte Gremienstruktur sowie ein transparenter Eskalationsmechanismus erforderlich.[274] Des Weiteren hat der Vorstand dafür zu sorgen, dass die jeweiligen Entscheidungsträger umfassend und rechtzeitig informiert werden, so dass bei Bedarf „noch geeignete Maßnahmen zur Sicherung des Fortbestandes der Gesellschaft ergriffen werden können"[275]. Dies erfordert neben einer regelmäßigen Berichterstattung auch Regelungen zur Übermittlung von Ad-hoc-Mitteilungen.[276] Schließlich sind die wesentlichen Merkmale des Risikomanagements in Schriftform festzuhalten,[277] wenngleich eine Dokumentation gesetzlich nicht explizit vorgeschrieben ist.[278] Dies kann einerseits mit

---

[271] So wurden z.B. im Fall FlowTex Leasingverträge für Bohrsysteme abgeschlossen, welche in diesem Umfang nicht vorhanden waren, vgl. *Wüstemann, Jens*: Mängel bei der Abschlussprüfung: Tatsachenberichte und Analysen aus betriebswirtschaftlicher Sicht, in: Der Wirtschaftsprüfer als Element der Corporate Governance, hrsg. v. M. Lutter, Düsseldorf 2001, S. 19–43, hier S. 21. Im Fall Enron führten Unregelmäßigkeiten in der Bilanzierung von Zweckgesellschaften zu einer nachträglichen Anpassung der Gewinne in den Jahren 1997 bis 2000 von ca. US$ 613 Mio., vgl. *Healy, Paul M./Palepu, Krishna G.*: The Fall of Enron, in: JEP, Vol. 17 (2003), Nr. 2, S. 3–26, hier S. 11.

[272] Vgl. *Bunting, Nikolaus*: Das Früherkennungssystem des § 91 Abs. 2 AktG in der Prüfungspraxis – eine kritische Betrachtung des IDW PS 340, in: ZIP, 33. Jg. (2012), S. 357–362, hier S. 358.

[273] Vgl. *Baums, Theodor*: Risiko und Risikosteuerung im Aktienrecht, a.a.O., hier S. 274; *Hüffer, Uwe*: Kommentierung zu § 91 AktG, a.a.O., hier Rn. 10; *Kort, Michael*: Kommentierung zu § 91 AktG, a.a.O., hier Rn. 52.

[274] Siehe bspw. die Ausführungen zum Risikoausschuss bei *Diederichs*, vgl. *Diederichs, Marc*: Risikomanagement und Risikocontrolling, a.a.O., hier S. 143–148.

[275] Entwurf eines KonTraG, a.a.O., hier S. 15.

[276] Vgl. *Emmerich, Gerhard*: Risikomanagement in Industrieunternehmen – gesetzliche Anforderungen und Umsetzung nach dem KonTraG, a.a.O., hier S. 1084; *Eggemann, Gerd/Konradt, Thomas*: Risikomanagement nach KonTraG aus dem Blickwinkel des Wirtschaftsprüfers, in: BB, 55. Jg. (2000), S. 503–509, hier S. 505.

[277] Vgl. *Preußner, Joachim/Becker, Florian*: Ausgestaltung von Risikomanagementsystemen durch die Geschäftsleitung – Zur Konkretisierung einer haftungsrelevanten Organisationspflicht, in: NZG, 5. Jg. (2002), S. 846–851, hier S. 851; *Hüffer, Uwe*: Kommentierung zu § 91 AktG, a.a.O., hier Rn. 10; *Kort, Michael*: Kommentierung zu § 91 AktG, a.a.O., hier Rn. 52.

[278] Vgl. *Bunting, Nikolaus*: Das Früherkennungssystem des § 91 Abs. 2 AktG in der Prüfungspraxis – eine kritische Betrachtung des IDW PS 340, a.a.O., hier S. 362.

einer Sicherstellung der personenunabhängigen Ausführung der Tätigkeiten im Risikomanagement begründet werden.[279] Ferner folgt die rechtliche Pflicht zur Dokumentation bei börsennotierten Gesellschaften mittelbar aus der Prüfungs- und Berichtspflicht des Abschlussprüfers (§§ 317 Abs. 4, 321 Abs. 4 HGB), da dieser bei fehlender Dokumentation seinen berufsständischen Pflichten nur bedingt nachkommen kann.[280] Die Pflicht zur Dokumentation des Risikomanagements wurde gleichfalls durch das LG München bestätigt, demnach alleine aufgrund einer unterbliebenen Dokumentation des Risikomanagements gemäß § 91 Abs. 2 AktG die Anfechtung der Entlastung des Vorstands zulässig ist.[281]

Eine weitergehende Spezifizierung der Anforderungen an das Risikomanagement findet sich außerhalb des Aktiengesetzes wieder. So existieren bspw. für Finanzinstitute nach § 25a Abs. 1 KWG sowie für Versicherungsunternehmen nach § 64a VAG weitere Vorgaben, die eine branchenspezifische Konkretisierung der rechtlichen Pflichten nach § 91 Abs. 2 AktG darstellen.[282] Diese Vorgaben werden bspw. durch die Mindestanforderungen an das Risikomanagement (MaRisk) weitergehend detailliert.[283]

b) *Konkretisierung der Anforderungen an das Risikomanagement auf Basis einer ökonomischen Analyse der Vorgaben gemäß § 91 Abs. 2 AktG*

aa) Berücksichtigung sämtlicher Risiken des Unternehmens

Sinn und Zweck des Risikomanagements gemäß § 91 Abs. 2 AktG ist die frühzeitige Erkennung von bestandsgefährdenden Entwicklungen für das Unternehmen.[284] Während daher vor allem die potenziell bestandsgefährdenden Auswirkungen von Risiken im negativen Sinne begrenzt werden sollen, greift eine Beschränkung der Überwachung von ausschließlich be-

---

[279] Vgl. *Emmerich, Gerhard*: Risikomanagement in Industrieunternehmen – gesetzliche Anforderungen und Umsetzung nach dem KonTraG, a.a.O., hier S. 1086; *Bihr, Dietrich/Kalinowsky, Marc*: Risikofrüherkennungssystem bei nicht börsennotierten Aktiengesellschaften – Haftungsfalle für Vorstand, Aufsichtsrat und Wirtschaftsprüfer, in: DStR, 46. Jg. (2008), S. 620–627, hier S. 623.

[280] Vgl. *Baums, Theodor*: Risiko und Risikosteuerung im Aktienrecht, a.a.O., hier S. 273 f.; *Dörner, Dietrich*: Ändert das KonTraG die Anforderungen an den Abschlußprüfer?, in: DB, 51. Jg. (1998), S. 1–8, hier S. 2.

[281] Vgl. LG München: Urteil vom 5.4.2007 - 5 HK O 15964/06, in: AG, 17. Jg. (2007), S. 417–419, hier S. 417 f.

[282] Vgl. *Preußner, Joachim/Zimmermann, Dörte*: Risikomanagement als Gesamtaufgabe des Vorstandes, a.a.O., hier S. 659 f.; *Merkt, Hanno*: Managerhaftung im Finanzsektor: Status Quo und Reformbedarf, a.a.O., hier S. 717 f.; *Hüffer, Uwe*: Kommentierung zu § 91 AktG, a.a.O., hier Rn. 9.

[283] Vgl. BaFin: Rundschreiben 10/2012 (BA) vom 14.12.2012 betr. Mindestanforderungen an das Risikomanagement – MaRisk, in: Consbruch/Fischer, B 64.44 (im Folgenden zitiert als MaRisk i.d.F. 2012); BaFin: Rundschreiben 3/2009 vom 22.1.2009 betr. aufsichtsrechtliche Mindestanforderungen an das Risikomanagement (MaRisk VA), in: Kommentar VAG, Anhang zu § 64a.

[284] Vgl. die Ausführungen in Abschnitt III.1.a.aa).

standsgefährdenden Risiken zu kurz: Denn einerseits besteht die Gefahr, dass einzelne Risiken, die zwar im Rahmen einer separaten Betrachtung nur einen geringen Einfluss auf das Fortbestehen des Unternehmens haben, kumuliert hingegen zu einer bestandsgefährdenden Entwicklung für das Unternehmen beitragen können, regelmäßig vernachlässigt werden würden.[285] Ein anschauliches Beispiel hierfür ist die im Zuge der Finanzkrise zu Tage getretene Kumulation von Einzelrisiken bzgl. des Ausfalls von US-amerikanischen Hypothekenkrediten, die für zahlreiche Finanzinstitute in einer Gefährdung ihres Fortbestehens resultierte.[286] Andererseits können einzelne Risiken unterschiedlicher Risikoarten, die bei einer separaten Betrachtung nur ein begrenztes Bedrohungspotenzial aufweisen, aufgrund von Wechselwirkungen mit anderen Risiken ebenfalls zu bestandsgefährdenden Entwicklungen führen.[287] So erwiesen sich bspw. in der Finanzkrise die Abhängigkeiten zwischen Markt-, Kredit- und Liquiditätsrisiken als existenzgefährdend für zahlreiche Finanzinstitute.[288]

Eine zweckadäquate Ausgestaltung des Risikomanagements gemäß § 91 Abs. 2 AktG erfordert daher die vollständige Erfassung sämtlicher Risiken.[289] Mithin ist ein umfassendes Risikomanagementsystem zu etablieren, welches sowohl bestandsgefährdende als auch nicht bestandsgefährdende Risiken erfasst.[290] Durch eine Systematisierung der Risiken nach Schadenshöhe bei Eintritt und Eintrittswahrscheinlichkeit ist eine Abgrenzung der auf Basis einer engen rechtlichen Auslegung der Anforderungen gemäß § 91 Abs. 2 AktG sowie einer öko-

---

[285] Vgl. *Eggemann, Gerd/Konradt, Thomas*: Risikomanagement nach KonTraG aus dem Blickwinkel des Wirtschaftsprüfers, a.a.O., hier S. 504; *Bihr, Dietrich/Kalinowsky, Marc*: Risikofrüherkennungssystem bei nicht börsennotierten Aktiengesellschaften – Haftungsfalle für Vorstand, Aufsichtsrat und Wirtschaftsprüfer, a.a.O., hier S. 621; a.A. *Bunting, Nikolaus*: Das Früherkennungssystem des § 91 Abs. 2 AktG in der Prüfungspraxis – eine kritische Betrachtung des IDW PS 340, a.a.O., hier S. 359.

[286] Vgl. *Rudolph, Bernd*: Die internationale Finanzkrise: Ursachen, Treiber, Veränderungsbedarf und Reformansätze, a.a.O., hier S. 18; *Kirkpatrick, Grant*: The Corporate Governance Lessons from the Financial Crisis, in: OECD Financial Market Trends 2009, hier S. 4 f.; *Sinn, Hans-Werner*: Kasino-Kapitalismus: Wie es zur Finanzkrise kam, und was jetzt zu tun ist, a.a.O., hier S. 133–135.

[287] Vgl. *Eggemann, Gerd/Konradt, Thomas*: Risikomanagement nach KonTraG aus dem Blickwinkel des Wirtschaftsprüfers, a.a.O., hier S. 504; *Bihr, Dietrich/Kalinowsky, Marc*: Risikofrüherkennungssystem bei nicht börsennotierten Aktiengesellschaften – Haftungsfalle für Vorstand, Aufsichtsrat und Wirtschaftsprüfer, a.a.O., hier S. 621; *Wall, Friederike*: Kompatibilität des betriebswirtschaftlichen Risikomanagement mit den gesetzlichen Anforderungen?, in: WPg, 56. Jg. (2003), S. 457–471, hier S. 464 f.

[288] Vgl. u.a. *Rudolph, Bernd*: Lehren aus den Ursachen und dem Verlauf der internationalen Finanzkrise, in: ZfbF, 60. Jg. (2008), S. 713–741, hier S. 727 f.

[289] Vgl. *Eggemann, Gerd/Konradt, Thomas*: Risikomanagement nach KonTraG aus dem Blickwinkel des Wirtschaftsprüfers, a.a.O., hier S. 504; *Wall, Friederike*: Betriebswirtschaftliches Risikomanagement im Lichte des KonTraG, in: Risikomanagement nach dem KonTraG, hrsg. v. K. W. Lange/F. Wall, München 2001, S. 207–235, hier S. 218 f.; *Lachnit, Laurenz/Müller, Stefan*: Risikomanagement nach KonTraG und Prüfung des Systems durch den Wirtschaftsprüfer, in: FS Strobel, S. 363–393, hier S. 368 f.

[290] Vgl. *Lück, Wolfgang*: Elemente eines Risiko-Managementsystems, in: DB, 51. Jg. (1998), S. 8–14, hier S. 11–13; zustimmend *Spindler, Gerald*: Risikomanagementpflichten nach § 91 Abs. 2 AktG und Prüfung durch den Abschlussprüfer, a.a.O., hier S. 852–855.

nomischen Analyse der normativen Vorgaben zu betrachtenden Risiken möglich (vgl. Abbildung III-1). Gleichfalls erfordert bereits die Zuordnung der Risiken zu den einzelnen Risikoklassen eine (erstmalige) umfassende Berücksichtigung sämtlicher Risiken durch das Risikomanagement.

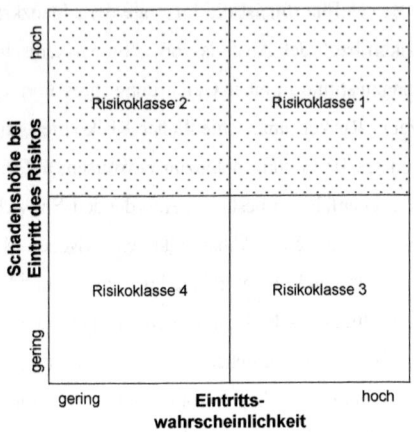

Abbildung III-1: Systematisierung von Risiken

Während auf Basis der Erkenntnisse der ökonomischen Analyse der normativen Vorgaben gemäß § 91 Abs. 2 AktG sämtliche Risiken aus allen vier Risikoklassen zu berücksichtigen sind, wäre bei einer engen rechtlichen Auslegung lediglich ein Ausschnitt der Risiken der Risikoklassen 1 und 2 (ausschließlich jene, welche bei Eintritt zu einer Bestandsgefährdung führen können) einzubeziehen.[291]

Auch das IDW scheint der hier dargestellten Argumentation einer ökonomischen Auslegung der Gesetzesnorm zu folgen. Gemäß IDW PS 340 ist der Vorstand u.a. dazu verpflichtet, kontinuierlich Einzelrisiken zu identifizieren und zu analysieren. Darüber hinaus wird explizit auf die Berücksichtigung von möglichen Kumulationen sowie Wechselwirkungen von Risiken im Rahmen der Risikoanalyse hingewiesen.[292] Aufgrund der Bedeutung der IDW Prüfungsstan-

---

[291] Vgl. u.a. *Bitz, Horst*: Abgrenzung des Risiko-Frühwarnsystems i.e.S. nach KonTraG zu einem umfassenden Risiko-Managementsystem im betriebswirtschaftlichen Sinn, in: BFuP, 52. Jg. (2000), S. 231–241, hier S. 239.
[292] Vgl. IDW: Die Prüfung des Risikofrüherkennungssystems nach § 317 Abs. 4 HGB (IDW PS 340), in: WPg, 52. Jg. (1999), S. 658–662, hier S. 659.

dards für die Berufspraxis der Wirtschaftsprüfer in Deutschland[293] sind hiermit weitreichende Pflichten für die Prüfung des Risikomanagements durch den Abschlussprüfer (§ 317 Abs. 4 HGB) verbunden.[294]

bb) Anwendung eines weiten Risikoverständnisses

Zur Sicherstellung des dauerhaften Fortbestehens eines Unternehmens ist das Nutzen von Chancen unabdingbar. Gleichfalls ist das Eingehen von Risiken i.d.R. mit der Absicht verbunden, potenzielle Chancen für das Unternehmen zu nutzen.[295] Entsprechend ist auf Basis einer ökonomischen Analyse der gesetzlichen Anforderungen zumindest mittelbar eine gleichzeitige Berücksichtigung von Risiken und Chancen abzuleiten.[296] In diesem Sinne sind unter die gemäß § 91 Abs. 2 AktG zu überwachenden, bestandsgefährdenden Entwicklungen auch Entwicklungen zu subsumieren, die aufgrund von nicht wahrgenommenen Chancen den Fortbestand des Unternehmens gefährden können;[297] denn die explizite Berücksichtigung von Chancen und Risiken im Sinne einer Optimierung des Risiko-Ertrag-Kalküls spielt eine wesentliche Rolle für die Wettbewerbsfähigkeit eines Unternehmens.[298] Die erfassten Risiken sind hierbei den erwarteten Chancen in Form von potenziellen Erträgen gegenüber zu stellen und unter Zuhilfenahme von Szenarioanalysen zu bewerten.[299] In diesem Sinne schafft das Risikomanagement die Grundlage für eine umfassende risikoadjustierte Unternehmenssteue-

---

[293] Vgl. IDW: Rechnungslegungs- und Prüfungsgrundsätze für die Abschlussprüfung (IDW PS 201), in: WPg, 61. Jg. (2008), Supplement 2, S. 21–26, hier S. 25.

[294] Kritisch zur Reichweite der Prüfungspflichten des Abschlussprüfers im Rahmen des IDW PS 340, vgl. *Bunting, Nikolaus*: Das Früherkennungssystem des § 91 Abs. 2 AktG in der Prüfungspraxis – eine kritische Betrachtung des IDW PS 340, a.a.O., hier S. 359.

[295] Vgl. *Weber, Jürgen et al.*: Ausgestaltung eines unternehmerischen Chancen- und Risikomanagements nach dem KonTraG, in: DStR, 37. Jg. (1999), S. 1710–1716, hier S. 1710; *Peters, Kai*: Angemessene Informationsbasis als Voraussetzung pflichtgemäßen Vorstandshandelns, a.a.O., hier S. 817; *Lachnit, Laurenz/ Müller, Stefan*: Risikomanagement nach KonTraG und Prüfung des Systems durch den Wirtschaftsprüfer, a.a.O., hier S. 372.

[296] Vgl. *Weber, Jürgen et al.*: Ausgestaltung eines unternehmerischen Chancen- und Risikomanagements nach dem KonTraG, a.a.O., hier S. 1711.

[297] Vgl. *Wolf, Klaus*: Potenziale derzeitiger Risikomanagementsysteme, in: DStR, 40. Jg. (2002), S. 1729–1733, hier S. 1729. Ein solches Verständnis liegt auch dem Risikobegriff im weiten Sinne als potenzielle positive oder negative Abweichung von einem erwarteten Ergebnis, welche mit einer bestimmten Wahrscheinlichkeit angegeben werden kann, zugrunde. Im Fall einer nicht vorhandenen Wahrscheinlichkeitseinschätzung wird nicht von Risiko, sondern von Unsicherheit gesprochen, vgl. bereits *Knight, Frank H.*: Risk, Uncertainty and Profit, Boston, MA und New York, NY: Houghton Mifflin Company 1921, hier S. 19 f.

[298] Vgl. u.a. *Wolf, Klaus*: Potenziale derzeitiger Risikomanagementsysteme, a.a.O., hier S. 1732.

[299] Vgl. *Weber, Jürgen et al.*: Ausgestaltung eines unternehmerischen Chancen- und Risikomanagements nach dem KonTraG, a.a.O., hier S. 1714.

rung auf Basis eines vorab definierten Chancen-Risiko-Profils.[300] Die konkrete Ausgestaltung des Risikomanagements bestimmt sich wiederum nach Größe, Industrie sowie Art und Umfang der eingegangenen Risikopositionen.[301]

cc) Frühzeitige Überwachung potenzieller Risiken

Gemäß § 91 Abs. 2 AktG sind den Fortbestand des Unternehmens gefährdende Entwicklungen möglichst frühzeitig zu erkennen. Nach Ansicht des Gesetzgebers sollen „solche Entwicklungen frühzeitig, also zu einem Zeitpunkt, erkannt werden, in dem noch geeignete Maßnahmen zur Sicherung des Fortbestandes der Gesellschaft ergriffen werden können."[302] Entsprechend ist das Risikomanagement gemäß § 91 Abs. 2 AktG derart zu gestalten, dass bestandsgefährdende Entwicklungen frühzeitig und bspw. nicht erst unmittelbar vor deren Manifestation erkannt werden.

In der betriebswirtschaftlichen Literatur hat sich hierfür der Begriff des Frühwarnsystems etabliert. Hierunter wird ein in die Zukunft gerichtetes System verstanden, welches relevante Informationen hinsichtlich sämtlicher potenziellen Risiken für das Unternehmen zur Verfügung stellt.[303] Im Fokus steht die Ermittlung und Überwachung von Frühwarnindikatoren, welche die Entwicklung der eigentlichen Risikofaktoren frühzeitig signalisieren.[304] Die Schwierigkeit besteht darin, Frühwarnindikatoren zu identifizieren, welche der Entwicklung der Risikofaktoren zeitlich hinreichend gut vorauslaufen und einen belastbaren Wirkungszusammenhang mit den selbigen aufweisen.[305] So hat sich bspw. in der jüngsten Finanzkrise

---

[300] Vgl. u.a. *Burger, Anton/Buchhart, Anton*: Zur Berücksichtigung von Risiko in der strategischen Unternehmensführung, a.a.O., hier S. 595–599. So hat sich im Rahmen einer weltweiten Umfrage unter 300 Finanzvorständen auch gezeigt, dass der Wertbeitrag des Risikomanagements insbesondere in der Verbesserung von unternehmerischen Entscheidungen gesehen wird, vgl. *Servaes, Henri et al.*: The Theory and Practice of Corporate Risk Management, a.a.O., hier S. 69.

[301] Zur Einrichtung und Umsetzung eines Risikomanagements in mittelständischen Unternehmen, vgl. *Becker, Bernhard et al.*: Die Optimierung des Risikomanagements als Chance für den Mittelstand, in: DStR, 42. Jg. (2004), S. 1578–1584, hier S. 1581–1584.

[302] Entwurf eines KonTraG, a.a.O., hier S. 15.

[303] Vgl. *Lück, Wolfgang*: Elemente eines Risiko-Managementsystems, a.a.O., hier S. 11–13; *Rudolph, Bernd/Johanning, Lutz*: Entwicklungslinien im Risikomanagement, in: Handbuch Risikomanagement - Band 1, hrsg. v. L. Johanning/B. Rudolph, Bad Soden 2000, S. 15–52, hier S. 21–23.

[304] Vgl. *Wall, Friederike*: Betriebswirtschaftliches Risikomanagement im Lichte des KonTraG, a.a.O., hier S. 220–222; *Krystek, Ulrich*: Strategische Früherkennung, in: ZfCM, 51. Jg. (2007), Sonderheft 2, S. 50–59, hier S. 51 f.; *Wolf, Klaus*: Potenziale derzeitiger Risikomanagementsysteme, a.a.O., hier S. 1730. Für weitere Ansätze zur Einrichtung eines Frühwarnsystems, vgl. Abschnitt III.2.a.cc).

[305] Vgl. *Brokmann, Torben/Weinrich, Günter*: Frühwarnindikatoren und Krisenfrühaufklärung – Ansätze und Praxisanforderungen, in: Frühindikatoren und Krisenfrühaufklärung, hrsg. v. J. Jacobs et al., Wiesbaden 2012, S. 14–41, hier S. 26 f.; *Holst, Jonny/Holtkamp, Willy*: Risikoquantifizierung und Frühwarnsystem auf Basis der Value at Risk-Konzeption, in: BB, 55. Jg. (2000), S. 815–820, hier S. 816.

gezeigt, dass eine zu starke Ausrichtung des Frühwarnsystems auf einzelne Frühwarnindikatoren in der Krise zu prozyklischen Effekten führen kann.[306] Tabelle III-1 enthält eine Übersicht über ausgewählte Frühwarnindikatoren für externe und interne Beobachtungsbereiche.

Externer Beobachtungsbereich	Interner Beobachtungsbereich
Wirtschaftlicher Bereich	*Beschaffung und F&E*
Konjunkturelle Entwicklungen, z.B. Auftragseingänge, IfO-Geschäftsklimaindex	Relative Einkaufspreise, Kosten für Logistik
Strukturelle Entwicklungen, z.B. Investitionen, Lohnstückkosten	Relative F&E Kosten
Kapitalmarkt, z.B. Inflationsraten, Zinsniveau, Wechselkurse	Neuproduktrate
Arbeitsmarkt, z.B. Arbeitslosenquote, Anzahl offener Stellen	Entwicklung der Produktpipeline
Technologischer Bereich	*Produktion*
Innovationen	Ausstoß-Hochrechnung
Patentanmeldungen	Auftragsbestand, Auslastung
Patentzitationen	Relative Herstellkosten
Sozio-politischer Bereich	*Absatz und Verwaltung*
Bevölkerungsentwicklung, Demographie	Umsatzhochrechnung
Informationen aus Gremien	Kundenzufriedenheit
Außen-/innenpolitische Tendenzen	Relative Verwaltungskosten

Tabelle III-1: Frühwarnindikatoren für externe und interne Beobachtungsbereiche[307]

Aufgrund der Tatsache, dass sich bestandsgefährdende Risiken – zumindest in einem frühen
Entwicklungsstadium – i.d.R. durch einen relativ latenten Risikocharakter auszeichnen,[308] ist
der Einsatz eines unternehmensspezifischen Frühwarnsystems als wesentlicher Bestandteil
des Risikomanagements gemäß § 91 Abs. 2 AktG unabdingbar.

dd)   Einrichtung einer effizienten Risikoorganisation

Zur operativen Umsetzung des Risikomanagements ist die Festlegung und Dokumentation
einer robusten Risikoorganisation erforderlich, welche die Gesamtverantwortung des Vorstands gemäß § 76 AktG konkretisiert[309] und das Risikomanagement prozessseitig in der Organisationsstruktur des Unternehmens abbildet.[310] In der Praxis wird oftmals eine organisato-

---

[306] Vgl. *Müller, Stefan/Brackschulze, Kai*: Prozyklische Effekte von Risikomanagementsystemen nach KonTraG in Finanz- und Vertrauenskrisen, in: DB, 64. Jg. (2011), S. 2389–2396, hier S. 2395 f.

[307] Quelle: *Baum, Heinz-Georg et al.*: Strategisches Controlling, 5. Aufl., Stuttgart 2013, hier S. 375.

[308] Vgl. *Wolf, Klaus*: Potenziale derzeitiger Risikomanagementsysteme, a.a.O., hier S. 1730.

[309] Vgl. *Hüffer, Uwe*: Kommentierung zu § 76 AktG, a.a.O., hier Rn. 9; *Kort, Michael*: Kommentierung zu § 76 AktG, in: Großkommentar AktG, hier Rn. 52.

[310] Vgl. u.a. *Diederichs, Marc*: Risikomanagement und Risikocontrolling, a.a.O., hier S. 135–140.

rische Trennung von risiko-übernehmenden und -überwachenden Einheiten vorgenommen.[311] Diese organisatorische Trennung stellt neben der Rekrutierung von qualifizierten Mitarbeitern sowie der Festlegung von klar definierten Verantwortlichkeiten ein wesentliches Merkmal einer effizienten Risikoorganisation dar.[312]

Darüber hinaus erfordert das Risikomanagement ein adressatengerechtes Berichtswesen.[313] Hierzu zählt eine ausgewogene Berichterstattung von numerischen sowie qualitativen und grafischen Elementen,[314] die Etablierung einer pyramidalen Berichtsstruktur[315] sowie die Entwicklung von Handlungsempfehlungen und eine (zumindest grobe) quantitative Abschätzung der Auswirkungen bei deren tatsächlicher Umsetzung.[316]

---

[311] Vgl. u.a. *Walther, Wolfgang F.*: Risikomanagement im derivativen Geschäft, in: Handbuch Risikomanagement - Band 2, hrsg. v. L. Johanning/B. Rudolph, Bad Soden 2000, S. 701–728, hier S. 725 f.; *Dreher, Meinrad*: Ausstrahlungen des Aufsichtsrechts auf das Aktienrecht, in: ZGR, 39. Jg. (2010), S. 496–542, hier S. 536–538. So wird bspw. im Rahmen der MaRisk eine unabhängige Risikoüberwachung durch die Risikocontrolling-Funktion vorgegeben, welche „aufbauorganisatorisch bis einschließlich der Ebene der Geschäftsleitung von den Bereichen zu trennen [ist], die für die Initiierung bzw. den Abschluss von Geschäften zuständig sind", MaRisk i.d.F. 2012, a.a.O., hier S. 11. Allerdings können *Landier et al.* in einer analytischen Betrachtung auch mögliche Ineffizienzen einer solchen organisatorischen Trennung belegen, vgl. *Landier, Augustin et al.*: Financial Risk Management: When Does Independence Fail?, in: AER, Vol. 99 (2009), Nr. 2, S. 454–458, hier S. 456–458.

[312] Vgl. u.a. *Buehler, Kevin S./Pritsch, Gunnar*: Running with risk, in: McK Qtly, Vol. 12 (2003), Nr. 4, S. 40–49, hier S. 47 f.

[313] Vgl. auch die weitergehenden Ausführungen in Abschnitt III.2.c).

[314] Vgl. bereits *Leivian, Gregory M.*: How to Communicate Financial Data More Effectively, in: MA, Vol. 62 (1980), Nr. 1, S. 31–34, hier S. 31–33.

[315] Vgl. *Bungartz, Oliver*: Risk Reporting, Berlin 2003, hier S. 136; *Volnhals, Martina/Hirsch, Bernhard*: Information Overload und Controlling, in: ZfCM, 52. Jg. (2008), Sonderheft 1, S. 50–56, hier S. 54.

[316] Vgl. *Rudolph, Bernd/Johanning, Lutz*: Entwicklungslinien im Risikomanagement, a.a.O., hier S. 43; *Wittmann, Edgar*: Organisation des Risikomanagements im Siemens Konzern, in: Risk Controlling in der Praxis, hrsg. v. H. Schierenbeck, Stuttgart 2000, S. 457–482, hier S. 478 f.

2. Grundsätze zur angemessenen Erfassung und Steuerung von Risiken aus ökonomischer Sicht

a)   Grundsatz der angemessenen Identifikation von Risiken

aa)   Festlegung von *risk appetite* und Risikostrategie

Der *risk appetite* eines Unternehmens kann definiert werden als „the level and type of risk a firm is able and willing to assume in its exposures and business activities, given its business objectives and obligations to stakeholders."[317] In ähnlicher Weise beschreibt The International Organization for Standardization (ISO) den *risk appetite* eines Unternehmens als „[the] organization's approach to assess and eventually pursue, retain, take or turn away from risk."[318] Mithin legt der *risk appetite* fest, welche Art und Höhe von Risiken die Organisation grundsätzlich zu tragen bereit ist. Die Formulierung des *risk appetite* sollte möglichst einfach ausgestaltet sein und dadurch die interne sowie externe Kommunikation erleichtern, möglichst umfänglich die unterschiedlichen Interessengruppen des Unternehmens ansprechen sowie möglichst häufig in der strategischen und operativen Geschäftätigkeit Anwendung finden.[319] Eine Darstellung von Definition und Zielsetzung des *risk appetite* enthält Abbildung III-2.

Definition	Zielsetzung
• *Risk appetite* ist eine Aussage einer Organisation bzgl. der Art und Höhe von Risiken, die bewusst akzeptiert werden • *Risk appetite* berücksichtigt die strategischen Ziele der Organisation, die Erwartungen der Interessengruppen, die Werte der Organisation sowie die grundsätzlich vorhandenen Fähigkeiten zur Risikoübernahme • *Risk appetite* umfasst sowohl finanzielle Parameter (z.B. Verschuldungsgrad) als auch nicht-finanzielle Faktoren (z.B. Marktpositionierung) • *Risk appetite* legt das maximal zulässige Ausmaß an Ziel- und Risikoabweichungen fest	• Explizite Berücksichtigung von Risiken und deren Auswirkungen auf die strategischen Möglichkeiten der Organisation • Möglichst frühzeitige Identifikation von potenziellen Problemfeldern im Sinne einer Frühüberwachung • Vorbereitung von potenziell erforderlichen Maßnahmen bei Eintritt adverser zukünftiger Ereignisse • Ausgangspunkt für eine konsistente Entwicklung von Geschäfts- und Risikostrategie • „Herunterbrechen" durch Implementierung in den täglichen Geschäftsabläufen im Rahmen von Kennzahlen und Limiten

Abbildung III-2: Definition und Zielsetzung des *risk appetite*

---

[317] Senior Supervisors Group: Observations on Developments in Risk Appetite Frameworks and IT Infrastructure, 2010, hier S. 5.

[318] ISO: ISO 31000:2009(E): Risk management – Principles and guidelines, Geneva 2009, hier S. 10. Hierbei wird zwar anstelle des *risk appetite* von *risk attitude* gesprochen, das zugrunde liegende Verständnis der beiden Begriffe ist allerdings vergleichbar.

[319] Vgl. Senior Supervisors Group: Observations on Developments in Risk Appetite Frameworks and IT Infrastructure, a.a.O., hier S. 5.

Die Festlegung des unternehmensspezifischen *risk appetite* ist Aufgabe der Unternehmenslei-tung im Rahmen der Ausgestaltung der Unternehmenspolitik gemäß §§ 76, 111 AktG.[320] Hervorzuheben ist hierbei die Pflicht des Vorstands zur Sicherstellung des Bestands sowie der dauerhaften Rentabilität des Unternehmens.[321] Folglich scheidet sowohl eine extrem weite Bestimmung des *risk appetite* aufgrund der damit einhergehenden Gefahr für das Fortbeste-hen des Unternehmens als auch eine extrem enge Festlegung des *risk appetite* aufgrund der zwingend notwendigen Nutzung von Chancen zur Sicherstellung der Rentabilität des Unter-nehmens aus. Gleichfalls darf der *risk appetite* nicht gegen zwingende Rechtsnormen[322] oder Vorgaben in der Satzung verstoßen.

Aus betriebswirtschaftlicher Sicht stellt die Formulierung des *risk appetite* eine der wichtig-sten Aufgaben von Vorstand und Aufsichtsrat dar.[323] Darüber hinaus ist der *risk appetite* der zentrale Ausgangspunkt des Strategieentwicklungsprozesses eines Unternehmens.[324] Diese betriebswirtschaftliche Sichtweise scheint auch von der Europäischen Kommission im Rah-men des Grünbuchs zum europäischen Corporate Governance-Rahmen verfolgt zu werden.[325] Des Weiteren betonen – vor allem seit der jüngsten Finanzkrise – zahlreiche Vertreter der Finanzindustrie die Wichtigkeit von *risk appetite* und Risikostrategie sowie die Verantwor-tung der Führungsorgane für deren unternehmensspezifische Ausgestaltung.[326] Eine Übersicht ausgewählter Beispiele für *risk appetite*-Beschreibungen in der Unternehmenspraxis enthält Tabelle III-2.

---

[320] Vgl. u.a. *Kort, Michael*: Kommentierung zu § 76 AktG, a.a.O., hier Rn. 36.

[321] Vgl. u.a. *Hüffer, Uwe*: Kommentierung zu § 76 AktG, a.a.O., hier Rn. 34.

[322] Vgl. *Baums, Theodor*: Risiko und Risikosteuerung im Aktienrecht, a.a.O., hier S. 224.

[323] Vgl. *Stulz, René M.*: Risk Management Failures: What Are They and When Do They Happen?, in: J. Appl. Corp. Fin., Vol. 20 (2008), Nr. 4, S. 39–48, hier S. 40. Zur besonderen Verantwortung von Vorstand und Aufsichtsrat bei der Festlegung des *risk appetite* bei Finanzinstituten, vgl. *Gann, Philipp/Rudolph, Bernd*: Anforderungen an das Risikomanagement, in: Handbuch Corporate Governance von Banken, hrsg. v. K. J. Hopt/G. Wohlmannstetter, München 2011, S. 601–626, hier S. 609. Dementgegen fordert *Power* als Konse-quenz der Finanzkrise ein stärker prozessorientiertes Verständnis des *risk appetite*, vgl. *Power, Michael*: The risk management of nothing, in: AOS, Vol. 34 (2009), Nr. 6–7, S. 849–855, hier S. 851.

[324] Vgl. *Stulz, René M.*: Risk Management Failures: What Are They and When Do They Happen?, a.a.O., hier S. 40; *Lück, Wolfgang*: Der Umgang mit unternehmerischen Risiken durch ein Risikomanagementsystem und durch ein Überwachungssystem, in: DB, 51. Jg. (1998), S. 1925–1930, hier S. 1926.

[325] Vgl. Europäische Kommission: Grünbuch: Europäischer Corporate Governance-Rahmen, Brüssel 2011, hier S. 12.

[326] Vgl. *Kirkpatrick, Grant*: The Corporate Governance Lessons from the Financial Crisis, a.a.O., hier S. 19; IIF: Final Report of the IIF Committee on Market Best Practices: Principles of Conduct and Best Practice Recommendations, 2008, hier S. 35 f.

Unternehmen	Formulierung des *risk appetite*
Deutsche Bank AG	„Unsere Risikotoleranz ist ein Ausdruck des Risikos, welches wir bereit sind einzugehen, um unsere Geschäftsziele zu erreichen. Risikokapazität ist als jenes Risikoniveau definiert, das wir unter normalen und gestressten Bedingungen eingehen können, bevor wir regulatorische Schwellenwerte oder Verpflichtungen gegenüber Anspruchsberechtigten nicht mehr erfüllen können."
FRoSTA AG	„Die Risikopolitik der FRoSTA AG geht von der Grundposition aus, dass das dem Unternehmen zur Verfügung stehende Risikodeckungspotenzial [...] mindestens dem vorhandenen aggregierten Risikoumfang entspricht. Dabei wird ein externes Rating von BBB+ angestrebt. Unternehmerische Kernrisiken [...] wird das Unternehmen selbst tragen. [...] Alle nicht zu diesen Kerntätigkeitsfeldern des Unternehmens gehörende Risiken, die Randrisiken, wie z. B. Währungs-, Haftpflicht- oder Sachschadenrisiken, will das Unternehmen tendenziell auf Dritte übertragen."
HSBC Holdings plc	„The Group's Risk Appetite Statement describes the types and levels of risk that we are prepared to accept in executing our strategy. [...] Quantitative and qualitative metrics are assigned to nine key categories: earnings, capital, liquidity and funding, securitisations, cost of risk, intra-group lending, strategic investments, risk categories and risk diversification and concentration."
Standard Chartered PLC	„Risk appetite is an expression of the amount of risk we are willing to take in pursuit of our strategic objectives, reflecting our capacity to sustain losses and continue to meet our obligations arising from a range of different stress trading conditions. We define our risk appetite in terms of both volatility of earnings and the maintenance of adequate regulatory capital requirements under stress scenarios. We also define a risk appetite with respect to liquidity risk, operational risk and reputational risk."

Tabelle III-2: Beispiele für *risk appetite*-Beschreibungen in der Unternehmenspraxis[327]

bb)   Durchführung einer Risikoinventur

aaa)   Analyse der geschäftsmodellspezifischen Risiken

Im Rahmen der Risikoinventur ist zunächst eine Analyse der geschäftsmodellspezifischen Risiken des Unternehmens auf Ebene einzelner Geschäftsfelder, Portfolien sowie strategischer Maßnahmen erforderlich.[328] Einem weiten Risikoverständnis folgend wird Risiko definiert als positive oder negative Abweichung von einem erwarteten Ergebnis, welche mit einer bestimmten (subjektiven) Wahrscheinlichkeit angegeben werden kann; im Fall einer nicht vorhandenen Wahrscheinlichkeitseinschätzung wird nicht von Risiko, sondern von Unsicherheit gesprochen.[329] Unter dieses weite Risikoverständnis fallen ebenfalls sehr unwahrscheinliche Risiken, sog. *„black swan[s]"*[330], wenngleich die Bestimmung einer (subjektiven) Ein-

---

[327]   Quelle: Deutsche Bank AG: Geschäftsbericht 2013 – Lagebericht, Frankfurt a. M., hier S. 77; FRoSTA AG: Risikopolitik, Bremerhaven und Hamburg 2014; HSBC Holdings plc: Annual Report and Accounts 2013, London 2014, hier S. 40; Standard Chartered plc: Annual Report 2013, London 2014, hier S. 71.

[328]   Hierbei können bspw. Risikoerfassungsformulare eingesetzt werden, vgl. *Preußner, Joachim/Becker, Florian:* Ausgestaltung von Risikomanagementsystemen durch die Geschäftsleitung – Zur Konkretisierung einer haftungsrelevanten Organisationspflicht, a.a.O., hier S. 848.

[329]   Vgl. bereits *Knight, Frank H.:* Risk, Uncertainty and Profit, a.a.O. hier S. 19 f. Im Fokus der vorliegenden Arbeit stehen ausschließlich Entscheidungen unter Risiko, da „sich reale Entscheidungssituationen i.d.R. als Risikosituationen identifizieren lassen", *Laux, Helmut et al.:* Entscheidungstheorie, 9. Aufl., Berlin und Heidelberg 2014, hier S. 84 f.

[330]   *Taleb, Nassim N.:* The Black Swan: The Impact of the Highly Improbable, New York, NY: Random House 2007, hier S. 25.

trittswahrscheinlichkeit in diesen Fällen – der Natur der Sache entsprechend – große Schwierigkeiten bereitet.[331] Risiken für das Unternehmen können dabei progressiv und retrograd identifiziert werden.[332] Während bei der progressiven Methode ausgehend von der Analyse möglicher Risikoquellen in den einzelnen Unternehmensbereichen Rückschlüsse auf mögliche Risiken gezogen werden, erfolgt bei der retrograden Methode ausgehend von Strategie und Zielsetzung eine direkte Identifikation der Risiken für deren Erreichung.[333]

Die erfassten Risiken sind sodann nach Risikoarten zu kategorisieren. Eine erste (grobe) Einteilung unterscheidet zweckmäßigerweise nach rechtlichen und ökonomischen Risiken.[334] Wird eine enge Auslegung des Rechtsrisikos im Sinne der Gefahr einer Verletzung staatlicher Rechtsnormen angewendet, so können in Abgrenzung hierzu rein ökonomische bzw. unternehmerische Risiken als potenzielle Abweichungen vom erwarteten wirtschaftlichen Ergebnis verstanden werden.[335] Eine weitere Möglichkeit besteht in der Unterscheidung nach strategischen und operativen Risiken gemäß den Kernkompetenzen des Unternehmens und den zur Ausführung der hierbei anfallenden Geschäfte erforderlichen operativen Tätigkeiten.[336] Abhängig von Umfang und Heterogenität der identifizierten Risiken ist häufig eine detailliertere Kategorisierung erforderlich. So soll bspw. bei Finanzinstituten gemäß MaRisk (mindestens) nach Adressenausfallrisiken, Marktpreisrisiken, Liquiditätsrisiken und operationellen Risiken unterschieden werden.[337] In der Unternehmenspraxis ist oftmals eine weitergehende Untergliederung von Risiken – abhängig von der zugrunde liegenden Branche sowie des jeweils verfolgten Geschäftsmodells – anzutreffen (vgl. Abbildung III-3).

---

[331] Zur Problematik der Zuordnung von Wahrscheinlichkeiten zu sehr unwahrscheinlichen Ereignissen siehe auch die Ausführungen in Abschnitt III.3.b.bb).

[332] Vgl. *Diederichs, Marc*: Risikomanagement und Risikocontrolling, a.a.O., hier S. 52 f.

[333] Vgl. ebenda, hier S. 53–55.

[334] Vgl. *Baums, Theodor*: Risiko und Risikosteuerung im Aktienrecht, a.a.O., hier S. 223.

[335] Vgl. ebenda, hier S. 223–225.

[336] Vgl. *Johanning, Lutz*: Strategisches Risikomanagement, in: FS Rudolph, S. 459–471, hier S. 463.

[337] Vgl. MaRisk i.d.F. 2012, a.a.O., hier S. 27–33. Die Empfehlungen der MaRisk präzisieren die Anforderungen nach § 25a KWG und basieren auf der von Basel II vorgegebenen Risikotypologie, vgl. BCBS: International Convergence of Capital Measurement and Capital Standards: A Revised Framework, Basel 2006, hier S. 206–208.

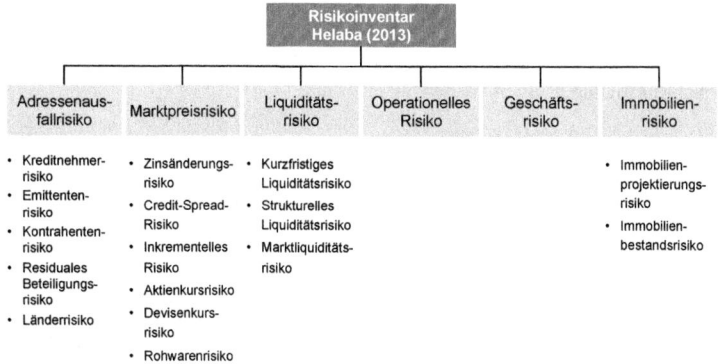

Abbildung III-3: Risikoinventar Helaba im Jahr 2013[338]

bbb)   Abgleich von Risikoinventar und *risk appetite*

Nach dessen Erstellung ist das Risikoinventar mit dem *risk appetite* des Unternehmens abzu-
gleichen. Zwar besteht die Möglichkeit, den *risk appetite* und die Risikostrategie bei Bedarf
anzupassen;[339] dies sollte allerdings lediglich in sehr begrenztem Umfang und keinesfalls ex-
post erfolgen, da der *risk appetite* als langfristige, strategische Risikopositionierung des Unternehmens zu verstehen ist.[340] Folglich sind einzelne Risiken, die nicht durch den *risk appetite* gedeckt sind, zwingend zu reduzieren bzw. zu eliminieren.[341] So wären bspw. bei der Entscheidung zur Investition in US-amerikanische hypothekenbesicherte Wertpapiere die mit der
Investition verbundenen Risiken dem unternehmensspezifischen *risk appetite* gegenüberzustellen. Dabei wäre zunächst zu prüfen, ob die Art der Risiken durch den *risk appetite* über-
haupt gedeckt ist, d.h. inwiefern das Finanzinstitut u.a. dem Risiko von Preisänderungen auf
dem US-amerikanischen Immobilienmarkt ausgesetzt sein möchte. Sodann wäre zu analysieren, inwieweit einzelne Risikopositionen durch die Investition die Grenzen des *risk appetite*
übersteigen würden, d.h. inwiefern u.a. das unternehmensspezifische Limit bzgl. des Kreditvolumens gegenüber US-amerikanischen Schuldnern zusätzlich beansprucht werden würde.

---

[338] Quelle: *Bock, Markus A./Quick, Markus*: Die Risikoinventur gemäß MaRisk, in: Die Bank (2014), Nr. 11,
S. 28–34, hier S. 30.
[339] Vgl. *Lück, Wolfgang*: Der Umgang mit unternehmerischen Risiken durch ein Risikomanagementsystem und
durch ein Überwachungssystem, a.a.O., hier S. 1928; *Huth, Mark-Alexander*: Grundsätze ordnungsmäßiger
Risikoüberwachung, in: BB, 62. Jg. (2007), S. 2167–2170, hier S. 2169.
[340] Vgl. Senior Supervisors Group: Observations on Developments in Risk Appetite Frameworks and IT Infrastructure, a.a.O., hier S. 5.
[341] Vgl. u.a. *Weber, Jürgen et al.*: Ausgestaltung eines unternehmensweiten Chancen- und Risikomanagements
nach dem KonTraG, a.a.O., hier S. 1715.

Die Gegenüberstellung von Risikoinventar und *risk appetite* sollte hierbei sowohl regelmäßig als auch ad hoc bei wesentlichen Änderungen der Geschäftsbereiche, Portfolien oder strategischen Maßnahmen durchgeführt werden.[342]

cc) Einrichtung eines unternehmensspezifischen Frühwarnsystems

aaa) Konkretisierung der Risikoüberwachung durch operative Frühwarnsysteme

i) Kennzahlenorientierte Frühwarnsysteme

Mit Hilfe von kennzahlenorientierten Frühwarnsystemen werden auf Basis von historischen Daten und unter Zuhilfenahme von Hochrechnungen von Soll-/Ist-Vergleichen Warnsignale für die zukünftige Entwicklung des Unternehmens identifiziert.[343] In diesem Zusammenhang berücksichtigte Kennzahlen entstammen vor allem dem externen und internen Rechnungswesen (z.B. Ergebnis- und Kostenrechnungen, Liquiditätsprognosen oder Produktivitätskennzahlen).[344] Als Beispiel soll an dieser Stelle auf die Kernkapitalquote eines Finanzinstituts[345] als wesentliche Kennzahl für dessen Fortbestehen zurückgegriffen werden.[346] Während eine vergangenheitsorientierte Überwachung der Kernkapitalquote lediglich von begrenztem Nutzen ist, werden in der Praxis oftmals zukunftsgerichtete Hochrechnungen zur Entwicklung der Kernkapitalquote auf Basis von unterschiedlichen Szenarien ermittelt. Bei einer potenziellen Verletzung der aufsichtsrechtlichen Anforderungen an die Kernkapitalquote hätte der Vorstand somit noch die Möglichkeit, gegensteuernde Maßnahmen einzuleiten.

Während die hohe Datenverfügbarkeit bei kennzahlenorientierten Frühwarnsystemen positiv zu bewerten ist, sind deren Vergangenheitsbezug und die daraus resultierende, fehlende Vorlauffunktion sowie die Nichtberücksichtigung qualitativer Faktoren kritisch zu betrachten.[347]

---

[342] Nach *Lück* ist der Abgleich von Risikoinventar und *risk appetite* der letzte Schritt im Regelkreis des Risikomanagementsystems, vgl. *Lück, Wolfgang*: Der Umgang mit unternehmerischen Risiken durch ein Risikomanagementsystem und durch ein Überwachungssystem, a.a.O., hier S. 1928.

[343] Vgl. u.a. *Diederichs, Marc*: Risikomanagement und Risikocontrolling, a.a.O., hier S. 74 f.; *Wall, Friederike*: Betriebswirtschaftliches Risikomanagement im Lichte des KonTraG, a.a.O., hier S. 220 f.

[344] Für eine Übersicht über Kennzahlen mit Früherkennungseigenschaften, vgl. bspw. *Brokmann, Torben/ Weinrich, Günter*: Frühwarnindikatoren und Krisenfrühaufklärung – Ansätze und Praxisanforderungen, a.a.O., hier S. 25 f.

[345] Die Kernkapitalquote eines Finanzinstituts gibt an, inwieweit die Risikoaktiva durch das Kernkapital, d.h. Grundkapital und Gewinnrücklagen, gedeckt sind, vgl. u.a. *Hartmann-Wendels, Thomas et al.*: Bankbetriebslehre, 6. Aufl., Berlin und Heidelberg 2015, hier S. 349–351.

[346] Nach Basel II ist eine Mindest-Kernkapitalquote von 4% erforderlich, vgl. BCBS: International Convergence of Capital Measurement and Capital Standards: A Revised Framework, a.a.O., hier S. 12.

[347] Vgl. *Diederichs, Marc*: Risikomanagement und Risikocontrolling, a.a.O., hier S. 75; *Baum, Heinz-Georg et al.*: Strategisches Controlling, a.a.O., hier S. 373 f.

Mithin sind kennzahlenorientierte Frühwarnsysteme nur in begrenztem Umfang zur Früher-kennung von Unternehmensrisiken geeignet.

ii) Indikatororientierte Frühwarnsysteme

Mit dem Einsatz von indikatororientierten Frühwarnsystemen wird versucht, potenzielle Risi-ken und Chancen für das Unternehmen zu identifizieren, bevor diese sich manifestieren.[348] Mithin sollen Frühwarnindikatoren möglichst zeitnah Informationen über sich abzeichnende Entwicklungen liefern, die eine Vorhersage über gegenwärtig noch latente Chancen und Risi-ken ermöglichen.[349] Die Einrichtung eines indikatororientierten Frühwarnsystems folgt dabei einem mehrstufigen Prozess.[350] Zunächst sind die internen und externen Beobachtungsberei-che festzulegen, die durch das Frühwarnsystem abgedeckt werden sollen. Daraufhin sind für die Beobachtungsbereiche Frühwarnindikatoren zu definieren, welche die Entwicklung der eigentlichen Risikofaktoren rechtzeitig signalisieren.[351] Hierfür ist das Vorliegen einer kausal-analytischen Beziehung zwischen Indikator und Risikofaktor erforderlich.[352] So wären bspw. Indizes zur Entwicklung der US-amerikanischen Häuserpreise oder Ausfallraten von Konsu-mentenkrediten als Frühwarnindikatoren für die mit einer Investition in US-amerikanische hypothekenbesicherte Wertpapiere verbundenen Risiken geeignet. Schließlich sind nach posi-tiven Testergebnissen bzgl. des kausalen Zusammenhangs zwischen Frühwarnindikator und Risikofaktor für jeden Frühwarnindikator Schwellenwerte zu definieren, deren Über- bzw. Unterschreiten mit konkreten Handlungsmaßnahmen verbunden sind.[353] In Fortführung des Beispiels könnten bspw. der Verkauf von Wertpapieren oder der Kauf von Derivaten zur Ri-sikoabsicherung als Maßnahmen definiert werden.

Für die Effektivität eines indikatororientierten Frühwarnsystems spielt die Wahl der Früh-warnindikatoren eine wesentliche Rolle.[354] Die Schwierigkeit besteht darin, relevante Früh-

---

[348] Vgl. *Diederichs, Marc*: Risikomanagement und Risikocontrolling, a.a.O., hier S. 76.

[349] Vgl. *Wolf, Klaus*: Potenziale derzeitiger Risikomanagementsysteme, a.a.O., hier S. 1730; *Baum, Heinz-Georg et al.*: Strategisches Controlling, a.a.O., hier S. 374.

[350] Vgl. *Diederichs, Marc*: Risikomanagement und Risikocontrolling, a.a.O., hier S. 79.

[351] Vgl. *Wall, Friederike*: Betriebswirtschaftliches Risikomanagement im Lichte des KonTraG, a.a.O., hier S. 220–222; *Krystek, Ulrich*: Strategische Früherkennung, a.a.O., hier S. 51 f.; *Wolf, Klaus*: Potenziale derzeitiger Risikomanagementsysteme, a.a.O., hier S. 1730.

[352] Vgl. *Diederichs, Marc*: Risikomanagement und Risikocontrolling, a.a.O., hier S. 78.

[353] Vgl. *Lück, Wolfgang*: Elemente eines Risiko-Managementsystems, a.a.O., hier S. 12; *Diederichs, Marc*: Risikomanagement und Risikocontrolling, a.a.O., hier S. 78.

[354] Vgl. *Lück, Wolfgang*. Elemente eines Risiko-Managementsystems, a.a.O., hier S. 13; *Wolf, Klaus*: Potenziale derzeitiger Risikomanagementsysteme, a.a.O., hier S. 1730; *Baum, Heinz-Georg et al.*: Strategisches Controlling, a.a.O., hier S. 374–378.

warnindikatoren zu identifizieren, welcher der Entwicklung der im Rahmen der Risikoinventur identifizierten Risiken zeitlich hinreichend gut vorauslaufen, ohne dabei der Gefahr der Errichtung eines „Zahlenfriedhofs"[355] zu unterliegen. Des Weiteren sind aufgrund von sich ändernden internen und externen Rahmenbedingungen die kausal-analytischen Beziehungen zwischen Frühwarnindikator und Risikofaktor regelmäßig zu überprüfen.[356] Aufgrund der Festlegung auf ausgewählte Beobachtungsbereiche sowie der ausschließlichen Berücksichtigung von Indikatoren mit eindeutigem Ursache-Wirkungs-Zusammenhang werden außergewöhnliche, nicht gesetzmäßige Entwicklungen wie Strukturbrüche oder Diskontinuitäten hingegen nicht identifiziert.[357]

bbb)   Konkretisierung der Risikoüberwachung durch strategische Frühwarnsysteme

Im Gegensatz zu operativen Frühwarnsystemen zeichnen sich strategische Frühwarnsysteme durch eine ungerichtete Suche von Entwicklungen im weiteren Unternehmensumfeld aus, welche langfristig zu Chancen und Risiken für das Unternehmen führen können.[358] Als Grundlage für die Ausgestaltung von strategischen Frühwarnsystemen gilt das Konzept der schwachen Signale von *Ansoff*, wonach Strukturbrüche oder Diskontinuitäten nicht plötzlich auftreten, sondern vielmehr ex-ante durch schwache Signale angedeutet werden.[359] Als Quellen für schwache Signale werden in der Literatur die Häufung gleichartiger Ereignisse, die medienwirksame Verbreitung neuartiger Meinungen, Ideen, Stellungnahmen und Diskussionen sowie Tendenzen in Rechtsprechung und Gesetzgebung genannt.[360] Während die Implementierung von strategischen Frühwarnsystemen in der Praxis nach unterschiedlichen Ansätzen erfolgen kann,[361] bestehen diese i.d.R. aus den Grundkomponenten Scanning und Monito-

---

[355] *Brokmann, Torben/Weinrich, Günter*: Frühwarnindikatoren und Krisenfrühaufklärung – Ansätze und Praxisanforderungen, a.a.O., hier S. 19.

[356] Vgl. *Lück, Wolfgang*: Elemente eines Risiko-Managementsystems, a.a.O., hier S. 13; *Wolf, Klaus*: Potenziale derzeitiger Risikomanagementsysteme, a.a.O., hier S. 1730.

[357] Vgl. *Diederichs, Marc*: Risikomanagement und Risikocontrolling, a.a.O., hier S. 79; *Baum, Heinz-Georg et al.*: Strategisches Controlling, a.a.O., hier S. 379.

[358] Vgl. *Krystek, Ulrich*: Strategische Früherkennung, a.a.O., hier S. 52; *Diederichs, Marc*: Risikomanagement und Risikocontrolling, a.a.O., hier S. 80.

[359] Vgl. *Ansoff, H. Igor*: Managing Surprise and Discontinuity – Strategic Response to Weak Signals, in: ZfbF, 28. Jg. (1976), S. 129–152, hier S. 132 f.

[360] Vgl. *Brokmann, Torben/Weinrich, Günter*: Frühwarnindikatoren und Krisenfrühaufklärung – Ansätze und Praxisanforderungen, a.a.O., hier S. 30 f.; *Baum, Heinz-Georg et al.*: Strategisches Controlling, a.a.O., hier S. 380.

[361] Die Anwendung von strategischen Frühwarnsystemen in der Unternehmenspraxis ist allerdings noch als gering einzustufen, vgl. *Krystek, Ulrich/Herzhoff, Marc*: Szenario-Technik und Frühaufklärung: Anwendungsstand und Integrationspotenzial, in: ZfCM, 50. Jg. (2006), S. 305–310, hier S. 307 f.

ring.[362] Als Scanning wird der ungerichtete Suchvorgang nach schwachen Signalen bezeichnet, welcher im Sinne eines „360-Grad-Radars"[363] ein umfassendes und kontinuierliches Durchleuchten des Unternehmensumfelds beinhaltet. Die identifizierten Signale werden daraufhin im Rahmen des Monitoring über einen langfristigen Zeitraum beobachtet und analysiert. Als Ergebnis lassen sich Trendaussagen ableiten, für welche im Sinne einer antizipierenden Chancen- und Risikosteuerung entsprechende Handlungsempfehlungen durch das Risikomanagement auf Initiative der Führungsebene[364] zu entwickeln sind.[365] Als Beispiel kann an dieser Stelle (auf Basis einer ex-post-Betrachtung) die Entwicklung der Refinanzierungsquellen von Finanzinstituten vor Ausbruch der Finanzkrise angeführt werden. So ist es im Zuge der Finanzkrise nachweislich zu einer Diskontinuität in der Refinanzierung über den Interbankenmarkt gekommen (vgl. Abbildung III-4).

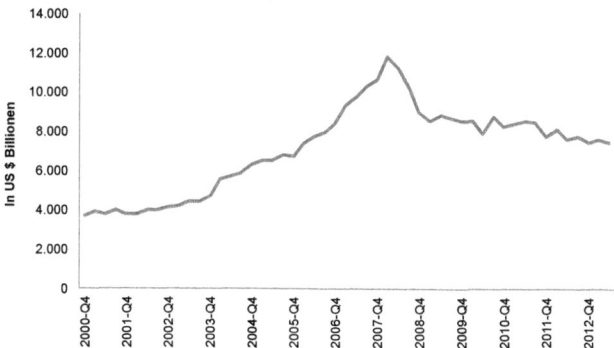

Abbildung III-4: Entwicklung der Forderungen von Kreditinstituten gegenüber Kreditinstituten von 2000 bis 2012[366]

Diese Diskontinuität hat sich in Form von schwachen Signalen, wie bspw. der zunehmenden Verschlechterung der Solvenz zahlreicher am Interbankenmarkt handelnder Finanzinstitute, im Zuge der Subprime-Krise frühzeitig abgezeichnet,[367] so dass der Vorstand eines Finanzin-

---

[362] Vgl. grundlegend *Krystek, Ulrich*: Strategische Früherkennung, a.a.O., hier S. 54 f.
[363] Ebenda, hier S. 54.
[364] Vgl. *Krystek, Ulrich*: Strategische Früherkennung, a.a.O., hier S. 55.
[365] Vgl. u.a. *Diederichs, Marc*: Risikomanagement und Risikocontrolling, a.a.O., hier S. 83.
[366] Quelle: Bank for International Settlements.
[367] So hat im April 2007 der Immobilienfonds New Century Financial Corporation einen Antrag auf Insolvenz gestellt, gefolgt von der Schließung der Hedgefondsabteilung der UBS sowie der Schließung zweier Hedgefonds von Bear Stearns im Mai bzw. Juni 2007, vgl. *Rudolph, Bernd*: Lehren aus den Ursachen und dem Verlauf der internationalen Finanzkrise, a.a.O., hier S. 722. Die Insolvenz von Lehman Brothers im September 2008 kann nicht mehr als schwaches Signal bezeichnet werden.

stituts bei Existenz eines effektiven strategischen Frühwarnsystems ggf. noch die Möglichkeit gehabt hätte, selektive Maßnahmen zur Abwendung einer möglichen Refinanzierungslücke einzuleiten.

Während durch ein strategisches Frühwarnsystem Chancen und Risiken im Unternehmensumfeld mit großer Vorlaufzeit identifiziert werden können, gestaltet sich die Identifizierung sowie die angemessene Interpretation der zumeist schwachen Signale regelmäßig schwierig. Aus diesen Gründen ist eine effektive Umsetzung von strategischen Frühwarnsystemen in der Unternehmenspraxis nur begrenzt möglich.[368]

ccc)   Möglichkeiten und Grenzen der Anwendung von unternehmensspezifischen Frühwarnsystemen

Operative und strategische Frühwarnsysteme sind aufgrund ihrer Fähigkeit zur frühzeitigen Identifizierung von Risiken und Chancen von zentraler Bedeutung für ein effektives Risikomanagement.[369] Bei einer tiefergehenden Analyse der vorliegenden Ansätze ist allerdings ein grundsätzlicher *trade-off* hinsichtlich des Konkretisierungsgrads von identifizierten Chancen und Risiken einerseits sowie der zur Verfügung stehenden Vorlaufzeit zur Entwicklung von gegensteuernden Maßnahmen andererseits festzustellen. Während mit operativen Frühwarnsystemen i.d.R. ein relativ hoher Konkretisierungsgrad der Chancen und Risiken erreicht werden kann, überzeugen strategische Frühwarnsysteme vor allem durch ihre langfristige Ausrichtung und der relativ hohen Vorlaufzeit. Daher sollte in der Praxis auf eine kombinierte Anwendung von operativen und strategischen Frühwarnsystemen zurückgegriffen werden. Dabei ist allerdings stets zu beachten, dass „ein Frühwarnsystem [unabhängig von dessen jeweiliger Ausgestaltung, Anm. des Verf.] die zukünftige Entwicklung nicht exakt voraussagen kann"[370]. Das unternehmerische Frühwarnsystem unterstützt den Aufbau einer angemessenen Informationsgrundlage im Sinne von § 93 Abs. 1 Satz 2 AktG und dient mithin der ökonomischen Fundierung der unternehmerischen Entscheidung.[371] Angesichts der Wichtigkeit der angemessenen Informationsgrundlage zur Inanspruchnahme der *business judgment*

---

[368] Vgl. *Diederichs, Marc*: Risikomanagement und Risikocontrolling, a.a.O., hier S. 83.

[369] Vgl. *Baum, Heinz-Georg et al.*: Strategisches Controlling, a.a.O., hier S. 408.

[370] *Lück, Wolfgang*: Elemente eines Risiko-Managementsystems, a.a.O., hier S. 13.

[371] Vgl. *Preußner, Joachim*: Risikomanagement und Compliance in der aktienrechtlichen Verantwortung des Aufsichtsrats unter Berücksichtigung des Gesetzes zur Modernisierung des Bilanzrechts (BilMoG), in: NZG, 11. Jg. (2008), S. 574–576, hier S. 575.

rule aus rechtlicher Sicht ist dies gleichfalls von besonderer Bedeutung.[372]

b)   *Grundsatz der angemessenen Quantifizierung von Risiken*

aa)   Risikoartenspezifische Risikomessung

aaa)   Kennzahlen zur Risikomessung

i)   Erwarteter Verlust als Basiskennzahl der Risikomessung

Der mit einem Risiko verbundene erwartete Verlust stellt eine Basiskennzahl der Risikomessung dar. Zur Ermittlung des erwarteten Verlusts ist eine Einschätzung von Eintrittswahrscheinlichkeit sowie Schadenshöhe bei Eintritt des Risikos erforderlich.[373] Im Fall einer zuverlässig durchführbaren Quantifizierung dieser oftmals subjektiven Komponenten[374] kann durch deren Multiplikation ein Erwartungswert ermittelt werden, welcher dem erwarteten Verlust des betrachteten Risikos entspricht. Aufgrund der branchenspezifischen Besonderheiten wird in der Finanzindustrie der erwartete Verlust auf Basis des Produkts von Ausfallwahrscheinlichkeit, Forderungshöhe bei Ausfall und Verlustquote bei Ausfall ermittelt.[375] Informationen zur Ausfallwahrscheinlichkeit können anhand von internen Modellen sowie unter Rückgriff auf Einschätzungen von Ratingagenturen abgeleitet werden.[376] Die Berücksichtigung der Verlustquote bei Ausfall kann dadurch erklärt werden, dass einerseits oftmals Sicherheiten hinterlegt werden, die bei Ausfall des Kreditnehmers an den Kreditgeber übergehen, sowie andererseits auch nach Ausfall des Kreditnehmers der Forderung oftmals noch ein Restwert zugeordnet werden kann.[377] So können bspw. *Acharya et al.* unter Berücksichtigung

---

[372] Vgl. *Mülbert, Peter O.*: Rechtliche Grenzen der Optimierung – das gesellschaftsrechtlich erlaubte Risiko, a.a.O., hier S. 93; *Grundei, Jens/Werder, Axel von*: Die Angemessenheit der Informationsgrundlage als Anwendungsvoraussetzung der Business Judgment Rule, a.a.O., hier S. 826; *Kinzl, Ulrich-Peter*: Wie angemessen muss "angemessene Information" als Grundlage für Vorstandsentscheidungen sein?, a.a.O., hier S. 1653; *Fleischer, Holger*: Die "Business Judgment Rule" im Spiegel von Rechtsvergleichung und Rechtsökonomie, a.a.O., hier S. 840 f. sowie die Ausführungen in Abschnitt II.3.b).

[373] Vgl. u.a. *Wolf, Klaus*: Potenziale derzeitiger Risikomanagementsysteme, a.a.O., hier S. 1731; *Weber, Jürgen et al.*: Ausgestaltung eines unternehmerischen Chancen- und Risikomanagements nach dem KonTraG, a.a.O., hier S. 1713 f.

[374] Aufgrund der Unsicherheit bzgl. der zukünftigen Entwicklung ist eine zuverlässige Bestimmung von Eintrittswahrscheinlichkeit und Schadenshöhe oftmals nicht möglich, vgl. u.a. *Weber, Jürgen et al.*: Ausgestaltung eines unternehmerischen Chancen- und Risikomanagements nach dem KonTraG, a.a.O., hier S. 1714.

[375] Vgl. *Hartmann-Wendels, Thomas et al.*: Bankbetriebslehre, a.a.O., hier S. 415; *Hull, John C.*: Risk Management and Financial Institutions, 3. Aufl., Hoboken, NJ: John Wiley & Sons 2012, hier S. 273.

[376] Vgl. *Brealey, Richard A. et al.*: Principles of Corporate Finance, 11. Aufl., New York, NY: McGraw-Hill 2014, hier S. 595–600.

[377] Vgl. *Hull, John C.*: Risk Management and Financial Institutions, a.a.O., hier S. 351 f.

von mehr als 300 US-amerikanischen Unternehmen, die in den Jahren 1982 bis 1999 ausgefallen sind, eine tatsächliche Verlustquote in Höhe von durchschnittlich 49% feststellen.[378] *Grunert* und *Weber* belegen eine bimodale Verteilung der Verlustquoten bei Ausfall von Bankkrediten in Deutschland,[379] welche auch für Daten des Sparkassen- und Genossenschaftssektors bestätigt werden konnte.[380]

Der mit einer Risikoposition verbundene erwartete Verlust wird in der Unternehmenspraxis regelmäßig im Rahmen der Risikosteuerung angewendet. Die Risikodarstellung entlang der Dimensionen Eintrittswahrscheinlichkeit und Schadenshöhe bei Eintritt ermöglicht hierbei eine Risikosteuerung auf Unternehmensebene sowie auf Ebene einzelner Portfolien.[381] Durch die Festlegung von Wesentlichkeitsgrenzen kann die Verantwortlichkeit zur Risikosteuerung in der Unternehmensorganisation explizit verankert werden.[382] Des Weiteren berücksichtigen Finanzinstitute den mit einem spezifischen Geschäft verbundenen erwarteten Verlust bei der Preissetzung von Finanzinstrumenten (z.B. im Rahmen der Kreditvergabe an Privat- und Firmenkunden).[383]

Die Anwendung des erwarteten Verlusts zeigt sich neben der teilweise subjektiven Bestimmung der Ermittlungsparameter vor allem aufgrund der Verdichtung auf einen Erwartungswert und des damit einhergehenden Informationsverlusts allerdings als problematisch für die Risikosteuerung.[384] So weisen bspw. Risiken mit geringer Eintrittswahrscheinlichkeit und hohem Schadensausmaß einen ähnlichen erwarteten Verlust auf wie Risiken mit hoher Eintrittswahrscheinlichkeit und geringer Schadenshöhe; die ökonomische Steuerung der jeweiligen Risiken stellt hingegen grundlegend andere Anforderungen an das Risikomanagement.[385]

---

[378] Vgl. *Acharya, Viral V. et al.*: Does industry-wide distress affect defaulted firms? Evidence from creditor recoveries, in: JFE, Vol. 85 (2007), Nr. 3, S. 787–821, hier S. 797. Die Verlustquote bei Ausfall ist hierbei insbesondere abhängig von dem zugrunde gelegten Betrachtungszeitraum, der Branchenzugehörigkeit sowie der Art des ausgefallenen Finanzinstruments.

[379] Vgl. *Grunert, Jens/Weber, Martin*: Recovery rates of commercial lending: Empirical evidence for German companies, in: JBF, Vol. 33 (2009), Nr. 3, S. 505–513, hier S. 508 f.

[380] Vgl. *Hesse, Frederik/Ingermann, Peter-Hendrik*: Die bimodale Verteilung der Recovery Rates in Sparkassen und Genossenschaftsbanken – Untersuchung und Erklärungsansatz, in: ZBB, 15. Jg. (2013), S. 408–413, hier S. 411.

[381] Vgl. u.a. *Diederichs, Marc*: Risikomanagement und Risikocontrolling, a.a.O., hier S. 92 f.

[382] Vgl. *Wolf, Klaus*: Potenziale derzeitiger Risikomanagementsysteme, a.a.O., hier S. 1731; *Weber, Jürgen et al.*: Ausgestaltung eines unternehmerischen Chancen- und Risikomanagements nach dem KonTraG, a.a.O., hier S. 1712 f.

[383] Dies erfolgt i.d.R. in Form einer Prämie zur Abdeckung der erwarteten Risikokosten, vgl. *Oehler, Andreas/Unser, Matthias*: Finanzwirtschaftliches Risikomanagement, 2. Aufl., Berlin et al. 2002, hier S. 325 f.; *Knobloch, Alois P. et al.*: Risikokosten im Kreditgeschäft, in: FB, 1. Jg. (1999), S. 423–429, hier S. 424–426.

[384] Vgl. *Diederichs, Marc*: Risikomanagement und Risikocontrolling, a.a.O., hier S. 95.

[385] Vgl. die nachfolgenden Ausführungen in Abschnitt III.2.b).

Des Weiteren bleibt der unerwartete Verlust als ein Maß der Schwankung um den erwarteten Verlust[386] per Definition unberücksichtigt.

ii)   Quantifizierung von unerwarteten Verlusten bei der Ermittlung des Value at Risk

Das Konzept des Value at Risk (VaR) hat sich u.a. auch aufgrund der expliziten Berücksichtigung von unerwarteten Verlusten als Standard in der Risikomessung etabliert.[387] Der VaR gibt den Wertverlust einer Risikoposition an, der mit einer bestimmten hohen Wahrscheinlichkeit ($1-\alpha$) über einen festgelegten Zeitraum nicht überschritten wird.[388] Als Eingangsgrößen in die VaR-Berechnung werden die zu berücksichtigenden Marktfaktoren, das Konfidenzniveau, die Haltedauer sowie der Beobachtungszeitraum benötigt,[389] wobei deren Wertausprägungen grundsätzlich durch die Art der zu messenden Risiken determiniert werden. So werden bspw. bei der Ermittlung des VaR im Marktrisiko oftmals Zinssätze, Rohstoffpreise, Währungs- oder Aktienkurse sowie ein Konfidenzniveau von 99% bei Annahme einer Haltedauer von zehn Tagen berücksichtigt.[390] Demgegenüber werden bei der Berechnung des VaR im Kreditrisiko neben der Berücksichtigung von kreditrisikospezifischen Faktoren, wie bspw. Ausfallwahrscheinlichkeiten und Bonitätsveränderungen, i.d.R. ein höheres Konfidenzniveau sowie eine längere Haltedauer angewendet.[391]

Aufgrund der konzeptionellen Einfachheit sowie der intuitiven Anwendbarkeit[392] verwenden insbesondere Finanzinstitute das Konzept des VaR auch im Rahmen einer risikoadjustierten Gesamtsteuerung durch Aggregation des VaR auf Portfolio-, Geschäftsbereichs- und Unter-

---

[386] Vgl. *Hartmann-Wendels, Thomas et al.*: Bankbetriebslehre, a.a.O., hier S. 417; *Johanning, Lutz*: Risiko, Risikomessung und Risikoregulierung aus ökonomischer Sicht, in: Ökonomie versus Recht im Finanzmarkt?, hrsg. v. E. Kempf et al., Berlin und Boston, MA 2011, S. 205–215, hier S. 209 f.

[387] Vgl. *Basak, Suleyman/Shapiro, Alexander*: Value-at-Risk-Based Risk Management: Optimal Policies and Asset Prices, in: RFS, Vol. 14 (2001), Nr. 2, S. 371–405, hier S. 371; *Albrecht, Peter/Maurer, Raimond*: Investment- und Risikomanagement, 3. Aufl., Stuttgart 2008, hier S. 887.

[388] Vgl. *Jorion, Philippe*: Value at Risk: The New Benchmark for Managing Financial Risk, 3. Aufl., New York, NY: McGraw-Hill 2007, hier S. 17–20.

[389] Vgl. *Hartmann-Wendels, Thomas et al.*: Bankbetriebslehre, a.a.O., hier S. 280 f.

[390] Vgl. *Knobloch, Alois P.*: Value at Risk: Regulatory and Other Applications, Methods, and Criticism, in: Risk Management: Challenge and Opportunity, hrsg. v. M. Frenkel et al., 2. Aufl., Berlin und Heidelberg 2005, S. 99–124, hier S. 101 f.

[391] Zu den Anforderungen an die Ermittlung der Risikoaktiva im Kreditrisiko nach Basel II, vgl. u.a. *Hartmann-Wendels, Thomas et al.*: Bankbetriebslehre, a.a.O., hier S. 514–522.

[392] Vgl. *Yamai, Yasuhiro/Yoshiba, Toshinao*: Value-at-risk versus expected shortfall: A practical perspective, in: JBF, Vol. 29 (2005), Nr. 4, S. 997–1015, hier S. 997; *Basak, Suleyman/Shapiro, Alexander*: Value-at-Risk-Based Risk Management: Optimal Policies and Asset Prices, a.a.O., hier S. 371.

nehmensebene.[393] Des Weiteren wird in Teilen der Literatur ein Rückgriff auf den VaR als Frühwarnindikator im Rahmen der indikatororientierten Frühwarnsysteme empfohlen.[394] So findet bspw. *Jorion* auf Basis einer Analyse von öffentlich verfügbaren Informationen von acht US-amerikanischen Großbanken einen signifikanten Zusammenhang zwischen dem VaR und der zukünftigen Ergebnisvolatilität des entsprechenden Handelsportfolios des Finanzinstituts.[395]

Trotz der weit verbreiteten Anwendung des VaR ist dieser nur begrenzt zur Messung von ökonomischen Risiken geeignet.[396] So hat bspw. die US-amerikanische Großbank JP Morgan Chase & Co. im 2. Quartal 2012 einen Verlust von US$ 4,4 Mrd. mit einem synthetischen Kreditportfolio erzielt und aufgrund dessen das VaR-Modell ausgetauscht.[397] Der zentrale Kritikpunkt besteht darin, dass Verluste und insbesondere auch die Verlusthöhe, die über das VaR-Maß hinausgehen, vollständig ignoriert werden.[398] Auch ist die auf Vergangenheitsdaten basierte Ermittlung der statistischen Parameter zur VaR-Berechnung aufgrund des fraglichen Zusammenhangs mit zukünftigen Entwicklungen kritisch zu sehen.[399] So konnte bspw. *Fama* bereits im Jahr 1965 zeigen, dass historische Aktienkurse keinen wesentlichen Beitrag zur Prognose deren zukünftigen Entwicklung leisten können.[400] Historische, aufgrund empirischer Erfahrungen nicht zu erwartende, unwahrscheinliche Ereignisse, sog. „*black*

---

[393] Im Rahmen der Gesamtbanksteuerung wird oftmals vom ökonomischen Kapital, welches auf dem VaR-Konzept beruht, als Steuerungsgröße gesprochen, vgl. *Jorion, Philippe*: Risk Management Lessons from the Credit Crisis, in: EFM, Vol. 15 (2009), Nr. 5, S. 923–933, hier S. 930; *Hull, John C.*: Risk Management and Financial Institutions, a.a.O., hier S. 491 f.

[394] Vgl. *Holst, Jonny/Holtkamp, Willy*: Risikoquantifizierung und Frühwarnsystem auf Basis der Value at Risk-Konzeption, a.a.O., hier S. 819 f. sowie die Ausführungen in Abschnitt III.2.a.cc.aaa.ii).

[395] Vgl. *Jorion, Philippe*: How Informative Are Value-at-Risk Disclosures?, in: TAR, Vol. 77 (2002), Nr. 4, S. 911–931, hier S. 925–927.

[396] Dies ist in der Finanzkrise deutlich zu Tage getreten, vgl. *Sinn, Hans-Werner*: Kasino-Kapitalismus: Wie es zur Finanzkrise kam, und was jetzt zu tun ist, a.a.O., hier S. 93 f.; *Akerlof, George A./Shiller, Robert J.*: Animal Spirits: How Human Psychology Drives the Economy, and Why It Matters for Global Capitalism, Princeton, NJ: Princeton University Press 2009, hier S. 86–88.

[397] Vgl. JP Morgan Chase & Co.: Financial Results 2Q, 2012.

[398] Vgl. *Yamai, Yasuhiro/Yoshiba, Toshinao*: Value-at-risk versus expected shortfall: A practical perspective, a.a.O., hier S. 1000; *Szegö, Giorgio*: Measures of risk, in: JBF, Vol. 26 (2002), Nr. 7, S. 1253–1272, hier S. 1261; *Stulz, René M.*: 6 Ways Companies Mismanage Risk, in: HBR, Vol. 87 (2009), Nr. 3, S. 86–94, hier S. 90.

[399] Vgl. *Taleb, Nassim N.*: The Black Swan: The Impact of the Highly Improbable, a.a.O., hier S. 40–44; *Bogle, John C.*: Black Monday and Black Swans, in: FAJ, Vol. 64 (2008), Nr. 2, S. 30–40, hier S. 30 f.; *Stulz, René M.*: 6 Ways Companies Mismanage Risk, a.a.O., hier S. 88 f.; *Damodaran, Aswath*: Strategic Risk Taking: A Framework for Risk Management, Upper Saddle River, NJ: Wharton School Publishing 2008, hier S. 211 f.

[400] Vgl. *Fama, Eugene F.*: The Behaviour of Stock-Market Prices, in: JB, Vol. 38 (1965), Nr. 1, S. 34–105, hier S. 68–74. Für seine grundlegenden Arbeiten auf diesem Gebiet erhielt *Fama* im Jahr 2013 den Wirtschaftsnobelpreis.

swan[s][401], liegen bei Anwendung des VaR somit nicht in der Betrachtung des Risikomanagements, treten allerdings dennoch auf.[402] Ferner erweist sich die Annahme der Normalverteilung als problematisch, da diese in der Realität i.d.R. nicht vorliegt[403] und mithin Wahrscheinlichkeiten extremer Ereignisse (zumindest teilweise) unterschätzt werden.[404] So entwickelte bspw. *Mandelbrot* bereits im Jahr 1963 anhand der Notierungen von Baumwollpreisen an mehreren US-amerikanischen Börsen eine von der Normalverteilung abweichende, sog. Pareto-stabile Verteilung, welche die tatsächliche Preisentwicklung besser abzubilden vermochte.[405] Ferner findet *Taleb* unter Berücksichtigung der Wertausprägungen von 43 ökonomischen Größen, wie bspw. Währungskurse oder Zinssätze, über einen mehrjährigen Zeitraum eine deutliche Abweichung von der Normalverteilung sowie eine überproportionale Konzentration der Wertausprägungen in den Rändern der Verteilung.[406] Des Weiteren sind VaR-Maße weder konvex noch subadditiv,[407] so dass sich Diversifikationseffekte bei Mischung von zwei Portfolien ggf. nicht im VaR-Maß widerspiegeln.[408] Folglich ist der VaR kein kohärentes Risikomaß und daher nur begrenzt zur Messung von ökonomischen Risiken geeignet. Insbesondere die Unterschätzung von extremen Risiken mit sehr geringen Wahrscheinlichkeiten während der jüngsten Finanzkrise hat verstärkt zu einem Ruf nach neuen Ansätzen zur

---

[401] *Taleb, Nassim N.:* The Black Swan: The Impact of the Highly Improbable, a.a.O., hier S. 25.

[402] Vgl. *Szegö, Giorgio:* Measures of risk, a.a.O., hier S. 1261; *Bogle, John C.:* Black Monday and Black Swans, a.a.O., hier S. 30; *Rudolph, Bernd:* Die internationale Finanzkrise: Ursachen, Treiber, Veränderungsbedarf und Reformansätze, a.a.O., hier S. 46; *Mandelbrot, Benoit/Taleb, Nassim N.:* Mild vs. Wild Randomness, in: The Known, The Unknown and The Unknowable in Financial Risk Management, hrsg. v. F. X. Diebold et al., Princeton, NJ: Princeton University Press 2010, S. 47–58, hier S. 52 f.

[403] Vgl. *Rau-Bredow, Hans:* Value-at-Risk, Expected Shortfall and Marginal Risk Contribution, in: Risk Measures for the 21st Century, hrsg. v. G. Szegö, Chichester et al.: John Wiley & Sons 2004, S. 61–68, hier S. 61 f.; *Taleb, Nassim N.:* Errors, robustness, and the fourth quadrant, in: IJF, Vol. 25 (2009), Nr. 4, S. 744–759, hier S. 746 f.; *Bornhorn, Hubert:* Möglichkeiten und Grenzen mathematisch-statistischer Methoden bei der Quantifizierung von Risiken, in: Frühwarnindikatoren und Krisenfrühaufklärung, hrsg. v. J. Jacobs et al., Wiesbaden 2012, S. 45–71, hier S. 59–62; *Tolikas, Konstantinos:* Unexpected tails in risk measurement: Some international evidence, in: JBF, Vol. 40 (2014), S. 476–493, hier S. 489 f.

[404] Vgl. *Taleb, Nassim N.:* The Black Swan: The Impact of the Highly Improbable, a.a.O., hier S. 231–240; *Shleifer, Andrei:* Psychologists at the Gate: A Review of Daniel Kahneman's Thinking, Fast and Slow, in: JEL, Vol. 50 (2012), Nr. 4, S. 1080–1091, hier S. 1087; *Barberis, Nicholas:* The Psychology of Tail Events: Progress and Challenges, in: AER, Vol. 103 (2013), Nr. 3, S. 611–616, hier S. 613–615.

[405] Vgl. *Mandelbrot, Benoit:* The Variation of Certain Speculative Prices, in: JB, Vol. 36 (1963), Nr. 4, S. 394–419, hier S. 403–409.

[406] Vgl. *Taleb, Nassim N.:* Errors, robustness, and the fourth quadrant, a.a.O., hier S. 745–747.

[407] Mit einer Ausnahme bei Vorliegen einer elliptischen Gesamtverteilung, vgl. *McNeil, Alexander J. et al.:* Quantitative risk management, Princeton, NJ: Princeton University Press 2005, hier S. 241–243.

[408] Vgl. *Artzner, Philippe et al.:* Coherent Measures of Risk, in: MF, Vol. 9 (1999), Nr. 3, S. 203–228, hier S. 216–218. *Szegö* lehnt einen Einsatz des VaR zur Risikomessung sogar grundsätzlich ab: „To try to measure risk without this property is like measuring the distance between two points using a rubber band instead of a ruler!", *Szegö, Giorgio:* Measures of risk, a.a.O., hier S. 1260. In ähnlicher Weise ablehnend *Singer, Jürgen:* Value at Risk oder die MgM-Methode? – ein Zwischenruf, in: ZfgK, 66. Jg. (2013), S. 1154–1155.

Risikomessung geführt – sowohl von Seiten der Regierungen[409] und Aufsichtsbehörden[410] als auch von Vertretern der Finanzindustrie selbst.[411]

iii) Explizite Berücksichtigung von Extremrisiken im Rahmen des Conditional Value at Risk

Das Konzept des Conditional Value at Risk (CVaR) bzw. Expected Shortfall adressiert einige dieser Kritikpunkte. Der CVaR misst den erwarteten Verlust bei einer Überschreitung des VaR,[412] so dass auch Extremrisiken, die mit einer geringeren Wahrscheinlichkeit als α eintreten und mithin nicht durch den VaR erfasst werden, berücksichtigt werden.[413] Des Weiteren erfüllt der CVaR sämtliche Anforderungen an ein kohärentes Risikomaß nach *Artzner et al.* und ist somit grundsätzlich zur Messung von ökonomischen Risiken geeignet.[414] In jüngster Zeit sind daher auch Tendenzen zu einer Abkehr vom VaR festzustellen, welche sich u.a. explizit in einem Konsultationspapier des Basel Committee on Banking Supervision (BCBS) wiederfindet: „A number of weaknesses have been identified with using value-at-risk (VaR) for determining regulatory capital requirements, including its inability to capture ‚tail risk'. For this reason, the Committee has considered alternative risk metrics, in particular expected shortfall (ES). [...] The Committee recognises that moving to ES could entail certain operational challenges; nonetheless it believes that these are outweighed by the benefits of replacing VaR with a measure that better captures tail risk."[415] In einem Blog der Financial Times wur-

---

[409] Vgl. *Obama, Barack H.*: Modernizing Our Regulation of Financial Markets, Cooper Union, New York, NY 2008.

[410] Vgl. BCBS: Fundamental review of the trading book, Basel 2012, hier S. 1 f.; *Dombret, Andreas*: Geschäftsmodelle und Bankenstruktur aus Sicht der Finanzstabilität, 16. Banken-Symposium des European Center for Financial Services, Düsseldorf 2012; *Bernanke, Ben S.*: Lessons of the Financial Crisis for Banking Supervision, Conference on Bank Structure and Competition, Federal Reserve Bank of Chicago, IL 2009.

[411] Vgl. *Ackermann, Josef*: Finanzkrisen und ihre Bewältigung: Wiederkehrende Herausforderungen für Großbanken, in: ZfgK, 61. Jg. (2008), S. 426–428, hier S. 426.

[412] Vgl. *Acerbi, Carlo/Tasche, Dirk*: On the coherence of expected shortfall, in: JBF, Vol. 26 (2002), Nr. 7, S. 1487–1503, hier S. 1491; *Jorion, Philippe*: Value at Risk: The New Benchmark for Managing Financial Risk, a.a.O., hier S. 927; *Christoffersen, Peter F.*: Elements of Financial Risk Management, 2. Aufl., Amsterdam und Boston, MA: Academic Press 2012, hier S. 33 f.; *Szegö, Giorgio*: Measures of risk, a.a.O., hier S. 1264.

[413] Vgl. *Yamai, Yasuhiro/Yoshiba, Toshinao*: Value-at-risk versus expected shortfall: A practical perspective, a.a.O., hier S. 1004; *Szegö, Giorgio*: Measures of risk, a.a.O., hier S. 1262–1265.

[414] Vgl. *Artzner, Philippe et al.*: Coherent Measures of Risk, a.a.O., hier S. 223–226; *Szegö, Giorgio*: Measures of risk, a.a.O., hier S. 1263; *Kübler, Bernhard*: Statistische Aspekte der Risikotragfähigkeit, in: ZfgK, 65. Jg. (2012), S. 282–284, hier S. 283 f.

[415] BCBS: Fundamental review of the trading book, a.a.O., hier S. 3. Diese Ansicht wurde in der zweiten Entwurfsfassung grundsätzlich beibehalten, vgl. BCBS: Fundamental review of the trading book: A revised market risk framework, Basel 2013, hier S. 3.

den diese Vorschläge bezeichnenderweise als „Killing VaR"[416] umschrieben.

Während eine Abkehr von der ausschließlichen Anwendung des VaR im Rahmen der Risikomessung und -steuerung grundsätzlich zu begrüßen ist, verbleiben auch beim CVaR-Konzept wesentliche Kritikpunkte. So erscheinen die historische Datengrundlage sowie die erforderliche Annahme einer Verlustverteilung weiterhin als problematisch. Darüber hinaus wird der Erwartungswert des Verlusts, der den VaR übersteigt, ermittelt, so dass bei Festlegung eines geringen Konfidenzintervalls Extremrisiken wiederum nur begrenzt berücksichtigt werden. Gleichfalls erweist sich die geringe Datenverfügbarkeit bei Auswahl eines hohen Konfidenzintervalls aufgrund der Gefahr von Schätzfehlern als problematisch für das Risikomanagement.[417] Daher sollte eine Kombination aus mehreren Kennzahlen zur Risikosteuerung angewendet werden.[418] Abbildung III-5 enthält eine Übersicht über ausgewählte Kennzahlen zur Risikomessung.

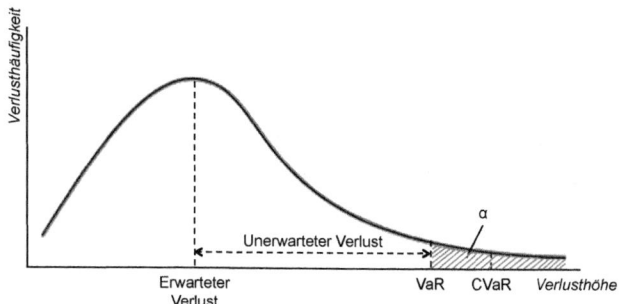

Abbildung III-5: Kennzahlen zur Risikoquantifizierung

bbb) Messung und Limitierung von Risikokonzentrationen

i) Theoretische Fundierung und empirische Evidenz zur Vorteilhaftigkeit von Risikokonzentrationen

In der ökonomischen Literatur bestehen unterschiedliche Theorien bzgl. der Vorteilhaftigkeit von Risikokonzentrationen. So ist auf Basis der klassischen Portfolio-Theorie nach *Markowitz* zur Optimierung des Risiko-Rendite-Profils eines Portfolios eine möglichst hohe Diversifizie-

---

[416] FT Alphaville: Killing VaR, 2012.
[417] Vgl. u.a. *Yamai, Yasuhiro/Yoshiba, Toshinao*: Value-at-risk versus expected shortfall: A practical perspective, a.a.O., hier S. 1011–1014.
[418] Vgl. ebenda, hier S. 1014.

rung der Portfoliorisiken anzustreben.[419] Das Capital Asset Pricing Modell (CAPM) baut auf der Theorie von *Markowitz* auf und beschreibt unter der Annahme vollkommener Kapitalmärkte das optimale Investitionsportfolio eines marginalen Investors als Kombination einer Anlage zum risikolosen Zinssatz sowie einer Investition in das einheitliche risikoeffiziente Marktportfolio, wobei deren relative Gewichtung durch die individuelle Risikoneigung des Investors determiniert wird.[420] Des Weiteren sollten Finanzinstitute entsprechend der Theorie der Finanzintermediation nach *Diamond* eine möglichst hohe Diversifizierung ihrer Risiken verfolgen, um die Kosten der Delegation der Überwachung von Kreditnehmern auf das Finanzinstitut zu minimieren.[421] Da das Finanzinstitut grundsätzlich den Anreiz hat, seine vertraglichen Verpflichtungen gegenüber seinen Kapitalgebern zu erfüllen und dies unmittelbar von der Erfüllung der vertraglichen Verpflichtungen der Kreditnehmer abhängt, sollte das Finanzinstitut eine möglichst hohe Diversifikation des Kreditportfolios zur Minimierung des Risikos einer Nichterfüllung anstreben.[422]

Dementgegen argumentieren Wissenschaftler aus dem Bereich Corporate Finance für eine stärkere Fokussierung, um den größtmöglichen Nutzen aus der Expertise der Unternehmensleitung zu ziehen und gleichzeitig mögliche Interessenkonflikte zwischen Unternehmensleitung und Kapitalgebern zu reduzieren.[423] Die Vorteile einer Diversifikation wären demnach direkt durch ein entsprechendes Verhalten der individuellen Kapitalgeber, z.B. durch Fusionen oder Übernahmen, zu realisieren.[424] Die Deutsche Bundesbank nennt für den deutschen Bankensektor das Spezialbankenprinzip, das Regionalprinzip sowie das Hausbankprinzip als potenzielle Argumente für eine Konzentrationsstrategie, da durch die Nutzung von Informationsvorteilen, bspw. durch eine höhere Kundennähe sowie speziellem Produktwissen, trotz erhöhter Konzentrationsrisiken eine Verbesserung der absoluten Portfolioqualität erreicht

[419] Vgl. *Markowitz, Harry*: Portfolio Selection, in: JF, Vol. 7 (1952), Nr. 1, S. 77–91, hier S. 89.

[420] Vgl. *Sharpe, William F.*: Capital Asset Prices: A Theory of Market Equilibrium, in: JF, Vol. 19 (1964), Nr. 3, S. 425–442, hier S. 433–436; *Lintner, John*: The Valuation of Risk Assets and the Selection of Risky Investments in Stock Portfolios and Capital Budgets, in: RES, Vol. 47 (1965), Nr. 1, S. 13–37, hier S. 15–28; *Mossin, Jan*: Equilibrium in a Capital Asset Market, in: Econometrica, Vol. 34 (1966), Nr. 4, S. 768–783, hier S. 775–781.

[421] Vgl. *Diamond, Douglas W.*: Financial Intermediation and Delegated Monitoring, in: RES, Vol. 51 (1984), Nr. 3, S. 393–414, hier S. 401 f.

[422] Vgl. ebenda, hier S. 402.

[423] Vgl. *Jensen, Michael C.*: Agency costs of free cash flow, corporate finance and takeovers, a.a.O., hier S. 323; *Fama, Eugene F./Jensen, Michael C.*: Separation of Ownership and Control, a.a.O., hier S. 307–309.

[424] Vgl. *Denis, David J. et al.*: Agency Problems, Equity Ownership, and Corporate Diversification, in: JF, Vol. 52 (1997), Nr. 1, S. 135–161, hier S. 153–156; *Berger, Philip G./Ofek, Eli*: Bustup Takeovers of Value-Destroying Diversified Firms, in: JF, Vol. 51 (1996), Nr. 4, S. 1175–1201, hier S. 1184–1186.

werden kann.[425]

Anhand von wissenschaftlichen Studien konnte festgestellt werden, dass eine Fokussierung des Geschäftsmodells und mithin das Eingehen von Konzentrationsrisiken für Finanzinstitute zumindest teilweise vorteilhaft sein kann.[426] So finden *Acharya et al.* für eine Stichprobe von 105 italienischen Banken, dass Diversifikation für Banken mit relativ hohem Risiko einen negativen Einfluss auf deren Profitabilität aufweist und der Effekt für Banken mit relativ geringem Risiko nur sehr gering ist oder in einem ineffizienten Risiko-Ertrags-Profil resultiert.[427] Mithin erweist sich das Risikoprofil eines Finanzinstituts als zentraler Einflussfaktor auf die Vorteilhaftigkeit einer Fokussierungsstrategie. *Hayden et al.* können auf Basis der Daten von 983 deutschen Banken im Durchschnitt ebenfalls einen negativen Einfluss einer Diversifikation auf die Profitabilität bestätigen, allerdings weisen die Autoren entgegen der Ergebnisse von *Acharya et al.* einen positiven Einfluss für Banken mit relativ hohem Risiko sowie bei einer sektoralen Diversifikationsstrategie nach.[428] In zwei weiteren Studien für den chinesischen und brasilianischen Bankensektor für den Zeitraum von 1996 bis 2006 bzw. 2003 bis 2009 konnte ebenfalls ein negativer Einfluss der Diversifikation auf die Profitabilität gefunden werden.[429]

Auch außerhalb der Finanzindustrie liegen zahlreiche empirische Studien bzgl. der Vorteilhaftigkeit einer Fokussierungsstrategie vor. So weisen bspw. *Lang* und *Stulz* einen signifikanten negativen Zusammenhang zwischen dem Wert eines Unternehmens in Form von Tobin's Q[430] und dessen Diversifikationsgrad nach.[431] Des Weiteren können *Berger* und *Ofek* unter Berücksichtigung von segment- und firmenspezifischen Informationen von 3.659 US-amerikanischen Unternehmen einen durchschnittlichen Wertverlust von bis zu 15% bei einer

---

[425] Vgl. Deutsche Bundesbank: Monatsbericht Juni 2006, Frankfurt a. M. 2006, hier S. 38 f.

[426] Für eine Übersicht über empirische Studien mit einem Fokus auf Finanzinstitute, vgl. *Tabak, Benjamin M. et al.*: The effects of loan portfolio concentration on Brazilian banks' return and risk, in: JBF, Vol. 35 (2011), Nr. 11, S. 3065–3076, hier S. 3066.

[427] Vgl. *Acharya, Viral V. et al.*: Should Banks be Diversified? Evidence from Individual Bank Loan Portfolios, in: JB, Vol. 79 (2006), Nr. 3, S. 1355–1412, hier S. 1394.

[428] Vgl. *Hayden, Evelyn et al.*: Does Diversification Improve the Performance of German Banks? Evidence from Individual Bank Loan Portfolios, in: JFSR, Vol. 32 (2007), Nr. 3, S. 123–140, hier S. 130.

[429] Vgl. *Berger, Allen N. et al.*: The effects of focus versus diversification on bank performance: Evidence from Chinese banks, in: JBF, Vol. 34 (2010), Nr. 7, S. 1417–1435, hier S. 1433; *Tabak, Benjamin M. et al.*: The effects of loan portfolio concentration on Brazilian banks' return and risk, a.a.O., hier S. 3072.

[430] Die Kennzahl Tobin's Q setzt den Marktwert eines Unternehmens in Beziehung zu dessen Substanzwert im Sinne der Kosten, die für einen Nachbau des Unternehmens durch Wiederbeschaffung der in der Substanz enthaltenen Vermögensgegenstände anfallen würden, vgl. *Tobin, James*: A General Equilibrium Approach To Monetary Theory, in: JMCB, Vol. 1 (1969), Nr. 1, S. 15–29, hier S. 15–23.

[431] Vgl. *Lang, Larry H. P./Stulz, René M.*: Tobin's q, Corporate Diversification, and Firm Performance, in: JPE, Vol. 102 (1994), Nr. 6, S. 1248–1280, hier S. 1261 f.

verfolgten Diversifikationsstrategie feststellen.[432] Dementgegen belegen *Campa* und *Kedia* einen signifikanten Einfluss von unternehmensspezifischen Charakteristika auf die Entscheidung eines Unternehmens zur Diversifikation sowie auf den Unternehmenswert und können mithin keinen direkten kausalen Zusammenhang zwischen Diversifikation und Wertverlust bestätigen.[433]

ii)   Betriebswirtschaftliche Ansätze zur Quantifizierung von Risikokonzentrationen

Risikokonzentrationen können in zwei unterschiedlichen Formen auftreten: Erstens kann die Sensitivität eines Portfolios bezüglich eines zugrunde liegenden Risikotreibers hoch sein, zweitens kann eine konzentrierte Risikoposition aufgrund von großen Einzelengagements vorliegen.[434] Im ersten Fall ist eine sorgfältige Risikoanalyse erforderlich,[435] im zweiten Fall sind neben internen Limiten bzgl. der Höhe des Engagements gegenüber einzelnen Vertragspartnern für Finanzinstitute bspw. auch die Vorschriften zur Großkreditvergabe nach §§ 13-13b KWG zu beachten.[436]

In der Unternehmenspraxis werden vor allem deskriptive Ansätze zur Messung von Risikokonzentrationen angewendet. Hierbei werden zunächst im Rahmen einer Konzentrationsanalyse die jeweils relevanten Dimensionen für die einzelnen Risikoarten bestimmt, in welchen es potenziell zur Konzentration von gleichartigen Risiken kommen könnte. In einem zweiten Schritt erfolgt eine Zuordnung der aktuellen Risikoposition je Risikoart zu den vorab festgelegten Dimensionen anhand von ausgewählten Risikokennzahlen. So verwenden bspw. Finanzinstitute im Rahmen der Konzentrationsanalyse im Kreditrisiko u.a. die Dimensionen ‚Region' und ‚Assetklasse' zur Messung von Risikokonzentrationen. Hierbei wird neben einer Betrachtung des ausstehenden Kreditvolumens häufig auch eine Analyse der erwarteten Verluste durchgeführt. Darüber hinaus ist eine explizite Ermittlung der größten Einzelrisiken

---

[432] Die Studie vergleicht hierbei den (fiktiven) Unternehmenswert als Summe der Werte der einzelnen Segmente mit dem gesamten Unternehmenswert, vgl. *Berger, Philip G./Ofek, Eli*: Diversification's effect on firm value, in: JFE, Vol. 37 (1995), Nr. 1, S. 39–65, hier S. 49–51.

[433] Vgl. *Campa, Jose M./Kedia, Simi*: Explaining the Diversification Discount, in: JF, Vol. 57 (2002), Nr. 4, S. 1731–1762, hier S. 1755.

[434] Vgl. *Hartmann-Wendels, Thomas et al.*: Bankbetriebslehre, a.a.O., hier S. 505; *Bonti, Gabriel et al.*: Credit Risk Concentrations under Stress, in: JCR, Vol. 2 (2006), Nr. 3, S. 115–136, hier S. 115.

[435] Vgl. die Ausführungen in Abschnitt III.2.a.bb).

[436] Eine Betrachtung von Risikokorrelationen oder Diversifizierungseffekten findet hierbei nicht statt, vgl. *Fleischer, Holger/Schmolke, Klaus U.*: Klumpenrisiken im Bankaufsichts-, Investment-, und Aktienrecht, in: ZHR, 173. Jg. (2009), S. 649–688, hier S. 663; *Florstedt, Tim*: Zur organhaftungsrechtlichen Aufarbeitung der Finanzmarktkrise, a.a.O., hier S. 320; *Groß, Carsten*: Vorbemerkung zu den Großkreditvorschriften in §§ 13 bis 13b, in: Kommentar KWG, hier Rn. 6.

pro Risikoart durch das Risikomanagement zu empfehlen, welche wiederum anhand von aus-gewählten Risikokennzahlen bestimmt werden. Als Beispiel kann erneut die Konzentrations-analyse im Kreditrisiko bei Finanzinstituten angeführt werden. Hierbei kann bspw. eine Über-sicht über die zehn größten Einzelrisiken bzgl. der Kreditnehmer mit dem höchsten ausste-henden Kreditvolumen sowie über die zehn größten problembehafteten Kredite erstellt wer-den. Abbildung III-6 enthält eine illustrative Darstellung der Messung von Risikokonzentrati-onen im Kreditrisiko von Finanzinstituten.

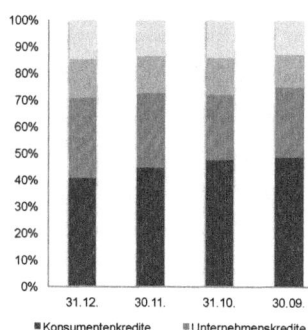

Erwartete Verluste nach Assetklassen

Größte Einzelrisiken nach Kreditvolumen

Kunde	Kreditvolumen (€ Tsd.)	Kunden-Rating
Kunde D	500.000	BB
Kunde B	480.000	A
Kunde K	470.000	B
Kunde F	200.000	BBB
Kunde A	190.000	A-
Kunde G	180.000	BB+
Kunde B	175.000	B+
Kunde Y	175.000	BB-
Kunde C	100.000	BB+
Kunde Z	95.000	BBB

■ Konsumentenkredite ■ Unternehmenskredite
■ Commercial Real Estate ■ Projektfinanzierung

Abbildung III-6: Messung von Risikokonzentrationen im Kreditrisiko

Eine häufig verwendete Kennzahl zur expliziten Messung von Konzentrationen ist der Her-findahl-Index,[437] welcher durch Aufsummieren der quadrierten relativen Anteile von n Merk-malen an der gesamten Merkmalssumme ermittelt wird.[438] Folglich liegt bei einem Wert von 1 eine maximale Konzentration vor, wohingegen bei einem Wert von 1/n eine gleichmäßige Verteilung gegeben ist.[439] Die Anwendung des Herfindahl-Index ist auch zur Quantifizierung von Risikokonzentrationen geeignet. So würde sich bspw. in Fortführung des in Abbildung III-6 dargestellten Beispiels der Konzentrationsanalyse der erwarteten Verluste nach Asset-

[437] So greifen bspw. auch zahlreiche empirische Studien auf eine oder mehrere Formen des Herfindahl-Index als Kennzahl für den Grad der Diversifikation eines Unternehmens zurück, vgl. u.a. *Lang, Larry H. P./Stulz, René M.*: Tobin's q, Corporate Diversification, and Firm Performance, a.a.O., hier S. 1257; *Denis, David J. et al.*: Agency Problems, Equity Ownership, and Corporate Diversification, a.a.O., hier S. 138; *Tabak, Benjamin M. et al.*: The effects of loan portfolio concentration on Brazilian banks' return and risk, a.a.O., hier S. 3066 f.

[438] Vgl. *Sibbertsen, Philipp/Lehne, Hartmut*: Statistik, Berlin und Heidelberg 2012, hier S. 96.

[439] Vgl. u.a. *Bruckmann, Gerhart*: Konzentrationsmessung, in: Statistik für Wirtschaftswissenschaftler, hrsg. v. J. Bleymüller, 16. Aufl., München 2012, S. 191–196, hier S. 192.

klassen zum 31.12. ein Wert von 0,3 ergeben.[440]

iii)　Ökonomische Anforderungen an die Ausgestaltung eines angemessenen Limitsystems

Wenngleich aus rechtlicher Sicht kein grundsätzliches Verbot des Eingehens von Risikokonzentrationen vorliegt, werden diese aufgrund der besonderen Pflicht des Vorstands zur sorgfältigen Vermögensanlage zumindest mittelbar begrenzt.[441] Da das Eingehen von Risikokonzentrationen gleichzeitig ökonomisch durchaus vorteilhaft sein kann,[442] muss es folglich zentrale Aufgabe des Risikomanagements sein, auf Basis von *risk appetite* und Risikostrategie ein konsistentes Limitsystem zur kontinuierlichen Überwachung von Risikokonzentrationen zu etablieren.[443] Die Limitierung sollte dabei auf den zur Risikomessung verwendeten Kennzahlen basieren und etwa nach Engagements gegenüber einzelnen Kunden, Branchen, Ländern, Regionen oder Produktarten erfolgen.[444] So wäre bspw. bei der Investition in US-amerikanische hypothekenbesicherte Wertpapiere zu prüfen, inwieweit Risikokonzentrationen hinsichtlich Produktart (durch Hypotheken an Privatkunden besicherte Wertpapiere) sowie Region (USA) durch den *risk appetite* gedeckt sind.[445] Ferner erfordert ein angemessenes Limitsystem die fortlaufende Überwachung der Höhe der Konzentrationsrisiken sowie die unmittelbare Einleitung von Maßnahmen zur Reduktion des entsprechenden Risikos bei Limit-Überschreitungen.[446] In Fortführung des oben genannten Beispiels wäre bspw. das Investitionsvorhaben zu unterlassen, falls im *risk appetite* und der Risikostrategie festgelegt ist, dass maximal 10% der gesamten Kreditpositionen gegenüber Schuldnern in den USA bestehen dürfen und durch die Investition der Anteil der Kredite an US-amerikanische Schuldner am gesamten Kreditportfolio 10% übersteigen würde.

---

[440] Der Berechnung liegen die nachfolgenden relativen Anteilswerte zugrunde: Konsumentenkredite 40%, Unternehmenskredite 30%, Commercial Real Estate 15%, Projektfinanzierung 15%.

[441] Vgl. *Fleischer, Holger/Schmolke, Klaus U.*: Klumpenrisiken im Bankaufsichts-, Investment-, und Aktienrecht, a.a.O., hier S. 673–679.

[442] Vgl. die Ausführungen in Abschnitt III.2.b.aa.bbb.i).

[443] So sind bspw. gemäß MaRisk angemessene Risikosteuerungs- und Risikocontrollingprozesse zur Begrenzung von Risikokonzentrationen einzurichten, vgl. MaRisk i.d.F. 2012, a.a.O., hier S. 9 f.

[444] Vgl. BCBS: International Convergence of Capital Measurement and Capital Standards: A Revised Framework, a.a.O., hier S. 214; MaRisk i.d.F. 2012, a.a.O., hier S. 27 f.

[445] Eine Konzentration aufgrund eines großen Einzelengagements würde hingegen in diesem Fall nicht vorliegen, vgl. auch *Fleischer, Holger*: Verantwortlichkeit von Bankgeschäftsleitern und Finanzmarktkrise, a.a.O., hier S. 1505.

[446] Die Überwachung kann u.a. mit Hilfe einer *risk heat map* durchgeführt werden, vgl. bspw. *Colletaz, Gilbert et al.*: The Risk Map: A new tool for validating risk models, in: JBF, Vol. 37 (2013), Nr. 10, S. 3843–3854, hier S. 3848–3852. Zur Sicherstellung der Risikowahrnehmung wird der Grad der Risikokonzentration in der Praxis oftmals mit einer Ampellogik bewertet.

ccc) Messung von Risiken extremer Ereignisse: risikoartenspezifische Stresstests

i) Möglichkeiten und Grenzen der Anwendung von risikoartenspezifischen Stresstests

Insbesondere aufgrund der Schwierigkeiten bei der Messung von Risikokonzentrationen sowie von riskanten Ereignissen mit geringen Eintrittswahrscheinlichkeiten sind für jede Risikoart zusätzlich Stresstests durchzuführen.[447] „If there is one lesson to be learned from the market turmoil [...] of 2007, it is that more emphasis should be placed on stress testing and less emphasis should be placed on the mechanistic application of VaR models."[448] Während Stresstests für Finanzinstitute bereits seit mehreren Jahren eine wesentliche Rolle spielen, stehen diese zunehmend auch im Fokus von Unternehmen aus anderen Branchen.[449]

Stresstests sind für alle im Rahmen der Risikoinventur identifizierten, wesentlichen Risikofaktoren einzelner Portfolien oder Geschäftsbereiche durchzuführen, d.h. sowohl für finanzielle als auch für nicht-finanzielle Risiken (z.B. operationelle Risiken, Reputationsrisiken oder strategische Risiken).[450] Aufgrund der schwierigen Messbarkeit nicht-finanzieller Risiken bei gleichzeitig signifikantem Beitrag zum Gesamtrisiko – nicht-finanzielle Risiken können bspw. bis zu 30% zum Gesamtrisiko eines Finanzinstituts beitragen[451] – ist deren Überwachung über Stresstests von besonderer Bedeutung.[452] Während Stresstests grundsätzlich als ergänzendes Element zur Risikosteuerung zu betrachten sind,[453] sollten diese nach *Berkowitz* direkt in die VaR-Berechnung integriert werden, um deren Relevanz für das Risikomanagement zu erhöhen.[454] Hierzu wäre jedoch die Angabe einer zumindest subjektiven Wahrschein-

---

[447] Vgl. *Annetzberger, Christian/Gann, Philipp*: Stress Testing im Kontext des Internal Capital Adequacy Assessment Process (ICAAP), in: FS Rudolph, S. 473–494, hier S. 475; *Gann, Philipp/Rudolph, Bernd*: Anforderungen an das Risikomanagement, a.a.O., hier S. 612; BCBS: Principles for sound stress testing practices and supervision, Basel 2009, hier S. 8–11; *Bonti, Gabriel et al.*: Credit Risk Concentrations under Stress, a.a.O., hier S. 115 f.

[448] *Hull, John C.*: Risk Management and Financial Institutions, a.a.O., hier S. 413.

[449] Vgl. *Gleißner, Werner et al.*: Krisenprävention: Stresstests für das Unternehmen?, in: RM, 6. Jg. (2011), S. 1, 6–15, hier S. 6–10.

[450] Vgl. BCBS: International Convergence of Capital Measurement and Capital Standards: A Revised Framework, a.a.O., hier S. 208. Für Quellen von strategischen Risiken, vgl. u.a. *Slywotzky, Adrian J./ Drzik, John*: Countering the Biggest Risk of All, in: HBR, Vol. 83 (2005), Nr. 4, S. 78–88, hier S. 83.

[451] Vgl. *Kuritzkes, Andrew/Schuermann, Til*: What We Know, Don't Know and Can't Know about Bank Risk: A View from the Trenches, in: The Known, The Unknown and The Unknowable in Financial Risk Management, hrsg. v. F. X. Diebold et al., Princeton, NJ: Princeton University Press 2010, S. 103–144, hier S. 138.

[452] Vgl. *Annetzberger, Christian/Gann, Philipp*: Stress Testing im Kontext des Internal Capital Adequacy Assessment Process (ICAAP), a.a.O., hier S. 491; *Gann, Philipp/Rudolph, Bernd*: Anforderungen an das Risikomanagement, a.a.O., hier S. 613.

[453] Vgl. *Jorion, Philippe*: Value at Risk: The New Benchmark for Managing Financial Risk, a.a.O., hier S. 357–361; BCBS: Principles for sound stress testing practices and supervision, a.a.O., hier S. 9.

[454] Vgl. *Berkowitz, Jeremy*: A Coherent Framework for Stress Testing, in: JR, Vol. 2 (2000), Nr. 2, S. 5–15, hier S. 10–12.

lichkeit für das Stressszenario erforderlich, welche sich regelmäßig als problematisch erweisen dürfte.[455] Des Weiteren könnte die Anforderung an die Plausibilität des Stressszenarios dazu führen, dass sehr unwahrscheinliche Ereignisse im Sinne der *black swans* auch durch Stresstests nicht erfasst werden, da diese Ereignisse sich gerade dadurch auszeichnen, dass sie ex-ante als unmöglich erachtet werden.[456] Mithin ist bei der Szenarioerstellung ein gewisses Maß an Kreativität erforderlich. Dennoch stehen Stresstests u.a. aufgrund der dargestellten Vorzüge im Fokus der aktuellen bankaufsichtsrechtlichen Reformen, was auch an den verpflichtenden Stresstests für US-amerikanische und europäische Banken als Reaktion auf die Finanzkrise deutlich erkennbar ist.[457]

ii)   Beispielhafte Umsetzung von risikoartenspezifischen Stresstests

Zur Sicherstellung der Relevanz von Stresstests sollten diese extrem, gleichzeitig aber auch plausibel sein.[458] Zur Auflösung des *trade-off* hinsichtlich Schweregrad und Plausibilität von Stressszenarien stehen neben subjektiven Einschätzungen auch quantitative Ansätze in der betriebswirtschaftlichen Literatur zur Verfügung. So haben bspw. *Breuer et al.* ein Verfahren zur Identifikation von extremen Stressszenarien bei vorab definiertem Plausibilitätslevel entwickelt.[459] Bei der Entwicklung von Stressszenarien kann grundsätzlich auf historische oder hypothetische Szenarien zurückgegriffen werden.[460] Die Auswirkungen von Stressszenarien auf das Unternehmen werden auf Basis der Änderungen der verwendeten Risikokennzahlen

---

[455] Vgl. *Hull, John C.*: Risk Management and Financial Institutions, a.a.O., hier S. 424–426; *Johanning, Lutz*: Risiko, Risikomessung und Risikoregulierung aus ökonomischer Sicht, a.a.O., hier S. 207. Zur Problematik der Zuordnung von Wahrscheinlichkeiten zu sehr unwahrscheinlichen Ereignissen siehe auch die Ausführungen in Abschnitt III.3.b.bb).

[456] Vgl. *Taleb, Nassim N.*: The Black Swan: The Impact of the Highly Improbable, a.a.O., hier S. 40–45; *Bogle, John C.*: Black Monday and Black Swans, a.a.O., hier S. 30 f.

[457] In den USA wurde im Jahr 2009 ein Stresstest für 19 Großbanken durchgeführt, woraufhin zahlreiche Banken ihre Eigenkapitalbasis verstärken mussten. In Europa wurden seit dem Jahr 2009 insgesamt drei Stresstests für europäische Banken unter der Leitung von CEBS bzw. EBA durchgeführt.

[458] Vgl. *Hull, John C.*: Risk Management and Financial Institutions, a.a.O., hier S. 414–416; *Aragones, Jose R. et al.*: Stress Tests, Market Risk Measures and Extremes: Bringing Stress Tests to the Forefront of Market Risk Management, in: Stress Testing for Financial Institutions: Applications, Regulations and Techniques, hrsg. v. D. Rösch/H. Scheule, London: Risk Books 2008, S. 17–33, hier S. 19–21; BCBS: Principles for sound stress testing practices and supervision, a.a.O., hier S. 2.

[459] Vgl. *Breuer, Thomas et al.*: A systematic approach to multi-period stress testing of portfolio credit risk, in: JBF, Vol. 36 (2012), Nr. 2, S. 332–340, hier S. 335 f.

[460] Vgl. BCBS: International Convergence of Capital Measurement and Capital Standards: A Revised Framework, a.a.O., hier S. 116, 207; MaRisk i.d.F. 2012, a.a.O., hier S. 10. Des Weiteren kann auf eine Kombination von historischen und hypothetischen Szenarien in Form von hybriden Szenarien zurückgegriffen werden, vgl. u.a. *Aragones, Jose R. et al.*: Stress Tests, Market Risk Measures and Extremes: Bringing Stress Tests to the Forefront of Market Risk Management, a.a.O., hier S. 21.

sowie ausgewählter Bilanz- und Ertragskennzahlen analysiert.[461]

Ein Beispiel für ein extremes und gleichzeitig plausibles Stressszenario auf Basis historischer Daten findet sich bei *Varotto*, welche die Auswirkungen einer Wiederholung der Great Depression des 20. Jahrhunderts auf den Kapitalbedarf repräsentativer Portfolien von Banken simuliert. Hierbei erfolgt eine Anwendung der tatsächlichen Ausfallraten von US-amerikanischen Kreditschuldnern sowie der realisierten Verlustquoten bei Ausfall in den Jahren 1931 bis 1935 auf ein fiktives, für die heutige Zeit repräsentatives Kreditportfolio.[462] Ein weiteres Beispiel für einen Stresstest mit Fokus auf sektorspezifische Risikokonzentrationen findet sich bei *Bonti et al.*, welche ausgehend von einem Produktionsrückgang in der Automobilindustrie in Höhe von 8% die Auswirkungen auf das Kreditportfolio eines Finanzinstituts hinsichtlich der erwarteten Verluste nach Ratingklassen ermitteln.[463] Ein möglicher Stresstest für die mit der Investition in US-amerikanische hypothekenbesicherte Wertpapiere verbundenen Kreditrisiken könnte bspw. eine Variation der bei der Risikoinventur identifizierten Risikotreiber, wie bspw. der Ausfallwahrscheinlichkeit von US-amerikanischen Hypothekenschuldnern oder der US-amerikanischen Immobilienpreise, beinhalten.

bb) Risikoartenübergreifende Risikomessung

aaa) Berücksichtigung von Interdependenzen zwischen Risikoarten

i) Theoretische Fundierung und empirische Evidenz der Existenz von Risikointerdependenzen

Nicht erst in der Finanzkrise hat sich gezeigt, dass Risiken nicht unabhängig voneinander sind.[464] So liefert bspw. der Untergang des Hedge Funds Long-Term Capital Management im Jahr 1998 ein anschauliches Beispiel für die signifikanten Abhängigkeiten zwischen Markt-, Kredit- und Liquiditätsrisiken.[465] *Jarrow* und *Turnbull* stellen daher auch zutreffend fest, „that market and credit risk are intrinsically related to each other and, more importantly, they

---

[461] Vgl. *Andersson, Hakan/Lindell, Andreas*: Risk Tolerance Concepts and Scenario Analysis of Bank Capital, in: Stress Testing for Financial Institutions: Applications, Regulations and Techniques, hrsg. v. D. Rösch/ H. Scheule, London: Risk Books 2008, S. 399–422, hier S. 416, 419.

[462] Vgl. *Varotto, Simone*: Stress testing credit risk: The Great Depression scenario, in: JBF, Vol. 36 (2012), Nr. 12, S. 3133–3149, hier S. 3137–3139.

[463] Vgl. *Bonti, Gabriel et al.*: Credit Risk Concentrations under Stress, a.a.O., hier S. 118.

[464] Vgl. *Rudolph, Bernd*: Lehren aus den Ursachen und dem Verlauf der internationalen Finanzkrise, a.a.O., hier S. 728; *Stulz, René M.*: Risk Management Failures: What Are They and When Do They Happen?, a.a.O., hier S. 43.

[465] Vgl. *Edwards, Franklin R.*: Hedge Funds and the Collapse of Long-Term Capital Management, in: JEP, Vol. 13 (1999), Nr. 2, S. 189–210, hier S. 197–200.

are not separable"[466]. So führen bspw. unerwartet negative Veränderungen in der Marktbewertung eines Unternehmens zu einer Erhöhung dessen Ausfallwahrscheinlichkeit (und umgekehrt).[467] Von besonderer Bedeutung sind Interdependenzen zwischen Risikoarten auch bei der Investition in hypothekenbesicherte Wertpapiere, da neben dem Kredit- und Marktrisiko insbesondere auch deren Abhängigkeit zum Liquiditätsrisiko zu berücksichtigen ist.

Interdependenzen zwischen Risikofaktoren können zunächst innerhalb einer Risikoart auftreten. So stellen bspw. zahlreiche empirische Studien einen signifikanten Zusammenhang zwischen der Ausfallwahrscheinlichkeit eines Kreditnehmers und der Verlustrate bei Ausfall im Kreditrisiko fest. *Altman et al.* zeigen im Rahmen ihrer Analyse der *recovery rates*[468] von ausgefallenen Unternehmensanleihen für die Jahre 1982 bis 2001, dass sowohl die Höhe als auch die Änderungen von Ausfallraten bis zu 80% der Höhe der *recovery rates* erklären.[469] Die Untersuchungen von *Bade et al.* sowie *Bruche* und *González-Aguado* können diese Ergebnisse grundsätzlich bestätigen.[470] *Acharya et al.* können ferner unter expliziter Berücksichtigung der Branchenzugehörigkeit von ausgefallenen Unternehmen einen signifikanten Einfluss des Zustands der jeweiligen Branche (gemessen anhand der Branchenrendite) auf die Höhe der *recovery rates* feststellen.[471]

Darüber hinaus können Interdependenzen zwischen Risikofaktoren unterschiedlicher Risikoarten auftreten. Ein anschauliches Beispiel liefern an dieser Stelle derivative Finanzinstrumente, bei welchen oftmals eine hohe Abhängigkeit von Gegenparteirisiko als eine Form des Kreditrisikos und Preisänderungsrisiko als eine Form des Marktrisikos gegeben ist.[472] Hierbei sind insbesondere die Interdependenzen von Kredit- und Marktrisiken zunehmend Gegenstand empirischer Untersuchungen.[473] So belegen bspw. *Jorion* und *Zhang* einen signifikanten

---

[466] *Jarrow, Robert A./Turnbull, Stuart M.*: The intersection of market and credit risk, in: JBF, Vol. 24 (2000), Nr. 1–2, S. 271–299, hier S. 272.

[467] Vgl. ebenda.

[468] Die *recovery rate* eines Kredits entspricht der Differenz von 1 und der Verlustrate bei Kreditausfall.

[469] Vgl. *Altman, Edward I. et al.*: The Link between Default and Recovery Rates: Theory, Empirical Evidence, and Implications, in: JB, Vol. 78 (2005), Nr. 6, S. 2203–2227, hier S. 2216–2218.

[470] Vgl. *Bade, Benjamin et al.*: Default and Recovery Risk Dependencies in a Simple Credit Risk Model, in: EFM, Vol. 17 (2011), Nr. 1, S. 120–144, hier S. 129; *Bruche, Max/González-Aguado, Carlos*: Recovery rates, default probabilities, and the credit cycle, in: JBF, Vol. 34 (2010), Nr. 4, S. 754–764, hier S. 758.

[471] Vgl. *Acharya, Viral V. et al.*: Does industry-wide distress affect defaulted firms? Evidence from creditor recoveries, a.a.O., hier S. 803 f.

[472] Vgl. *Kessler, Oliver*: Der Einsatz komplexer Finanzinstrumente im Unternehmen – gesellschaftsrechtliche Anforderungen an das Risikomanagement, in: BB, 68. Jg. (2013), S. 1098–1103, hier S. 1099; *Walther, Wolfgang F.*: Risikomanagement im derivativen Geschäft, a.a.O., hier S. 720–723.

[473] Vgl. *Hartmann, Philipp*: Interaction of market and credit risk, in: JBF, Vol. 34 (2010), Nr. 4, S. 697–702, hier S. 697 f.

negativen Zusammenhang zwischen dem Ausfall eines Schuldners und dem Aktienkurs des entsprechenden Kreditgebers, in dem sich u.a. der *CDS spread*[474] des Kreditgebers um durchschnittlich 5,17 Basispunkte innerhalb der folgenden elf Tage nach Ausfall des Schuldners erhöht.[475] In einer weiteren Studie können *Imbierowicz* und *Rauch* unter Berücksichtigung der Daten von mehr als 4.000 Geschäftsbanken in den USA eine Interdependenz zwischen Liquiditäts- und Kreditrisiko feststellen, welche gleichfalls einen signifikanten Einfluss auf die Höhe der Ausfallwahrscheinlichkeit des jeweiligen Finanzinstituts in Abhängigkeit von dessen Gesamtrisikolage aufweist.[476]

ii)   Betriebswirtschaftliche Ansätze zur Quantifizierung von Risikointerdependenzen

Die betriebswirtschaftliche Forschung beschäftigt sich in jüngster Zeit verstärkt mit der Entwicklung von Verfahren zur Messung von Risikointerdependenzen und der ganzheitlichen Abbildung des Risikoprofils.[477] Eine Möglichkeit zur Aggregation von Risiken unterschiedlicher Art bietet die Anwendung von Kopulas. Hierbei wird auf Basis bestehender Verlustverteilungen für einzelne Risiken eine gemeinsame, aggregierte Verlustverteilung für das Gesamtrisiko ermittelt.[478] Dies ist allerdings nur dann in sachgerechter Weise möglich, wenn die Verlustverteilungen der einzelnen Risikoarten zuverlässig ermittelbar sind. Die Messung des Risikos auf aggregierter Ebene erfolgt oftmals auf Basis des VaR,[479] wobei dessen bereits dargestellte Grenzen zur Messung von ökonomischen Risiken auch an dieser Stelle einschlägig sind. Bei der Risikoaggregation mit Hilfe von Kopulas kann i.d.R. ein Diversifikationseffekt festgestellt werden.[480] Allerdings zeigen *Breuer et al.*, dass, bspw. bei einer vorhandenen

---

[474] Der *CDS spread* entspricht dem Preis eines Kreditderivats zur Absicherung von Ausfallrisiken und misst im Rahmen dieser empirischen Untersuchung das Kreditrisiko des Kreditgebers.

[475] Vgl. *Jorion, Philippe/Zhang, Gaiyan*: Credit Contagion from Counterparty Risk, in: JF, Vol. 64 (2009), Nr. 5, S. 2053–2088, hier S. 2066–2068.

[476] Vgl. *Imbierowicz, Björn/Rauch, Christian*: The relationship between liquidity risk and credit risk in banks, in: JBF, Vol. 40 (2014), S. 242–256, hier S. 253 f.

[477] So widmete bspw. das Journal of Banking & Finance (JBF) der Messung von Interdependenzen zwischen Kredit- und Marktrisiken im Jahr 2010 eine eigene Ausgabe.

[478] Vgl. *Rosenberg, Joshua V./Schuermann, Til*: A General Approach to Integrated Risk Management with Skewed, Fat-tailed Risks, in: JFE, Vol. 79 (2006), Nr. 3, S. 569–614, hier S. 593–596; *Jouanin, Jean-Frederic et al.*: Financial Applications of Copula Functions, in: Risk Measures for the 21st Century, hrsg. v. G. Szegö, Chichester et al.: John Wiley & Sons 2004, S. 273–301, hier S. 274–277; *Christoffersen, Peter F.*: Elements of Financial Risk Management, a.a.O., hier S. 212 f.

[479] Vgl. *Schierenbeck, Henner/Pohl, Michael*: Integrierte Risikomessung im Rahmen der Ertrags- und Risikosteuerung nach den MaRisk, in: FS Rudolph, S. 511–529, hier S. 526 f.

[480] Vgl. u.a. *Rosenberg, Joshua V./Schuermann, Til*: A General Approach to Integrated Risk Management with Skewed, Fat-tailed Risks, a.a.O., hier S. 605; *Alessandri, Piergiorgio/Drehmann, Mathias*: An economic capital model integrating credit and interest rate risk in the banking book, in: JBF, Vol. 34 (2010), Nr. 4, S. 730–742, hier S. 737 f.

Interaktion von Kredit- und Marktrisiken über einen längeren Zeithorizont hinweg, die Aggregation von Risiken auch zu einem höheren Gesamtrisiko führen kann.[481] Aufgrund der Unsicherheit bzgl. der Substanz von Diversifikationseffekten wurden die Anforderungen an deren Ermittlung von Seiten der Bankenaufsicht in jüngster Zeit sukzessive erhöht.[482]

Als Beispiel kann an dieser Stelle die Analyse von *Drehmann et al.* angeführt werden. Die Autoren untersuchen im Rahmen eines makroökonomischen Stresstests[483] die Auswirkungen der Interdependenzen zwischen Kreditrisiken und Zinsänderungsrisiken auf ausgewählte Bilanz- und Ergebniskennzahlen eines hypothetischen Finanzinstituts. Als zentrales Ergebnis können *Drehmann et al.* feststellen, dass gerade die Interdependenzen zwischen Kredit- und Zinsänderungsrisiken einen wesentlichen Beitrag zur Erklärung der simulierten Änderungen von Abschreibungen, Zinserträgen und Gewinnen des hypothetischen Finanzinstituts leisten.[484] Folglich ist eine Vernachlässigung von Risikointerdependenzen, bspw. wegen unzureichender oder fehlender quantitativer Verfahren, aufgrund ihrer signifikanten Bedeutung für das Gesamtrisiko eines Unternehmens grundsätzlich nicht hinnehmbar.[485] Das Risikomanagement sollte zumindest qualitative Verfahren zur Berücksichtigung von Risikointerdependenzen vorhalten.

bbb) Messung von Risiken extremer Ereignisse: makroökonomische Stresstests

i) Anwendung von makroökonomischen Stresstests zur risikoartenübergreifenden Risikomessung

Da sich in Krisenzeiten die Interdependenzen zwischen Risiken teilweise signifikant verändern – insbesondere verstärken sich häufig bestehende Korrelationen zwischen einzelnen Ri-

---

[481] Vgl. *Breuer, Thomas et al.*: Does adding up of economic capital for market- and credit risk amount to conservative risk assessment?, in: JBF, Vol. 34 (2010), Nr. 4, S. 703–712, hier S. 710 f.

[482] Vgl. MaRisk i.d.F. 2012, a.a.O., hier S. 7; *Spielberg, Holger/Becher, Florian*: Welche Risikoaggregationsmethode ist MaRisk-konform?, in: Die Bank (2013), Nr. 4, S. 30–34, hier S. 30. So sind bspw. Expertenschätzungen zur Bestimmung von Diversifikationseffekten nicht mehr zulässig.

[483] Vgl. auch die Ausführungen in Abschnitt III.2.b.bb.bbb).

[484] Vgl. *Drehmann, Mathias et al.*: The integrated impact of credit and interest rate risk on banks: A dynamic framework and stress testing application, in: JBF, Vol. 34 (2010), Nr. 4, S. 713–729, hier S. 721 f.

[485] Im Rahmen einer empirischen Erhebung unter 49 deutschen Unternehmen wurde festgestellt, dass nur wenige Unternehmen eine Risikoaggregation durchführen, vgl. *Bock, Julita M./Chwolka, Anne*: Zum Nutzen von Risikomanagementsystemen und Stand der Umsetzung in börsennotierten Industrie- und Handelsunternehmen, in: CF biz, 3. Jg. (2013), S. 490–500, hier S. 495 f.

siken[486] – sind deren potenzielle Auswirkungen im Rahmen von risikoartenübergreifenden Stresstests besonders zu beachten.[487] Risikoartenübergreifende bzw. makroökonomische Stresstests zeichnen sich dadurch aus, dass diese sich gleichzeitig auf mehrere Risikofaktoren unterschiedlicher Risikoarten beziehen und folglich mögliche Interdependenzen zwischen unterschiedlichen Risikoarten explizit berücksichtigt werden.[488] Die (fiktiven) Ursachen von risikoartenübergreifenden Stresstests können dabei sowohl makroökonomischer Natur (z.b. Rückgang des Wirtschaftswachstums und damit einhergehender Anstieg der Arbeitslosigkeit), marktgetrieben (z.b. Verdrängung des klassischen Mobiltelefons durch das Smartphone) oder ereignisgetrieben (z.b. Terroranschlag auf das World Trade Center in New York) sein. Entsprechend fordern u.a. die Aufsichtsbehörden in der Finanzindustrie die Anwendung von risikoartenübergreifenden Stresstests, da diese die möglichen Auswirkungen von negativen Entwicklungen am Markt auf das gesamte Finanzinstitut erfassen. So sind bspw. gemäß MaRisk im Rahmen von Stresstests „auch die Auswirkungen eines schweren konjunkturellen Abschwungs auf Gesamtinstitutsebene zu analysieren"[489]. Ein zentrales Problemfeld zur Umsetzung von makroökonomischen Stresstests in der Praxis wird häufig in den hohen Anforderungen an die Datengrundlage sowie die IT-Infrastruktur gesehen.[490]

ii)   Konkretisierung der Anforderungen an makroökonomische Stresstests

1)   Entwicklung von Stressszenarien

Analog zu den Ausführungen zu risikoartenspezifischen Stresstests kann die Entwicklung von extremen, gleichzeitig aber auch plausiblen Stressszenarien unter Rückgriff auf historische, hypothetische sowie hybride Szenarien erfolgen.[491] Hierbei können *Alfaro* und *Drehmann* im Rahmen einer vergleichenden Gegenüberstellung von Ergebnissen aus Stresstests vor der Finanzkrise sowie der tatsächlich eingetretenen Entwicklung eine deutliche Überschätzung des wirtschaftlichen Wachstums bei Stresstests zeigen, falls diese auf Basis von historischen Wer-

---

[486] Vgl. *Stulz, René M.*: Risk Management Failures: What Are They and When Do They Happen?, a.a.O., hier S. 43; *Litzenberger, Robert H./Modest, David M.*: Crisis and Noncrisis Risk in Financial Markets, in: The Known, The Unknown and The Unknowable in Financial Risk Management, hrsg. v. F. X. Diebold et al., Princeton, NJ: Princeton University Press 2010, S. 74–102, hier S. 75–80.

[487] Vgl. *Kirkpatrick, Grant*: The Corporate Governance Lessons from the Financial Crisis, a.a.O., hier S. 11.

[488] Vgl. *Hull, John C.*: Risk Management and Financial Institutions, a.a.O., hier S. 414 f.

[489] MaRisk i.d.F. 2012, a.a.O., hier S. 10.

[490] Vgl. *Krahl, Oliver/Wagner, Jörg*: Stresstests im Kreditrisikomanagement – neue Herausforderungen für Banken, in: ZfgK, 60. Jg. (2007), S. 1155–1158, hier S. 1157 f.; *Thun, Christian*: Stresstesting – Häufige Stolpersteine vermeiden, in: Die Bank (2013), Nr. 11, S. 22–23, hier S. 23.

[491] Vgl. die Ausführungen in Abschnitt III.2.b.aa.ccc).

ten abgeleitet wurden.[492] Aufgrund der empirischen Befunde sowie zur Reduzierung der subjektiven Komponente bei der Entwicklung von Stressszenarien werden vermehrt quantitative Ansätze zur Ermittlung von extremen, gleichzeitig aber auch plausiblen Stressszenarien entwickelt.[493]

Des Weiteren sind bei der Erstellung von makroökonomischen Stressszenarien neben dem Vorstand zusätzliche Experten, bspw. aus der volkswirtschaftlichen Abteilung sowie den Marktbereichen, zu involvieren, um die Relevanz und die Unterstützung des Vorstands und der Marktseite sowie die Angemessenheit und Konsistenz der Stressszenarien sicherzustellen.[494] Abbildung III-7 enthält eine Übersicht über die bei der Entwicklung von Stressszenarien zu beteiligenden Experten sowie deren Aufgabenfelder.

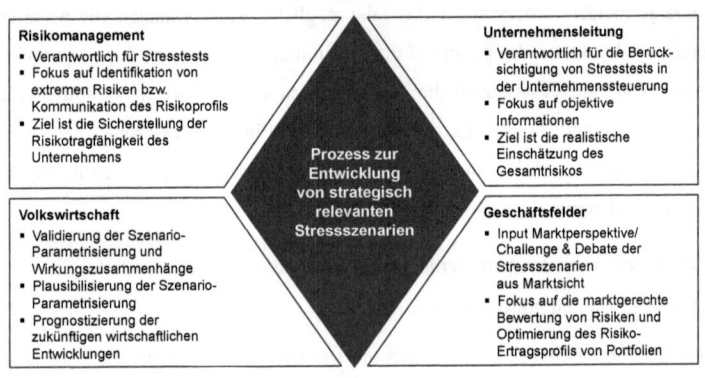

Abbildung III-7: Bei der Entwicklung von Stressszenarien zu beteiligende Unternehmensbereiche

---

[492] Vgl. *Alfaro, Rodrigo/Drehmann, Mathias*: Macro stress tests and crises: what can we learn?, in: BIS Quarterly Review, December 2009, S. 29–42, hier S. 35 f.

[493] Vgl. *Breuer, Thomas et al.*: A systematic approach to multi-period stress testing of portfolio credit risk, a.a.O., hier S. 335 f.; *Breuer, Thomas/Csiszár, Imre*: Systematic stress tests with entropic plausibility constraints, in: JBF, Vol. 37 (2013), Nr. 5, S. 1552–1559, hier S. 1554 f.

[494] Vgl. *Hull, John C.*: Risk Management and Financial Institutions, a.a.O., hier S. 415 f.; IIF: Final Report of the IIF Committee on Market Best Practices: Principles of Conduct and Best Practice Recommendations, a.a.O., hier S. 45. Für eine Übersicht über Methoden zur Zusammenführung von Expertenmeinungen, vgl. *Clemen, Robert T./Winkler, Robert L.*: Combining Probability Distributions From Experts in Risk Analysis, in: RA, Vol. 19 (1999), Nr. 2, S. 187–203, hier S. 189–195. Die unzureichende Einbeziehung in die Entwicklung von sowie die geringe Wertschätzung für Stresstests von Seiten des Vorstands werden als wichtige Ursachen für die Finanzkrise angeführt, vgl. *Kirkpatrick, Grant*: The Corporate Governance Lessons from the Financial Crisis, a.a.O., hier S. 10.

2) Operationalisierung und Modellierung der Auswirkungen von Stressszenarien

Für die Operationalisierung von risikoartenübergreifenden Stressszenarien ist zunächst deren Quantifizierung anhand von makroökonomischen Größen erforderlich, um ein einheitliches Verständnis zwischen Vorstand, Experten und Mitarbeitern im Risikomanagement sicherzustellen.[495] Anschließend ist eine modelltechnische Überleitung dieser Größen, wie bspw. Wirtschaftswachstum, Zinsniveau, Inflation, Arbeitslosigkeit oder Währungskurse, auf die Parameter der Risikomodelle vorzunehmen. Dies erfolgt i.d.R. anhand eines institutsspezifischen Übersetzungsmodells, das mit Hilfe von statistischen Verfahren empirisch feststellbare Zusammenhänge zwischen makroökonomischen Größen und Risikofaktoren ermittelt und entsprechend abbildet (vgl. Abbildung III-8).[496] So leistet z.B. die Entwicklung des Wirtschaftswachstums einen signifikanten Beitrag zur Erklärung von tatsächlichen Ausfallraten von Schuldnern in einem Kreditportfolio.[497]

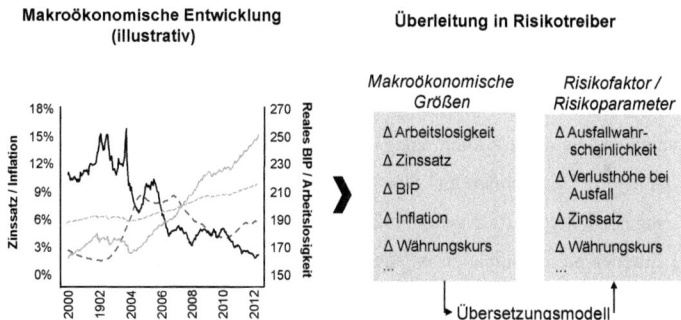

Abbildung III-8: Überleitung makroökonomischer Größen in Risikotreiber

---

[495] Gemäß MaRisk sind u.a. die Auswirkungen eines schweren konjunkturellen Abschwungs auf das Finanzinstitut zu analysieren, vgl. MaRisk i.d.F. 2012, a.a.O., hier S. 10. Ein Beispiel zur Operationalisierung wird nach Basel II durch zwei aufeinanderfolgende Quartale mit einem Wirtschaftswachstum von 0% gegeben, vgl. BCBS: International Convergence of Capital Measurement and Capital Standards: A Revised Framework, a.a.O., hier S. 96 f. Ein Ereignis mit einer Wahrscheinlichkeit von 1 in 25 Jahren wird als weiteres Beispiel angeführt, vgl. FSA: Procyclicality – Ratings migration – FSA Note to the CRSG, London 2005, hier S. 2.

[496] Für eine Überleitung von makroökonomischen Größen auf die Risikotreiber im Kreditrisiko, vgl. *Pesaran, M. Hashem et al.*: Macroeconomic Dynamics and Credit Risk: A Global Perspective, in: JMCB, Vol. 38 (2006), Nr. 5, S. 1211–1261, hier S. 1223–1235; *Pesaran, M. Hashem et al.*: Modeling Regional Interdependencies Using a Global Error-Correcting Macroeconometric Model, in: JBES, Vol. 22 (2004), Nr. 2, S. 129–162, hier S. 132 f.; *Wilson, Thomas*: Portfolio Credit Risk (I), in: Risk, Vol. 10 (1997), Nr. 9, S. 111–117, hier S. 114 f.

[497] Für ein anschauliches Beispiel anhand des Kreditportfolios einer schwedischen Bank, vgl. *Carling, Kenneth et al.*: Corporate credit risk modeling and the macroeconomy, in: JBF, Vol. 31 (2007), Nr. 3, S. 845–868, hier S. 862 f.

Während die Analyse der Auswirkungen der Stresstests wiederum auf Basis der angewendeten Risikokennzahlen sowie ausgewählter Ergebnis- und Bilanzkennzahlen erfolgt, liegt hierbei – im Unterschied zu risikoartenspezifischen Stresstests – i.d.R. eine dynamische Betrachtungsweise zugrunde, d.h. Szenarioparameter sowie Auswirkungen der Stresstests werden über einen mehrjährigen Zeitraum (i.d.R. drei Jahre) bewertet.[498]

3)   Anwendung und Kommunikation der Ergebnisse

Ein größtmöglicher Nutzen aus Stresstests wird dann erzielt, wenn deren Ergebnisse nicht nur der formalen Erfüllung von externen Anforderungen (z.B. von Aufsichtsbehörden) dienen, sondern vielmehr explizit bei der Ausgestaltung der Unternehmensführung durch Vorstand und Aufsichtsrat (§§ 76, 111 AktG) Berücksichtigung finden. So ist nach *Hull* die größte Schwierigkeit bei Stresstests in einer effektiven Nutzung der Ergebnisse zu sehen.[499] Daher ist bspw. gemäß MaRisk auch die Verankerung von Stresstests im strategischen Planungsprozess und den Prozessen zur Gesamtbanksteuerung, wie bspw. Budgetierung oder Geschäftsfeldplanung, erforderlich.[500] Des Weiteren wird von Vertretern der Finanzindustrie selbst eine stärkere Integration der Erkenntnisse aus Stresstests in die Entscheidungsfindungsprozesse von Vorstand und Führungskräften eines Finanzinstituts gefordert.[501] Aufgrund der wesentlichen Bedeutung der Ergebnisse aus Stresstests für die operative und strategische Unternehmensführung spielt deren effektive und effiziente Kommunikation eine besondere Rolle.[502]

Bzgl. der internen Kommunikation ist zunächst eine regelmäßige und möglichst transparente Darstellung der Ergebnisse unter expliziter Berücksichtigung der Informationsrelevanz für unterschiedliche Entscheidungsebenen vorzunehmen. Zur Erhöhung des Informationsgehalts sollten ferner eine direkte Verknüpfung der Entwicklung der Bilanz-, Ertrags- und Risikokennzahlen mit den unterliegenden makroökonomischen Faktoren hergestellt sowie potenzielle Handlungsalternativen ermittelt werden.[503] Darüber hinaus gewinnt die externe Kommunikation von Ergebnissen aus Stresstests an Investoren und weitere *stakeholder*, wie bspw. Auf-

---

[498]   Vgl. *Andersson, Hakan/Lindell, Andreas*: Risk Tolerance Concepts and Scenario Analysis of Bank Capital, a.a.O., hier S. 412 f.; *Hull, John C.*: Risk Management and Financial Institutions, a.a.O., hier S. 416–418; *Breuer, Thomas et al.*: A systematic approach to multi-period stress testing of portfolio credit risk, a.a.O., hier S. 337 f.

[499]   Vgl. *Hull, John C.*: Risk Management and Financial Institutions, a.a.O., hier S. 423.

[500]   Vgl. MaRisk i.d.F. 2012, a.a.O., hier S. 9.

[501]   Vgl. IIF: Final Report of the IIF Committee on Market Best Practices: Principles of Conduct and Best Practice Recommendations, a.a.O., hier S. 45 f.

[502]   Vgl. BCBS: Principles for sound stress testing practices and supervision, a.a.O., hier S. 9 f.; *Thun, Christian*: Stresstesting – Häufige Stolpersteine vermeiden, a.a.O., hier S. 23.

[503]   Vgl. auch die Ausführungen in Abschnitt III.2.d.bb.ccc).

sichtsbehörden, zunehmend an Bedeutung.[504] Hierbei sollte eine gezielte Kommunikation der Ergebnisse angestrebt werden, die möglichst im Einklang mit *risk appetite*, Risikostrategie sowie den übergeordneten Zielen des Risikomanagements des Unternehmens steht.

iii)   Beispielhafte Umsetzung von makroökonomischen Stressszenarien

Als ein Beispiel für ein makroökonomisches Stressszenario soll an dieser Stelle auf die Beschreibung des Szenarios 'Rezession' für ein fiktives Finanzinstitut bei *Andersson* und *Lindall* zurückgegriffen werden. Neben einem Rückgang des volkswirtschaftlichen Wachstums und einem damit einhergehenden Anstieg der Arbeitslosigkeit werden ein abnehmendes Zinsniveau sowie ein moderater Einbruch am Aktien- und Immobilienmarkt angenommen. Des Weiteren werden eine Stagnation des ausgegebenen Kreditvolumens, sinkende Margen im Einlagengeschäft sowie ein signifikanter Einbruch der Erlöse aus dem Aktiengeschäft mit Kunden unterstellt. Auf Basis dieser Annahmen werden sodann u.a. ein wesentlicher Anstieg der Ausfallwahrscheinlichkeiten und der Verlustraten bei Ausfall im Kreditportfolio sowie ein signifikanter Rückgang der Erträge aus dem operativen Geschäft des Finanzinstituts erwartet.[505]

Als weiteres Beispiel soll ein mögliches Stressszenario für die Risiken aus der Investition in US-amerikanische hypothekenbesicherte Wertpapiere dargestellt werden.[506] In Bezug auf die Entwicklung von ausgewählten makroökonomischen Faktoren wären bspw. die Annahmen einer graduellen Erhöhung des Zinsniveaus in den USA sowie Europa und damit einhergehend eine moderate Abschwächung des weltweiten Wirtschaftswachstums möglich. Weitere Annahmen wären ein signifikanter Einbruch der Preise auf dem US-amerikanischen Immobilienmarkt in Höhe von jährlich 20% sowie eine damit verbundene Verschlechterung der Ratings von US-amerikanischen Hypothekenbanken von durchschnittlich zwei Ratingstufen. In einem nächsten Schritt wären diese makroökonomischen Faktoren in die entsprechenden Risikofaktoren (vor allem des Kredit- und des Marktrisikos) zu überführen, bevor die quantitative Berechnung der Auswirkungen des Stresstests durchgeführt werden kann.

---

[504] Für europäische Finanzinstitute sei an dieser Stelle neben der regulären Berichterstattung an die nationalen Aufsichtsbehörden bspw. auf die europaweiten Stresstests von CEBS bzw. EBA verwiesen.

[505] Vgl. *Andersson, Hakan/Lindell, Andreas*: Risk Tolerance Concepts and Scenario Analysis of Bank Capital, a.a.O., hier S. 413–416.

[506] Aus Gründen der Übersichtlichkeit soll an dieser Stelle ausschließlich eine grobe und zumeist qualitative Beschreibung eines möglichen makroökonomischen Stressszenarios erfolgen.

c) *Grundsatz der adressatengerechten internen Risikoberichterstattung*

aa) Bedeutung der internen Risikoberichterstattung für die Informationsversorgung des Vorstands

Eine effektive und effiziente interne Risikoberichterstattung an den Vorstand ist eine notwendige Voraussetzung zur Schaffung einer angemessenen Informationsgrundlage bei unternehmerischen Entscheidungen. Die interne Risikoberichterstattung kann hierbei oftmals als zentrale Quelle im Rahmen des Entscheidungsfindungsprozesses von Vorstand und Aufsichtsrat bezeichnet werden. Gleichzeitig muss sich der Vorstand seinerseits auch regelmäßig über die aktuelle Risikosituation berichten lassen.[507]

Mit Blick auf die Finanzkrise muss die interne Risikoberichterstattung bei zahlreichen Finanzinstituten als unzureichend bezeichnet werden.[508] So wurde z.B. in einem Bericht der Schweizer Großbank UBS an ihre Aktionäre das interne Berichtswesen vor und während der Krise wie folgt beschrieben: „A number of attempts were made to present subprime or housing related exposures. The reports did not, however, communicate an effective message for a number of reasons, in particular because the reports were overly complex, presented outdated data or were not made available to the right audience."[509] Ferner erscheinen die im Jahr 2001 im Rahmen einer Befragung zur Qualität der internen Risikoberichterstattung bei deutschen Aktiengesellschaften identifizierten Lücken zwischen Anspruch und Wirklichkeit der internen Risikoberichterstattung[510] zumindest teilweise weiterhin zu bestehen.

bb) Ansätze zur Optimierung der internen Risikoberichterstattung

aaa) Ausgewogenheit von quantitativen und qualitativen Berichtselementen

Im Rahmen der internen Risikoberichterstattung sollte zur Unterstützung der Informationsaufnahme durch die Berichtsempfänger ein besonderes Augenmerk auf eine ausgewogene Darstellung von numerischen sowie qualitativen und grafischen Berichtselementen gelegt werden.[511] „Reports to the board and its committees must go beyond raw data [...]. Data alone

---

[507] Für den Vorstand eines Finanzinstituts ist dies explizit gemäß MaRisk erforderlich, vgl. MaRisk i.d.F. 2012, a.a.O., hier S. 9.

[508] Vgl. *Stulz, René M.*: Risk Management Failures: What Are They and When Do They Happen?, a.a.O., hier S. 45; *Kirkpatrick, Grant*: The Corporate Governance Lessons from the Financial Crisis, a.a.O., hier S. 11.

[509] UBS: Shareholder Report on UBS's Write-Downs, Zürich 2008, hier S. 39.

[510] Vgl. *Bungartz, Oliver*: Risk Reporting, a.a.O., hier S. 97–110.

[511] Vgl. *Leivian, Gregory M.*: How to Communicate Financial Data More Effectively, a.a.O., hier S. 31–33.

probably won't reveal the real issues or promote proper debate."[512] Während *Beattie* und *Jones* in ihrer Analyse der externen Berichterstattung eine signifikante Bedeutung von grafischen Berichtselementen für die Weitergabe von entscheidungsnützlichen Informationen aufführen,[513] kann *Chan* im Rahmen einer experimentellen Studie keinen positiven Einfluss von grafischen Berichtselementen auf die Entscheidungsqualität feststellen.[514] Allerdings kann nach *Ryan* zumindest die Benutzerfreundlichkeit der Berichterstattung, bspw. mit Hilfe von tabellarischen oder anderen strukturierten Formelementen, erhöht werden,[515] so dass hiermit eine effizientere Informationsverarbeitung durch den Berichtsempfänger sowie mittelbar auch eine Verbesserung der Entscheidungsqualität einhergehen dürfte.

bbb)   Umsetzung einer pyramidalen Berichtsstruktur

Des Weiteren sollte eine pyramidale Berichtsstruktur etabliert werden, um eine sachgerechte Berichterstattung auf den einzelnen Hierarchieebenen des Unternehmens zu gewährleisten, ohne dabei den Vorstand durch ein Übermaß an Informationen zu überlasten.[516] Durch eine pyramidale Berichtsstruktur hat dieser die Möglichkeit, jederzeit das Gesamtrisiko des Unternehmens sowie die größten Einzelrisiken zu überschauen sowie bei Bedarf mit Hilfe von sog. *drill-downs* detailliertere Informationen bzgl. einzelner Risiken zu erhalten.[517] Gleichzeitig kann die Gefahr eines potenziellen *information overload* beim Berichtsempfänger reduziert werden, da entsprechend der jeweiligen Hierarchieebene die Berichtsinhalte direkt an den adressatenspezifischen Anforderungen ausgerichtet werden können (vgl. Abbildung III-9).[518]

---

[512] *Buehler, Kevin S./Pritsch, Gunnar*: Running with risk, a.a.O., hier S. 42.

[513] Vgl. *Beattie, Vivien/Jones, Michael J.*: Corporate Reporting Using Graphs: A Review and Synthesis, in: JAL, Vol. 27 (2008), S. 71–110, hier S. 72.

[514] Vgl. *Chan, Siu Y.*: The use of graphs as decision aids in relation to information overload and managerial decision quality, in: JIS, Vol. 27 (2001), Nr. 6, S. 417–425, hier S. 423.

[515] Vgl. *Ryan, Stephen G.*: Risk reporting quality: implications of academic research for financial reporting policy, in: ABR, Vol. 42 (2012), Nr. 3, S. 295–324, hier S. 317.

[516] Vgl. *Bungartz, Oliver*: Risk Reporting, a.a.O., hier S. 136; *Volnhals, Martina/Hirsch, Bernhard*: Information Overload und Controlling, a.a.O., hier S. 54.

[517] Vgl. *Diederichs, Marc*: Risikomanagement und Risikocontrolling, a.a.O., hier S. 171 f.; *Euler, Robin et al.*: Management-Reporting als Erfolgsfaktor, in: ZfCM, 54. Jg. (2010), S. 108–112, hier S. 110 f.; *Schäfer, Marc/Lenhardt, Marco*: Management Reporting in turbulenten Zeiten, in: Die Bank (2013), Nr. 6, S. 44–48, hier S. 47 f.

[518] Zum Problem des *information overload* und möglicher Lösungen durch Informationsaggregation, vgl. *Schick, Allen G. et al.*: Information Approach: A Temporal Approach, in: AOS, Vol. 15 (1990), Nr. 3, S. 199–220, hier S. 203–209; *Hirshleifer, David/Teoh, Siew H.*: Limited attention, information disclosure, and financial reporting, in: JAE, Vol. 36 (2003), Nr. 1–3, S. 337–386, hier S. 380.

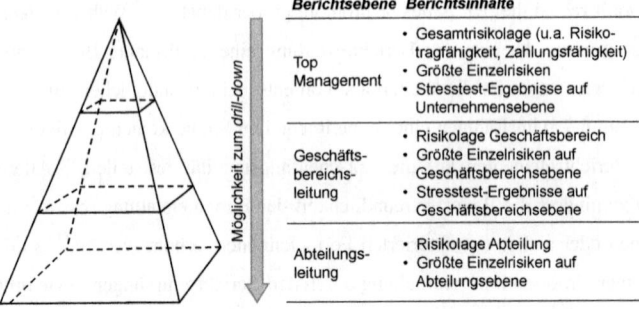

Abbildung III-9: Pyramidale Berichtsstruktur

ccc) Entwicklung einer vorausschauenden, handlungsorientierten Berichterstattung

Neben einer quantitativen Berichterstattung über die wesentlichen Risiko-, Bilanz- und Ertragskennzahlen des Unternehmens sollte der Berichtersteller bei Bedarf Handlungsempfehlungen entwickeln sowie eine zumindest grobe quantitative Abschätzung der Auswirkungen bei Umsetzung dieser Empfehlungen vornehmen.[519] So sind bspw. auch gemäß MaRisk „bei Bedarf [...] Handlungsvorschläge, z.B. zur Risikoreduzierung"[520], durch die Berichtersteller zu entwickeln und in den Bericht aufzunehmen. Eine noch stärker vorausschauende und handlungsorientierte interne Berichterstattung wird gegenwärtig durch das BCBS angestrebt. So soll die interne Berichterstattung von Finanzinstituten zukünftig explizite Vorschläge zu Handlungsempfehlungen sowie eine zukunftsorientierte Risikoeinschätzung inklusive Prognosen und Szenarien sowie deren Auswirkungen auf die Risikolage des Finanzinstituts beinhalten.[521] Ob und welche Maßnahmen tatsächlich umgesetzt werden, liegt hingegen weiterhin im unternehmerischen Ermessen des Vorstands und ist entsprechend den damit verbundenen Anforderungen zu bewerten.[522]

---

[519] Vgl. *Rudolph, Bernd/Johanning, Lutz*: Entwicklungslinien im Risikomanagement, a.a.O., hier S. 43; *Wittmann, Edgar*: Organisation des Risikomanagements im Siemens Konzern, a.a.O., hier S. 478 f.

[520] MaRisk i.d.F. 2012, a.a.O., hier S. 9.

[521] Vgl. BCBS: Principles for effective risk data aggregation and risk reporting, Basel 2013, hier S. 12.

[522] Vgl. u.a. *Lohse, Andrea*: Unternehmerisches Ermessen: Zu den Aufgaben und Pflichten von Vorstand und Aufsichtsrat, a.a.O., hier S. 90–105; *Roth, Markus*: Das unternehmerische Ermessen des Vorstands, a.a.O., hier S. 1068 sowie die Ausführungen in Abschnitt II.1.d).

3. Grundsätze zur angemessenen Entscheidungsfindung unter Risiko aus ökonomischer Sicht

a) Grundsatz der angemessenen Bewertung von Risiken unternehmerischer Entscheidungen

aa) Auswahl der präferierten Handlungsalternative

aaa) Notwendigkeit der Anwendung eines strukturierten Entscheidungsprozesses

Gemäß der *normativen* rationalen Entscheidungstheorie bei Risiko sollen Individuen Entscheidungen unter Berücksichtigung des erwarteten Nutzens, welcher durch Multiplikation der Wahrscheinlichkeit eines unsicheren Ereignisses mit dem Nutzen bei Eintritt dieses Ereignisses ermittelt wird, treffen.[523] Zur Entscheidungsfindung wird dabei i.d.R. ein mehrstufiger Prozess durchlaufen.[524] Nach erfolgter Zieldefinition werden zunächst mögliche Alternativen zur Zielerreichung identifiziert, welche anschließend mit der individuellen Risiko- und Nutzenfunktion[525] des Entscheiders bewertet werden. Schließlich wird die Alternative mit dem höchsten erwarteten Nutzen gewählt.

Das *tatsächliche* Entscheidungsverhalten von Individuen folgt allerdings nicht jederzeit dieser rationalen Vorgehensweise. So konnten bereits *Allais* sowie *Ellsberg* in den Jahren 1953 bzw. 1961 im Rahmen von experimentellen Studien ein von der rationalen Entscheidungstheorie abweichendes Verhalten von Individuen feststellen,[526] welches in zahlreichen nachfolgenden Untersuchungen grundsätzlich bestätigt werden konnte.[527] Mögliche Erklärungen für empirisch feststellbares abweichendes Entscheidungsverhalten bei Risiko liefert die Forschungs-

---

[523] Vgl. *Eisenführ, Franz et al.*: Rationales Entscheiden, a.a.O., hier S. 249. Die Eckpfeiler der *normativen* rationalen Entscheidungstheorie bei Risiko wurden vor allem von *Von Neumann* und *Morgenstern* sowie *Bernoulli* gelegt, vgl. *Neumann, John von/Morgenstern, Oskar*: Theory of Games and Economic Behavior, 3. Aufl., Princeton, NJ: Princeton University Press 1953, hier S. 15–31; *Bernoulli, Daniel*: Exposition of a New Theory on the Measurement of Risk, in: Econometrica, Vol. 22 (1954), Nr. 1, S. 23–36, hier S. 23 f.

[524] Vgl. grundlegend *Eisenführ, Franz et al.*: Rationales Entscheiden, a.a.O., hier S. 20–37; *Bazerman, Max H./Moore, Don A.*: Judgment in Managerial Decisions, a.a.O., hier S. 2 f.

[525] Entsprechend der Risikoeinstellung des Entscheidungsträgers sind Risiko- und Nutzenfunktionen unterschiedlich ausgeprägt, vgl. *Laux, Helmut et al.*: Entscheidungstheorie, a.a.O., hier S. 96 f.

[526] Vgl. *Allais, Maurice*: Le Comportement de l'Homme Rationnel devant le Risque: Critique des Postulats et Axiomes de l'Ecole Americaine, in: Econometrica, Vol. 21 (1953), Nr. 4, S. 503–546, hier S. 505; *Ellsberg, Daniel*: Risk, Ambiguity, and the Savage Axioms, in: QJE, Vol. 75 (1961), Nr. 4, S. 643–669, hier S. 650–656.

[527] Vgl. u.a. *Tversky, Amos/Kahneman, Daniel*: Judgment under Uncertainty: Heuristics and Biases, in: Science, Vol. 185 (1974), Nr. 4157, S. 1124–1131, hier S. 1124–1130; *Fischhoff, Baruch et al.*: Knowing with Certainty: The Appropriateness of Extreme Confidence, in: J. Exp. Psy. Hu. Perc. Perf., Vol. 3 (1977), Nr. 4, S. 552–564, hier S. 553–559; *Thaler, Richard H.*: Toward a Positive Theory of Consumer Choice, in: JEBO, Vol. 1 (1980), Nr. 1, S. 39–60, hier S. 43–57. *Kahneman* erhielt aufgrund seiner Arbeit auf diesem Gebiet den Wirtschaftsnobelpreis im Jahr 2002.

richtung Behavioral Economics. Bereits von *Keynes* im Jahr 1937 initiiert[528] hat diese Forschungsrichtung vor allem in den vergangenen drei Jahrzehnten signifikant an Bedeutung gewonnen.[529] Die von *Kahneman* und *Tversky* entwickelte *prospect theory*[530] hat sich dabei als die Theorie mit dem höchsten Erklärungsgehalt für das tatsächliche Entscheidungsverhalten von Individuen etabliert.[531] Gleichfalls folgt das tatsächliche Entscheidungsverhalten in zahlreichen Fällen weiterhin den Grundsätzen der rationalen Entscheidungstheorie. Daher hat sich in den letzten Jahren zunehmend die Erkenntnis manifestiert, dass Individuen auf unterschiedliche Art und Weise Entscheidungssituationen begegnen – u.a. abhängig von Komplexitätsgrad und potenziellen Konsequenzen der Entscheidung. Während unter dem sog. System 1 Entscheidungen vor allem intuitiv getroffen werden, wird unter dem System 2 ein komplexer kognitiver Entscheidungsprozess durchlaufen, welcher oftmals in einem Verhalten gemäß der rationalen Entscheidungstheorie resultiert.[532]

Auf Basis der obigen Ausführungen ist daher bei komplexen Entscheidungssituationen die Durchführung eines möglichst strukturierten Entscheidungsprozesses zu fordern, wenngleich hiermit keine Garantie für eine – in einer ex-post-Betrachtung – vorteilhafte Entscheidung verbunden sein kann.[533] Potenzielle Ansätze zur Förderung von strukturierten Entscheidungsprozessen umfassen bspw. ausführliche Analysen und Feedback zu in der Vergangenheit getroffenen Entscheidungen sowie fallstudienbasierte Trainings für Entscheidungsträger, in welchen die kritische Aufarbeitung von fiktiven Entscheidungsfindungsprozessen im Mittelpunkt steht.[534] Folglich bleibt festzuhalten, dass Vorstände bei komplexen Entscheidungssitu-

---

[528] Vgl. *Keynes, John M.*: The General Theory of Employment, in: QJE, Vol. 51 (1937), Nr. 2, S. 209–223, hier S. 213 f.

[529] Vgl. u.a. *Simon, Herbert A.*: A Behavioral Model of Rational Choice, in: QJE, Vol. 69 (1955), Nr. 1, S. 99–118; *Rabin, Matthew*: Psychology and Economics, in: JEL, Vol. 36 (1998), Nr. 1, S. 11–46; *DellaVigna, Stefano*: Psychology and Economics: Evidence from the Field, in: JEL, Vol. 47 (2009), Nr. 2, S. 315–372.

[530] Vgl. *Kahneman, Daniel/Tversky, Amos*: Prospect Theory: An Analysis of Decision under Risk, in: Econometrica, Vol. 47 (1979), Nr. 2, S. 263–292.

[531] Vgl. *Camerer, Colin F.*: An Experimental Test of Several Generalized Utility Theories, in: JRU, Vol. 2 (1989), Nr. 1, S. 61–104, hier S. 89, 93.

[532] Vgl. *Stanovich, Keith E./West, Richard F.*: Individual differences in reasoning: Implications for the rationality debate?, in: BBS, Vol. 23 (2000), Nr. 5, S. 645–665, hier S. 658; *Kahneman, Daniel*: Maps of Bounded Rationality: Psychology for Behavioral Economics, in: AER, Vol. 93 (2003), Nr. 5, S. 1449–1475, hier S. 1450–1452; *Kahneman, Daniel*: Thinking, fast and slow, New York, NY: Farrar, Straus und Giroux 2011, hier S. 20–30.

[533] Vgl. *Kahneman, Daniel*: Maps of Bounded Rationality: Psychology for Behavioral Economics, a.a.O., hier S. 1469.

[534] Weitere Ansätze zur Förderung von strukturierten Entscheidungsprozessen finden sich bspw. bei *Fischhoff* sowie *Bazerman* und *Moore*, vgl. *Fischhoff, Baruch*: Debiasing, in: Judgment under uncertainty: Heuristics and biases, hrsg. v. D. Kahneman et al., Cambridge: Cambridge University Press 1982, S. 422–444, hier S. 423–440; *Bazerman, Max H./Moore, Don A.*: Judgment in Managerial Decisions, a.a.O., hier S. 208–228.

ationen mit weitreichenden Auswirkungen auf die Vermögens-, Finanz- und Ertragslage des Unternehmens, wie bspw. der Entscheidung zur Investition in US-amerikanische hypotheken-besicherte Wertpapiere, einen möglichst strukturierten Entscheidungsfindungsprozess anwenden sollten.

bbb) Konkretisierung der zu berücksichtigenden Informationen

i) Umfassende Berücksichtigung sämtlicher entscheidungsrelevanter Informationen im Allgemeinen

Nach Ansicht des BGH sind „alle verfügbaren Informationsquellen tatsächlicher und rechtlicher Art"[535], d.h. sämtliche für die Entscheidung relevanten Informationen zu berücksichtigen. Dies ist nicht gleichbedeutend mit der Berücksichtigung aller „nur denkbaren Daten"[536]; vielmehr liegt die Einschätzung bzgl. der Relevanz von Informationen in der sachgerechten Ausübung des unternehmerischen Ermessens durch den Vorstand. So ist bspw. vor Kauf eines Unternehmens zwar wohl regelmäßig eine Due Diligence durchzuführen,[537] die Bestimmung von Prüfungstiefe und -umfang liegt allerdings im unternehmerischen Ermessen des Vorstands.[538] Dies wird auch durch die Rechtsprechung des BGH im Fall eines Vorstandsmitglieds einer Wirtschaftsprüfungsgesellschaft bei der Entscheidung zur Erweiterung einer Niederlassung deutlich, in welcher der BGH der Einschätzung des Berufungsgerichts, „die Grundlage seiner Investitionsentscheidung [...] reiche nicht aus", da „bei der Kosten-Nutzen-Analyse nicht die ‚branchenüblichen Techniken' angewandt" worden wären,[539] widerspricht. Die Rechtsprechung des BGH überzeugt hierbei insbesondere dadurch, dass der durch das Berufungsgericht in Anspruch genommene wirtschaftliche Sachverstand ohne vorherige Konsultation eines Sachverständigen als nicht begründet zurückgewiesen wird.[540]

Aus ökonomischer Sicht ist das unternehmerische Ermessen dahingehend einzuschränken, dass – unabhängig von einer oberflächlichen Kosten-Nutzen-Betrachtung – sämtliche für die

---

[535] BGH: Beschluss vom 14.7.2008 - II ZR 202/07, a.a.O., hier S. 1676.

[536] *Fleischer, Holger*: Die „Business Judgment Rule": Vom Richterrecht zur Kodifizierung, a.a.O., hier S. 691.

[537] Vgl. *Seibt, Christoph H./Wollenschläger, Bernward*: Haftungsrisiken für Manager wegen fehlgeschlagener Post Merger Integration, in: DB, 62. Jg. (2009), S. 1579–1583, hier S. 1579 f.; OLG Oldenburg: Urteil vom 22.6.2006 - 1 U 34/03, a.a.O., hier S. 2513.

[538] Vgl. *Kocher, Dirk*: Zur Reichweite der Business Judgment Rule, a.a.O., hier S. 221.

[539] BGH: Urteil vom 22.2.2011 - II ZR 146/09, a.a.O., hier S. 768 (beide Zitate).

[540] Vgl. ebenda.

Entscheidung relevanten Informationen zu beschaffen sind.[541] Freilich wird dabei die einer zusätzlichen Information zuzuschreibende Entscheidungsrelevanz von der Substanz der bereits vorliegenden Informationen sowie von der Komplexität der zu treffenden Entscheidung und den hiermit verbundenen, potenziellen Auswirkungen auf das Unternehmen abhängig sein. Eine Vernachlässigung von relevanten Informationen aufgrund von zu hohen Beschaffungskosten ist hingegen für Entscheidungen von nicht untergeordneter Bedeutung nicht zu rechtfertigen.[542]

ii)   Erforderliche Plausibilisierung der Informationen von Ratingagenturen im Besonderen

Auf Basis der obigen Ausführungen ist auch die Beachtung von Einschätzungen von Ratingagenturen zu bewerten. Ratings stellen grundsätzlich externe Evidenz von Sachverständigen dar, welche i.d.R. zu einem zumutbaren Preis am Markt verfügbar sind. Mithin stellen diese eine relevante Informationsquelle für den Vorstand (z.B. für Investitionsentscheidungen) dar.[543] So kann bspw. auch die Ausfallwahrscheinlichkeit eines Kredits anhand des Ratings des Kreditnehmers bestimmt werden.[544] Die Einholung von Ratings entbindet den Vorstand aber nicht schlechthin von einer eigenen Urteilsbildung,[545] wie dies teilweise den Finanzinstituten vor Ausbruch der Finanzkrise unterstellt wurde.[546] Vielmehr sind diese bspw. auf Basis

---

[541] Vgl. *Seibt, Christoph H./Wollenschläger, Bernward*: Haftungsrisiken für Manager wegen fehlgeschlagener Post Merger Integration, a.a.O., hier S. 1579–1581; *Kinzl, Ulrich-Peter*: Wie angemessen muss "angemessene Information" als Grundlage für Vorstandsentscheidungen sein?, a.a.O., hier S. 1654; *Fischer, Reinfrid*: Banken- und Finanzdienstleistungsaufsicht, in: Bankrecht, hrsg. v. R. Fischer/T. Klanten, 4. Aufl., Köln 2010, S. 55–214, hier S. 119 f.; *Loritz, Karl-Georg/Wagner, Klaus-R.*: Haftung von Vorständen und Aufsichtsräten, a.a.O., hier S. 2191.

[542] Wohl a.A. hingegen *Werder, Axel von*: Vorstandsentscheidungen nur auf der Grundlage "sämtlicher relevanter Informationen"?, a.a.O., hier S. 914–916; *Kocher, Dirk*: Zur Reichweite der Business Judgment Rule, a.a.O., hier S. 220 f.; *Hopt, Klaus J./Roth, Markus*: Nachtrag zu § 93 AktG, a.a.O., hier Rn. 44–47.

[543] Vgl. *Florstedt, Tim*: Zur organhaftungsrechtlichen Aufarbeitung der Finanzmarktkrise, a.a.O., hier S. 317 f.; *Merkt, Hanno*: Managerhaftung im Finanzsektor: Status Quo und Reformbedarf, a.a.O., hier S. 726; *Brüning, Janique/Samson, Erich*: Bankenkrise und strafrechtliche Haftung wegen Untreue gem. § 266 StGB, in: ZIP, 30. Jg. (2009), S. 1089–1094, hier S. 1092.

[544] Vgl. *Becker, Christian et al.*: Wer bestimmt das Risiko? – Zur Untreuestrafbarkeit durch riskante Wertpapiergeschäfte in der Banken-AG, a.a.O., hier S. 880. Für die Anwendung externer Ratings bei Verbriefungen, vgl. *Peter, Christian*: Eigenkapitalunterlegungen von Verbriefungen – externe Ratings und interne Risikoanalyse, in: ZfgK, 65. Jg. (2012), S. 946–950, hier S. 947 f.

[545] Vgl. *Schaub, Peter/Schaub, Michael*: Ratingurteile als Entscheidungsgrundlage für Vorstand und Abschlussprüfer?, in: ZIP, 34. Jg. (2013), S. 656–664, hier S. 659–662; *Rönnau, Thomas*: Rating – Ersatz für unternehmerische Entscheidungen, in: Ökonomie versus Recht im Finanzmarkt?, hrsg. v. E. Kempf et al., Berlin und Boston, MA 2011, S. 115–127, hier S. 123 f.; a.A. bzgl. der Zulässigkeit der ungeprüften Übernahme von Ratings vor Ausbruch der Finanzkrise *Terwedow, Nicole/Klavina, Zane*: Inwieweit dürfen sich Vorstand, Aufsichtsrat und Abschlussprüfer auf Ratings erworbener Finanzprodukte verlassen?, in: DK, 10. Jg. (2012), S. 535–547, hier S. 540.

[546] Vgl. u.a. OLG Düsseldorf: Beschluss vom 9.12.2009 - I-6 W 45/09, a.a.O., hier S. 128; Drucksache des Bayerischen Landtages 15/10950 vom 26.06.2008: Schlussbericht BayernLB, S. 1–70, hier S. 40.

von zusätzlichen internen Analysen des Risikomanagements durch den Vorstand zu plausibi-lisieren. Dabei bedingt die Komplexität des mit einem Ratingurteil versehenden Produkts die erforderliche Intensität der Plausibilitätskontrolle.[547] So wäre bspw. bei der Entscheidung zur Investition in US-amerikanische hypothekenbesicherte Wertpapiere vorab eine eigenständige Risikoanalyse zur Plausibilisierung der Ratingurteile erforderlich, welche u.a. auch eine kriti-sche Auseinandersetzung mit den Haftungsverhältnissen und den rechtlichen Rahmenbedin-gungen der Wertpapiere beinhalten sollte. Allerdings bleibt fraglich, inwieweit im Nachgang festgestellte Mängel von Ratings[548] ex-ante im Rahmen einer Plausibilitätskontrolle durch den Vorstand erkennbar waren. Dabei ist insbesondere die bereits erwähnte Gefahr des *hindsight bias* bei einer ex-post-Betrachtung unter expliziter Kenntnis der tatsächlich eingetretenen Ausfälle nicht zu vernachlässigen.[549]

bb)   Bewertung des Einzelrisikos der präferierten Handlungsalternative

aaa)   Erstellung eines quantitativen Chancen-Risiko-Profils

Aus ökonomischer Sicht ist das Eingehen von Risiken bei unternehmerischen Entscheidungen regelmäßig mit der Absicht verbunden, potenzielle Chancen für das Unternehmen zu nut-zen.[550] Die explizite Berücksichtigung des Chancenaspekts bei einer unternehmerischen Ent-scheidung wird gleichfalls durch die Rechtsprechung bestätigt.[551] Neben dem erwarteten Nut-zen der präferierten Alternative sind daher zusätzlich die Auswirkungen bei Eintritt von so-wohl extrem günstigen als auch extrem ungünstigen Umweltzuständen zu analysieren. Durch eine Gegenüberstellung der Auswirkungen im Erwartungswert sowie bei Eintritt von extrem positiven und negativen Umweltzuständen erfolgt eine transparente Darstellung des mit der

---

[547]   Vgl. *Schaub, Peter/Schaub, Michael*: Ratingurteile als Entscheidungsgrundlage für Vorstand und Abschluss-prüfer?, a.a.O., hier S. 660 f. Die Intensität der Plausibilitätsprüfung ist dabei abhängig von der Zuverlässig-keit der Auskunftsperson sowie dem Wissen des Rat einholenden Geschäftsleiters, vgl. *Sander, Julian/Schneider, Stefan*: Die Pflicht der Geschäftsleiter zur Einholung von Rat, a.a.O., hier S. 753–755.
[548]   Bspw. vor und während der jüngsten Finanzkrise, vgl. *He, Jie et al.*: Credit Ratings and the Evolution of the Mortgage-Backed Securities Market, in: AER, Vol. 101 (2011), Nr. 3, S. 131–135, hier S. 134; *Griffin, John M./Tang, Dragon Y.*: Did Subjectivity Play a Role in CDO Credit Ratings?, in: JF, Vol. 67 (2012), Nr. 4, S. 1293–1328, hier S. 1307–1309; *Bolton, Patrick et al.*: The Credit Ratings Game, in: JF, Vol. 67 (2012), Nr. 1, S. 85–111, hier S. 106–109.
[549]   Vgl. die Ausführungen in Abschnitt II.1.
[550]   Vgl. *Weber, Jürgen et al.*: Ausgestaltung eines unternehmerischen Chancen- und Risikomanagements nach dem KonTraG, a.a.O., hier S. 1710; *Peters, Kai*: Angemessene Informationsbasis als Voraussetzung pflichtgemäßen Vorstandshandelns, a.a.O., hier S. 817.
[551]   Vgl. u.a. OLG Oldenburg: Urteil vom 22.6.2006 - 1 U 34/03, a.a.O., hier S. 2511; BGH: Urteil vom 3.12.2001 - II ZR 308/99, a.a.O., hier S. 214.

unternehmerischen Entscheidung verbundenen Chancen- und Risikoprofils.[552] Mögliche Vergleichsgrößen sind hierbei absolute (jährliche) Gewinne und Verluste, relative (jährliche) Gewinne und Verluste bezogen auf das Eigenkapital sowie der Nettobarwert.[553] Mithin hat die Auswahl der extremen Umweltzustände einen wesentlichen Einfluss auf die Ausgestaltung des Chancen- und Risikoprofils. Daher sollte das Risikomanagement u.a. auf Basis der Erkenntnisse aus der operativen und strategischen Risikosteuerung entsprechende Vorschläge zur Konkretisierung der jeweils zu berücksichtigenden Umweltzustände erstellen,[554] welche durch den Vorstand abschließend festzulegen sind.

bbb) Analyse der potenziellen Auswirkungen auf nicht-finanzielle Risiken

Aufgrund der schwierigen Quantifizierbarkeit von nicht-finanziellen Risiken sind die potenziellen Auswirkungen der unternehmerischen Entscheidung auf diese Risiken zumindest qualitativ zu bewerten.[555] Dies ist umso bedeutender, da nicht-finanzielle Risiken oftmals den größten Anteil zum Gesamtrisiko bei Unternehmen außerhalb der Finanzindustrie beitragen.[556] Als Beispiel kann an dieser Stelle die unternehmerische Entscheidung des Vorstands eines Finanzinstituts zur Aufnahme des Handelsgeschäfts von Agrarrohstoffen angeführt werden. Neben einer Analyse des mit der Entscheidung verbundenen Chancen-Risiko-Profils sind auch deren mögliche negative Auswirkungen auf die Reputation des Finanzinstituts zu berücksichtigen.[557] Auch bei der Entscheidung zur Investition in US-amerikanische hypothekenbesicherte Wertpapiere ist zumindest eine qualitative Einschätzung der möglichen Auswirkungen auf nicht-finanzielle Risiken erforderlich. So könnten bspw. die zusätzlichen Anforderungen an eine sachgerechte Abbildung der komplexen Wertpapiere in den IT-Systemen sowie im Rechnungswesen zu einer signifikanten Erhöhung der operationellen Risiken füh-

---

[552] Vgl. *Weber, Jürgen et al.*: Ausgestaltung eines unternehmerischen Chancen- und Risikomanagements nach dem KonTraG, a.a.O., hier S. 1713 f.; *Wolf, Klaus*: Potenziale derzeitiger Risikomanagementsysteme, a.a.O., hier S. 1729 f.; *Werder, Axel von*: Grundsätze ordnungsmäßiger Unternehmensleitung (GoU) – Bedeutung und erste Konkretisierung von Leitlinien für das Top-Management, a.a.O., hier S. 59 f.

[553] Zur Bestimmung des Nettobarwerts, vgl. bspw. *Ross, Stephen A. et al.*: Corporate Finance, 10. Aufl., New York, NY: McGraw-Hill Irwin 2013, hier S. 91–101.

[554] Hierzu zählen insbesondere die Erfahrungen aus der Szenarioerstellung im Rahmen des Stresstesting, vgl. auch die Ausführungen in den Abschnitten III.2.b.aa.ccc) sowie III.2.b.bb.bbb).

[555] Vgl. die Ausführungen in Abschnitt III.2.b.aa.ccc).

[556] Vgl. *Kuritzkes, Andrew/Schuermann, Til*: What We Know, Don't Know and Can't Know about Bank Risk: A View from the Trenches, a.a.O., hier S. 111.

[557] So scheint sich die Entscheidung des Vorstands der Deutschen Bank zur Fortsetzung des Handels von Agrarrohstoffen negativ auf die Reputation des Finanzinstituts auszuwirken, vgl. o.V.: Deutsche Bank hält an Nahrungsmittel-Spekulation fest, in: FAZ vom 20. Januar 2013.

ren.[558] Mithin ist nur bei Vorliegen eines vorteilhaften Chancen-Risiko-Profils der Einzelentscheidung sowie auch im Extremfall noch vertretbaren Auswirkungen auf nicht-finanzielle Risiken die Umsetzung der präferierten Handlungsalternative weiterhin anzustreben.

cc)   Bewertung des Risikos der präferierten Handlungsalternative im Kontext von Risikotragfähigkeit und Zahlungsfähigkeit

aaa)   Konkretisierung des Begriffs des bestandsgefährdenden Risikos

Neben einer Bewertung des mit einer unternehmerischen Entscheidung verbundenen Einzelrisikos ist eine Analyse der Auswirkungen auf das Gesamtrisiko durchzuführen. Ein bestandsgefährdendes Risiko liegt hierbei vor, wenn durch die Umsetzung der präferierten Alternative entweder die Risikotragfähigkeit oder die Zahlungsfähigkeit des Unternehmens gefährdet wird.[559]

Eine wesentliche Unterscheidung ist die Differenzierung in abstrakt und konkret bestandsgefährdende Risiken. Nach *Redeke* liegt ein konkret bestandsgefährdendes Risiko vor, wenn dessen Realisierung „aus ex-ante-Sicht überwiegend wahrscheinlich"[560] ist. Dementgegen zeichnen sich abstrakt bestandsgefährdende Risiken durch einen latenten Risikocharakter mit einer geringen ex-ante-Eintrittswahrscheinlichkeit aus. Eine weitergehende Konkretisierung von abstrakt und konkret bestandsgefährdenden Risiken wird im juristischen Schrifttum hingegen nicht bereit gestellt;[561] mithin verbleibt die Differenzierung an dieser Stelle relativ vage und vor allem definitorischer Art.

Aus ökonomischer Sicht ist festzuhalten, dass konkret bestandsgefährdende Risiken grundsätzlich nicht eingegangen werden sollten.[562] Dementgegen ist das Eingehen von abstrakt bestandsgefährdenden Risiken nicht *per se* auszuschließen, da diese zumindest teilweise nicht vermeidbar, sondern vielmehr den in der Praxis auftretenden unternehmerischen Entschei-

---

[558] So würde sich bspw. bei einer nicht sachgerechten bilanziellen Abbildung der hypothekenbesicherten Wertpapiere das Risiko eines fehlerhaften Jahresabschlusses signifikant erhöhen.

[559] Vgl. *Emmerich, Gerhard*: Risikomanagement in Industrieunternehmen – gesetzliche Anforderungen und Umsetzung nach dem KonTraG, a.a.O., hier S. 1082.

[560] *Redeke, Julian*: Zu den Organpflichten bei bestandsgefährdenden Risiken, in: ZIP, 31. Jg. (2010), S. 159–167, hier S. 160.

[561] Vgl. u.a. *Redeke, Julian*: Zu den Organpflichten bei bestandsgefährdenden Risiken, a.a.O., hier S. 160, 165; *Drygala, Tim*: Die Pflicht des Managements zur Vermeidung existenzgefährdender Risiken, a.a.O., hier S. 550 f.

[562] Wohl a.A. hingegen *Mülbert, Peter O.*: Rechtliche Grenzen der Optimierung – das gesellschaftsrechtlich erlaubte Risiko, a.a.O., hier S. 93.

dungen oftmals inhärent sind.[563] So sind bspw. die Risiken einer Investition in eine neue, wenig erprobte Technologie[564] oder die Einführung neuer Produkte oder Baureihen[565] oftmals abstrakt bestandsgefährdend; bei Start-Up-Unternehmen sind diese Voraussetzungen regelmäßig gegeben.[566] Als ein Beispiel aus der Rechtsprechung kann an dieser Stelle auf das Urteil des BGH im Fall Deutsche Telekom verwiesen werden: Die Kosten des Erwerbs der UMTS-Lizenzen in Deutschland im Jahr 2000 in Höhe von etwa € 8,5 Mrd. stellten zwar ein potenziell bestandsgefährdendes Risiko für das Unternehmen dar. Aufgrund der erwarteten „enorme[n] wirtschaftliche[n] Chancen" der Investition sei das unternehmerische Ermessen aber nicht „in unverantwortlicher Weise überspannt worden".[567] Das mit dem Kauf der UMTS-Lizenzen verbundene Risiko kann hierbei als abstrakt bestandsgefährdend eingestuft werden. Allerdings besteht bei der Einschätzung, inwiefern ein abstrakt oder konkret bestandsgefährdendes Risiko vorliegt, aufgrund der erforderlichen ex-ante-Zuordnung von zumeist subjektiven Wahrscheinlichkeiten regelmäßig ein gewisser Ermessensspielraum für den Entscheider.[568]

bbb) Analyse der Existenz von bestandsgefährdenden Risiken

i) Bestandsgefährdung und Risikotragfähigkeit

Die Risikotragfähigkeit eines Unternehmens ist nicht mehr gegeben, wenn der Risikokapitalbedarf[569] das vorhandene Risikodeckungspotenzial[570] übersteigt, d.h. die eingegangenen Risiken durch die vorhandene Kapitalausstattung nicht mehr gedeckt sind.[571] Das Risikodeckungspotenzial dient der Absorption möglicher Verluste bei Verwirklichung von eingegan-

---

[563] Vgl. *Redeke, Julian*: Zu den Organpflichten bei bestandsgefährdenden Risiken, a.a.O., hier S. 160; *Mülbert, Peter O.*: Rechtliche Grenzen der Optimierung – das gesellschaftsrechtlich erlaubte Risiko, a.a.O., hier S. 85, 92. Das Ziel des KonTraG besteht ebenfalls nicht darin, „bestandsgefährdende Risiken per se auszuschließen", *Pollanz, Manfred*: Offene Fragen der Prüfung von Risikomanagementsystemen nach KonTraG, in: DB, 54. Jg. (2001), S. 1317–1325, hier S. 1317.

[564] Vgl. *Balthasar, Stephan/Hamelmann, Uwe*: Finanzkrise und Vorstandshaftung nach § 93 Abs. 2 AktG: Grenzen der Justiziabilität unternehmerischer Entscheidungen, a.a.O., hier S. 590.

[565] Vgl. *Brömmelmeyer, Christoph*: Neue Regeln für die Binnenhaftung des Vorstands – Ein Beitrag zur Konkretisierung der Business Judgement Rule, a.a.O., hier S. 2069.

[566] Vgl. u.a. *Drygala, Tim*: Die Pflicht des Managements zur Vermeidung existenzgefährdender Risiken, a.a.O., hier S. 543–545.

[567] BGH: Urteil vom 3.3.2008 - II ZR 124/06, a.a.O., hier S. 369 (beide Zitate).

[568] Zur Problematik der Bestimmung von subjektiven Wahrscheinlichkeitsurteilen siehe die Ausführungen in Abschnitt III.3.b.bb).

[569] Der Risikokapitalbedarf kann mit Hilfe des VaR-Konzepts ermittelt werden, vgl. die Ausführungen in Abschnitt III.2.b.aa.aaa).

[570] In der Literatur wird hierbei auch von Risikodeckungsmasse gesprochen.

[571] Vgl. *Gann, Philipp/Rudolph, Bernd*: Anforderungen an das Risikomanagement, a.a.O., hier S. 611; *Hartmann-Wendels, Thomas et al.*: Bankbetriebslehre, a.a.O., hier S. 356–358.

genen Risiken und wird in einem mehrstufigen Prozess ermittelt.[572] Für die Abdeckung von möglichen Verlusten durch das Risikodeckungspotenzial wird i.d.R. im Rahmen von *risk appetite* und Risikostrategie eine Mindestwahrscheinlichkeit (Konfidenzniveau) vorgegeben.[573] Eine aggregierte Gegenüberstellung von Risikokapitalbedarf und Risikodeckungspotenzial auf Unternehmensebene findet sich regelmäßig in den Geschäftsberichten von Finanzinstituten. Tabelle III-3 enthält eine Übersicht über Kapitalangebot im Sinne des Risikodeckungspotenzials und Kapitalanforderung im Sinne des Risikokapitalbedarfs der Deutschen Bank in den Jahren 2012 und 2013.

Angaben in € Mio.	31.12.2013	31.12.2012
Kapitalangebot		
Den Aktionären zurechenbares Eigenkapital	54.719	54.001
Gewinne aus beizulegenden Zeitwerten	- 537	- 569
Aktive latente Steuern	- 7.071	- 7.712
Anpassungen des beizulegenden Zeitwerts	- 363	- 1.991
Anteile ohne beherrschenden Einfluss	-	-
Hybride Tier-1-Kapitalinstrumente	12.182	12.526
Tier-2-Kapitalinstrumente	9.689	11.646
Kapitalangebot	**68.619**	**67.901**
Kapitalanforderung		
Ökonomischer Kapitalbedarf	27.171	28.741
Immaterielle Vermögensgegenstände	13.932	14.219
Kapitalanforderung	**41.103**	**42.960**
Interne Kapitaladäquanzquote	**167%**	**158%**

Tabelle III-3: Kapitalangebot und Kapitalanforderungen – Deutsche Bank[574]

Die Einschätzung bzgl. der Art der Bestandsgefährdung kann mit Hilfe von Szenariobetrachtungen durchgeführt werden.[575] Hierbei gilt grundsätzlich: Liegt eine Gefährdung der Risikotragfähigkeit bereits im erwarteten Szenario vor, d.h. reicht das noch vorhandene Risikodeckungspotenzial nicht zur Abdeckung des Risikokapitalbedarfs aus, ist das Risiko konkret bestandsgefährdend und daher aus ökonomischer Sicht nicht vertretbar. Liegt hingegen eine Bestandsgefährdung nur im ungünstigsten Szenario vor, ist das Risiko als abstrakt bestandsgefährdend einzustufen und nicht *per se* auszuschließen; vielmehr sind in diesem Fall weitere Analysen notwendig. So ist bspw. die Identifikation des Szenarios, unter welchem die Risiko-

[572] Vgl. *Gann, Philipp/Rudolph, Bernd*: Anforderungen an das Risikomanagement, a.a.O., hier S. 609 f.
[573] Zur Bedeutung des Konfidenzniveaus bei der Bewertung der Risikotragfähigkeit, vgl. *Kübler, Bernhard*: Statistische Aspekte der Risikotragfähigkeit, a.a.O., hier S. 283.
[574] Quelle: Deutsche Bank AG: Geschäftsbericht 2013 – Lagebericht, a.a.O., hier S. 258.
[575] Die Szenariobetrachtung kann z.B. mit Hilfe der Modelle zur Durchführung von Stresstests erfolgen, vgl. die Ausführungen in Abschnitt III.2.b.aa.ccc) sowie III.2.b.bb.bbb).

tragfähigkeit gerade noch gegeben ist, von wesentlicher Bedeutung für die weitere Entscheidungsfindung. Aufgrund der besonderen Risikosituation sollte bei Vorliegen eines abstrakt bestandsgefährdenden Risikos grundsätzlich die Zustimmung durch den Aufsichtsrat eingeholt werden.[576]

Als Beispiel soll an dieser Stelle wiederum auf die unternehmerische Entscheidung zur Investition in US-amerikanische hypothekenbesicherte Wertpapiere zurückgegriffen werden. Sollte sich bei der Analyse der potenziellen Auswirkungen auf die Risikotragfähigkeit des Finanzinstituts ergeben, dass das mit der Investition verbundene Risiko konkret bestandsgefährdend ist, wäre die Investition grundsätzlich abzulehnen. Sollte hingegen ein abstrakt bestandsgefährdendes Risiko vorliegen, wären zusätzliche Analysen durchzuführen sowie die Zustimmung durch den Aufsichtsrat einzuholen.[577]

ii)   Bestandsgefährdung und Zahlungsfähigkeit

Die Zahlungsfähigkeit eines Unternehmens ist gefährdet, wenn der erwartete Liquiditätsbedarf die verfügbare Liquidität des Unternehmens[578] unter Berücksichtigung der gegenwärtigen Liquiditätsausstattung übersteigt, so dass das Unternehmen seinen Zahlungsverpflichtungen nicht mehr jederzeit nachkommen kann. Die Ermittlung und Überwachung des sog. Liquiditätssaldos auf Basis der Gegenüberstellung von Liquiditätsbedarf und verfügbarer Liquidität kann mit Hilfe einer Liquiditätsablaufbilanz erfolgen, anhand derer die erwartete Liquiditätssituation des Unternehmens täglich oder in Laufzeitbändern für die nächsten 365 Tage

---

[576] Nach § 111 Abs. 4 AktG müssen sich Zustimmungsvorbehalte des Aufsichtsrats auf „bestimmte Arten von Geschäften" beziehen, *Hüffer, Uwe*: Kommentierung zu § 111 AktG, in: Kurzkommentar AktG, hier Rn. 41. Nach dem DCGK sind „Zustimmungsvorbehalte für Entscheidungen oder Maßnahmen, die die Vermögens-, Finanz- oder Ertragslage des Unternehmens grundlegend verändern", festzulegen, Regierungskommission Deutscher Corporate Governance Kodex: Deutscher Corporate Governance Kodex 2014, a.a.O., hier S. 4.

[577] Tendenziell positiv zur Einholung der Zustimmung durch den Aufsichtsrat bei Entscheidungen zur Investition in hypothekenbesicherte Wertpapiere mit hohem Risikopotenzial, vgl. *Säcker, Franz J./ Rehm, Christian*: Grenzen der Mitwirkung des Aufsichtsrats an unternehmerischen Entscheidungen in der Aktiengesellschaft, in: DB, 61. Jg. (2008), S. 2814–2821, hier S. 2816; *Redeke, Julian*: Zu den Organpflichten bei bestandsgefährdenden Risiken, a.a.O., hier S. 166. Dementsprechend tendenziell kritisch *Fonk, Hans-Joachim*: Zustimmungsvorbehalte des AG-Aufsichtsrats, in: ZGR, 35. Jg. (2006), S. 841–874, hier S. 846–852 sowie *Semler, Johannes*: Zustimmungsvorbehalte als Instrument der Überwachung durch den Aufsichtsrat, in: FS Doralt, S. 609–623, hier S. 612 f.

[578] Hierbei wird auch von der *counterbalancing capacity* gesprochen, vgl. *Heidorn, Thomas/Schmaltz, Christian*: Die neuen Prinzipien für sachgerechtes Liquiditätsmanagement, in: ZfgK, 62. Jg. (2009), S. 112–117, hier S. 116.

abgebildet wird.[579] Abbildung III-10 enthält eine illustrative Darstellung der Liquiditätsablaufbilanz eines fiktiven Unternehmens, bei welchem in etwa sechs Monaten eine Gefährdung der Zahlungsfähigkeit festgestellt werden kann.

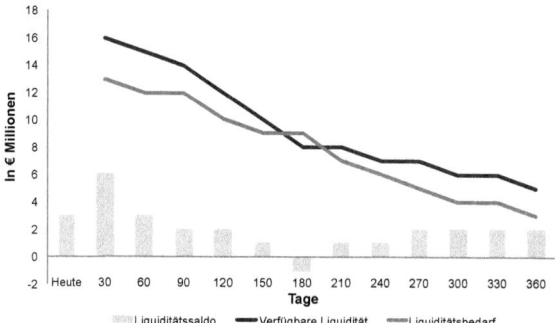

Abbildung III-10: Liquiditätsablaufbilanz eines fiktiven Unternehmens

Die Einschätzung bzgl. der Art der Bestandsgefährdung aufgrund von drohender Zahlungsunfähigkeit erfolgt wiederum mit Hilfe von Szenariobetrachtungen, wobei i.d.R. eine Simulation der durch die Szenarien induzierten Liquiditätszu- und Liquiditätsabflüsse durchzuführen ist.[580] Im Falle der Gefährdung der Zahlungsfähigkeit im erwarteten Szenario, d.h. bei Vorliegen eines negativen Liquiditätssaldos, ist das Risiko als konkret bestandsgefährdend einzustufen. Ist die Zahlungsfähigkeit hingegen nur im ungünstigsten Szenario gefährdet, liegt ein abstrakt bestandsgefährdendes Risiko vor und es sind weitergehende Analysen durchzuführen. So ist bspw. die Identifikation des Zeitpunkts des erstmaligen Auftretens sowie die Höhe des negativen Liquiditätssaldos bedeutsam für die weitere Entscheidungsfindung. Schließlich sollte analog zur Vorgehensweise bei einer Gefährdung der Risikotragfähigkeit vor Eingehen eines abstrakt bestandsgefährdenden Risikos die Zustimmung des Aufsichtsrats eingeholt werden.

---

[579] Vgl. *Reitz, Stefan*: Moderne Konzepte zur Messung des Liquiditätsrisikos, in: Handbuch Liquiditätsrisiko, hrsg. v. P. Bartetzky et al., Stuttgart 2008, S. 121–140, hier S. 124–126; *Pohl, Michael*: Das Liquiditätsrisiko in Banken: Ansätze zur Messung und ertragsorientierten Steuerung, Frankfurt a. M. 2008, hier S. 136–144; CEBS: Guidelines on Liquidity Buffers & Survival Periods, 2009, hier S. 9 f.

[580] Vgl. *Pohl, Michael*: Das Liquiditätsrisiko in Banken: Ansätze zur Messung und ertragsorientierten Steuerung, a.a.O., hier S. 180–189.

b) *Grundsatz der angemessenen Dokumentation unternehmerischer Entscheidungen*

aa) Sicherstellung der Nachvollziehbarkeit unternehmerischer Entscheidungen

aaa) Rechtliche und ökonomische Anforderungen an die Dokumentation von unternehmerischen Entscheidungen

Gemäß § 93 Abs. 2 Satz 2 AktG trägt der Vorstand die Beweislast zum Nachweis seines pflichtgemäßen Handelns.[581] Die schriftliche Dokumentation der Informationsgrundlage dient dabei der Unterstützung einer ggf. erforderlichen Nachvollziehbarkeit der unternehmerischen Entscheidung, insbesondere gegenüber dem Aufsichtsrat[582] sowie bei möglichen zivilrechtlichen Auseinandersetzungen.[583] Folglich hat der Vorstand eine möglichst intersubjektiv nachprüfbare Dokumentation des Entscheidungsprozesses vorzunehmen; denn „wenn Ansprüche geltend gemacht werden, ist es für eine Beweissicherung meistens zu spät"[584]. Die Bedeutung dieser Anforderung wurde durch die Verlängerung der Verjährungsfrist für Schadenersatzansprüche bei börsennotierten Gesellschaften auf zehn Jahre (§ 93 Abs. 6 AktG) nochmals deutlich erhöht.[585]

Gleichfalls ist auch aus ökonomischer Sicht die Dokumentation der Informationsgrundlage von wesentlicher Bedeutung. Zunächst wird durch eine transparente Dokumentation des Entscheidungsprozesses sichergestellt, dass sämtliche an der Entscheidung beteiligten Personen auf dieselbe Informationsgrundlage zurückgreifen, wodurch die Durchführung eines möglichst effizienten Entscheidungsprozesses unterstützt wird.[586] Darüber hinaus kann in der expliziten Vorgabe zur Dokumentation ein probates Mittel zur Förderung der Anwendung eines

---

[581] Vgl. Entwurf eines UMAG, a.a.O., hier S. 12. Hierin besteht ein wesentlicher Unterschied zur Regelung in den USA, welcher allerdings auch bereits vor der Kodifizierung der *business judgment rule* gegeben war, vgl. *Hopt, Klaus J.*: Die Haftung von Vorstand und Aufsichtsrat, a.a.O., hier S. 920 f.

[582] Vgl. *Grundei, Jens/Werder, Axel von*: Die Angemessenheit der Informationsgrundlage als Anwendungsvoraussetzung der Business Judgment Rule, a.a.O., hier S. 831.

[583] Vgl. *Herrmann, Marco et al.*: Haftung des Vorstandes und des Aufsichtsrates in der Staatsschuldenkrise, a.a.O., hier S. 1941; *Peters, Kai*: Angemessene Informationsbasis als Voraussetzung pflichtgemäßen Vorstandshandelns, a.a.O., hier S. 813; *Graumann, Matthias/Grundei, Jens*: Wann entsprechen unternehmerische Entscheidungen der gesellschaftsrechtlichen Anforderung »angemessener Information«?, a.a.O., hier S. 394; *Bunz, Thomas*: Ist nur vollständige Information "angemessen"? Anforderungen an den Grad der Informiertheit bei unternehmerischen Entscheidungen, a.a.O., hier S. 445.

[584] *Kock, Martin/Dinkel, Renate*: Die zivilrechtliche Haftung von Vorständen für unternehmerische Entscheidungen – Die geplante Kodifizierung der Business Judgment Rule im Gesetz zur Unternehmensintegrität und Modernisierung des Anfechtungsrechts, a.a.O., hier S. 448.

[585] Kritisch zur Verlängerung der Verjährungsfrist für Schadenersatzansprüche auf zehn Jahre, vgl. *Baums, Theodor*: Managerhaftung und Verjährung, a.a.O., hier S. 593–608; *Fleischer, Holger*: Verjährung von Organhaftungsansprüchen: Rechtspraxis – Rechtsvergleichung – Rechtspolitik, a.a.O., hier S. 467–470.

[586] So kann sich das einzelne Vorstandsmitglied bspw. bei krankheitsbedingter Abwesenheit jederzeit über den aktuellen Stand des Entscheidungsprozesses informieren.

strukturierten Entscheidungsprozesses gesehen werden,[587] welcher insbesondere bei komplexen Entscheidungen mit potenziell weitreichenden Konsequenzen eine wichtige Rolle spielt.[588]

bbb) Konkretisierung der zu dokumentierenden Inhalte

Nach *Bunz* bedarf „eine erfolgreiche Beweisführung [...] eine detaillierte Dokumentation der Entscheidungsvorbereitung und die penible Protokollierung der Beschlüsse des betreffenden Organs unter genauer Angabe der im Entscheidungsprozess berücksichtigten Vor- und Nachteile."[589] Allerdings ist hierunter keine „überbordende Dokumentation"[590] zu verstehen; vielmehr hängt die notwendige Dokumentationstiefe von der Komplexität sowie den potenziellen Konsequenzen der unternehmerischen Entscheidung ab. Neben quantitativen Überlegungen sollten auch qualitative Argumente zur Belegung von kausalen Ursache-Wirkungs-Zusammenhängen angeführt werden.[591] Während der Fokus des Risikomanagements zwar auf der quantitativen Aufbereitung von entscheidungsrelevanten Informationen liegt, sollten ergänzend auch qualitative Einschätzungen über mögliche weitere Wirkungszusammenhänge zur Verfügung gestellt werden.

In Anwendung auf das Beispiel der unternehmerischen Entscheidung zur Investition in US-amerikanische hypothekenbesicherte Wertpapiere wären aufgrund der hiermit verbundenen hohen Komplexität erhöhte Anforderungen an die Dokumentation zu stellen. Diese sollte neben quantitativen und qualitativen Auswertungen des Risikomanagements bzgl. der Auswirkungen auf die Vermögens-, Finanz- und Ertragslage sowie das Risikoprofil des Finanzinstituts auch die zentralen Schritte des Prozesses der Entscheidungsfindung, wie bspw. Gremiensitzungen und Beschlüsse, umfassen.

---

[587] Vgl. *Graumann, Matthias/Grundei, Jens*: Wann entsprechen unternehmerische Entscheidungen der gesellschaftsrechtlichen Anforderung »angemessener Information«?, a.a.O., hier S. 394.

[588] Vgl. die Ausführungen in Abschnitt III.3.a.aa).

[589] *Bunz, Thomas*: Ist nur vollständige Information "angemessen"? Anforderungen an den Grad der Informiertheit bei unternehmerischen Entscheidungen, a.a.O., hier S. 445.

[590] *Lutter, Marcus*: Die Business Judgement Rule und ihre praktische Anwendung, a.a.O., hier S. 845.

[591] Vgl. *Werder, Axel von*: Grundsätze ordnungsmäßiger Unternehmensleitung (GoU) – Bedeutung und erste Konkretisierung von Leitlinien für das Top-Management, a.a.O., hier S. 57 f.

bb)   Differenzierte Darstellung von Wahrscheinlichkeitsurteilen

aaa)   Ansätze zur Erklärung der verzerrten Einschätzung von geringen
Wahrscheinlichkeiten

In zahlreichen verhaltenswissenschaftlichen Studien wurde festgestellt, dass Individuen Schwierigkeiten mit der Einschätzung von sehr geringen Wahrscheinlichkeiten haben. So belegen bereits *Slovic et al.* im Jahr 1977, dass Individuen nur dann eine Versicherung abschließen, wenn die Wahrscheinlichkeit des Eintritts des zu versichernden Risikos über einem bestimmten Mindestwert liegt.[592] Des Weiteren können *McClelland et al.* ein zweigeteiltes Verhalten der Teilnehmer bzgl. der Zahlungsbereitschaft für einen Versicherungsschutz gegenüber unwahrscheinlichen Risiken feststellen: Entweder werden Risiken mit geringer Wahrscheinlichkeit vollständig vernachlässigt oder signifikant überschätzt (*low probability bias*).[593] Eine Erklärung hierfür liegt in der begrenzten Erfahrung mit geringen Wahrscheinlichkeiten, da entsprechende Ereignisse per Definition nur selten eintreten.[594] Des Weiteren konnte gezeigt werden, dass Individuen bei der subjektiven Bewertung von Wahrscheinlichkeiten oftmals heuristische Methoden zur Vereinfachung des Entscheidungsproblems anwenden, bspw. durch Rückgriff auf die Repräsentativität sowie die Verfügbarkeit von Informationen über unsichere Ereignisse und deren Ausprägungen (*representativeness* und *availability heuristic*).[595] Schließlich konnte in mehreren experimentellen Studien nachgewiesen werden, dass Individuen die eigenen Fähigkeiten und Kenntnisse oftmals überschätzen (*overconfidence bias*). So schätzen bspw. ca. 80% der Teilnehmer einer Studie im Jahr 1981 ihre Fähigkeiten als Autofahrer als überdurchschnittlich ein.[596] Eine solche Selbstüberschätzung konnte auch im Rahmen einer experimentellen Untersuchung bzgl. der Entscheidung über den Eintritt eines fiktiven Unternehmens in einen neuen Markt festgestellt werden.[597] Ferner können *Malmendier* und *Tate* nachweisen, dass Vorstände mit einer Tendenz zur Selbstüber-

---

[592]   Vgl. *Slovic, Paul et al.*: Preference for Insuring Against Probable Small Losses: Insurance Implications, in: JRI, Vol. 44 (1977), Nr. 2, S. 237–258, hier S. 243–246.
[593]   Vgl. *McClelland, Gary H. et al.*: Insurance for low-probability hazards: A bimodal response to unlikely events, in: JRU, Vol. 7 (1993), Nr. 1, S. 95–116, hier S. 103 f.
[594]   Vgl. u.a. *Stone, Eric R. et al.*: Risk Communication: Absolute versus Relative Expressions of Low-Probability Risks, in: Org. Beh. Hum. Dec. P., Vol. 60 (1994), Nr. 3, S. 387–408, hier S. 388.
[595]   Vgl. *Tversky, Amos/Kahneman, Daniel*: Judgment under Uncertainty: Heuristics and Biases, a.a.O., hier S. 1124–1130.
[596]   Vgl. *Svenson, Ola*: Are We All Less Risky and More Skillful Fellow Drivers?, in: AP, Vol. 47 (1981), Nr. 2, S. 143–148, hier S. 145 f.
[597]   Vgl. *Camerer, Colin F./Lovallo, Dan*: Overconfidence and Excess Entry: An Experimental Approach, in: AER, Vol. 89 (1999), Nr. 1, S. 306–318, hier S. 311–313.

schätzung häufiger die Übernahme eines anderen Unternehmens durchführen[598] sowie die Rentabilität von Investitionsprojekten überschätzen.[599] Folglich sind bei Durchführung und Dokumentation des Entscheidungsprozesses mögliche Verzerrungen von subjektiven Einschätzungen der Entscheidungsträger explizit zu berücksichtigen.

bbb)   Ansätze zur Erklärung des Einflusses der Darstellungsform von Wahrscheinlichkeiten

Tversky und *Kahneman* konnten bereits im Jahr 1981 auf Basis einer experimentellen Untersuchung von fiktiven Entscheidungssituationen einen signifikanten Einfluss der Darstellungsform von Informationen auf deren Wahrnehmung feststellen.[600] Allein die Darstellungsform kann dazu führen, dass sich die Präferenzen von Individuen bei einer im Grundsatz identischen Entscheidungssituation verändern. So werden bspw. absolute Wahrscheinlichkeiten in Prozent gegenüber relativen Wahrscheinlichkeiten, die auf Basis eines Vergleichs mit einem anderen unsicheren Ereignis dargestellt werden, bei Vorliegen von relativ geringen Wahrscheinlichkeiten oftmals unterschätzt.[601] Dieses Verhalten kann u.a. dadurch erklärt werden, dass Individuen Risiken mit sehr geringen (absoluten) Wahrscheinlichkeiten häufig vollständig ignorieren (*low probability bias*).

Darüber hinaus kann eine zusätzliche Angabe kumulativer Wahrscheinlichkeiten zu einer veränderten Wahrscheinlichkeitseinschätzung führen. So sind z.B. mehr Autofahrer dazu bereit, einen Sicherheitsgurt anzulegen, wenn die kumulative Wahrscheinlichkeit eines Autounfalls über einen längeren Zeitraum angegeben wird.[602] Auch eine zusätzliche Angabe von Zeitintervallen bzgl. des Eintritts von Risiken mit geringen Wahrscheinlichkeiten kann eine realistischere Einschätzung der Risiken unterstützen. So führte bspw. bei einer experimentellen Untersuchung zur Risikowahrnehmung von verseuchtem Trinkwasser die zusätzliche Angabe des Zeitintervalls eines erwarteten Todesfalls (1 in 35 Jahren) neben der Angabe dessen absoluter Wahrscheinlichkeit (1 in 1.000) zu einem geringeren wahrgenommenen Risiko.[603]

---

[598]   Vgl. *Malmendier, Ulrike/Tate, Geoffrey*: Who makes acquisitions? CEO overconfidence and the market's reaction, in: JFE, Vol. 89 (2008), Nr. 1, S. 20–43, hier S. 29–31.

[599]   Vgl. *Malmendier, Ulrike/Tate, Geoffrey*: CEO Overconfidence and Corporate Investment, in: JF, Vol. 60 (2005), Nr. 6, S. 2661–2700, hier S. 2679–2690.

[600]   Vgl. *Tversky, Amos/Kahneman, Daniel*: The Framing of Decisions and the Psychology of Choice, in: Science, Vol. 211 (1981), Nr. 4481, S. 453–458, hier S. 454–457.

[601]   Vgl. *Stone, Eric R. et al.*: Risk Communication: Absolute versus Relative Expressions of Low-Probability Risks, a.a.O., hier S. 394 f.

[602]   Vgl. *Slovic, Paul et al.*: Accident Probabilities and Seat Belt Usage: A Psychological Perspective, in: AAP, Vol. 10 (1978), Nr. 4, S. 281–285, hier S. 284.

[603]   Vgl. *Weinstein, Neil D. et al.*: Using Time Intervals Between Expected Events to Communicate Risk Magnitudes, in: RA, Vol. 16 (1996), Nr. 3, S. 305–308, hier S. 306 f.

Mithin sollten insbesondere bei komplexen unternehmerischen Entscheidungen, wie bspw. der Investition in US-amerikanische hypothekenbesicherte Wertpapiere, die zugrunde gelegten Wahrscheinlichkeiten bei der Entscheidungsfindung und der Dokumentation absolut, relativ und kumuliert angegeben werden. Als Beispiel für letztere Darstellung kann die kumulierte Wahrscheinlichkeit eines Rückgangs der US-amerikanischen Immobilienpreise unter Berücksichtigung eines mehrjährigen Zeitraums angegeben werden.

4. Grenzen der Maßgeblichkeit der Einhaltung ökonomischer Grundsätze für die rechtliche Bewertung einer möglichen Pflichtverletzung des Vorstands

a) *Ökonomische Grundsätze als Hilfsmittel zur Unterstützung der rechtlichen Bewertung einer möglichen Pflichtverletzung des Vorstands*

aa) Potenzielle Divergenz von branchenüblichem Verhalten und rechtlichem Erfordernis

Aufgrund einer fehlenden gesetzlichen Definition des Risikomanagements wird in Teilen der Literatur ein Rückgriff auf betriebswirtschaftliche Erkenntnisse gefordert.[604] Auch in der Regierungsbegründung zum UMAG wird auf die Anwendung „anerkannter betriebswirtschaftlicher Verhaltensmaßstäbe"[605] bei der Bestimmung der Angemessenheit der Informationsgrundlage hingewiesen. Während ein Rückgriff auf betriebswirtschaftliche Erkenntnisse grundsätzlich positiv zu bewerten ist, sind einem solchen gleichfalls Grenzen gesetzt. Zunächst liegen in der betriebswirtschaftlichen Literatur unterschiedliche Auffassungen bzgl. der operativen Ausgestaltung eines Risikomanagements vor.[606] Dies kann u.a. damit erklärt werden, dass in der betriebswirtschaftlichen Forschung kontinuierlich neue Konzepte entwickelt werden und einheitliche Positionen selten gegeben sind.[607] Des Weiteren werden oftmals wissenschaftliche Erkenntnisse aus der Analyse des empirisch beobachtbaren Verhaltens gewonnen.[608] So erfolgt bspw. an anderer Stelle eine Entwicklung von Grundsätzen der Unternehmensführung unter gleichzeitiger Anwendung der deduktiven und induktiven Methode, wobei letztere vor allem auf die Gepflogenheiten in der Praxis zurückgreift.[609] Auch zur Ermittlung von Grundsätzen der Überwachung durch den Aufsichtsrat erscheint die induktive Methode

---

[604] Vgl. *Eggemann, Gerd/Konradt, Thomas:* Risikomanagement nach KonTraG aus dem Blickwinkel des Wirtschaftsprüfers, a.a.O., hier S. 503 f.; *Lück, Wolfgang:* Elemente eines Risiko-Managementsystems, a.a.O., hier S. 9.

[605] Entwurf eines UMAG, a.a.O., hier S. 12.

[606] An dieser Stelle sei nur an die international verbreiteten Risikomanagement-Konzepte nach ISO sowie COSO verwiesen, vgl. ISO: ISO 31000:2009(E): Risk management – Principles and guidelines, a.a.O.; COSO: COSO Enterprise Risk Management – Integrated Framework, New Jersey 2004. Diese Auffassung wird auch im juristischen Schrifttum geteilt, vgl. *Kort, Michael:* Kommentierung zu § 91 AktG, a.a.O., hier Rn. 96.

[607] *Kieser, Alfred et al.:* Mehr Rechtssicherheit durch normative Managementkonzepte und Organisationsnormung?, in: ZfbF, 54. Jg. (2002), S. 395–425, hier S. 419.

[608] Zur Anwendung der deduktiven und induktiven Methode im Rahmen der Bestimmung von GoB, vgl. *Wüstemann, Jens:* Institutionenökonomik und internationale Rechnungslegungsordnungen, a.a.O., hier S. 99–119; *Baetge, Jörg et al.:* Bilanzen, 12. Aufl., Düsseldorf 2012, hier S. 107–109; *Moxter, Adolf:* Die handelsrechtlichen Grundsätze ordnungsmäßiger Buchführung und das neue Bilanzrecht, in: ZGR, 9. Jg. (1980), S. 254–276, hier S. 262 f.

[609] Vgl. *Werder, Axel von:* Grundsätze ordnungsmäßiger Unternehmensführung (GoF) – Zusammenhang, Grundlagen und Systemstruktur von Führungsgrundsätzen für die Unternehmungsleitung (GoU), Überwachung (GoÜ) und Abschlußprüfung (GoA), in: ZfbF, 48. Jg. (1996), Sonderheft, S. 1–26, hier S. 11 f.

verstärkt an Bedeutung zu gewinnen.[610] Die Destillierung von branchenüblichen Verhaltensweisen als Best Practice gewährleistet dabei eine wissenschaftlich fundierte Entwicklung von ökonomischen Empfehlungen, die vor allem bei fehlenden oder teilweise widersprüchlichen theoretischen Grundlagen bedeutsam für die Praxis sind; etwaige rechtliche Anforderungen werden bei einem solchen Vorgehen nicht berücksichtigt. Darüber hinaus sind die Anforderungen an das Risikomanagement jeweils in Abhängigkeit von der Größe und Komplexität des Geschäftsmodells des Unternehmens sowie der Art und Höhe der einzugehenden Risiken zu formulieren.[611] Folglich ist ein Rückgriff auf eine eindeutige betriebswirtschaftliche Lösung faktisch nicht möglich.

Im Ergebnis stellen die hier entwickelten Grundsätze zur Ermittlung einer angemessenen Informationsgrundlage bei unternehmerischen Entscheidungen sowie zur angemessenen Entscheidungsfindung aus betriebswirtschaftlicher Sicht entsprechend ein (wenngleich bedeutsames) Hilfsmittel zur Unterstützung der rechtlichen Bewertung einer möglichen Pflichtverletzung des Vorstands dar: Denn auch aus ökonomischer Sicht gilt, dass – wie *Hopt* zutreffend formuliert – „sich die an das Verhalten des Organmitglieds zu stellenden Anforderungen nicht nach dem Üblichen bemessen, sondern nach dem Erforderlichen."[612]

bb)   Notwendigkeit einer richterlichen Gesamtwürdigung bei Einhaltung von Einzelgrundsätzen

Gemäß § 93 Abs. 1 Satz 1 AktG haben „die Vorstandsmitglieder [...] bei ihrer Geschäftsführung die Sorgfalt eines ordentlichen und gewissenhaften Geschäftsleiters anzuwenden." Hierbei geht der aktienrechtliche Sorgfaltsbegriff über die bürgerlich-[613] und handelsrechtlichen[614] Bestimmungen hinaus,[615] so dass es grundsätzlich im Aufgabenbereich von Rechtsprechung und Rechtslehre liegt, die Sorgfaltspflicht des Vorstands zu präzisieren und auf reale, in der Praxis auftretende Situationen anzuwenden.[616] Im Fokus der richterlichen Bewertung, ob ein

[610] Vgl. *Theisen, Manuel R.*: Gesetzliche versus funktionsgerechte Informationsversorgung, in: ZGR, 42. Jg. (2013), S. 1–25, hier S. 11.
[611] Vgl. die Ausführungen in Abschnitt III.1.b.bb).
[612] *Hopt, Klaus J.*: Kommentierung zu § 93 AktG, in: Großkommentar AktG, hier Rn. 79.
[613] Gemäß § 276 Abs. 2 BGB handelt fahrlässig, „wer die im Verkehr erforderliche Sorgfalt außer Acht lässt."
[614] Gemäß § 347 Abs. 1 HGB hat derjenige, der „einem anderen zur Sorgfalt verpflichtet ist, [...] für die Sorgfalt eines ordentlichen Kaufmanns einzustehen."
[615] Vgl. *Kust, Egon*: Zur Sorgfaltspflicht und Verantwortlichkeit eines ordentlichen und gewissenhaften Geschäftsleiters, in: WM, 34. Jg. (1980), S. 758–765, hier S. 759.
[616] Vgl. u.a. *Fleischer, Holger*: Die "Business Judgment Rule" im Spiegel von Rechtsvergleichung und Rechtsökonomie, a.a.O., hier S. 828.

Vorstandsmitglied die ihm obliegende Sorgfalt angewendet hat, steht dabei stets eine Würdigung dessen Verhaltens in der Gesamtschau der jeweils vorliegenden Situation.[617] Auch bei Akzeptanz der ökonomischen Grundsätze zur Ermittlung einer angemessenen Informationsgrundlage sowie zur angemessenen Entscheidungsfindung bei unternehmerischen Entscheidungen wird sich das Gericht daher regelmäßig nicht mit einer Prüfung begnügen, ob das Vorstandsmitglied entsprechend dieser einzelnen Grundsätze gehandelt hat; vielmehr wird sich das Gericht darüber hinaus (zusätzlich) um eine Gesamtwürdigung der im Sinne von § 93 Abs. 1 Satz 1 AktG anzuwendenden Sorgfalt durch den Vorstand bemühen.

b)   *Gefahr der Einhaltung ökonomischer Grundsätze bei gleichzeitiger Missachtung des Sinn und Zwecks aus rechtlicher Sicht*

aa)   Gefahr der Fokussierung auf eine ausschließlich formale Einhaltung ökonomischer Grundsätze

Die Entwicklung von ökonomischen Grundsätzen zur Konkretisierung der Vorstandspflichten birgt stets die Gefahr, dass ein einseitiger Fokus auf eine rein formale Einhaltung der Grundsätze gelegt wird und gleichzeitig der übergeordnete Sinn und Zweck, welcher als Ausgangspunkt für deren Ableitung fungierte, vernachlässigt wird. Mithin besteht die Gefahr der Entwicklung einer *box ticking*-Mentalität,[618] welche die zugrunde liegende Intention der „generalklauselartigen Verhaltenspflichten"[619] des Vorstands gemäß § 93 Abs. 1 Satz 1 AktG konterkariert.

Als Beispiel kann an dieser Stelle die internationale Konsolidierungspraxis von Zweckgesellschaften nach IAS 27 i.V.m. SIC-12 genannt werden. Während IAS 27 und SIC-12 zahlreiche Vorgaben bzgl. der Konsolidierungspflicht von Zweckgesellschaften enthalten,[620] hängen diese stark von den jeweils vorliegenden Charakteristika der Zweckgesellschaft ab,[621] vor allem da bei einer Zweckgesellschaft das Kontrollkriterium im Sinne einer Mehrheit der

---

[617] Vgl. *Hopt, Klaus J.*: Kommentierung zu § 93 AktG, a.a.O., hier Rn. 86; *Druey, Jean N.*: Standardisierung der Sorgfaltspflicht? Fragen zur Business Judgment Rule, a.a.O., hier S. 72 f.

[618] Nach *Power* war der Fokus auf die Einhaltung vorab formulierter Grundsätze und Vorgaben durch das Risikomanagement eine wesentliche Ursache für die Entwicklung der Finanzkrise, vgl. *Power, Michael*: The risk management of nothing, a.a.O., hier S. 852.

[619] *Fleischer, Holger*: Die "Business Judgment Rule" im Spiegel von Rechtsvergleichung und Rechtsökonomie, a.a.O., hier S. 828.

[620] Vgl. u.a. *Küting, Karlheinz/Gattung, Andreas*: Zweckgesellschaften als Tochterunternehmen nach SIC-12, in: KoR, 7. Jg. (2007), S. 397–408, hier S. 397–405.

[621] Vgl. *Gerdes, Ann-Kristin/Wolz, Matthias*: Mangelnde Risikotransparenz als Ursache vor der Finanzmarktkrise – Hat das externe Rechnungswesen versagt?, in: FB, 10. Jg. (2009), S. 264–272, hier S. 268 f.

Stimmrechte i.d.R. ökonomisch nicht relevant ist.[622] Mithin besteht die Möglichkeit, die Zweckgesellschaft unter expliziter Berücksichtigung der Vorschriften nach IAS 27 i.V.m. SIC-12 so zu strukturieren, dass keine Konsolidierungspflicht induziert wird.[623] Dies steht oftmals in Konflikt mit dem übergeordneten Rechnungslegungszweck der einer den tatsächlichen Verhältnissen entsprechenden Abbildung der Vermögens-, Finanz- und Ertragslage des Unternehmens.[624]

Als weiteres Beispiel können die Anforderungen an das Risikomanagement von Finanzinstituten gemäß MaRisk angeführt werden. Seit ihrer erstmaligen Veröffentlichung im Jahr 2005 wurden die MaRisk bis heute (Stand: März 2015) fünfmal überarbeitet.[625] Aufgrund der stetig zunehmenden bankaufsichtlichen Anforderungen wird in der Praxis vermehrt der Vorwurf geäußert, dass immer mehr Ressourcen für die formale Einhaltung der MaRisk aufgewendet werden müssten und dadurch weniger Ressourcen für das inhaltliche Risikomanagement zur Verfügung stehen würden. Mithin scheint auch an dieser Stelle eine Fokussierung auf die rein formale Einhaltung der MaRisk stattzufinden, so dass der eigentliche Sinn und Zweck der Konkretisierung der Anforderungen an das Risikomanagement potenziell vernachlässigt wird.

bb)   Möglichkeiten und Grenzen einer bewussten Ausnutzung von Ermessensspielräumen durch den Vorstand

Auch bei Beachtung der Grundsätze zur angemessenen Entscheidungsfindung unter Risiko aus ökonomischer Sicht stehen dem Vorstand mitunter signifikante Ermessensspielräume zur Verfügung, die sich insbesondere aus der in der Natur der Sache liegenden erforderlichen Subjektivität von Entscheidungen unter Risiko[626] sowie der notwendigen Berücksichtigung

---

[622] Vgl. *Hoffmann, Wolf-Dieter/Lüdenbach, Norbert*: Die bilanzielle Abbildung der Hypothekenkrise und die Zukunft des Bilanzrechts, in: DB, 60. Jg. (2007), S. 2213–2219, hier S. 2218.

[623] Dies wurde von zahlreichen Finanzinstituten vor und während der Finanzkrise umfassend wahrgenommen. So betrieb bspw. die SachsenLB mit Hilfe von außerbilanziellen Zweckgesellschaften Kapitalmarktgeschäfte im Volumen von ca. € 26 Mrd. bei einem Eigenkapital von ca. € 1,4 Mrd., vgl. Sächsischer Rechnungshof: Sonderbericht nach § 99 SäHO – Landesbank Sachsen Girozentrale, Leipzig 2009, hier S. 34–37.

[624] Gemäß IAS 1.13 haben „Abschlüsse [...] die Vermögens-, Finanz- und Ertragslage sowie die Cashflows eines Unternehmens den tatsächlichen Verhältnissen entsprechend darzustellen."

[625] Vgl. *Hannemann, Ralf et al.*: Mindestanforderungen an das Risikomanagement (MaRisk): Kommentar unter Berücksichtigung der Instituts-Vergütungsverordnung (InstitutsVergV), 4. Aufl., Stuttgart 2013, hier S. 5–21.

[626] Vgl. u.a. *Laux, Helmut et al.*: Entscheidungstheorie, a.a.O., hier S. 92–94.

der jeweils vorliegenden konkreten Entscheidungssituation[627] ergeben. Bei der Entscheidungsvorbereitung ist vor allem der Ermessensspielraum hinsichtlich des Umfangs der Informationsgrundlage zu nennen.[628] Wenngleich das unternehmerische Ermessen dahingehend einzuschränken ist, dass einer lediglich oberflächlichen Kosten-Nutzen-Betrachtung nicht zu folgen ist,[629] so liegt die Einschätzung bzgl. der Relevanz von (weiteren) Informationen für die unternehmerische Entscheidung grundsätzlich im Ermessen des Vorstands.[630] Folglich hat das unternehmerische Ermessen über die Determinierung des Umfangs der Informationsgrundlage auch einen mittelbaren Einfluss auf die Auswahl der präferierten Handlungsalternative.[631] Des Weiteren verfügt der Vorstand über einen gewissen Ermessensspielraum bei der Ermittlung eines transparenten Chancen-Risiko-Profils bei der Bewertung des mit der unternehmerischen Entscheidung verbundenen Einzelrisikos,[632] da sowohl die Bestimmung des Erwartungswerts als auch der Auswirkungen bei Eintritt von extrem günstigen und ungünstigen Umweltzuständen zumindest teilweise einer subjektiven Einschätzung bedürfen.[633] Mithin besteht die Gefahr einer verzerrten Darstellung des Chancen-Risiko-Profils bei gleichzei-

---

[627] Vgl. *Hopt, Klaus J.*: Kommentierung zu § 93 AktG, a.a.O., hier Rn. 86. Zur Bedeutung der Rechtsprechung für die Würdigung der Einhaltung der Sorgfaltspflicht durch den Vorstand in Abhängigkeit von der jeweils vorliegenden Situation siehe die Ausführungen in Abschnitt II.3 sowie III.4.a.bb).

[628] Vgl. *Grundei, Jens/Werder, Axel von*: Die Angemessenheit der Informationsgrundlage als Anwendungsvoraussetzung der Business Judgment Rule, a.a.O., hier S. 827; *Peters, Kai*: Angemessene Informationsbasis als Voraussetzung pflichtgemäßen Vorstandshandelns, a.a.O., hier S. 812; *Bunz, Thomas*: Ist nur vollständige Information "angemessen"?, a.a.O., hier S. 446 f.; *Balthasar, Stephan/Hamelmann, Uwe*: Finanzkrise und Vorstandshaftung nach § 93 Abs. 2 AktG: Grenzen der Justiziabilität unternehmerischer Entscheidungen, a.a.O., hier S. 591; *Kocher, Dirk*: Zur Reichweite der Business Judgment Rule, a.a.O., hier S. 221. Dieser „erhebliche[.] Spielraum" des Vorstands wird auch explizit in der Regierungsbegründung zum UMAG genannt, Entwurf eines UMAG, a.a.O., hier S. 12.

[629] Vgl. die Ausführungen in Abschnitt III.3.a.aa.bbb).

[630] Vgl. *Seibt, Christoph H./Wollenschläger, Bernward*: Haftungsrisiken für Manager wegen fehlgeschlagener Post Merger Integration, a.a.O., hier S. 1580–1582; *Kinzl, Ulrich-Peter*: Wie angemessen muss "angemessene Information" als Grundlage für Vorstandsentscheidungen sein?, a.a.O., hier S. 1654; *Fischer, Reinfrid*: Banken- und Finanzdienstleistungsaufsicht, a.a.O., hier S. 119 f.; *Loritz, Karl-Georg/Wagner, Klaus-R.*: Haftung von Vorständen und Aufsichtsräten, a.a.O., hier S. 2191 sowie die Ausführungen in Abschnitt III.3.a.aa).

[631] Die Bewertung der zur Verfügung stehenden Handlungsalternativen basiert regelmäßig auf der zugrunde gelegten Informationsgrundlage, vgl. *Laux, Helmut et al.*: Entscheidungstheorie, a.a.O., hier S. 94 f. Folglich kann eine Änderung der Informationsgrundlage zu einer Änderung der Bewertung der zur Verfügung stehenden Handlungsalternativen führen. Zu den einzelnen Stufen des Entscheidungsprozesses siehe auch die Ausführungen in Abschnitt III.3.a.aa).

[632] Zur angemessenen Bewertung des mit einer unternehmerischen Entscheidung verbundenen Einzelrisikos siehe die Ausführungen in Abschnitt III.3.a.bb).

[633] Vgl. *Weber, Jürgen et al.*: Ausgestaltung eines unternehmerischen Chancen- und Risikomanagements nach dem KonTraG, a.a.O., hier S. 1711. Subjektive Einschätzungen sind dabei sowohl im Rahmen der Festlegung von erwartetem sowie extremem Umweltzustand als auch bei der Bestimmung der Auswirkungen bei Eintritt der jeweiligen Umweltzustände erforderlich.

tiger formaler Einhaltung der entsprechenden Grundsätze. Schließlich ist auch bei der Risiko-bewertung im Gesamtkontext von Risikotragfähigkeit und Zahlungsfähigkeit ein Ermessens-spielraum des Vorstands zu konstatieren.[634] Die Bewertung bzgl. des Vorliegens eines abs-trakt oder konkret bestandsgefährdenden Risikos erfordert eine (teilweise) subjektive Ein-schätzung der Eintrittswahrscheinlichkeit durch den Vorstand, welche dieser im Rahmen sei-nes unternehmerischen Ermessens zu treffen hat. Dies ist umso bedeutender, da die Einschät-zung bzgl. des Vorliegens eines abstrakt oder konkret bestandsgefährdenden Risikos einen wesentlichen Einfluss auf eine mögliche Pflichtwidrigkeit der unternehmerischen Entschei-dung hat[635] und Individuen gleichzeitig regelmäßig Schwierigkeiten bei der Bildung von Wahrscheinlichkeitsurteilen zeigen.[636] Mithin ist festzuhalten, dass auch bei Beachtung der Grundsätze für ein angemessenes Entscheidungsverhalten unter Risiko dezidierte Ermessens-spielräume für den Vorstand gegeben sind, die potenziell konfliktär zu den rechtlichen Anfor-derungen an die Sorgfaltspflicht des Vorstands ausgeübt werden können; insofern ist die be-sondere Bedeutung einer Gesamtwürdigung des jeweiligen Einzelfalls durch die Rechtspre-chung nochmals hervorzuheben.

---

[634] Zur angemessenen Bewertung des mit einer unternehmerischen Entscheidung verbundenen Gesamtrisikos im Kontext von Risikotragfähigkeit und Zahlungsunfähigkeit siehe die Ausführungen in Abschnitt III.3.a.cc).
[635] Vgl. die Ausführungen in Abschnitt III.3.a.cc)
[636] Vgl. die Ausführungen in Abschnitt III.3b.bb).

IV Interne Berichterstattung über die Informationsgrundlage bei unternehmerischen Entscheidungen als Basis der Überwachung des Vorstands im Rahmen der internen Corporate Governance

1. Gesetzliche Pflicht zur Überwachung des Vorstands durch Aufsichtsrat und Abschlussprüfer im Rahmen der internen Corporate Governance

a) Unmittelbare Überwachungsfunktion des Aufsichtsrats gemäß § 111 Abs. 1 AktG

aa) Die Pflicht des Aufsichtsrats zur Überwachung der Geschäftsführung im Allgemeinen

Gemäß § 111 Abs. 1 AktG hat der Aufsichtsrat „die Geschäftsführung zu überwachen." Die Reichweite der Überwachungspflicht des Aufsichtsrats hat sich dabei in den vergangenen zwei Jahrzehnten signifikant gewandelt.[637] War der Aufsichtsrat zunächst vor allem für eine retrospektive Kontrolle des Vorstands verantwortlich, wird diesem zunehmend auch eine zukunftsorientierte Überwachung des Vorstands zugeschrieben,[638] welche gleichfalls Bestätigung in der Rechtsprechung findet.[639] Der Umfang der unternehmerischen Mitgestaltung des Aufsichtsrats ist aufgrund der eigenverantwortlichen Leitung der Gesellschaft durch den Vorstand (§ 76 Abs. 1 AktG) stark begrenzt.[640] Daher sind Stimmen in der Literatur, die von einem „erheblichen Umfang [...] unternehmerische[r] Tätigkeiten"[641] oder von der Kontrolle des Aufsichtsrats im Sinne „eine[s] aktiven planungsbegleitenden Führungsinstrument[s]"[642]

---

[637] Vgl. *Lutter, Marcus et al.*: Rechte und Pflichten des Aufsichtsrats, 6. Aufl., Köln 2014, hier S. 32 f.

[638] Vgl. *Herrmann, Marco et al.*: Haftung des Vorstandes und des Aufsichtsrates in der Staatsschuldenkrise, a.a.O., hier S. 1941; *Henze, Hartwig*: Leitungsverantwortung des Vorstands – Überwachungspflicht des Aufsichtsrats, a.a.O., hier S. 214; *Lutter, Marcus et al.*: Rechte und Pflichten des Aufsichtsrats, a.a.O., hier S. 53–56; *Hüffer, Uwe*: Kommentierung zu § 111 AktG, a.a.O., hier Rn. 5; *Hopt, Klaus J./Roth, Markus*: Kommentierung zu § 111 AktG, in: Großkommentar AktG, hier Rn. 58 f.

[639] Vgl. BGH: Urteil vom 25.3.1991 - II ZR 188/89, in: BGHZ 114, S. 127–137, hier S. 129 f.; BGH: Urteil vom 15.11.1993 - II ZR 235/92, in: BGHZ 124, S. 111–128 hier S. 127 f.; BGH: Urteil vom 21.4.1997 - II ZR 175/95, a.a.O., hier S. 254 f.

[640] Vgl. *Säcker, Franz J./Rehm, Christian*: Grenzen der Mitwirkung des Aufsichtsrats an unternehmerischen Entscheidungen in der Aktiengesellschaft, a.a.O., hier S. 2816; *Fleischer, Holger*: Gestaltungsgrenzen für Zustimmungsvorbehalte des Aufsichtsrats nach § 111 Abs. 4 S. 2 AktG, in: BB, 68. Jg. (2013), S. 835–843, hier S. 839; *Möllers, Thomas M. J.*: Professionalisierung des Aufsichtsrates, in: ZIP, 16. Jg. (1995), S. 1725–1735, hier S. 1727; *Hopt, Klaus J./Roth, Markus*: Kommentierung zu § 111 AktG, a.a.O., hier Rn. 27 f.

[641] *Thümmel, Roderich C.*: Aufsichtsratshaftung vor neuen Herausforderungen – Überwachungsfehler, unternehmerische Fehlentscheidungen, Organisationsmängel und andere Risikofelder, in: AG, 14. Jg. (2004), S. 83‑91, hier S. 86.

[642] *Bea, Franz X./Scheurer, Steffen*: Die Kontrollfunktion des Aufsichtsrats, in: DB, 47. Jg. (1994), S. 2145–2152, hier S. 2146.

sprechen, kritisch zu bewerten.[643] Zwar sind in der Krise[644] sowie bei vorhandenem Expertenwissen[645] erhöhte Anforderungen an den Aufsichtsrat zu stellen;[646] eine Übernahme von Aufgaben der Geschäftsleitung durch den Aufsichtsrat ist dennoch grundsätzlich untersagt.[647] Die Überwachungspflicht des Aufsichtsrats beinhaltet eine Prüfung auf Rechtmäßigkeit, Ordnungsmäßigkeit, Wirtschaftlichkeit und Zweckmäßigkeit des Vorstandshandelns.[648] Darüber hinaus obliegt dem Aufsichtsrat (spätestens) seit der Entscheidung des BGH im Fall ARAG/Garmenbeck[649] die Prüfung einer möglichen Schadenersatzpflicht des Vorstands bei pflichtwidrigem Verhalten.[650]

Ein zentrales Instrument zur unternehmerischen Mitgestaltung durch den Aufsichtsrat innerhalb der skizzierten Grenzen ist die Festlegung von Zustimmungsvorbehalten gemäß § 111

---

[643] Wenngleich im Rahmen einer Umfrage im Jahr 2010 mehr als die Hälfte der befragten Aufsichtsräte eine mitunternehmerische Verantwortung des Aufsichtsrats bejahten, vgl. *Probst, Arno/Theisen, Manuel R.*: Herausforderungen und Grenzen "mitunternehmerischer" Entscheidungen im Aufsichtsrat, in: DB, 63. Jg. (2010), S. 1573–1578, hier S. 1574 f.

[644] Vgl. *Lutter, Marcus et al.*: Rechte und Pflichten des Aufsichtsrats, a.a.O., hier S. 49–52; *Säcker, Franz J./ Rehm, Christian*: Grenzen der Mitwirkung des Aufsichtsrats an unternehmerischen Entscheidungen in der Aktiengesellschaft, a.a.O., hier S. 2820. Der Aufsichtsrat hat in der Krise im Sinne einer gestaltenden Überwachungspflicht u.a. sämtliche ihm zur Verfügung stehenden Rechte wahrzunehmen, den Austausch mit dem Vorstand zu intensivieren, die Zustimmungspflicht zu verschärfen sowie eine mögliche Abberufung des Vorstands zu prüfen, vgl. *Henze, Hartwig*: Leitungsverantwortung des Vorstands – Überwachungspflicht des Aufsichtsrats, a.a.O., hier S. 214; *Scheffler, Eberhard*: Rolle des Aufsichtsrats bei der Vermeidung und Überwindung von Unternehmenskrisen, in: BB, 69. Jg. (2014), S. 2859–2863, hier S. 2860 f.

[645] Vgl. *Habersack, Mathias*: Kommentierung zu § 116 AktG, in: Münchener Kommentar AktG, hier Rn. 28; *Semler, Johannes*: Anforderungen an die Befähigung eines Aufsichtsratsmitglieds, in: FS Schmidt, S. 1489–1505, hier S. 1505; a.A. hingegen *Hopt, Klaus J./Roth, Markus*: Kommentierung zu § 116 AktG, in: Großkommentar AktG, hier Rn. 52; *Hüffer, Uwe*: Kommentierung zu § 116 AktG, in: Kurzkommentar AktG, hier Rn. 3.

[646] Zu den Anforderungen an die Überwachungsintensität in der Krise, vgl. LG München: Urteil vom 5.4.2007 - 5 HK O 15964/06, a.a.O., hier S. 419; OLG Düsseldorf: Urteil vom 31.5.2012 - I-16 U 176/10, in: AG, 23. Jg. (2013), S. 171–173, hier S. 172. Zur erhöhten Sorgfaltspflicht bei vorhandenem Expertenwissen, vgl. BGH: Urteil vom 20.9.2011 - II ZR 234/09, in: ZIP, 32. Jg. (2011), S. 2097–2102, hier S. 2101. Hierzu kritisch *Selter, Wolfgang*: Haftungsrisiken von Vorstandsmitgliedern bei fehlendem und von Aufsichtsratsmitgliedern bei vorhandenem Fachwissen, in: AG, 22. Jg. (2012), S. 11–20, hier S. 19.

[647] Vgl. *Hasselbach, Kai*: Überwachungs- und Beratungspflichten des Aufsichtsrats in der Krise, in: NZG, 15. Jg. (2012), S. 41–48, hier S. 47.

[648] Vgl. *Hennrichs, Joachim*: Corporate Governance und Abschlussprüfung, in: FS Hommelhoff, S. 383–400, hier S. 386 f.; *Lutter, Marcus et al.*: Rechte und Pflichten des Aufsichtsrats, a.a.O., hier S. 40–48; *Leyens, Patrick C./Schmidt, Frauke*: Corporate Governance durch Aktien-, Bankaufsichts- und Versicherungsaufsichtsrecht – Ausgewählte Einflüsse, Impulse und Brüche, in: AG, 23. Jg. (2013), S. 533–547, hier S. 539; *Götz, Heinrich*: Die Überwachung der Aktiengesellschaft im Lichte jüngerer Unternehmenskrisen, in: AG, 5. Jg. (1995), S. 337–353, hier S. 350; *Hüffer, Uwe*: Kommentierung zu § 111 AktG, a.a.O., hier Rn. 6.

[649] Zur Entscheidung des BGH im Fall ARAG/Garmenbeck siehe die Ausführungen in Abschnitt II.1.a).

[650] Vgl. *Henze, Hartwig*: Leitungsverantwortung des Vorstands – Überwachungspflicht des Aufsichtsrats, a.a.O., hier S. 215; *Loritz, Karl-Georg/Wagner, Klaus-R.*: Haftung von Vorständen und Aufsichtsräten, a.a.O., hier S. 2190; *Eichner, Christian/Höller, Timo*: Anforderungen an das Tätigwerden des Aufsichtsrats bei Verdacht einer Sorgfaltspflichtverletzung des Vorstands, a.a.O., hier S. 885 f.

Abs. 4 Satz 2 AktG.[651] Demnach hat „die Satzung oder der Aufsichtsrat [...] zu bestimmen, dass bestimmte Arten von Geschäften nur mit seiner Zustimmung vorgenommen werden dürfen." Der Gesetzgeber fordert hierbei eine Beschränkung auf „Entscheidungen oder Maßnahmen [...], welche die Ertragsaussichten oder die Risikoexposition der Gesellschaft grundlegend verändern"[652]. Gemäß Ziffer 3.3. des Deutschen Corporate Governance Kodex (DCGK) sind Zustimmungsvorbehalte „für Geschäfte von grundlegender Bedeutung"[653] festzulegen. Nach *Semler* sollten Geschäfte „von ganz außerordentlicher Bedeutung"[654] für die Vermögens-, Finanz- oder Ertragslage sowie die Beschäftigung des Unternehmens zustimmungspflichtig sein. In ähnlicher Weise sollten nach Ansicht des IDW latent bestandsgefährdende Risiken nur mit Zustimmung des Aufsichtsrats oder durch explizite Regelung in der Satzung eingegangen werden.[655] Mithin sind der Zulässigkeit von Zustimmungsvorbehalten strenge Grenzen gesetzt;[656] eine Überwachung des Vorstands auf Einzelgeschäftsebene ist weder gesetzlich vorgesehen noch praktisch umsetzbar.[657]

---

[651] Nach *Götz* „hat der Aufsichtsrat in begrenztem Umfang [daher] auch eine Mitgestaltungsmöglichkeit", *Götz, Heinrich*: Rechte und Pflichten des Aufsichtsrats nach dem Transparenz- und Publizitätsgesetz, in: NZG, 5. Jg. (2002), S. 599–604, hier S. 602.

[652] Drucksache des Deutschen Bundestages 14/8769 vom 11.04.2002: Entwurf eines Gesetzes zur weiteren Reform des Aktien- und Bilanzrechts, zu Transparenz und Publizität (Transparenz- und Publizitätsgesetz), S. 1–34 (im Folgenden zitiert als Enwturf eines TransPuG), hier S. 17.

[653] Regierungskommission Deutscher Corporate Governance Kodex: Deutscher Corporate Governance Kodex 2014, a.a.O., hier S. 4.

[654] *Semler, Johannes*: Zustimmungsvorbehalte als Instrument der Überwachung durch den Aufsichtsrat, a.a.O., hier S. 617 [im Original teilweise hervorgehoben].

[655] Vgl. IDW: Erkenntnisse aus der Finanzmarktkrise – ein Blick nach vorn, Düsseldorf 2009, hier S. 4.

[656] Vgl. *Fleischer, Holger*: Gestaltungsgrenzen für Zustimmungsvorbehalte des Aufsichtsrats nach § 111 Abs. 4 S. 2 AktG, a.a.O., hier S. 839–841. Für einen weiten Ermessensspielraum für Zustimmungsvorbehalte argumentiert hingegen *Thiessen*, vgl. *Thiessen, Jan*: Zustimmungsvorbehalte des Aufsichtsrats zwischen Pflicht und Kür, in: AG, 23. Jg. (2013), S. 573–582, hier S. 578 f. Nach *Säcker* und *Rehm* waren die vor und während der Finanzkrise getätigten Investitionen in ABS-Wertpapiere durch deutsche Bankvorstände auch ex-ante als zustimmungspflichtig einzustufen, vgl. *Säcker, Franz J./Rehm, Christian*: Grenzen der Mitwirkung des Aufsichtsrats an unternehmerischen Entscheidungen in der Aktiengesellschaft, a.a.O., hier S. 2816.

[657] Vgl. *Lutter, Marcus et al.*: Rechte und Pflichten des Aufsichtsrats, a.a.O., hier S. 38; *Fonk, Hans-Joachim*: Zustimmungsvorbehalte des AG-Aufsichtsrats, a.a.O., hier S. 846; *Habersack, Mathias*: Kommentierung zu § 111 AktG, in: Münchener Kommentar AktG, hier Rn. 106–109; *Hüffer, Uwe*: Kommentierung zu § 111 AktG, a.a.O., hier Rn. 18.

bb) Die Pflicht des Aufsichtsrats zur Überwachung des Risikomanagements im Besonderen

aaa) Die Überwachung des Früherkennungssystems zu bestandsgefährdenden Entwicklungen

Die Pflicht zur Überwachung des Früherkennungssystems zu bestandsgefährdenden Entwicklungen durch den Aufsichtsrat resultiert aus dessen allgemeiner Überwachungspflicht der Geschäftsführung (§ 111 Abs. 1 AktG).[658] Die Überwachungspflicht beinhaltet dabei u.a. die Überwachung der „Existenz, Einrichtung, Funktionsfähigkeit und Zielorientiertheit"[659] des Früherkennungssystems. Mithin beschränkt diese sich nicht darauf, sicherzustellen, dass bestandsgefährdende Entwicklungen rechtzeitig an den Vorstand gemeldet werden, sondern umfasst vielmehr den gesamten, hierfür erforderlichen Prozess – von der Erfassung von Risikoinformationen über deren Dokumentation bis hin zur Kontrolle des Früherkennungssystems durch den Vorstand.[660]

Grundsätzlich besteht gemäß § 107 Abs. 3 Satz 1 AktG die Möglichkeit der Delegation der Überwachung des Früherkennungssystems an einen Ausschuss des Aufsichtsrats, wie bspw. den Prüfungsausschuss,[661] wodurch regelmäßig eine Steigerung der Effektivität und Effizienz der Überwachung des Vorstands vermutet wird.[662] Durch die Delegation an einen Prüfungsausschuss wird dem Umstand Rechnung getragen, dass nicht sämtliche Mitglieder des Auf-

---

[658] Vgl. *Wohlmannstetter, Gottfried*: Risikomanagement nach dem BilMoG, in: ZGR, 39. Jg. (2010), S. 472–488, hier S. 473; *Theisen, Manuel R.*: Risikomanagement als Herausforderung für die Corporate Governance, in: BB, 58. Jg. (2003), S. 1426–1430, hier S. 1426 f.; *Bihr, Dietrich/ Kalinowsky, Marc*: Risikofrüherkennungssystem nach börsennotierten Aktiengesellschaften – Haftungsfalle für Vorstand, Aufsichtsrat und Wirtschaftsprüfer, a.a.O., hier S. 626 f.

[659] *Theisen, Manuel R.*: Risikomanagement als Herausforderung für die Corporate Governance, a.a.O., hier S. 1427.

[660] Vgl. *Lutter, Marcus et al.*: Rechte und Pflichten des Aufsichtsrats, a.a.O., hier S. 45 f.

[661] Vgl. *Hommelhoff, Peter/Mattheus, Daniela*: Risikomanagementsystem im Entwurf des BilMoG als Funktionselement der Corporate Governance, in: BB, 62. Jg. (2007), S. 2787–2791, hier S. 2788; *Kort, Michael*: Risikomanagement nach dem Bilanzrechtsmodernisierungsgesetz, in: ZGR, 39. Jg. (2010), S. 440–471, hier S. 461 f.; *Götz, Heinrich*: Die Überwachung der Aktiengesellschaft im Lichte jüngerer Unternehmenskrisen, a.a.O., hier S. 347; *Feddersen, Dieter*: Neue gesetzliche Anforderungen an den Aufsichtsrat, in: AG, 10. Jg. (2000), S. 385–396, hier S. 391.

[662] Vgl. AKEIÜ: Prüfungsausschüsse in deutschen Aktiengesellschaften, in: DB, 53. Jg. (2000), S. 2281–2285, hier S. 2285; *Vetter, Eberhard*: Der Prüfungsausschuss in der AG nach dem BilMoG, in: ZGR, 39. Jg. (2010), S. 751–793, hier S. 754; *Preußner, Joachim*: Risikomanagement und Compliance in der aktienrechtlichen Verantwortung des Aufsichtsrats unter Berücksichtigung des Gesetzes zur Modernisierung des Bilanzrechts (BilMoG), a.a.O., hier S. 574. Ein solches Verständnis liegt auch der Regierungsbegründung zum BilMoG zugrunde, vgl. Entwurf eines BilMoG, a.a.O., hier S. 102.

sichtsrats über das nötige Spezialwissen zu verfügen brauchen[663] und dennoch gleichzeitig eine effektive Überwachung gewährleistet werden kann.[664] Als Beispiel kann an dieser Stelle auf den Prüfungsausschuss der Siemens AG verwiesen werden, welcher sich (mindestens) seit dem Jahr 2004 regelmäßig mit den Grundsätzen des Risikomanagements sowie dem Risiko-überwachungssystem auseinandersetzt.[665] Allerdings verbleibt auch bei Delegation der Über-wachungsaufgabe an den Prüfungsausschuss die Gesamtverantwortung weiterhin beim ge-samten Aufsichtsrat.[666]

bbb) Die Überwachung des internen Kontroll- und des Risikomanagementsystems

Mit Art. 41 Abs. 2 der Abschlussprüferrichtlinie wurden die Aufgaben des Prüfungsausschus-ses dahingehend konkretisiert, dass dieser u.a. „die Wirksamkeit des internen Kontrollsystems [...] und des Risikomanagementsystems des Unternehmens zu überwachen"[667] hat.[668] Der deutsche Gesetzgeber hat diese Formulierung, als Wahlrecht ausgestaltet, in § 107 Abs. 3 Satz 2 AktG übernommen. Demnach kann der Aufsichtsrat einen Prüfungsausschuss einrich-ten, „der sich mit der Überwachung des Rechnungslegungsprozesses, der Wirksamkeit des internen Kontrollsystems, des Risikomanagementsystems und des internen Revisionssystems [...] befasst." Nach Ansicht des Gesetzgebers soll die Überwachung „umfassend angelegt"[669] werden, mithin soll keine Beschränkung auf die Überwachung des Früherkennungssystems gemäß § 91 Abs. 2 AktG stattfinden. Eine gesetzliche Pflicht für den Vorstand zur Einfüh-

---

[663] Nach Ansicht des BGH ist „nicht zu erwarten, daß *jedes* Aufsichtsratsmitglied auf *sämtlichen* Gebieten, auf denen der Aufsichtsrat tätig wird, umfassende Spezialkenntnisse besitzt", BGH: Urteil vom 15.11.1982 - II ZR 27/82, in: BGHZ 85, S. 293–300, hier S. 296.

[664] Vgl. *Röhrich, Raimund*: Risikomanagement: Pflichten und Haftungsumfang des Aufsichtsrats, in: ZCG, 1. Jg. (2006), S. 41–44, hier S. 42.

[665] Vgl. *Schäfer, Albrecht*: Der Prüfungsausschuss – Arbeitsteilung im Aufsichtsrat, in: ZGR, 33. Jg. (2004), S. 416–431, hier S. 421, 429.

[666] Vgl. *Gesell, Harald*: Prüfungsausschuss und Aufsichtsrat nach dem BilMoG, in: ZGR, 40. Jg. (2011), S. 361–397, hier S. 369; *Lanfermann, Georg/Röhricht, Victoria*: Pflichten des Prüfungsausschusses nach dem BilMoG, in: BB, 64. Jg. (2009), S. 887–891, hier S. 888; *Weber-Rey, Daniela*: Gesellschafts- und aufsichtsrechtliche Herausforderungen an die Unternehmensorganisation – Aktuelle Entwicklungen im Be-reich Corporate Governance, Compliance und Risikomanagement, in: AG, 18. Jg. (2008), S. 345–359, hier S. 348; *Hopt, Klaus J./Roth, Markus*: Kommentierung zu § 107 AktG, in: Großkommentar AktG, hier Rn. 449.

[667] Richtlinie 2006/43/EG des Europäischen Parlaments und des Rates vom 17. Mai 2006 über Abschlussprüfungen von Jahresabschlüssen und konsolidierten Abschlüssen, zur Änderung der Richtlinien 78/660/EWG und 83/349/EWG des Rates und zur Aufhebung der Richtlinie 84/253/EWG des Rates, in: Abl. EU L 157 vom 9.6.2006, S. 87–107, hier S. 103.

[668] Vgl. *Habersack, Mathias*: Aufsichtsrat und Prüfungsausschuss nach dem BilMoG, in: AG, 18. Jg. (2008), S. 98–107, hier S. 99; *Kort, Michael*: Risikomanagement nach dem Bilanzrechtsmodernisierungsgesetz, a.a.O., hier S. 465.

[669] Entwurf eines BilMoG, a.a.O., hier S. 102.

rung eines umfassenden Risikomanagements wird hiermit allerdings nicht statuiert.[670]

Die Überwachung der Wirksamkeit des Risikomanagementsystems durch den Prüfungsausschuss beinhaltet eine Beurteilung darüber, ob Ergänzungen, Erweiterungen oder Verbesserungen des vorliegenden Systems notwendig sind.[671] Zur Urteilsfindung ist eine Analyse der organisatorischen Prozesse und Methoden zur Erfassung, Bewertung, Steuerung und Kommunikation von Risiken erforderlich,[672] die regelmäßig auf Basis der Dokumentation des Risikomanagementsystems und dessen Wirksamkeit durchzuführen ist.[673] Hierbei ist eine Fokussierung auf die wesentlichen Risiken des Unternehmens zu empfehlen.[674] Mithin kann eine Intensivierung der Überwachungspflicht des Prüfungsausschusses festgestellt werden, die über eine bloße Existenzprüfung des Risikomanagementsystems hinausreicht.[675] Falls kein Risikomanagementsystem vorhanden ist, ist zu prüfen, ob dessen Einrichtung grundsätzlich erforderlich ist.[676]

Darüber hinaus wird in Ziffer 5.3.2. des DCGK die Einrichtung eines Prüfungsausschusses explizit empfohlen.[677] Daher ist auch davon auszugehen, dass die bereits vor BilMoG fest-

---

[670] Vgl. *Weber-Rey, Daniela*: Gesellschafts- und aufsichtsrechtliche Herausforderungen an die Unternehmensorganisation – Aktuelle Entwicklungen im Bereich Corporate Governance, Compliance und Risikomanagement, a.a.O., hier S. 350; *Gesell, Harald*: Prüfungsausschuss und Aufsichtsrat nach dem BilMoG, a.a.O., hier S. 371; *Kort, Michael*: Risikomanagement nach dem Bilanzrechtsmodernisierungsgesetz, a.a.O., hier S. 460–464; *Ernst, Christoph/Seidler, Holger*: Der Regierungsentwurf eines Gesetzes zur Modernisierung des Bilanzrechts, in: ZGR, 37. Jg. (2008), S. 631–675, hier S. 664. Dies wird ausdrücklich vom Gesetzgeber in der Regierungsbegründung zum BilMoG festgelegt, vgl. Entwurf eines BilMoG, a.a.O., hier S. 102.

[671] Vgl. *Ernst, Christoph/Seidler, Holger*: Der Regierungsentwurf eines Gesetzes zur Modernisierung des Bilanzrechts, a.a.O., hier S. 664; Entwurf eines BilMoG, a.a.O., hier S. 102 f.

[672] Vgl. *Vetter, Eberhard*: Der Prüfungsausschuss in der AG nach dem BilMoG, a.a.O., hier S. 771; *Nonnenmacher, Rolf et al.*: Aktuelle Anforderungen an Prüfungsausschüsse, in: DB, 60. Jg. (2007), S. 2412–2417, hier S. 2415.

[673] Vgl. *Kort, Michael*: Risikomanagement nach dem Bilanzrechtsmodernisierungsgesetz, a.a.O., hier S. 462; *Nonnenmacher, Rolf et al.*: Aktuelle Anforderungen an Prüfungsausschüsse, in: DB, 62. Jg. (2009), S. 1447–1454, hier S. 1451; *Lanfermann, Georg/Röhricht, Victoria*: Pflichten des Prüfungsausschusses nach dem BilMoG, a.a.O., hier S. 890. In diesem Sinne konsequent obliegt dem Aufsichtsrat auch eine Überwachungspflicht über an Dritte ausgelagerte Tätigkeiten des Risikomanagements, vgl. *Spindler, Gerald*: Sonderprüfung und Pflichten eines Bankvorstands in der Finanzmarktkrise, a.a.O., hier S. 285.

[674] Vgl. AKEIÜ: Überwachung der Wirksamkeit des internen Kontrollsystems und des Risikomanagementsystems durch den Prüfungsausschuss – Best Practice, in: DB, 64. Jg. (2011), S. 2101–2105, hier S. 2102; *Nonnenmacher, Rolf et al.*: Aktuelle Anforderungen an Prüfungsausschüsse, a.a.O., hier S. 2415.

[675] Vgl. *Preußner, Joachim*: Risikomanagement und Compliance in der aktienrechtlichen Verantwortung des Aufsichtsrats unter Berücksichtigung des Gesetzes zur Modernisierung des Bilanzrechts (BilMoG), a.a.O., hier S. 575; *Eibelshäuser, Beate/Stein, Thomas*: Modifikation der Zusammenarbeit des Prüfungsausschusses mit dem Abschlussprüfer durch den Gesetzentwurf des BilMoG, in: DK, 6. Jg. (2008), S. 486–493, hier S. 489.

[676] Vgl. *Ernst, Christoph/Seidler, Holger*: Der Regierungsentwurf eines Gesetzes zur Modernisierung des Bilanzrechts, a.a.O., hier S. 664; Entwurf eines BilMoG, a.a.O., hier S. 103.

[677] Vgl. Regierungskommission Deutscher Corporate Governance Kodex: Deutscher Corporate Governance Kodex 2014, a.a.O., hier S. 10.

stellbare verstärkte Einrichtung von Prüfungsausschüssen bei kapitalmarktorientierten Aktiengesellschaften[678] weiter zunehmen wird.[679]

ccc)   Die Anforderungen an das *board of directors* zur Überwachung des Risikomanage-
      ments im Rahmen der US-amerikanischen internen Corporate Governance

Die Anforderungen an das *board of directors* zur Überwachung des Risikomanagements in

den USA ergeben sich aus Vorgaben in den einzelnen Bundesstaaten sowie aus übergeordne-

ten Vorschriften auf Bundesebene.[680] Auf Ebene der Bundesstaaten ist insbesondere die

Rechtsprechung des Delaware Supreme Court im Fall Caremark von Bedeutung,[681] wonach

das *board of directors* die Existenz eines angemessenen Informations- und Berichtswesens

zur Wahrnehmung seiner Überwachungspflicht sicherstellen muss.[682] Während teilweise eine

analoge Anwendung auf die Anforderungen zur Überwachung des Risikomanagements ge-

fordert wird, hat der Delaware Supreme Court im Fall Citigroup eine solche explizit abge-

lehnt.[683] Auf Bundesebene hat der im Jahr 2002 erlassene Sarbanes-Oxley-Act (SOA) zumin-

dest einen mittelbaren Einfluss auf die Anforderungen an das *board of directors* zur Überwa-

chung des Risikomanagements, da dieser u.a. die Einführung eines unternehmensweiten in-

ternen Kontrollsystems vorsieht.[684] Darüber hinaus wurden im Rahmen des im Jahr 2010 ver-

---

[678] Vgl. *Werder, Axel von/Talaulicar, Till*: Kodex Report 2007: Die Akzeptanz der Empfehlungen und
       Anregungen des Deutschen Corporate Governance Kodex, in: DB, 60. Jg. (2007), S. 869–875, hier S. 871 f.
[679] So haben auch in einer jüngsten Umfrage zur Akzeptanz der Empfehlungen des DCGK insgesamt 94% der
       Unternehmen mit Aufsichtsratsausschüssen die Frage nach der Einrichtung eines Prüfungsausschusses be-
       jaht, vgl. *Werder, Axel von/Bartz, Jenny*: Corporate Governance Report 2013: Abweichungskultur und
       Unabhängigkeit im Lichte der Akzeptanz und Anwendung des aktuellen DCGK, in: DB, 66. Jg. (2013),
       S. 885–895, hier S. 891.
[680] Vgl. u.a. *Johnson, Kristin N.*: Addressing Gaps in the Dodd-Frank Act: Directors' Risk Management Over-
       sight Obligations, in: Michigan Journal of Law Reform, Vol. 45 (2011), Nr. 1, S. 55–112, hier S. 92. Dar-
       über hinaus wird bspw. für eine Zulassung an der NYSE vorausgesetzt, dass sich das *audit committee* mit
       den unternehmensspezifischen Richtlinien zu Risikomessung und Risikomanagement auseinandersetzt, vgl.
       NYSE, Section 303A.07(b)(iii)(D) of the NYSE Listed Company Manual.
[681] Zur Bedeutung der Rechtsprechung des Delaware Supreme Court auf Ebene der US-Bundesstaaten siehe die
       Ausführungen in Abschnitt II.1.b.bb).
[682] Vgl. In re Caremark International Inc. Derivative Litigation, 698 A.2d 959 (Del. 1996).
[683] Vgl. In re Citigroup Inc. Shareholder Litigation, 2009 WL 481906 at 10 (Del. 2009). Nach *Bainbridge*
       spricht die besondere Beziehung zwischen Risikomanagement und Risikoübernahme bei unternehmerischen
       Entscheidungen gegen eine analoge Anwendung der Rechtsprechung im Fall Caremark, vgl. *Bainbridge,
       Stephen M.*: Caremark and Enterprise Risk Management, in: JCL, Vol. 34 (2009), Nr. 4, S. 967–990, hier
       S. 981–985.
[684] Vgl. SEC: 17 CFR PARTS 210, 228, 229, 240, 249, 270 and 274 – Management's Report on Internal
       Control Over Financial Reporting and Certification of Disclosure in Exchange Act Periodic Reports, 2003;
       Gruson, Michael/Kubicek, Matthias: Der Sarbanes-Oxley Act, Corporate Governance und das deutsche
       Aktienrecht (Teil II), in: AG, 13. Jg. (2003), S. 393–406, hier S. 396 f.; *Withus, Karl-Heinz*: Bringt das
       Bilanzrechtsmodernisierungsgesetz (BilMoG) auch "Euro-SOX"?, in: ZCG, 4. Jg. (2009), S. 119–125, hier
       S. 123.

abschiedeten Dodd-Frank-Act (DFA) die Anforderungen an das *board of directors* zur Überwachung des Risikomanagements als unmittelbare Folge der Finanzkrise explizit verschärft. So werden bspw. Vergütungsstrukturen in Finanzinstituten, die einen Anreiz zur exzessiven Risikoübernahme setzen, ausdrücklich untersagt.[685] Während mögliche Ansätze zur Verbesserung der Überwachung des Risikomanagements durch das *board of directors* weiterhin diskutiert werden, ist deren grundlegende Bedeutung für die Risiko- und Ertragslage eines Unternehmens empirisch unbestritten. So können bspw. *Sun* und *Liu* einen signifikant negativen Zusammenhang zwischen der Effektivität des *audit committee* von US-amerikanischen Banken[686] und der Höhe der Risikoübernahme der jeweiligen Institute feststellen.[687] Darüber hinaus weisen *Aebi et al.* einen positiven Einfluss einer robusten Risikoorganisation[688] auf die Profitabilität von Finanzinstituten in den USA während der jüngsten Finanzkrise nach.[689]

b)   Mittelbare Überwachungsfunktion des Abschlussprüfers gemäß § 317 HGB

aa)   Die Prüfung der Einhaltung der gesetzlichen Vorschriften bei der
         Finanzberichterstattung im Allgemeinen

Im System der Corporate Governance des deutschen Aktienrechts stellt der Abschlussprüfer neben dem Aufsichtsrat eine weitere, bedeutende Überwachungsinstanz des Vorstands dar.[690] Der Abschlussprüfer nimmt hierbei eine doppelte Funktion ein: Einerseits dienen die Ergebnisse der Abschlussprüfung dem Aufsichtsrat zur Wahrnehmung dessen Überwachungspflicht

---

[685] Vgl. SEC: 17 CFR 229, 240, and 249 – Shareholder Approval of Executive Compensation and Golden Parachute Compensation, in: Federal Register, Vol. 76 (2011), Nr. 22, S. 6010–6047. Allerdings wird die Effektivität der Reformen teilweise kritisch gesehen, vgl. *Johnson, Kristin N.*: Addressing Gaps in the Dodd-Frank Act: Directors' Risk Management Oversight Obligations, a.a.O., hier S. 97–100.

[686] Die Effektivität des *audit committee* wird hierbei beeinflusst durch die Dauer der Zugehörigkeit der Mitglieder zum *audit committee* sowie deren Geschäftätigkeit im Sinne einer Wahrnehmung weiterer Aufsichtsratsmandate bei anderen Unternehmen des S&P 1500.

[687] Vgl. *Sun, Jerry/Liu, Guoping*: Audit committees' oversight of bank risk-taking, in: JBF, Vol. 40 (2014), S. 376–387, hier S. 382–384.

[688] Die Robustheit der Risikoorganisation wird hierbei beeinflusst durch die Anzahl der Sitzungen des *risk committee* sowie durch die direkte Berichterstattung des CRO an das *board of directors*.

[689] Vgl. *Aebi, Vincent et al.*: Risk management, corporate governance, and bank performance in the financial crisis, in: JBF, Vol. 36 (2012), Nr. 12, S. 3213–3226, hier S. 3223 f.

[690] Vgl. *Hopt, Klaus J.*: Die Haftung von Vorstand und Aufsichtsrat, a.a.O., hier S. 913 f.; *Mattheus, Daniela*: Die gewandelte Rolle des Wirtschaftsprüfers als Partner des Aufsichtsrats nach dem KonTraG, in: ZGR, 28. Jg. (1999), S. 682–714, hier S. 685.

und damit der internen Unternehmenskontrolle.[691] Andererseits ist der Abschlussprüfer aufgrund seiner Funktion „als Garant für die Richtigkeit der Bilanzierung"[692] von zentraler Bedeutung für die externe Unternehmenskontrolle.[693]

Gemäß § 317 Abs. 1 Satz 2 HGB hat der Abschlussprüfer bei der Prüfung des Jahres- bzw. Konzernabschlusses zu bewerten, „ob die gesetzlichen Vorschriften und sie ergänzende Bestimmungen [...] beachtet worden sind." Folglich obliegt dem Abschlussprüfer eine Gesetz- und Ordnungsmäßigkeitsprüfung der Finanzberichterstattung.[694] Ferner hat der Abschlussprüfer gemäß § 317 Abs. 2 HGB zu prüfen, ob der (Konzern-)Lagebericht mit dem Jahres- bzw. Konzernabschluss sowie mit den bei der Prüfung gewonnenen Erkenntnissen in Einklang steht und ob diese eine zutreffende Vorstellung von der Lage des Unternehmens bzw. des Konzerns vermitteln. Aufgrund dieser gesetzlichen Anforderungen sowie den Ergänzungen in § 317 Abs. 1 Satz 3 HGB im Zuge des KonTraG[695] wird die Notwendigkeit eines risikoorientierten Prüfungsansatzes betont, welcher i.d.R. auch Bereiche außerhalb der Rechnungslegung berücksichtigen soll.[696] Dies ist aber nicht gleichbedeutend mit einer teilweise in der Öffent-

---

[691] Vgl. u.a. *Böcking, Hans-Joachim/Orth, Christian*: Mehr Kontrolle und Transparenz im Unternehmensbereich durch eine Verbesserung der Qualität der Abschlußprüfung?, in: BFuP, 51. Jg. (1999), S. 418–436, hier S. 432.

[692] *Hennrichs, Joachim*: Corporate Governance und Abschlussprüfung, a.a.O., hier S. 397.

[693] Vgl. *Scheffler, Eberhard*: Corporate Governance – Auswirkungen auf den Wirtschaftsprüfer, in: WPg, 58. Jg. (2005), S. 477–486, hier S. 478; *Hommelhoff, Peter*: Die neue Position des Abschlußprüfers im Kraftfeld der aktienrechtlichen Organisationsverfassung (Teil I), in: BB, 53. Jg. (1998), S. 2567–2573, hier S. 2567 f.; *Adelopo, Ismail*: Auditor Independence, Farnham: Gower 2012, hier S. 84–88; *Nonnenmacher, Rolf*: Corporate Governance und Abschlussprüfung, in: FS Ballwieser, S. 547–566, hier S. 552–554.

[694] Vgl. *Mattheus, Daniela*: Die Rolle des Abschlussprüfers in der Corporate Governance, in: Handbuch Corporate Governance, hrsg. v. P. Hommelhoff et al., 2. Aufl., Köln und Stuttgart 2009, S. 563–602, hier S. 565 f.; *Forster, Karl-Heinz*: Abschlußprüfung nach dem Regierungsentwurf des KonTraG, in: WPg, 51. Jg. (1998), S. 41–56, hier S. 44; *Habersack, Mathias/Schürnbrand, Jan*: Kommentierung zu § 317 HGB, in: Staub Großkommentar HGB, hier Rn. 8 f.

[695] Vgl. Entwurf eines KonTraG, a.a.O., hier S. 26 f. Nach *Moxter* ist die Ergänzung in § 317 Abs. 1 Satz 3 HGB aufgrund der sinngemäßen Wiederholung der Anforderungen nach § 317 Abs. 1 Satz 2 HGB allerdings redundant, vgl. *Moxter, Adolf*: Die Vorschriften zur Rechnungslegung und Abschlußprüfung im Referentenentwurf eines Gesetzes zur Kontrolle und Transparenz im Unternehmensbereich, a.a.O., hier S. 724.

[696] Vgl. *Mattheus, Daniela*: Die Rolle des Abschlussprüfers in der Corporate Governance, a.a.O., hier S. 584 f.; *Böcking, Hans-Joachim/Orth, Christian*: Mehr Kontrolle und Transparenz im Unternehmensbereich durch eine Verbesserung der Abschlußprüfung?, a.a.O., hier S. 422–425; *Lenz, Hansrudi/Ostrowski, Markus*: Kontrolle und Transparenz im Unternehmensbereich durch die Institution Abschlußprüfung, in: BB, 52. Jg. (1997), S. 1523–1529, hier S. 1526 f.; *Ruhnke, Klaus*: Geschäftsrisikoorientierte Abschlußprüfung – Revolution im Prüfungswesen oder Weiterentwicklung des risikoorientierten Prüfungsansatzes?, in: DB, 55. Jg. (2002), S. 437–443, hier S. 442; *Ebke, Werner F.*: Kommentierung zu § 317 HGB, in: Münchener Kommentar HGB, hier Rn. 76 f.; *Habersack, Mathias/Schürnbrand, Jan*: Kommentierung zu § 317 HGB, a.a.O., hier Rn. 11 f. Grundlegend zum risikoorientierten Prüfungsansatz in der Abschlussprüfung, vgl. *Stibi, Eva*: Prüfungsrisikomodell und Risikoorientierte Abschlußprüfung, Düsseldorf 1995; *Schmidt, Stefan*: Geschäftsverständnis, Risikobeurteilungen und Prüfungshandlungen des Abschlussprüfers als Reaktion auf beurteilte Risiken, in: WPg, 58. Jg. (2005), S. 873–887.

lichkeit anzutreffenden Erwartungshaltung, dass die gesetzliche Abschlussprüfung eine Prüfung der Ordnungsmäßigkeit der Geschäftsführung beinhalte:[697] Primäre Funktion der Abschlussprüfung ist die Gesetz- und Ordnungsmäßigkeitsprüfung der Finanzberichterstattung.[698] Demzufolge ist Gegenstand der Abschlussprüfung, ob die gesetzlichen Vorschriften einschließlich der Grundsätze ordnungsmäßiger Buchführung (GoB) sowie ergänzende Bestimmungen in Gesellschaftsvertrag oder Satzung eingehalten wurden.[699] Konsequenterweise ist daher nach IDW PS 450 im Prüfungsbericht über die Feststellungen zur Rechnungslegung, deren Ordnungsmäßigkeit sowie die Gesamtaussage des Jahres- bzw. Konzernabschlusses zu berichten.[700] Darüber hinaus umfasst die Prüfung der Einhaltung der gesetzlichen Vorschriften bei der Finanzberichterstattung eine Beurteilung und Prüfung des Risikomanagements durch den Abschlussprüfer (vgl. Abbildung IV-1).

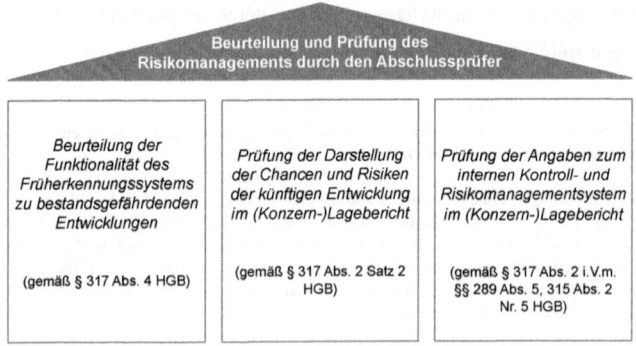

Abbildung IV-1: Beurteilung und Prüfung des Risikomanagements

---

[697] Vgl. *Ruhnke, Klaus et al.*: Die Erwartungslücke als permanentes Phänomen der Abschlussprüfung – Definitionsansatz, empirische Untersuchung und Schlussfolgerungen, in: ZfbF, 62. Jg. (2010), S. 394–421, hier S. 406 f.; *Hucke, Anja*: Aufsichtsrat und Abschlussprüfer – Eine symbiotische Beziehung?, in: FS Lück, S. 115–131, hier S. 121 f.

[698] Dies hat der Gesetzgeber im Rahmen des BilMoG durch den Ausschluss der Erklärung zur Unternehmensführung des Vorstands (§ 289a HGB) von der Abschlussprüfung gemäß § 317 Abs. 2 Satz 3 HGB nochmals bestätigt, vgl. Entwurf eines BilMoG, a.a.O., hier S. 77.

[699] Vgl. IDW: Ziele und allgemeine Grundsätze der Durchführung von Abschlussprüfungen (IDW PS 200), in: WPg, 53. Jg. (2000), S. 706–710, hier S. 708.

[700] Vgl. IDW: Grundsätze ordnungsmäßiger Berichterstattung bei Abschlussprüfungen (IDW PS 450), in: WPg, 59. Jg. (2006), S. 113–128, hier S. 119–123.

bb)   Die Beurteilung und Prüfung des Risikomanagements im Besonderen

aaa)   Die Beurteilung der Funktionalität des Früherkennungssystems zu
        bestandsgefährdenden Entwicklungen

Gemäß § 317 Abs. 4 HGB hat der Abschlussprüfer „bei einer börsennotierten Aktiengesellschaft [...] zu beurteilen, ob der Vorstand die ihm nach § 91 Abs. 2 des Aktiengesetzes obliegenden Maßnahmen in einer geeigneten Form getroffen hat und ob das danach einzurichtende
Überwachungssystem seine Aufgaben erfüllen kann." Die Besonderheit der Prüfung des
Früherkennungssystems liegt darin, dass die Durchführung eines Soll-Ist-Vergleichs nicht
möglich ist, da ein entsprechendes Soll-Objekt nicht vorliegt und daher eine einheitliche Bestimmung des Prüfungsobjekts nicht möglich ist.[701] Folglich liegt der Fokus auf einer Prüfung
der Funktionsfähigkeit des Früherkennungssystems.[702] Die Prüfungspflicht beinhaltet keine
Prüfung der Geschäftsführung;[703] vielmehr ist eine Eignungsprüfung des Früherkennungssystems erforderlich, welche sowohl die Aufbau- als auch die Ablauforganisation umfasst.[704]
Eine Bewertung der durch den Vorstand ergriffenen Maßnahmen zur Risikobewältigung ist
nicht Gegenstand der Prüfung.[705]

Die Prüfung der Funktionsfähigkeit erfordert fundierte betriebswirtschaftliche Kenntnisse

---

[701] Vgl. *Lachnit, Laurenz/Müller, Stefan*: Risikomanagement nach KonTraG und Prüfung des Systems durch
den Wirtschaftsprüfer, a.a.O., hier S. 387; *Dörner, Dietrich*: Ändert das KonTraG die Anforderungen an den
Abschlußprüfer?, a.a.O., hier S. 2; *Mattheus, Daniela*: Die gewandelte Rolle des Wirtschaftsprüfers als
Partner des Aufsichtsrats nach dem KonTraG, a.a.O., hier S. 703; *Böcking, Hans-Joachim/Orth, Christian*:
Mehr Kontrolle und Transparenz im Unternehmensbereich durch eine Verbesserung der Qualität der
Abschlußprüfung?, a.a.O., hier S. 425; *Pollanz, Manfred*: Offene Fragen der Prüfung von Risikomanage-
mentsystemen nach KonTraG, a.a.O., hier S. 1321; *Böcking, Hans-Joachim/Orth, Christian*: Risikomanage-
ment und das Testat des Abschlussprüfers, in: BFuP, 52. Jg. (2000), S. 242–260, hier S. 251.

[702] Vgl. *Mattheus, Daniela*: Die gewandelte Rolle des Wirtschaftsprüfers als Partner des Aufsichtsrats nach dem
KonTraG, a.a.O., hier S. 703 f.; *Spindler, Gerald*: Risikomanagementpflichten nach § 91 Abs. 2 AktG und
Prüfung durch den Abschlussprüfer, a.a.O., hier S. 859 f.

[703] Vgl. *Dörner, Dietrich*: Ändert das KonTraG die Anforderungen an den Abschlußprüfer?, a.a.O., hier S. 2;
Schindler, Joachim/Rabenhorst, Dirk: Auswirkungen des KonTraG auf die Abschlußprüfung (Teil I), in:
BB, 53. Jg. (1998), S. 1886–1893, hier S. 1892; *Mattheus, Daniela*: Die gewandelte Rolle des Wirtschaftsprüfers als Partner des Aufsichtsrats nach dem KonTraG, a.a.O., hier S. 704; *Ebke, Werner F.*: Kommentierung zu § 317 HGB, a.a.O., hier Rn. 82; IDW: Die Prüfung des Risikofrüherkennungssystems nach
§ 317 Abs. 4 HGB (IDW PS 340), a.a.O., hier S. 660. Allerdings sind nach Ansicht von *Böcking* und *Orth*
mit der Einführung von § 317 Abs. 4 HGB zumindest einzelne Geschäftsführungsinstrumente zu prüfen, vgl.
Böcking, Hans-Joachim/Orth, Christian: Mehr Kontrolle und Transparenz im Unternehmensbereich durch
eine Verbesserung der Qualität der Abschlußprüfung?, a.a.O., hier S. 425.

[704] Vgl. *Kort, Michael*: Risikomanagement nach dem Bilanzrechtsmodernisierungsgesetz, a.a.O., hier S. 448;
Böcking, Hans-Joachim/Orth, Christian: Mehr Kontrolle und Transparenz im Unternehmensbereich durch
eine Verbesserung der Qualität der Abschlußprüfung?, a.a.O., hier S. 425.

[705] Vgl. *Ernst, Christoph*: KonTraG und KapAEG sowie aktuelle Entwicklungen zur Rechnungslegung und
Prüfung in der EU, a.a.O., hier S. 1027; *Ebke, Werner F.*: Kommentierung zu § 317 HGB, a.a.O., hier
Rn. 82. Dies ist auch explizit der Regierungsbegründung zum KonTraG zu entnehmen, vgl. Entwurf eines
KonTraG, a.a.O., hier S. 27.

sowie branchen- und unternehmensspezifische Expertise des Abschlussprüfers,[706] da das Früherkennungssystem sämtliche bestandsgefährdende Entwicklungen umfassen muss.[707] In diesem Zusammenhang erscheint eine Dokumentation des Früherkennungssystems zwingend erforderlich, da bei fehlender Dokumentation bereits die Prüfbarkeit grundsätzlich infrage zu stellen ist.[708] So ist bspw. die Dokumentation des Prozesses zur Risikofrüherkennung, der Maßnahmen zur Identifikation, Messung und Steuerung der Risiken sowie der Verantwortlichkeiten und Entscheidungsprozesse detailliert zu analysieren.[709] Gleichfalls lässt eine unvollständige oder gänzlich fehlende Dokumentation des Früherkennungssystems Zweifel an dessen Funktionsfähigkeit aufkommen.[710]

Kritisch zu bewerten ist die Einschränkung der Prüfungspflicht auf börsennotierte Aktiengesellschaften. Im Schrifttum wird diese mit Verweis auf einen anderenfalls übermäßigen Anstieg der Kosten der Abschlussprüfung für kleine und mittelgroße Unternehmen zwar weitgehend befürwortet.[711] Aufgrund der unabhängig von einer etwaigen Börsennotierung[712] erforderlichen Pflicht des Abschlussprüfers zur Prüfung der Darstellung der Chancen und Risiken der künftigen Entwicklung im (Konzern-)Lagebericht hat dieser allerdings bereits die Wirk-

---

[706] Vgl. *Dörner, Dietrich/Schwegler, Iren*: Anstehende Änderungen der externen Rechnungslegung sowie deren Prüfung durch den Wirtschaftsprüfer, in: DB, 50. Jg. (1997), S. 285–289, hier S. 287; *Böcking, Hans-Joachim/Orth, Christian*: Mehr Kontrolle und Transparenz im Unternehmensbereich durch eine Verbesserung der Qualität der Abschlußprüfung?, a.a.O., hier S. 425; *Eggemann, Gerd/ Konradt, Thomas*: Risikomanagement nach KonTraG aus dem Blickwinkel des Wirtschaftsprüfers, a.a.O., hier S. 508.

[707] *Mattheus* spricht daher auch von einem „einzigartigen Weg" des deutschen Rechts, *Mattheus, Daniela*: Die Rolle des Abschlussprüfers in der Corporate Governance, a.a.O., hier S. 592.

[708] Vgl. *Bunting, Nikolaus*: Das Früherkennungssystem des § 91 Abs. 2 AktG in der Prüfungspraxis – eine kritische Betrachtung des IDW PS 340, a.a.O., hier S. 362; *Lück, Wolfgang*: Der Umgang mit unternehmerischen Risiken durch ein Risikomanagementsystem und durch ein Überwachungssystem, a.a.O., hier S. 1930.

[709] Vgl. u.a. *Schindler, Joachim/Rabenhorst, Dirk*: Auswirkungen des KonTraG auf die Abschlußprüfung (Teil I), a.a.O., hier S. 1892.

[710] Vgl. IDW: Die Prüfung des Risikofrüherkennungssystems nach § 317 Abs. 4 HGB (IDW PS 340), a.a.O., hier S. 660. Die Begründung der Notwendigkeit der Dokumentation aufgrund einer anderenfalls erforderlichen Durchführung einer kostenintensiven Organisationsprüfung ist hingegen nicht überzeugend, vgl. auch *Dörner, Dietrich*: Ändert das KonTraG die Anforderungen an den Abschlußprüfer?, a.a.O., hier S. 2; *Schindler, Joachim/Rabenhorst, Dirk*: Auswirkungen des KonTraG auf die Abschlußprüfung (Teil I), a.a.O., hier S. 1892.

[711] Vgl. *Ernst, Christoph*: KonTraG und KapAEG sowie aktuelle Entwicklungen zur Rechnungslegung und Prüfung in der EU, a.a.O., hier S. 1027; *Niemeier, Wilhelm*: Die Steigerung der Aussagekraft des handelsrechtlichen Jahresabschlusses durch die Änderungen der 4. und 7. Richtlinie, in: WPg, 59. Jg. (2006), S. 173–185, hier S. 185. Der Gesetzgeber macht diesbezüglich im Rahmen von KonTraG und TransPuG keine weiteren Angaben, vgl. Entwurf eines KonTraG, a.a.O., hier S. 27; Entwurf eines TransPuG, a.a.O., hier S. 28. Während die Prüfung des Früherkennungssystems nach KonTraG noch auf Aktiengesellschaften, deren Aktien zum Handel am amtlichen Markt zugelassen sind, beschränkt war, wurde die Prüfung mit dem TransPuG auf alle börsennotierten Aktiengesellschaften ausgeweitet.

[712] Gemäß §§ 264 Abs. 1, 264a HGB haben mittelgroße und große Kapitalgesellschaften sowie Personenhandelsgesellschaften zwingend einen Lagebericht zu erstellen.

samkeit des gesamten Risikomanagementsystems zu bewerten.[713] Insofern kann die Einschränkung der Prüfungspflicht auf börsennotierte Aktiengesellschaften aufgrund der vermeintlich unverhältnismäßig hohen Kosten für kleine und mittelgroße Unternehmen nicht
überzeugen.

bbb) Die Prüfung der Darstellung von Chancen und Risiken der künftigen Entwicklung im
(Konzern-)Lagebericht

Gemäß § 317 Abs. 2 Satz 2 HGB ist der (Konzern-)Lagebericht daraufhin „zu prüfen, ob die
Chancen und Risiken der künftigen Entwicklung zutreffend dargestellt sind." Wenngleich
diese Prüfung im Grundsatz bereits gemäß § 317 Abs. 2 Satz 1 HGB erforderlich ist,[714] wird
durch die Aufnahme des zweiten Satzes die besondere Bedeutung einer zukunftsgerichteten
(Konzern-)Lageberichterstattung noch stärker betont.[715]

Die Schwierigkeit der Prüfung der Darstellung der Chancen und Risiken der künftigen Ent-
wicklung liegt in deren Zukunftsbezogenheit und der damit verbundenen Unsicherheit.[716]
Dem Abschlussprüfer ist es nicht möglich, eine eigenständige Einschätzung über die Chancen
und Risiken vorzunehmen, da er hierfür „hellseherische Fähigkeiten"[717] eines „Über-
Vorstand[s]"[718] benötigen würde. Daher ist keine eigenständige Prognoseentscheidung des
Abschlussprüfers zu fordern, sondern vielmehr auf eine Vollständigkeits- und Plausibilitäts-

---

[713] Vgl. *Mattheus, Daniela*: Die Rolle des Abschlussprüfers in der Corporate Governance, a.a.O., hier S. 589;
Pollanz, Manfred: Offene Fragen der Prüfung von Risikomanagementsystemen nach KonTraG, a.a.O., hier
S. 1320; *Schindler, Joachim/Rabenhorst, Dirk*: Auswirkungen des KonTraG auf die Abschlußprüfung (Teil
I), a.a.O., hier S. 1891.

[714] Vgl. *Moxter, Adolf*: Die Vorschriften zur Rechnungslegung und Abschlußprüfung im Referentenentwurf
eines Gesetzes zur Kontrolle und Transparenz im Unternehmensbereich, a.a.O., hier S. 724.

[715] Vgl. *Schindler, Joachim/Rabenhorst, Dirk*: Auswirkungen des KonTraG auf die Abschlußprüfung (Teil I),
a.a.O., hier S. 1890; *Küting, Karlheinz/Hütten, Christoph*: Die Lageberichterstattung über Risiken der künftigen Entwicklung, a.a.O., hier S. 253.

[716] Vgl. u.a. *Böcking, Hans-Joachim/Orth, Christian*: Risikomanagement und das Testat des Abschlussprüfers,
a.a.O., hier S. 246 f. Dies wird auch im Rahmen der Begründung zum KonTraG durch den Gesetzgeber un-
terstrichen, vgl. Entwurf eines KonTraG, a.a.O., hier S. 27.

[717] *Dörner, Dietrich*: Ändert das KonTraG die Anforderungen an den Abschlußprüfer?, a.a.O., hier S. 2.

[718] *Schindler, Joachim/Rabenhorst, Dirk*: Auswirkungen des KonTraG auf die Abschlußprüfung (Teil I), a.a.O.,
hier S. 1891.

prüfung abzustellen.[719] Ausgehend von den zur Verfügung stehenden Unterlagen obliegt es dem Abschlussprüfer, anhand einer eigenständigen ökonomischen Würdigung die Nachvollziehbarkeit der dargestellten Chancen und Risiken zu plausibilisieren;[720] denn der Abschlussprüfer „stellt [...] keinen eigenen Lagebericht auf, sondern *kommentiert* lediglich die Aussagen im Vorstands-Lagebericht."[721] Gleichfalls ist vom Abschlussprüfer zu erwarten, dass er bei Hinweisen auf eine ggf. unzutreffende Darstellung der Chancen und Risiken diese mit dem Vorstand diskutiert und bei abweichender Auffassung entsprechend in Prüfungsbericht und Bestätigungsvermerk dokumentiert. Eine Pflicht des Abschlussprüfers zur Einholung zusätzlicher Informationen zur Bewertung der Chancen und Risiken ist damit nicht verbunden.[722]

Darüber hinaus findet gemäß §§ 289 Abs. 1, 315 Abs. 1 Satz 5 HGB keine Einschränkung der Art der darzustellenden Risiken im (Konzern-)Lagebericht statt; mithin können diese aus den unterschiedlichsten Bereichen des Unternehmens bzw. des Konzerns (z.B. Beschaffung, Produktion, Absatz oder Finanzierung) stammen.[723] Daher muss der Abschlussprüfer über fundierte Kenntnisse des Prüfungsobjekts sowie detailliertes Branchenwissen verfügen, um die

[719] Vgl. *Mattheus, Daniela*: Die Rolle des Abschlussprüfers in der Corporate Governance, a.a.O., hier S. 587; *Böcking, Hans-Joachim/Orth, Christian*: Mehr Kontrolle und Transparenz im Unternehmensbereich durch eine Verbesserung der Qualität der Abschlußprüfung?, a.a.O., hier S. 424; *Ernst, Christoph*: KonTraG und KapAEG sowie aktuelle Entwicklungen zur Rechnungslegung und Prüfung in der EU, a.a.O., hier S. 1028; *Böcking, Hans-Joachim/Orth, Christian*: Risikomanagement und das Testat des Abschlussprüfers, a.a.O., hier S. 247; *Böcking, Hans-Joachim/Stein, Thomas*: Prüfung des Konzernlageberichts durch Abschlussprüfer, Aufsichtsräte und Deutsche Prüfstelle für Rechnungslegung, in: DK, 5. Jg. (2007), S. 43–54, hier S. 48; *Ebke, Werner F.*: Kommentierung zu § 317 HGB, a.a.O., hier Rn. 75. Dies wird auch explizit durch den Gesetzgeber im Rahmen der Begründung zum KonTraG festgehalten, vgl. Entwurf eines KonTraG, a.a.O., hier S. 27.

[720] Vgl. *Mattheus, Daniela*: Die gewandelte Rolle des Wirtschaftsprüfers als Partner des Aufsichtsrats nach dem KonTraG, a.a.O., hier S. 699 f. Die Plausibilitätsprüfung durch den Abschlussprüfer wird von Teilen der Unternehmenspraxis kritisch gesehen, vgl. u.a. *Lehner, Ulrich*: Risikomanagement – ein Gegenstand der Abschlußprüfung, in: Auswirkungen des KonTraG auf Rechnungslegung und Prüfung, hrsg. v. J. Baetge, Düsseldorf 1999, S. 23–41, hier S. 37.

[721] *Mattheus, Daniela*: Die gewandelte Rolle des Wirtschaftsprüfers als Partner des Aufsichtsrats nach dem KonTraG, a.a.O., hier S. 700.

[722] Vgl. ebenda.

[723] Vgl. *Küting, Karlheinz/Hütten, Christoph*: Die Lageberichterstattung über Risiken der künftigen Entwicklung, a.a.O., hier S. 254. Eine Einschränkung der Berichterstattung auf Risiken mit Bezug zum Rechnungswesen ist entsprechend abzulehnen, vgl. *Schindler, Joachim/Rabenhorst, Dirk*: Auswirkungen des KonTraG auf die Abschlußprüfung (Teil I), a.a.O., hier S. 1891; *Forster, Karl-Heinz*: Abschlußprüfung nach dem Regierungsentwurf des KonTraG, a.a.O., hier S. 46.

geforderte Vollständigkeits- und Plausibilitätsprüfung angemessen durchführen zu können.[724] Im Ergebnis erfordert eine sachgerechte Prüfung der Darstellung der Chancen und Risiken der künftigen Entwicklung im (Konzern-)Lagebericht eine systematische Analyse des gesamten Risikomanagements, welches sich auf sämtliche Risiken des Unternehmens bzw. des Konzerns erstreckt.[725]

ccc) Die Prüfung der Angaben zum internen Kontroll- und Risikomanagementsystem im (Konzern-)Lagebericht

Gemäß § 317 Abs. 2 HGB i.V.m. §§ 289 Abs. 5, 315 Abs. 2 Nr. 5 HGB sind die im (Konzern-)Lagebericht beschriebenen wesentlichen Merkmale des internen Kontroll- und des Risikomanagementsystems im Hinblick auf den Rechnungslegungsprozess durch den Abschlussprüfer zu prüfen.[726] Hierbei ist zu beurteilen, ob deren Darstellung in Einklang mit den Erkenntnissen aus der Prüfung des Jahres- bzw. Konzernabschlusses steht und ob diese ein zutreffendes Bild der Lage des Unternehmens bzw. des Konzerns vermittelt.[727] Die notwendigen Prüfungshandlungen werden durch Art und Umfang der Berichterstattung determiniert.[728] Dabei hat der Abschlussprüfer auch Angaben, die über die gesetzlichen Anforderungen hinausgehen,[729] zu beurteilen.[730] Eine Pflicht des Abschlussprüfers zur Prüfung der Funktionali-

---

[724] Vgl. *Böcking, Hans-Joachim/Orth, Christian*: Mehr Kontrolle und Transparenz im Unternehmensbereich durch eine Verbesserung der Qualität der Abschlußprüfung?, a.a.O., hier S. 424; *Schindler, Joachim/ Rabenhorst, Dirk*: Auswirkungen des KonTraG auf die Abschlußprüfung (Teil I), a.a.O., hier S. 1891; *Picot, Arnold*: Prognosen und Pläne: Warum ist ihre Prüfung so schwierig?, in: FS Ballwieser, S. 605–620, hier S. 618 f.

[725] Vgl. *Wohlmannstetter, Gottfried*: Risikomanagement nach dem BilMoG, a.a.O., hier S. 474, 486; *Mattheus, Daniela*: Die Rolle des Abschlussprüfers in der Corporate Governance, a.a.O., hier S. 586.

[726] Die Pflicht zur Beschreibung der wesentlichen Merkmale des internen Kontroll- und des Risikomanagementsystems im Lagebericht ist auf Kapitalgesellschaften im Sinne des § 264d HGB beschränkt.

[727] Vgl. *Kort, Michael*: Risikomanagement nach dem Bilanzrechtsmodernisierungsgesetz, a.a.O., hier S. 466; *Wolf, Klaus*: Zur Anforderung eines internen Kontroll- und Risikomanagementsystems im Hinblick auf den (Konzern-) Rechnungslegungsprozess gemäß BilMoG, in: DStR, 47. Jg. (2009), S. 920–925, hier S. 922; *Bischof, Stefan/Selch, Barbara*: Neuerungen für den Lagebericht nach dem Regierungsentwurf eines Bilanzrechtsmodernisierungsgesetzes (BilMoG), in: WPg, 62. Jg. (2008), S. 1021–1031, hier S. 1026; *Spindler, Gerald*: Von der Früherkennung von Risiken zum umfassenden Risikomanagement – zum Wandel des § 91 AktG unter europäischem Einfluss, in: FS Canaris, S. 985–998, hier S. 996; *Ebke, Werner F.*: Kommentierung zu § 317 HGB, a.a.O., hier Rn. 71 f.

[728] Vgl. *Withus, Karl-Heinz*: Internes Kontrollsystem und Risikomanagementsystem – Neue Anforderungen an die Wirtschaftsprüfer durch das BilMoG, in: WPg, 63. Jg. (2009), S. 858–862, hier S. 859; *Kort, Michael*: Risikomanagement nach dem Bilanzrechtsmodernisierungsgesetz, a.a.O., hier S. 466.

[729] Bspw. eine Aussage zur Wirksamkeit des internen Kontroll- und des Risikomanagementsystems, welche über die Anforderungen gemäß §§ 289 Abs. 5, 315 Abs. 2 Nr. 5 HGB hinausgeht.

tät des internen Kontroll- und des Risikomanagementsystems besteht indessen nicht.[731] Allerdings werden in der Praxis oftmals zusätzliche, den originären Prüfungsumfang erweiternde Prüfaufträge erteilt, um eine bessere Unterstützung des Aufsichtsrats bei dessen Überwachung der Wirksamkeit des internen Kontroll- und des Risikomanagementsystems zu ermöglichen.[732]

Des Weiteren hat der Abschlussprüfer gemäß § 171 Abs. 1 Satz 2 AktG in der Bilanzsitzung über „wesentliche Schwächen des internen Kontroll- und des Risikomanagementsystems bezogen auf den Rechnungslegungsprozess" zu berichten. Aufgrund dieser Berichtspflicht ist eine Stellungnahme des Abschlussprüfers zur grundsätzlichen Eignung der Systeme erforderlich,[733] wobei deren sachgerechte Anfertigung i.d.R. einer intensiven Auseinandersetzung mit den entsprechenden Systemen bedarf.[734]

Neben der Prüfung der Darstellung der Angaben gemäß §§ 289 Abs. 5, 315 Abs. 2 Nr. 5 HGB spielt insbesondere auch die Funktion des Abschlussprüfers als Berater von Vorstand und Aufsichtsrat eine wichtige Rolle. Aufgrund seiner unternehmensspezifischen Kenntnisse kann der Abschlussprüfer dem Aufsichtsrat weitergehende Hinweise, wie bspw. über die Art der vom Vorstand einzufordernden Berichte oder über die Angemessenheit der eingerichteten

---

[730] Vgl. *Eibelshäuser, Beate/Stein, Thomas*: Modifikation der Zusammenarbeit des Prüfungsausschusses mit dem Abschlussprüfer durch den Gesetzentwurf des BilMoG, a.a.O., hier S. 491; *Withus, Karl-Heinz*: Internes Kontrollsystem und Risikomanagementsystem – Neue Anforderungen an die Wirtschaftsprüfer durch das BilMoG, a.a.O., hier S. 860; *Bischof, Stefan/Selch, Barbara*: Neuerungen für den Lagebericht nach dem Regierungsentwurf eines Bilanzrechtsmodernisierungsgesetzes (BilMoG), a.a.O., hier S. 1026; *Kort, Michael*: Risikomanagement nach dem Bilanzrechtsmodernisierungsgesetz, a.a.O., hier S. 466; a.A. hingegen *Melcher, Winfried/Mattheus, Daniela*: Zum Referentenentwurf des Bilanzrechtsmodernisierungsgesetzes (BilMoG): Lageberichterstattung, Risikomanagement-Bericht und Corporate Governance-Statement, in: DB, 61. Jg. (2008), Beilage Nr. 1, S. 52–55, hier S. 54.

[731] Vgl. *Wolf, Klaus*: Zur Anforderung eines internen Kontroll- und Risikomanagementsystems im Hinblick auf den (Konzern-) Rechnungslegungsprozess gemäß BilMoG, a.a.O., hier S. 922; *Withus, Karl-Heinz*: Bringt das Bilanzrechtsmodernisierungsgesetz (BilMoG) auch "Euro-SOX"?, a.a.O., hier S. 125; *Eibelshäuser, Beate/Stein, Thomas*: Modifikation der Zusammenarbeit des Prüfungsausschusses mit dem Abschlussprüfer durch den Gesetzentwurf des BilMoG, a.a.O., hier S. 491; *Melcher, Winfried/Mattheus, Daniela*: Zur Umsetzung der HGB-Modernisierung durch das BilMoG: Neue Offenlegungspflichten zur Corporate Governance, in: DB, 62. Jg. (2009), Beilage Nr. 5, S. 77–82, hier S. 79.

[732] Vgl. *Eibelshäuser, Beate/Stein, Thomas*: Modifikation der Zusammenarbeit des Prüfungsausschusses mit dem Abschlussprüfer durch den Gesetzentwurf des BilMoG, a.a.O., hier S. 491; *Withus, Karl-Heinz*: Internes Kontrollsystem und Risikomanagementsystem – Neue Anforderungen an die Wirtschaftsprüfer durch das BilMoG, a.a.O., hier S. 860; *Böcking, Hans-Joachim/Stein, Thomas*: Prüfung des Konzernlageberichts durch Abschlussprüfer, Aufsichtsräte und Deutsche Prüfstelle für Rechnungslegung, a.a.O., hier S. 51 f.

[733] Diese bildet gleichfalls die Grundlage für die Prüfung der Darstellung der Chancen und Risiken der künftigen Entwicklung im (Konzern-)Lagebericht, vgl. *Spindler, Gerald*: Von der Früherkennung von Risiken zum umfassenden Risikomanagement – zum Wandel des § 91 AktG unter europäischem Einfluss, a.a.O., hier S. 996 f.

[734] Vgl. *Wohlmannstetter, Gottfried*: Risikomanagement nach dem BilMoG, a.a.O., hier S. 486 sowie die Ausführungen in Abschnitt IV.b.bb.bbb).

Systeme, geben.[735] Darüber hinaus bietet sich (in Teilen) eine Beratung des Vorstands bereits bei der Einrichtung des internen Kontroll- und des Risikomanagementsystems an.[736] Letztere ist jedoch dadurch begrenzt, dass die Unabhängigkeit des Abschlussprüfers jederzeit gewährleistet sein muss[737] und dass das gemäß § 319a Abs. 1 Nr. 3 HGB geltende Mitwirkungsverbot „an der Entwicklung, Einrichtung und Einführung von Rechnungslegungsinformationssystemen" zu beachten ist.[738]

ddd) Die Anforderungen an den *auditor* zur Überwachung des Risikomanagements im Rahmen der US-amerikanischen internen Corporate Governance

Wenngleich in den USA eine gesetzliche Pflicht zur Überwachung des Risikomanagements durch den *auditor* nicht explizit gegeben ist,[739] können zumindest mittelbare Implikationen für den *auditor* auf Basis der Anforderungen zur Prüfung des internen Kontrollsystems der Rechnungslegung abgeleitet werden.

Im Gegensatz zu den gesetzlichen Vorgaben in Deutschland hat der *auditor* gemäß *section 404(b)* des SOA u.a. die Wirksamkeit des rechnungslegungsbezogenen internen Kontrollsystems zu prüfen.[740] Die im Auditing Standard No. 5 konkretisierten Anforderungen an den *auditor* betreffen sowohl Planung, Aufbau und Durchführung der Prüfung als auch Hinweise zur abschließenden Urteilsbildung und deren Dokumentation.[741] Hierbei sind eine Reihe an Prüfungshandlungen zur Beurteilung der Wirksamkeit des internen Kontrollsystems durchzu-

---

[735] Vgl. auch *Withus, Karl-Heinz*: Internes Kontrollsystem und Risikomanagementsystem – Neue Anforderungen an die Wirtschaftsprüfer durch das BilMoG, a.a.O., hier S. 861.

[736] Vgl. ebenda, hier S. 862.

[737] So ist es bspw. dem Abschlussprüfer gemäß § 319 Abs. 3 Nr. 3 HGB untersagt, die Aufgaben der internen Revision vollständig zu übernehmen, vgl. auch IDW: Interne Revision und Abschlussprüfung (IDW PS 321), in: WPg, 55. Jg. (2002), S. 686–689, hier S. 689.

[738] Zwar ist nach *Ebke* „der Begriff der Rechnungslegungsinformationssysteme [...] weit zu verstehen", inwiefern hierunter auch Teile des internen Kontroll- und Risikomanagementsystems zu subsumieren sind, erscheint allerdings fraglich, *Ebke, Werner F.*: Kommentierung zu § 319a HGB, in: Münchener Kommentar HGB, hier Rn. 22.

[739] Vgl. u.a. *Withus, Karl-Heinz*: Neue Anforderungen nach BilMoG zur Beschreibung der wesentlichen Merkmale des Internen Kontroll- und Risikomanagementsystems im Lagebericht kapitalmarktorientierter Unternehmen, in: KoR, 9. Jg. (2009), S. 440–451, hier S. 443.

[740] Vgl. *Lander, Guy P.*: What is Sarbanes-Oxley?, New York, NY et al.: McGraw-Hill 2004, hier S. 19; *Gruson, Michael/Kubicek, Matthias*: Der Sarbanes-Oxley Act, Corporate Governance und das deutsche Aktienrecht (Teil II), a.a.O., hier S. 398; *Withus, Karl-Heinz*: Bringt das Bilanzrechtsmodernisierungsgesetz (BilMoG) auch "Euro-SOX"?, a.a.O., hier S. 124. Zu den Anforderungen an das zugrunde zu legende Prüfungsmodell, vgl. *Akresh, Abraham D.*: A Risk Model to Opine on Internal Control, in: AH, Vol. 24 (2010), Nr. 1, S. 65–78, hier S. 70–74; *Kinney Jr., William R. et al.*: Reflections on a Decade of SOX 404(b) Audit Production and Alternatives, in: AH, Vol. 27 (2013), Nr. 4, S. 799–813, hier S. 802–805.

[741] Vgl. PCAOB Release No. 2007-005A: Auditing Standard No. 5: An Audit of Internal Control Over Financial Reporting That Is Integrated with An Audit of Financial Statements, 2007.

führen, wobei auf Mitarbeiterbefragungen, Prozessbeschreibungen und interne Kontrollberichte, eigenständige Beobachtungen sowie ein selbständiges Nachstellen von Kontrolltests zurückgegriffen werden kann.[742] So ist bspw. die Wirksamkeit des internen Kontrollsystems bei Finanzinstituten hinsichtlich der Bewertung des Kreditportfolios auf Basis einer regelmäßigen Aktualisierung der (i.d.R. geschätzten) Wertansätze zu beurteilen.[743] Ein Verstoß gegen Auditing Standard No. 5 stellt einen möglichen Haftungsgrund für den *auditor* dar.[744]

Die Berichterstattung des *auditor* umfasst daher konsequenterweise – und im Gegensatz zum Abschlussprüfer in Deutschland – eine eigenständige Beurteilung der Wirksamkeit des rechnungslegungsbezogenen internen Kontrollsystems sowie eine Dokumentation der im Rahmen der Prüfung festgestellten *significant deficiencies* und *material weaknesses*.[745] Darüber hinaus besteht die Möglichkeit, bspw. im *management letter* auf Vorschläge zur Verbesserung der Geschäftsprozesse des Unternehmens hinzuweisen.[746]

---

[742] Vgl. u.a. *Knechel, Robert W. et al.*: Auditing: Assurance and Risk, 3. Aufl., Mason, OH: Thomson 2007, hier S. 288 f. In der Praxis werden Schwachstellen im internen Kontrollsystem der Rechnungslegung vor allem nach Feststellungen von Fehlern in der Finanzberichterstattung entdeckt, vgl. *Kinney Jr., William R. et al.*: Reflections on a Decade of SOX 404(b) Audit Production and Alternatives, a.a.O., hier S. 806–809. *Bedard* und *Graham* können dennoch einen signifikanten Beitrag des Abschlussprüfers zur Identifizierung von Schwachstellen im internen Kontrollsystem der Rechnungslegung durch die Durchführung von Kontrolltests feststellen, vgl. *Bedard, Jean C./Graham, Lynford*: Detection and Severity Classifications of Sarbanes-Oxley Section 404 Internal Control Deficiencies, in: TAR, Vol. 86 (2011), Nr. 3, S. 825–855, hier S. 833, 841–846.

[743] Bspw. wurde nach Ansicht der SEC eine solche Beurteilung im Fall der TierOne Bank durch die verantwortlichen Abschlussprüfer nicht in angemessener Weise durchgeführt, vgl. SEC: In the Matter of John J. Aesoph, CPA, and Darren M. Bennett, CPA, 2013, hier S. 10.

[744] So wurde bspw. gegen KPMG als Abschlussprüfer von New Century u.a. aufgrund einer nicht angemessenen Prüfung des rechnungslegungsbezogenen internen Kontrollsystems Anklage erhoben, vgl. US District Court: Southern District of New York: The New Century Liquidating Trust and Reorganized New Century Warehouse Corporation vs. KPMG International, 2009, hier S. 31–35. Das Verfahren wurde durch einen Vergleich zur Zahlung von ca. US$ 45 Mio. durch KPMG eingestellt, vgl. *Stempel, Jonathan*: Judge OKs $ 125 mln New Century lawsuit settlement, New York, NY 2010.

[745] Vgl. PCAOB Release No. 2007-005A: Auditing Standard No. 5: An Audit of Internal Control Over Financial Reporting That Is Integrated with An Audit of Financial Statements, a.a.O.; *Wolf, Klaus*: Zur Anforderung eines internen Kontroll- und Risikomanagementsystems im Hinblick auf den (Konzern-) Rechnungslegungsprozess gemäß BilMoG, a.a.O., hier S. 923 f. Für eine Untersuchung der Einflussfaktoren auf die Berichterstattung über *material weaknesses* durch den Vorstand, vgl. *Rice, Sarah C./Weber, David P.*: How Effective Is Internal Control Reporting under SOX 404? Determinants of the (Non-)Disclosure of Existing Material Weaknesses, in: JAR, Vol. 50 (2012), Nr. 3, S. 811–843, hier S. 825–831.

[746] Vgl. *Knechel, Robert W. et al.*: Auditing: Assurance and Risk, a.a.O., hier S. 292.

2. Theoretische Fundierung und empirische Ergebnisse zur Effektivität der Überwachung des Vorstands im Rahmen der internen Corporate Governance

a) Skizze des ökonomischen Arguments

aa) Bedeutung der internen Corporate Governance für die Finanzierung des Unternehmens aus internen Quellen sowie über Bankkredite

Die Überwachung des Vorstands durch den Aufsichtsrat im Rahmen der internen Corporate Governance ist insbesondere in sog. Insider-Systemen, wie bspw. Deutschland, von besonderer Bedeutung.[747] Diese zeichnen sich durch eine relativ geringe Anzahl an börsennotierten Unternehmen sowie eine relativ konzentrierte Eigentümerstruktur aus,[748] welche sich auch in der Zusammensetzung des Aufsichtsrats widerspiegelt.[749] So ist bspw. der Aufsichtsrat einer deutschen Aktiengesellschaft dadurch gekennzeichnet, dass neben Vertretern der Arbeitnehmerseite regelmäßig auch Vertreter von Banken und Großaktionären sowie ehemalige Vorstandsmitglieder dem Gremium angehören.[750] Ein weiterer Unterschied zwischen Insider- und Outsider-Systemen wird in der Ausgestaltung der jeweiligen Rechtssysteme gesehen. Hierbei können der anglo-amerikanische (common law) und der kontinentaleuropäische Rechtskreis

---

[747] Vgl. *Wüstemann, Jens*: Disclosure Regimes and Corporate Governance, a.a.O., hier S. 721 f.; *Leuz, Christian/Wüstemann, Jens*: The Role of Accounting in the German Financial System, a.a.O., hier S. 453. Bei Finanzinstituten ist der Aufsichtsrat aufgrund der spezifischen Zusammensetzung der Fremdkapitalseite von besonderer Bedeutung zur Wahrung der Interessen der Fremdkapitalgeber, vgl. *Wohlmannstetter, Gottfried*: Corporate Governance von Banken, in: Handbuch Corporate Governance, hrsg. v. P. Hommelhoff et al., 2. Aufl., Köln und Stuttgart 2009, S. 905–930, hier S. 921.

[748] Vgl. *La Porta, Rafael et al.*: Investor protection and corporate governance, in: JFE, Vol. 58 (2000), Nr. 1–2, S. 3–27, hier S. 14; *La Porta, Rafael et al.*: Corporate Ownership Around the World, in: JF, Vol. 54 (1999), Nr. 2, S. 471–571, hier S. 491–498; *Franks, Julian/Mayer, Colin*: Ownership and Control of German Corporations, a.a.O., hier S. 943 f.; *Franks, Julian/Mayer, Colin*: Corporate Ownership and Control in the U.K., Germany, and France, in: J. Appl. Corp. Fin., Vol. 9 (1997), Nr. 4, S. 30–45, hier S. 32 f.; *Berglöf, Erik*: A Note on the Typology of Financial Systems, a.a.O., hier S. 159–163.

[749] Vgl. *Franks, Julian/Mayer, Colin*: Takeovers, in: EP, Vol. 5 (1990), Nr. 1, S. 189–231, hier S. 207 f.; *Shleifer, Andrei/Vishny, Robert W.*: A Survey of Corporate Governance, in: JF, Vol. 52 (1997), Nr. 2, S. 737–783, hier S. 757; *Franks, Julian/Mayer, Colin*: Corporate Ownership and Control in the U.K., Germany, and France, a.a.O., hier S. 39.

[750] Vgl. *Schmid, Reinhard H./Tyrell, Marcel*: What Constitutes a Financial System in General and the German Financial System in Particular?, in: The German Financial System, hrsg. v. J. P. Krahnen/R. H. Schmidt, Oxford: Oxford University Press 2004, S. 18–67, hier S. 51; *Ball, Ray et al.*: The effect of international institutional factors on properties of accounting earnings, a.a.O., hier S. 14 f.; *Roe, Mark J.*: Some Differences in Corporate Governance in Germany, Japan und America, in: Institutional Investors and Corporate Governance, hrsg. v. T. Baums et al., Berlin and New York, NY 1994, S. 23–88, hier S. 28–32. Allerdings können *Hackethal et al.* einen zunehmend geringeren Einfluss von Bankvertretern im Aufsichtsrat von deutschen Aktiengesellschaften feststellen, vgl. *Hackethal, Andreas et al.*: Banks and German Corporate Governance: on the way to a capital market-based system?, a.a.O., hier S. 402–404.

(*code* oder *civil law*) unterschieden werden.[751] Der Unterschied besteht u.a. darin, dass im kontinentaleuropäischen Rechtskreis i.d.R. Gesetzesnormen basierend auf Gerechtigkeits- und Moralvorstellungen explizit kodifiziert werden, wohingegen im anglo-amerikanischen Rechtskreis der Fokus stärker auf die tatsächliche Rechtsanwendung gelegt wird.[752] Wesentliche Implikationen für die Corporate Governance ergeben sich daraus, dass u.a. die Aktionärsrechte sowie der Umfang von öffentlich verfügbaren Informationen in den jeweiligen Rechtskreisen unterschiedlich ausgestaltet sind. So weisen bspw. *La Porta et al.* einen relativ geringen Anlegerschutz und damit einhergehend eine geringere Bedeutung der Aktienmärkte in Ländern des kontinentaleuropäischen Rechtskreises nach.[753]

Aus diesen Gründen erfolgt die Finanzierung von Unternehmen in Insider-Systemen vor allem über Banken und interne Finanzierungsquellen; die externen Kapitalmärkte sind lediglich von untergeordneter Bedeutung.[754] So stellen bspw. Bankkredite die wichtigste Quelle der langfristigen externen Refinanzierung von deutschen und japanischen Unternehmen dar, wohingegen Unternehmen in den USA überwiegend auf den externen Kapitalmarkt zurückgreifen (vgl. Abbildung IV-2).

---

[751] Vgl. u.a. *David, René/Brierley, John E. C.*: Major Legal Systems in the World Today: An Introduction to the Comparative Study of Law, 2. Aufl., London: Stevens 1978, hier S. 21–24; *Ruhnke, Klaus/Simons, Dirk*: Rechnungslegung nach IFRS und HGB, 3. Aufl., Stuttgart 2012, hier S. 123 f.

[752] Vgl. *David, René/Brierley, John E. C.*: Major Legal Systems in the World Today: An Introduction to the Comparative Study of Law, a.a.O., hier S. 21, 23; *Ball, Ray et al.*: The effect of international institutional factors on properties of accounting earnings, a.a.O., hier S. 13 f.; *Ball, Ray*: International Financial Reporting Standards (IFRS): pros and cons for investors, in: ABR, Vol. 36 (2006), Supplement 1, S. 5–27, hier S. 18 f.

[753] Vgl. *La Porta, Rafael et al.*: What Works in Securities Laws?, in: JF, Vol. 61 (2006), Nr. 1, S. 1–32, hier S. 15–22; *La Porta, Rafael et al.*: Law and Finance, in: JPE, Vol. 106 (1998), Nr. 6, S. 1113–1155, hier S. 1129–1134; *La Porta, Rafael et al.*: Legal Determinants of External Finance, in: JF, Vol. 52 (1997), Nr. 3, S. 1131–1151, hier S. 1137–1146.

[754] Vgl. *Wüstemann, Jens*: Institutionenökonomik und internationale Rechnungslegungsordnungen, a.a.O., hier S. 95; *Leuz, Christian/Wüstemann, Jens*: The Role of Accounting in the German Financial System, a.a.O., hier S. 454; *Ruhnke, Klaus/Simons, Dirk*: Rechnungslegung nach IFRS und HGB, a.a.O., hier S. 125. Daher werden Finanzsysteme teilweise auch nach ihrem Fokus auf die Bank- oder Kapitalmarktfinanzierung unterschieden, vgl. *Allen, Franklin/Gale, Douglas*: A welfare comparison of intermediaries and financial markets in Germany and the US, in: EER, Vol. 39 (1995), Nr. 2, S. 179–209, hier S. 180; *Levine, Ross*: Economic Development and Financial Growth: Views and Agenda, in: JEL, Vol. 35 (1997), Nr. 2, S. 688–726, hier S. 717–719; *Schmid, Reinhard H./Tyrell, Marcel*: What Constitutes a Financial System in General and the German Financial System in Particular?, a.a.O., hier S. 57–62; *Berglöf, Erik*: Capital Structure as a Mechanism of Control: a Comparison of Financial Systems, in: The firm as a nexus of treaties, hrsg. v. M. Aoki et al., London et al.: Sage Publications 1990, S. 237–262, hier S. 244–250. Allerdings kann *Levine* im Rahmen einer Untersuchung der Auswirkungen auf die langfristige Wachstumsrate eines Landes diese Unterscheidung empirisch nicht belegen, vgl. *Levine, Ross*: Bank-Based or Market-Based Financial Systems: Which Is Better?, in: JFI, Vol. 11 (2002), Nr. 4, S. 398–428, hier S. 414 f.

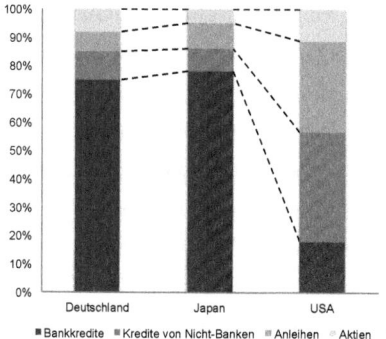

Abbildung IV-2: Externe Refinanzierungsquellen von Unternehmen (1970-2000)[755]

Darüber hinaus spielen interne Finanzierungsquellen, wie bspw. Pensionsrückstellungen und thesaurierte Gewinne, für deutsche Unternehmen eine wichtige Rolle im Rahmen der jeweiligen Refinanzierungsstrategie.[756] Die geringe Bedeutung des externen Kapitalmarkts kann neben dem geringen Anlegerschutz insbesondere auch mit der relativ großen Wichtigkeit des Gläubigerschutzes begründet werden.[757] So wird bspw. dem Gläubigerschutz im Rahmen der Ausschüttungsbemessungsfunktion der handelsrechtlichen GoB in Deutschland eine wesentliche Bedeutung zuteil.[758]

bb)   Reduzierung der Kapitalkosten durch Abbau von Informationsasymmetrien über private Informationskanäle

Für die Unterstützung der Überwachung des Vorstands durch den Aufsichtsrat spielt der Abbau von Informationsasymmetrien zwischen Vorstand und internem Überwachungsorgan über private Informationskanäle eine wesentliche Rolle.[759] Private Informationskanäle zeich-

[755] Quelle: *Hackethal, Andreas/Schmidt, Reinhard H.*: Financing Patterns: Measurement Concepts and Empirical Results, Working Paper Series: Finance & Accounting, No. 125, Universität Frankfurt a. M. 2004, hier S. 30.

[756] Vgl. *Leuz, Christian/Wüstemann, Jens*: The Role of Accounting in the German Financial System, a.a.O., hier S. 454.

[757] Vgl. *La Porta, Rafael et al.*: Investor protection and corporate governance, a.a.O., hier S. 18 f.; *La Porta, Rafael et al.*: Law and Finance, a.a.O., hier S. 1135–1139.

[758] Vgl. u.a. *Moxter, Adolf*: Grundsätze ordnungsmäßiger Rechnungslegung, Düsseldorf 2003, hier S. 3; *Beisse, Heinrich*: Gläubigerschutz – Grundprinzip des deutschen Bilanzrechts, in: FS Beusch, S. 77–97, hier S. 79–85; *Leffson, Ulrich*: Die Grundsätze ordnungsmäßiger Buchführung, 7. Aufl., Düsseldorf 1987, hier S. 45–47; *Wüstemann, Jens*: Generally Accepted Accounting Principles, Berlin 1999, hier S. 115 f.

[759] Vgl. *Ball, Ray et al.*: The effect of international institutional factors on properties of accounting earnings, a.a.O., hier S. 14 f.; *Ball, Ray et al.*: Incentives versus standards: properties of accounting income in four East Asian countries, in: JAE, Vol. 36 (2003), Nr. 1–3, S. 235–270, hier S. 242.

nen sich dadurch aus, dass sie lediglich einer begrenzten Anzahl an Personen zugänglich sind, dafür aber oftmals einen umfassenden Einblick in das Unternehmen ermöglichen.[760] Im deutschen System der Corporate Governance sind hierfür vor allem die unternehmensinternen Informationsflüsse zwischen Vorstand, Abschlussprüfer und Aufsichtsrat von Bedeutung. Neben den Berichten des Vorstands an den Aufsichtsrat (§ 90 AktG) sind an dieser Stelle insbesondere der Prüfungsbericht des Abschlussprüfers (§ 321 HGB) sowie dessen mündliche Berichtspflicht in der Bilanzsitzung (§ 171 Abs. 1 Satz 2 AktG) anzuführen.[761] Demgegenüber dienen öffentlich zugängliche Informationen (z.B. im Geschäftsbericht) auch anderen, teilweise der Reduzierung von Informationsasymmetrien prävalenten Zwecken. So ist bspw. die Bemessung der Gewinnausschüttung der primäre Zweck des Jahresabschlusses nach deutschem Handelsrecht.[762]

Aufgrund der Tatsache, dass Banken als wesentliche externe Kapitalgeber in Insider-Systemen sowohl über deren Vertreter im Aufsichtsrat als auch deren Rechte als Gläubiger umfassend über die Chancen und Risiken des Unternehmens informiert sind und mithin die Informationsasymmetrie zwischen Vorstand und (Fremd-)Kapitalgebern signifikant reduziert wird,[763] können die Unternehmen regelmäßig von günstigeren Konditionen zur Refinanzierung profitieren.[764] Die weiterhin bestehende Informationsasymmetrie zwischen Vorstand und externen Investoren am Kapitalmarkt ist aufgrund deren geringerer Relevanz für die Kapitalaufnahme für die Refinanzierungskosten des Unternehmens lediglich von untergeordneter Bedeutung.

---

[760] Vgl. *Wüstemann, Jens:* Disclosure Regimes and Corporate Governance, a.a.O., hier S. 721; *Ball, Ray et al.:* The effect of international institutional factors on properties of accounting earnings, a.a.O., hier S. 15.

[761] Zur Bedeutung des Prüfungsberichts als privater Informationskanal im System der deutschen Corporate Governance, vgl. *Wüstemann, Jens:* Mängel bei der Abschlussprüfung: Tatsachenberichte und Analysen aus betriebswirtschaftlicher Sicht, a.a.O., hier S. 34 f.; *Wüstemann, Jens:* Evaluation and Response to Risk in International Accounting and Audit Systems: Framework and German Experiences, in: JCL, Vol. 29 (2004), Nr. 2, S. 449–466, hier S. 456; *Hommelhoff, Peter:* Die neue Position des Abschlußprüfers im Kraftfeld der aktienrechtlichen Organisationsverfassung (Teil I), a.a.O., hier S. 2572; *Hucke, Anja:* Aufsichtsrat und Abschlussprüfer – Eine symbiotische Beziehung?, a.a.O., hier S. 123 f.

[762] Vgl. u.a. *Moxter, Adolf:* Grundsätze ordnungsmäßiger Rechnungslegung, a.a.O., hier S. 3 f.; *Moxter, Adolf:* Entziehbarer Gewinn?, in: FS Clemm, S. 231–241, hier S. 237–240; *Wüstemann, Jens:* Generally Accepted Accounting Principles, a.a.O., hier S. 107–116; *Ruhnke, Klaus/Simons, Dirk:* Rechnungslegung nach IFRS und HGB, a.a.O., hier S. 8.

[763] *Tirole* verwendet hierfür den Begriff des „informed [...] capital", *Tirole, Jean:* Corporate governance, in: Econometrica, Vol. 69 (2001), Nr. 1, S. 1–35, hier S. 8.

[764] Vgl. *Levine, Ross:* Economic Development and Financial Growth: Views and Agenda, a.a.O., hier S. 717 f.

b)   *Kritische Würdigung ausgewählter empirischer Ergebnisse*

aa)   Interne Corporate Governance und *earnings management*

In zahlreichen empirischen Studien konnte die Wichtigkeit und Wirkungsweise von privaten Informationskanälen in Ländern mit hoher Bedeutung der internen Corporate Governance für die Überwachung des Vorstands gezeigt werden.[765] So belegen *Ball et al.* eine signifikante Zeitverzögerung der Berichterstattung von ökonomischen Verlusten in Ländern mit relativ starker interner Corporate Governance.[766] Die Zeitverzögerung kann damit begründet werden, dass die relevanten Verlustinformationen bereits über private Informationskanäle an die internen Überwachungsorgane kommuniziert wurden. Diese Ergebnisse werden von *Ball et al.* in einer nachfolgenden Studie über die Berichterstattung von ökonomischen Verlusten für die vier ostasiatischen Länder Hong Kong, Thailand, Singapur und Malaysia bestätigt.[767] Zwar unterliegen diese Länder (historisch bedingt) grundsätzlich dem Einfluss des anglo-amerikanischen Rechtskreises, allerdings bestehen gleichfalls in Teilen wesentliche Ähnlichkeiten mit Ländern aus dem kontinentaleuropäischen Rechtskreis. So erfolgt bspw. der Abbau von Informationsasymmetrien vermehrt über private Informationskanäle als über die öffentliche Berichterstattung.[768] In einer weiteren Studie können *Leuz et al.* einen direkten Zusammenhang zwischen der Art der Überwachung des Vorstands und der Beeinflussung des Ausweises von Gewinngrößen im Jahresabschluss feststellen: Je größer die Bedeutung der internen Corporate Governance, desto stärker die Beeinflussung des Ausweises von Gewinngrößen im Jahresabschluss und desto höher die Glättung von Gewinngrößen über einen längeren Zeitraum.[769] Dieses Ergebnis kann dadurch erklärt werden, dass sich aufgrund der verstärkten Überwachung des Vorstands durch die internen Überwachungsorgane dessen Anreize zur Verzerrung der tatsächlich erzielten Ergebnisse im öffentlich zugänglichen Jahresabschluss verstärkt niederschlagen.

---

[765] Für einen Überblick über Studien für das deutsche Finanzsystem, vgl. *Leuz, Christian/Wüstemann, Jens*: The Role of Accounting in the German Financial System, a.a.O., hier S. 468–474.

[766] Vgl. *Ball, Ray et al.*: The effect of international institutional factors on properties of accounting earnings, a.a.O., hier S. 16–20. Diese Ergebnisse konnten in einer nachfolgenden Studie von *Bushman* und *Piotroski* grundsätzlich bestätigt werden, vgl. *Bushman, Robert M./Piotroski, Joseph D.*: Financial reporting incentives for conservative accounting: The influence of legal and political institutions, in: JAE, Vol. 42 (2006), Nr. 1–2, S. 107–148, hier S. 121 f.

[767] Vgl. *Ball, Ray et al.*: Incentives versus standards: properties of accounting income in four East Asian countries, a.a.O., hier S. 249–252.

[768] Vgl. ebenda, hier S. 242 f.

[769] Vgl. *Leuz, Christian et al.*: Earnings management and investor protection: an international comparison, in: JFE, Vol. 69 (2003), Nr. 3, S. 505–527, hier S. 519 f.

Des Weiteren belegen *Burgstahler et al.* eine stärkere Verzerrung des Ausweises von Gewinngrößen bei nicht börsennotierten Unternehmen im Vergleich zu börsennotierten Unternehmen unter Berücksichtigung von firmenspezifischen Informationen aus insgesamt 13 europäischen Ländern.[770] Eine Erklärung hierfür besteht darin, dass aufgrund der überwiegenden Finanzierung von nicht börsennotierten Unternehmen über Banken und interne Quellen deren öffentlich kommunizierte Gewinngrößen von untergeordneter Bedeutung für die Überwachung des Vorstands sind und vielmehr anderen Zwecken, wie bspw. der Reduzierung von Steuerzahlungen oder der Bestimmung von Dividendenzahlungen, dienen. In diesem Sinne können *Othman* und *Zeghal* die Reduzierung der Fremdkapitalkosten durch Ausweis eines möglichst vorteilhaften Verschuldungsgrads sowie die Optimierung der Steuerlast unter Berücksichtigung des effektiven Steuersatzes als die beiden zentralen Motive zur Beeinflussung des Gewinnausweises bei französischen Unternehmen identifizieren.[771]

bb)   Interne Corporate Governance und Entwicklung des Aktienkurses

Aufgrund der besonderen Bedeutung der Informationsvermittlung über private Informationskanäle und die damit verbundene Möglichkeit des Insider-Handels ist aus theoretischer Sicht eine geringere Korrelation von Gewinnen und Aktienkursen bzw. Aktienrenditen für Unternehmen in Insider-Systemen zu erwarten.[772] Konsistent mit diesen theoretischen Überlegungen können *Alford et al.* im Rahmen einer Regressionsanalyse unter Berücksichtigung von firmenspezifischen Informationen aus insgesamt 16 Ländern sowie Vergleichsdaten aus den USA einen geringeren Erklärungsgehalt von Gewinnen für die Aktienrendite von deutschen Unternehmen unter Berücksichtigung eines 15-monatigen Zeitraums nach Veröffentlichung der Gewinngrößen im Vergleich zu Unternehmen aus Ländern wie den USA oder Großbri-

---

[770]   Vgl. *Burgstahler, David C. et al.*: The Importance of Reporting Incentives: Earnings Management in European Private and Public Firms, in: TAR, Vol. 81 (2006), Nr. 5, S. 983–1016, hier S. 1002–1006. Das Ausmaß der Verzerrung des Gewinnausweises wird hierbei unter Berücksichtigung der Tendenz zur Vermeidung geringer Verluste, des Umfangs der Periodenabgrenzung, der Gewinnglättung relativ zu den Zahlungsströmen sowie der Korrelation zwischen Periodenabgrenzung und operativen Zahlungsströmen approximiert.

[771]   Vgl. *Othman, Hakim B./Zeghal, Daniel*: A study of earnings-management motives in the Anglo-American and Euro-Continental accounting models: The Canadian and French cases, in: IJA, Vol. 41 (2006), Nr. 4, S. 406–435, hier S. 424–429. Frankreich wird neben Deutschland und Japan regelmäßig als weiteres Beispiel für ein Insider-System angeführt, vgl. u.a. *Franks, Julian/Mayer, Colin*: Corporate Ownership and Control in the U.K., Germany, and France, a.a.O., hier S. 39 f.

[772]   Vgl. *Leuz, Christian/Wüstemann, Jens*: The Role of Accounting in the German Financial System, a.a.O., hier S. 468. Dieser theoretische Zusammenhang ist gleichfalls Gegenstand zahlreicher empirischer Studien, vgl. u.a. *Lindemann, Jens*: Kapitalmarktrelevanz der Rechnungslegung – Konzepte, Methodik und Ergebnisse empirischer Forschung, in: ZfB, 76. Jg. (2006), S. 967–1003, hier S. 984–987; *Mölls, Sascha H./Strauß, Michael*: Bewertungsrelevanz der Rechnungslegung, in: ZfB, 77. Jg. (2007), S. 955–995, hier S. 962–966.

tannien[773] feststellen.[774] Des Weiteren belegen *Ali* und *Hwang* einen geringeren Zusammenhang von Gewinngrößen und Aktienrenditen für Unternehmen aus Ländern, in denen die Unternehmensfinanzierung verstärkt über Banken erfolgt und der externe Kapitalmarkt von untergeordneter Bedeutung ist.[775] Darüber hinaus können die Autoren für Unternehmen aus diesen Ländern einen zeitlichen Vorlauf der Beeinflussung von Aktienrenditen durch Gewinninformationen feststellen, welcher u.a. durch eine bereits erfolgte Informationsvermittlung über private Informationskanäle vor Veröffentlichung der Gewinngrößen erklärt werden kann.[776] Hiermit übereinstimmend kann bspw. *Hung* einen geringeren Erklärungsgehalt von Gewinngrößen für die Entwicklung der Aktienrenditen bei Unternehmen aus Ländern, welche sich durch einen geringen Anlegerschutz auszeichnen, feststellen.[777]

Schließlich wird der Informationsgehalt von Gewinngrößen bei deren Veröffentlichung aufgrund der bereits erfolgten Informationsweitergabe über private Informationskanäle als gering eingeschätzt, wodurch gleichfalls eine geringe Reaktion des Aktienkurses bzw. der Aktienrendite auf die Veröffentlichung dieser Informationen erwartet wird.[778] Entsprechend weisen bspw. *DeFond et al.* eine signifikant höhere Varianz der Aktienrendite[779] von Unternehmen in Ländern mit relativ hohem Anlegerschutz nach.[780]

cc) Interne Corporate Governance und Qualität sowie Umfang der externen Berichterstattung

Aufgrund der bereits erfolgten Informationsvermittlung an das interne Überwachungsorgan ist in Insider-Systemen ein geringerer Umfang sowie eine geringere Qualität der öffentlich

---

[773] Diese Länder werden oftmals als Beispiele für Outsider-Systeme genannt, vgl. *Franks, Julian/Mayer, Colin*: Corporate Ownership and Control in the U.K., Germany, and France, a.a.O., hier S. 39 f.

[774] Vgl. *Alford, Andrew et al.*: The Relative Informativeness of Accounting Disclosures in Different Countries, in: JAR, Vol. 31 (1993), Supplement, S. 183–223, hier S. 212–218.

[775] Vgl. *Ali, Ashiq/Hwang, Lee-Seok*: Country-Specific Factors Related to Financial Reporting and the Value Relevance of Accounting Data, in: JAR, Vol. 38 (2000), Nr. 1, S. 1–21, hier S. 14 f.

[776] Vgl. ebenda, hier S. 16 f.

[777] Vgl. *Hung, Mingyi*: Accounting standards and value relevance of financial statements: An international analysis, in: JAE, Vol. 30 (2001), Nr. 3, S. 401–420, hier S. 416–418. Voraussetzung hierfür ist allerdings, dass sich die Abgrenzungsgrundsätze der Rechnungslegungssysteme deutlich von einer einfachen Kassenbuchführung unterscheiden.

[778] Vgl. *Leuz, Christian/Wüstemann, Jens*: The Role of Accounting in the German Financial System, a.a.O., hier S. 469 f.

[779] Bezogen auf einen zweitägigen Zeitraum vor und nach Veröffentlichung der Gewinnmitteilung.

[780] Vgl. *DeFond, Mark et al.*: Investor protection and the information content of annual earnings announcements: International evidence, in: JAE, Vol. 43 (2007), Nr. 1, S. 37–67, hier S. 51–56. Die Höhe des Anlegerschutzes wird u.a. durch einen Rückgriff auf die jeweils vorliegenden gesetzlichen Regelungen zum Insider-Handel approximiert.

verfügbaren Informationen im Vergleich zu Outsider-Systemen zu erwarten.[781] So weisen bspw. zahlreiche empirische Studien deutsche Unternehmen bzgl. des Umfangs sowie der Qualität der externen Berichterstattung als unterdurchschnittlich aus, vor allem im Vergleich mit Unternehmen aus den USA oder Großbritannien.[782] Auch *Bushman et al.* können eine deutlich höhere Transparenz von Unternehmensinformationen in Ländern des anglo-amerikanischen Rechtskreises feststellen, sofern sich diese auf Aspekte der Corporate Governance, wie bspw. die Vergütung der Mitglieder des Vorstands und des Aufsichtsrats oder die jeweils größten Anteilseigner, beziehen.[783] Schließlich belegen *Ajinkya et al.* einen negativen Zusammenhang zwischen dem Grad der Konzentration der Eigentümerstruktur eines Unternehmens und dem Umfang der externen Berichterstattung.[784]

Gleichzeitig ist für einzelne Unternehmen in Insider-Systemen, die eine stärkere Refinanzierung über den externen Kapitalmarkt anstreben, eine freiwillige Veröffentlichung von weitergehenden Informationen zu erwarten, da eine Berichterstattung entsprechend den gegebenen institutionellen Rahmenbedingungen die Informationsbedürfnisse der Investoren am externen Kapitalmarkt nur unzureichend befriedigen dürfte.[785] In Einklang hierzu zeigt bspw. *Leuz* einen signifikant positiven Zusammenhang zwischen der Kapitalmarktorientierung und der freiwilligen Bereitstellung von Kapitalflussrechnungen für deutsche Unternehmen im Zeitraum von 1992 bis 1996.[786] Darüber hinaus stellt die Studie von *Shroff et al.* indirekte empirische Evidenz bzgl. des skizzierten Zusammenhangs dar. Im Rahmen der Untersuchung der Auswirkungen der Securities Offering Reform in den USA im Jahr 2005[787] können die Autoren nachweisen, dass Unternehmen vor einer angestrebten Erhöhung des Eigenkapitals, z.B.

---

[781] Vgl. *Leuz, Christian/Wüstemann, Jens*: The Role of Accounting in the German Financial System, a.a.O., hier S. 470.

[782] Vgl. *La Porta, Rafael et al.*: Law and Finance, a.a.O., hier S. 1142 f.; *La Porta, Rafael et al.*: What Works in Securities Laws?, a.a.O., hier S. 15 f.; *Saudagaran, Shahrokh M./Biddle, Gary C.*: Financial Disclosure Levels and Foreign Stock Exchange Listing Decisions, in: JIFMA, Vol. 4 (1992), Nr. 2, S. 106–148, hier S. 125.

[783] Vgl. *Bushman, Robert M. et al.*: What Determines Corporate Transparency?, in: JAR, Vol. 42 (2004), Nr. 2, S. 207–252, hier S. 228–233.

[784] Vgl. *Ajinkya, Bipin et al.*: The Association between Outside Directors, Institutional Investors and the Properties of Management Earnings Forecasts, in: JAR, Vol. 43 (2005), Nr. 3, S. 343–376, hier S. 365–369. In dieser Studie werden ausschließlich US-amerikanische Unternehmen berücksichtigt.

[785] Vgl. *Leuz, Christian/Wüstemann, Jens*: The Role of Accounting in the German Financial System, a.a.O., hier S. 471.

[786] Vgl. *Leuz, Christian*: The Development of Voluntary Cash Flow Statements in Germany and the Influence of International Reporting Standards, in: sbr, 52. Jg. (2000), S. 182–207, hier S. 198–201.

[787] Durch die Securities Offering Reform hat die SEC u.a. wesentliche Restriktionen hinsichtlich der Art und des Umfangs der erlaubten Berichterstattung vor Durchführung einer Kapitalerhöhung beseitigt, vgl. SEC: Securities Offering Reform, 2005.

durch eine Ausgabe von zusätzlichen Aktien, nach der Reform freiwillig mehr Informationen zur gegenwärtigen und zukünftigen Entwicklung des Unternehmens bereitstellen als vor der Reform.[788]

dd)   Interne Corporate Governance und Ausschüttungsbemessungsfunktion der Rechnungslegung

Primärer Zweck der Rechnungslegung in Deutschland ist die Ermittlung eines ausschüttungsfähigen Gewinns unter Wahrung des Gläubigerschutzes.[789] Des Weiteren bildet der handelsrechtlich ermittelte Gewinn aufgrund der Maßgeblichkeit der handelsrechtlichen GoB für die Steuerbilanz (§ 5 Abs. 1 EStG) die Grundlage für die Bemessung der Steuerlast eines Unternehmens in Deutschland.[790] Folglich wird erwartet, dass der Informationsgehalt von Gewinngrößen von deutschen Unternehmen für externe Kapitalgeber zusätzlich eingeschränkt wird, da diese vor allem zur Bemessung von Dividenden- und Steuerzahlungen herangezogen werden.[791] Zahlreiche empirische Studien können diesen Zusammenhang zumindest indirekt bestätigen. So belegen bspw. *Harris et al.* für den Zeitraum von 1982 bis 1991 eine signifikant höhere Gewinnausschüttungsquote von deutschen Unternehmen im Vergleich zu US-amerikanischen Unternehmen.[792] In einer umfassenden Untersuchung der Gewinnausschüttungsquoten von Unternehmen aus insgesamt 33 Ländern können *La Porta et al.* diese Ergeb-

---

[788] Vgl. *Shroff, Nemit et al.*: Voluntary Disclosure and Information Asymmetry: Evidence from the 2005 Securities Offering Reform, in: JAR, Vol. 51 (2013), Nr. 5, S. 1299–1345, hier S. 1318–1321. Diese Ergebnisse konnten in einer Studie von *Clinton et al.* grundsätzlich bestätigt werden, vgl. *Clinton, Sarah et al.*: Differences in the information environment prior to seasoned equity offerings under relaxed disclosure regulation, in: JAE, Vol. 58 (2014), Nr. 1, S. 59–78, hier S. 68–71.

[789] Vgl. *Moxter, Adolf*: Grundsätze ordnungsmäßiger Rechnungslegung, a.a.O., hier S. 3 f.; *Moxter, Adolf*: Entziehbarer Gewinn?, a.a.O., hier S. 237–240; *Wüstemann, Jens*: Generally Accepted Accounting Principles, a.a.O. hier S. 107–116; *Ruhnke, Klaus/Simons, Dirk*: Rechnungslegung nach IFRS und HGB, a.a.O., hier S. 8 f. Diese Zielsetzung wurde im Rahmen des BilMoG nochmals bestätigt, vgl. Entwurf eines BilMoG, a.a.O., hier S. 32. Zur Bedeutung der Kapitalschutzfunktion im europäischen Bilanzrecht, vgl. *Schön, Wolfgang*: Gesellschafter-, Gläubiger- und Anlegerschutz im Europäischen Bilanzrecht, in: ZGR, 29. Jg. (2000), S. 706–742, hier S. 725–729.

[790] Vgl. *Döllerer, Georg*: Maßgeblichkeit der Handelsbilanz in Gefahr, in: BB, 26. Jg. (1971), S. 1333–1335, hier S. 1334; *Moxter, Adolf*: Missverständnisse um das Maßgeblichkeitsprinzip, in: DStZ, 88. Jg. (2000), S. 157–161, hier S. 159 f.; *Harris, Trevor S. et al.*: The Value Relevance of German Accounting Measures: An Empirical Analysis, in: JAR, Vol. 32 (1994), Nr. 2, S. 187–209, hier S. 191.

[791] Vgl. u.a. *Ball, Ray et al.*: The effect of international institutional factors on properties of accounting earnings, a.a.O., hier S. 15; *Leuz, Christian/Wüstemann, Jens*: The Role of Accounting in the German Financial System, a.a.O., hier S. 472.

[792] Vgl. *Harris, Trevor S. et al.*: The Value Relevance of German Accounting Measures: An Empirical Analysis, a.a.O., hier S. 199.

nisse bestätigen.[793] Allerdings weisen die Autoren gleichzeitig eine signifikant höhere Gewinnausschüttungsquote für Unternehmen in Ländern des anglo-amerikanischen Rechtskreises im Vergleich zu Unternehmen in Ländern des kontinentaleuropäischen Rechtskreises nach, was die Autoren durch den höheren Anlegerschutz in letzteren erklären.[794] Diese sich teilweise widersprechenden empirischen Ergebnisse können dadurch erklärt werden, dass neben dem Anlegerschutz auch der Gläubigerschutz von zentraler Bedeutung für das Dividendenverhalten von Unternehmen ist. So können bspw. *Brockman* und *Unlu* eine höhere Wahrscheinlichkeit für sowie einen größeren Umfang von Gewinnausschüttungen für Unternehmen in Ländern mit hohem Gläubigerschutz zeigen.[795] Mithin erlaubt nur eine gleichzeitige Berücksichtigung der Regelungen von Anleger- und Gläubigerschutz eine sachgerechte Interpretation des Gewinnausschüttungsverhaltens von Unternehmen.

---

[793] Vgl. *La Porta, Rafael et al.*: Agency Problems and Dividend Policies Around the World, in: JF, Vol. 55 (2000), Nr. 1, S. 1–33, hier S. 14 f.

[794] Vgl. ebenda, hier S. 15–19.

[795] Vgl. *Brockman, Paul/Unlu, Emre*: Dividend policy, creditor rights, and the agency costs of debt, in: JFE, Vol. 92 (2009), Nr. 2, S. 276–299, hier S. 282–285.

3. Konkretisierung der Anforderungen an die interne Berichterstattung zur Unterstützung der Überwachung des Vorstands im Rahmen der internen Corporate Governance

a) Notwendige Konkretisierung der inhaltlichen Reichweite der Berichte des Vorstands an den Aufsichtsrat gemäß § 90 AktG

aa)   Grundsatz der vollständigen Information des Aufsichtsrats

Die Berichterstattung des Vorstands an den Aufsichtsrat ist von besonderer Bedeutung für die interne Corporate Governance, da diese weite Teile der Informationsgrundlage für die Überwachung des Vorstands durch den Aufsichtsrat gesetzlich verankert.[796] Dem Vorstand obliegen gemäß § 90 AktG umfassende Berichtspflichten gegenüber dem Aufsichtsrat als internem Überwachungsorgan. Durch die Unterscheidung in Regelberichte (§ 90 Abs. 1, 2 AktG) und Sonderberichte (§ 90 Abs. 3 AktG)[797] stellt der Gesetzgeber die notwendigen Rahmenbedingungen für eine vollumfängliche Informationsversorgung des Aufsichtsrats bereit.

Dem Aufsichtsrat sind sämtliche Informationen zur Verfügung zu stellen, welche dieser zur Wahrnehmung seiner Überwachungspflichten benötigt. Gleichfalls ist der Aufsichtsrat nicht nur als Berichtempfänger zu verstehen; vielmehr obliegt ihm auch eine „Holschuld", da er gemäß § 90 Abs. 3 AktG „jederzeit einen Bericht [...] über Angelegenheiten der Gesellschaft [...], die auf die Lage der Gesellschaft von erheblichem Einfluß sein können", einfordern kann.[798] Hierunter wären bspw. auch spezifische Berichte zu Funktionsfähigkeit und Wirk-

[796]   Vgl. *Lutter, Marcus et al.*: Rechte und Pflichten des Aufsichtsrats, a.a.O., hier S. 95 f.; *Götz, Heinrich*: Die Überwachung der Aktiengesellschaft im Lichte jüngerer Unternehmenskrisen, a.a.O., hier S. 349; *Roth, Markus*: Information und Organisation des Aufsichtsrats, in: ZGR, 41. Jg. (2012), S. 343–381, hier S. 372; *Feddersen, Dieter*: Neue gesetzliche Anforderungen an den Aufsichtsrat, a.a.O., hier S. 388; *Böcking, Hans-Joachim/Gros, Marius*: Unternehmensinterne und unternehmensexterne Überwachung der Finanzberichterstattung, in: FS Hommelhoff, S. 99–114, hier S. 107.

[797]   Vgl. *Zitzmann, Axel/Decker, Torsten*: Informations- und Publizitätspflichten von Unternehmen, in: Handbuch Unternehmenskommunikation, hrsg. v. M. Piwinger/A. Zerfaß, 2. Aufl., Wiesbaden 2014, S. 271–289, hier S. 274 f.; *Spindler, Gerald*: Kommentierung zu § 90 AktG, in: Münchener Kommentar AktG, hier Rn. 11.

[798]   Vgl. *Leyens, Patrick C./Schmidt, Frauke*: Corporate Governance durch Aktien-, Bankaufsichts- und Versicherungsaufsichtsrecht – Ausgewählte Einflüsse, Impulse und Brüche, a.a.O., hier S. 542 (auch Zitate); *Scheffler, Eberhard*: Rolle des Aufsichtsrats bei der Vermeidung und Überwindung von Unternehmenskrisen, a.a.O , hier S. 2859. Nach *Hoffmann-Becking* ist die Holschuld des Aufsichtsrats allerdings subsidiär zur Bringschuld des Vorstands, vgl. *Hoffmann-Becking, Michael*: Das Recht des Aufsichtsrats zur Prüfung durch Sachverständige nach § 111 Abs. 2 Satz 2 AktG, in: ZGR, 40. Jg. (2011), S. 136–154, hier S. 146 f.

samkeit des Risikomanagementsystems zu fassen.[799] Darüber hinaus ist die Bereitstellung von quantitativen Informationen durch das Risikomanagement bzw. Controlling, wie bspw. Plan-Ist-Abweichungen sowie deren Auswirkungen auf die Vermögens-, Finanz- und Ertragslage des Unternehmens, ein wesentlicher Bestandteil der Informationsversorgung.[800] Zur Sicherstellung einer effizienten Überwachung durch den Aufsichtsrat ist gleichfalls eine Beschränkung auf ausschließlich für die Überwachung relevante Informationen erforderlich.[801]

Das Erfordernis der vollständigen Informationsversorgung des Aufsichtsrats durch den Vorstand findet ebenfalls Bestätigung in der geltenden Rechtsprechung. So hat bereits das OLG Hamburg im Jahr 1995 festgestellt, dass aufgrund der Orientierung der Überwachungspflichten des Aufsichtsrats an den Berichtsinhalten gemäß § 90 AktG „die ausreichende Information eines jeden Aufsichtsratsmitglieds und damit dessen verantwortliche Mitwirkung bei der Überwachung des Vorstandes gewährleistet"[802] sei. Des Weiteren muss nach Ansicht des OLG Oldenburg im Fall einer Aufsichtsratsentscheidung über einen Unternehmenskauf durch eine GmbH „[d]er Bericht der Geschäftsführer [...] vollständig und sachlich zutreffend sein", wobei „Tatsachen und Bewertungen [...] zu trennen" seien.[803] Darüber hinaus unterstreicht der BGH die Anforderungen an den Aufsichtsrat zur Einholung von Informationen, in dem dieser „insbesondere in einer Krisensituation alle ihm nach §§ 90 Abs. 3, 111 Abs. 2 AktG zur Verfügung stehenden Erkenntnisquellen aus[zu]schöpfen"[804] habe. Gleichfalls stellt das OLG Stuttgart im Fall Porsche/VW die Pflicht eines Aufsichtsratsmitglieds zur eigenständigen Einholung von Informationen fest, falls dieses „nicht in der Lage [sei], den Sachverhalt eigenständig zu erfassen oder zu beurteilen" und daher – „ggf. durch Berichtanforderung nach § 90 Abs. 3 Satz 2 AktG – weitere Sachverhaltsinformationen vom Vorstand einholen oder

---

[799] Vgl. *Lanfermann, Georg/Röhricht, Victoria*: Pflichten des Prüfungsausschusses nach dem BilMoG, a.a.O., hier S. 890; *Kropff, Bruno*: Zur Information des Aufsichtsrats über das interne Überwachungssystem, in: NZG, 6. Jg. (2003), S. 346–350, hier S. 346 f. Nach *Spindler* kann der Aufsichtsrat u.a. Informationen über „organisatorische Vorgänge innerhalb der Gesellschaft" anfordern, *Spindler, Gerald*: Kommentierung zu § 90 AktG, a.a.O., hier Rn. 34.

[800] Vgl. *Simons, Dirk/Voeller, Dennis*: Zusammenarbeit von Abschlussprüfung und Controlling im Rahmen der internationalen Rechnungslegung, in: Controlling und Corporate Governance-Anforderungen, hrsg. v. A. Wagenhofer, Berlin 2010, S. 179–197, hier S. 184 f.; *Wall, Friederike*: Funktionen des Controllings im Rahmen der Corporate Governance, in: ZfCM, 52. Jg. (2008), S. 228–233, hier S. 232; *Scheffler, Eberhard*: Controlling als Bindeglied zwischen Vorstand und Aufsichtsrat, in: Corporate Governance und Controlling, hrsg. v. C.-C. Freidank, Heidelberg 2004, S. 97–112, hier S. 110.

[801] Vgl. *Götz, Heinrich*: Die Überwachung der Aktiengesellschaft im Lichte jüngerer Unternehmenskrisen, a.a.O., hier S. 349; *Säcker, Franz J./Rehm, Christian*: Grenzen der Mitwirkung des Aufsichtsrats an unternehmerischen Entscheidungen in der Aktiengesellschaft, a.a.O., hier S. 820 f.

[802] OLG Hamburg: Urteil vom 15.9.1995 - 11 U 20/95, in: ZIP, 16. Jg. (1995), S. 1673–1676, hier S. 1675.

[803] OLG Oldenburg: Urteil vom 22.6.2006 - 1 U 34/03, a.a.O., hier S. 2513 (beide Zitate).

[804] BGH: Urteil vom 16.3.2009 - II ZR 280/07, in: ZIP, 30. Jg. (2009), S. 860–863, hier S. 861.

sich die für eine Beurteilung notwendigen Kenntnisse verschaffen" müsse.[805]

bb)   Konkretisierung der Berichterstattung über Geschäfte von erheblicher Bedeutung gemäß § 90 Abs. 1 Satz 1 Nr. 4 AktG

Gemäß § 90 Abs. 1 Satz 1 Nr. 4 AktG hat der Vorstand dem Aufsichtsrat über „Geschäfte, die für die Rentabilität oder Liquidität der Gesellschaft von erheblicher Bedeutung sein können", zu berichten. Gemäß § 90 Abs. 2 Nr. 4 AktG hat die Berichterstattung „möglichst so rechtzeitig [zu erfolgen], daß der Aufsichtsrat vor Vornahme der Geschäfte Gelegenheit hat, zu ihnen Stellung zu nehmen." Mithin ist eine zeitnahe Information an den Aufsichtsrat erforderlich, welche es diesem ermöglicht, sich in angemessener Form mit den Geschäften auseinander zu setzen und ggf. die Einleitung entsprechender Maßnahmen zu veranlassen.[806] Hierfür sind ein Risikomanagementsystem im Sinne eines Früherkennungssystems[807] sowie robuste Analyse- und Simulationsfunktionen im Risikomanagement erforderlich. Darüber hinaus ist durch Vorstand und Aufsichtsrat zu konkretisieren, welche Geschäfte gemäß § 90 Abs. 1 Satz 1 Nr. 4 AktG zu berichten sind, um ein einheitliches Verständnis der für die Unternehmensführung verantwortlichen Organe[808] bzgl. des Berichtsgegenstands zu erreichen.

Unter § 90 Abs. 1 Satz 1 Nr. 4 AktG sind zunächst alle Geschäfte zu subsumieren, welche der Vorstand aufgrund der wirtschaftlichen Bedeutung und der damit verbundenen potenziellen Auswirkungen auf die Vermögens-, Finanz- und Ertragslage des Unternehmens nicht delegieren darf.[809] So sind bspw. Entscheidungen zur Durchführung von Unternehmenstransaktionen mit größerem Volumen i.d.R. nicht delegierbar; entsprechend sind diese unter § 90 Abs. 1 Satz 1 Nr. 4 AktG zu fassen.[810] Ein weiterer Ansatzpunkt besteht in der Zugrundelegung

---

[805] OLG Stuttgart: Urteil vom 29.2.2012 - 20 U 3/11, in: ZIP, 33. Jg. (2012), S. 625–636, hier S. 628 (beide Zitate).

[806] Vgl. *Bea, Franz X./Scheurer, Steffen*: Die Kontrollfunktion des Aufsichtsrats, a.a.O., hier S. 2147; *Götz, Heinrich*: Rechte und Pflichten des Aufsichtsrats nach dem Transparenz- und Publizitätsgesetz, a.a.O., hier S. 601.

[807] Vgl. die Ausführungen in Abschnitt III.2.a.cc).

[808] Die Unternehmensführung obliegt gemäß §§ 76, 93 AktG dem Vorstand. Aufgrund der zunehmenden Bedeutung des Aufsichtsrats im Sinne der präventiven Kontrolle sprechen allerdings bspw. *Lutter et al.* bereits von einem „mit-unternehmerischen [...] Unternehmensorgan", *Lutter, Marcus et al.*: Rechte und Pflichten des Aufsichtsrats, a.a.O., hier S. 32.

[809] Vgl. *Baums, Theodor*: Risiko und Risikosteuerung im Aktienrecht, a.a.O., hier S. 268–270; *Martens, Klaus-Peter*: Der Grundsatz gemeinsamer Vorstandsverantwortung, in: FS Fleck, S. 191–208, hier S. 197 f.

[810] Vgl. *Rieger, Norbert/Rothenfußer, Christoph*: Zusammenwirken von Vorstand und Aufsichtsrat bei wesentlichen Unternehmensentscheidungen, in: NZG, 17. Jg. (2014), S. 1012–1015, hier S. 1013. In seiner Entscheidung im Fall Deutsche Börse hat das OLG Frankfurt a. M. allerdings offen gelassen, ob § 90 Abs. 1 Satz 1 Nr. 1 oder Nr. 4 AktG Grundlage der Berichterstattungspflicht des Vorstands ist, vgl. OLG Frankfurt a. M.: Urteil vom 1.10.2013 - 5 U 214/12, in: AG, 24. Jg. (2014), S. 373–376, hier S. 374 f.

sämtlicher Geschäfte, welche aufgrund der Bedeutung für die Risiko- oder Ertragslage des Unternehmens grundsätzlich einem Zustimmungsvorbehalt des Aufsichtsrats gemäß § 111 Abs. 4 Satz 2 AktG unterliegen können.[811] Als Beispiel kann an dieser Stelle die Einräumung einer Kreditlinie eines Finanzinstituts gegenüber einem anderen Finanzinstitut genannt werden, welche bei Ziehung potenziell zu einer Zahlungsunfähigkeit des bereitstellenden Finanzinstituts führen würde. Jedenfalls empfiehlt sich eine gemeinsame Festlegung von Bezugsgrößen (z.B. maximales Verlustpotenzial) und entsprechenden Wertgrenzen (z.B. absoluter Betrag oder relativer Anteil am Eigenkapital), welche bei Erreichen zwingend eine Berichterstattung bedingen.[812] Folglich besteht eine Möglichkeit zur Identifizierung von Geschäften von erheblicher Bedeutung in der Analyse der Auswirkungen des Geschäfts auf das Risiko-Ertrags-Profil des Unternehmens unter Einzelbetrachtung sowie im Kontext von Risikotragfähigkeit und Zahlungsfähigkeit unter Berücksichtigung von vorab definierten Bezugsgrößen und Wertgrenzen.[813]

cc)   Konkretisierung der Berichterstattung aus sonstigen wichtigen Anlässen gemäß § 90 Abs. 1 Satz 3 AktG

Gemäß § 90 Abs. 1 Satz 3 AktG ist „außerdem" eine Berichterstattung an den Aufsichtsratsvorsitzenden „aus sonstigen wichtigen Anlässen" erforderlich. In Abgrenzung zur ebenfalls anlassbezogenen Berichterstattung gemäß § 90 Abs. 1 Satz 1 Nr. 4 AktG ist hierbei vor allem über Ereignisse, die von außen auf die Gesellschaft wirken und potenziell negative Auswirkungen von wesentlicher Bedeutung für das Unternehmen haben können (z.B. eine Betriebsstörung oder ein Mitarbeiterstreik), zu berichten.[814] Darüber hinaus hat die Berichterstattung unverzüglich, d.h. ohne schuldhaftes Verzögern, zu erfolgen.[815] Berichtsempfänger ist der Vorsitzende des Aufsichtsrats, der sodann über ggf. zu ergreifende Maßnahmen entschei-

---

[811] Vgl. u.a. *Fleischer, Holger:* Gestaltungsgrenzen für Zustimmungsvorbehalte des Aufsichtsrats nach § 111 Abs. 4 S. 2 AktG, a.a.O., hier S. 839–841; *Fonk, Hans-Joachim:* Zustimmungsvorbehalte des AG-Aufsichtsrats, a.a.O., hier S. 846–848 sowie die Ausführungen in Abschnitt IV.1.a.aa). Gemäß der Regierungsbegründung zum TransPuG zeichnen sich zustimmungspflichtige Geschäfte durch deren grundlegende Veränderung der Ertragsaussichten oder der Risikoexposition der Gesellschaft aus, vgl. Entwurf eines TransPuG, a.a.O., hier S. 17.

[812] Eine analoge Vorgehensweise zur Festlegung der zustimmungspflichtigen Geschäfte durch den Aufsichtsrat erscheint an dieser Stelle grundsätzlich möglich, vgl. *Fleischer, Holger:* Gestaltungsgrenzen für Zustimmungsvorbehalte des Aufsichtsrats nach § 111 Abs. 4 S. 2 AktG, a.a.O., hier S. 842.

[813] Vgl. die Ausführungen in Abschnitt III.3.a).

[814] Vgl. *Hüffer, Uwe:* Kommentierung zu § 90 AktG, in: Kurzkommentar AktG, hier Rn. 8; *Kort, Michael:* Kommentierung zu § 90 AktG, in: Großkommentar AktG, hier Rn. 67.

[815] Vgl. *Spindler, Gerald:* Kommentierung zu § 90 AktG, a.a.O., hier Rn. 31; *Kort, Michael:* Kommentierung zu § 90 AktG, a.a.O., hier Rn. 67.

det.[816] Folglich wird durch § 90 Abs. 1 Satz 3 AktG sichergestellt, dass Ereignisse von wesentlicher Bedeutung für die Vermögens-, Finanz- und Ertragslage des Unternehmens unverzüglich an den Aufsichtsratsvorsitzenden kommuniziert werden (falls dies nicht bereits gemäß § 90 Abs. 1 Satz 1 Nr. 4 AktG erfolgt ist). Die Intention des Gesetzgebers wird auch dadurch erkennbar, dass die Form der Berichterstattung nach § 90 Abs. 1 Satz 3 AktG explizit nicht der regelmäßig üblichen Textform (§ 90 Abs. 4 Satz 2 AktG) entsprechen muss.

Im Ergebnis stellen die normativen Anforderungen an die Berichterstattung des Vorstands an den Aufsichtsrat dessen vollumfängliche Informationsversorgung sicher.[817] Da der Aufsichtsrat entsprechend den Grundsätzen der gewissenhaften und getreuen Rechenschaft (§ 90 Abs. 4 AktG) darüber hinaus mit „rückhaltloser Offenheit"[818] zu informieren ist, können sich einzelne Mitglieder des Aufsichtsrats i.d.R. „nicht auf Unwissenheit oder mangelnde Berichterstattung des Vorstands berufen"[819].

b)   *Kritische Bewertung des Umfangs des Prüfungsberichts des Abschlussprüfers gemäß § 321 HGB*

aa)   Berichterstattung über die Beurteilung des Fortbestands und der künftigen Entwicklung des Unternehmens

Der Prüfungsbericht des Abschlussprüfers stellt einen weiteren wesentlichen Informationskanal im Rahmen der internen Corporate Governance in Deutschland dar.[820] Gemäß § 321 Abs. 1 Satz 2 und 3 HGB muss der Abschlussprüfer vorweg auf die Beurteilung des Fortbestands und der künftigen Entwicklung des Unternehmens durch den Vorstand eingehen sowie über Tatsachen berichten, welche den Bestand des Unternehmens gefährden oder deren Ent-

---

[816]   Vgl. *Hüffer, Uwe*: Kommentierung zu § 90 AktG, a.a.O., hier Rn. 8; *Spindler, Gerald*: Kommentierung zu § 90 AktG, a.a.O., hier Rn. 32.
[817]   Auf die Diskussion, inwieweit eine Berichterstattung gemäß § 90 Abs. 1 Satz 1 Nr. 4 AktG oder § 90 Abs. 1 Satz 3 AktG erforderlich ist, soll mit Verweis auf das Schrifttum an dieser Stelle nicht näher eingegangen werden, vgl. u.a. *Kort, Michael*: Kommentierung zu § 90 AktG, a.a.O., hier Rn. 71.
[818]   *Spindler, Gerald*: Kommentierung zu § 90 AktG, a.a.O., hier Rn. 49.
[819]   *Röhrich, Raimund*: Risikomanagement: Pflichten und Haftungsumfang des Aufsichtsrats, a.a.O., hier S. 42.
[820]   Vgl. *Wüstemann, Jens*: Mängel bei der Abschlussprüfung: Tatsachenberichte und Analysen aus betriebswirtschaftlicher Sicht, a.a.O., hier S. 34 f.; *Wüstemann, Jens*: Evaluation and Response to Risk in International Accounting and Audit Systems: Framework and German Experiences, a.a.O., hier S. 456; *Hommelhoff, Peter*: Die neue Position des Abschlußprüfers im Kraftfeld der aktienrechtlichen Organisationsverfassung (Teil I), a.a.O., hier S. 2572.

wicklung wesentlich beeinträchtigen können.[821] Der Abschlussprüfer hat hierbei u.a. unter Rückgriff auf die Ergebnisse aus der Prüfung des Risikomanagementsystems eine Plausibilisierung der Einschätzungen des Vorstands im (Konzern-)Lagebericht[822] sowie eine Prüfung deren Vollständigkeit[823] vorzunehmen.[824]

Zur Plausibilisierung ist eine eigenständige Analyse der Geschäftsrisiken durch den Abschlussprüfer erforderlich, für welche ein grundlegendes ökonomisches Verständnis, spezifisches Unternehmens- und Branchenwissen sowie ggf. regionale Kenntnisse unabdingbar sind.[825] Hierdurch wird eine „[V]erobjektivier[ung]" der Risikodarstellung des Vorstands angestrebt.[826] Aufgrund der regelmäßig geringeren Anfälligkeit des Abschlussprüfers für kognitive Verzerrungen bzgl. der Risiken des geprüften Unternehmens wird der Grad der Objekti-

---

[821] Vgl. *Scheffler, Eberhard*: Corporate Governance – Auswirkungen auf den Wirtschaftsprüfer, a.a.O., hier S. 482; *Mattheus, Daniela*: Die Rolle des Abschlussprüfers in der Corporate Governance, a.a.O., hier S. 586 f.; *Ebke, Werner F.*: Kommentierung zu § 321 HGB, in: Münchener Kommentar HGB, hier Rn. 31–34; *Habersack, Mathias/Schürnbrand, Jan*: Kommentierung zu § 321 HGB, in: Staub Großkommentar HGB, hier Rn. 19–34. Die Berichterstattung erfolgt i.d.R. anhand des Prüfungsstandards IDW PS 450, vgl. IDW: Grundsätze ordnungsmäßiger Berichterstattung bei Abschlussprüfungen (IDW PS 450), a.a.O., hier S. 116 f.

[822] Vgl. *Böcking, Hans-Joachim/Orth, Christian*: Risikomanagement und das Testat des Abschlussprüfers, a.a.O., hier S. 247; *Eibelshäuser, Beate/Stein, Thomas*: Modifikation der Zusammenarbeit des Prüfungsausschusses mit dem Abschlussprüfer durch den Gesetzentwurf des BilMoG, a.a.O., hier S. 488; *Lilienbecker, Thomas et al.*: Beurteilung der Going-Concern-Prämisse durch den Abschlussprüfer bei Unternehmen in der Krise, in: BB, 64. Jg. (2009), S. 262–266, hier S. 263; *Wohlmannstetter, Gottfried*: Risikomanagement nach dem BilMoG, a.a.O., hier S. 486.

[823] Vgl. *Böcking, Hans-Joachim/Stein, Thomas*: Prüfung des Konzernlageberichts durch Abschlussprüfer, Aufsichtsräte und Deutsche Prüfstelle für Rechnungslegung, a.a.O., hier S. 48 f.; *Lachnit, Laurenz/Müller, Stefan*: Risikomanagement nach KonTraG und Prüfung des Systems durch den Wirtschaftsprüfer, a.a.O., hier S. 387; *Mattheus, Daniela*: Die gewandelte Rolle des Wirtschaftsprüfers als Partner des Aufsichtsrats nach dem KonTraG, a.a.O., hier S. 701; *Forster, Karl-Heinz*: Abschlußprüfung nach dem Regierungsentwurf des KonTraG, a.a.O., hier S. 46.

[824] Neben dem (Konzern-)Lagebericht bilden insbesondere die Berichte des Vorstands an den Aufsichtsrat (§ 90 AktG) die Grundlage für die Stellungnahme des Abschlussprüfers, vgl. *Hommelhoff, Peter*: Die neue Position des Abschlußprüfers im Kraftfeld der aktienrechtlichen Organisationsverfassung (Teil I), a.a.O., hier S. 2571; *Böcking, Hans-Joachim/Orth, Christian*: Mehr Kontrolle und Transparenz im Unternehmensbereich durch eine Verbesserung der Qualität der Abschlußprüfung?, a.a.O., hier S. 428; *Forster, Karl-Heinz*: Zum Zusammenspiel von Aufsichtsrat und Abschlußprüfer nach dem KonTraG, in: AG, 9. Jg. (1999), S. 193–198, hier S. 196.

[825] Vgl. *Adam, Silke/Quick, Reiner*: Das Going-Concern-Prinzip – Konzeption und praktische Implikationen, in: BFuP, 62. Jg. (2010), S. 243–259, hier S. 255 f. So beinhaltet bspw. die Beurteilung des Fortbestands u.a. eine Prüfung der Branchenüblichkeit der vom Vorstand zugrunde gelegten Annahmen. Die Plausibilisierung erfolgt hierbei u.a. auch unter Rückgriff auf unternehmensinterne Daten, vgl. bspw. *Simons, Dirk/Voeller, Dennis*: Zusammenarbeit von Abschlussprüfung und Controlling im Rahmen der internationalen Rechnungslegung, a.a.O., hier S. 184 f.

[826] Vgl. *Hommelhoff, Peter*: Die neue Position des Abschlußprüfers im Kraftfeld der aktienrechtlichen Organisationsverfassung (Teil I), a.a.O., hier S. 2571 (auch Zitat); *Mattheus, Daniela*: Die Rolle des Abschlussprüfers in der Corporate Governance, a.a.O., hier S. 587; *Böcking, Hans-Joachim/Orth, Christian*: Mehr Kontrolle und Transparenz im Unternehmensbereich durch eine Verbesserung der Qualität der Abschlußprüfung?, a.a.O., hier S. 428.

vierung darüber hinaus zusätzlich erhöht.[827] Ferner sind bestandsgefährdende Risiken gemäß § 321 Abs. 1 Satz 3 HGB unabhängig von einer etwaigen Berichterstattung im (Konzern-)Lagebericht zwingend in den Prüfungsbericht aufzunehmen.[828] Sollte der Abschlussprüfer bspw. zu dem Ergebnis kommen, dass mit einem spezifischen Kreditgeschäft eines Finanzinstituts ein bestandsgefährdendes Risiko oder eine die Entwicklung des Finanzinstituts wesentliche Beeinträchtigung verbunden ist, so hat er diesbezüglich im Prüfungsbericht zu informieren – unabhängig davon, ob der (Konzern-)Lagebericht entsprechende Angaben enthält.

In der Gesamtschau leisten der (Konzern-)Lagebericht und die Stellungnahme des Abschlussprüfers im Prüfungsbericht als „funktionale Einheit"[829] einen wichtigen Beitrag für eine effektive Überwachung des Vorstands durch den Aufsichtsrat, insofern letztere auf einer fundierten Risikoanalyse basiert sowie eine transparente Kommentierung der i.d.R. subjektiv geprägten (Konzern-)Lageberichterstattung des Vorstands beinhaltet.

bb)   Berichterstattung über die Beurteilung des Früherkennungssystems zu
        bestandsgefährdenden Entwicklungen

Gemäß § 321 Abs. 4 HGB ist „in einem besonderen Teil des Prüfungsberichts" über die Ergebnisse der Beurteilung des Risikofrüherkennungssystems bei börsennotierten Aktiengesellschaften (§ 317 Abs. 4 HGB) zu berichten. Ferner „ist darauf einzugehen, ob Maßnahmen erforderlich sind, um das interne Überwachungssystem zu verbessern." Hierbei erscheint zunächst eine Beschränkung der Berichterstattungspflicht des Abschlussprüfers auf bestandsgefährdende Entwicklungen kritisch, da die Anforderungen an den Vorstand zur Risikoberichterstattung im (Konzern-)Lagebericht gemäß §§ 289 Abs. 5, 315 Abs. 2 Nr. 5 HGB[830] sinnvollerweise nur mit Hilfe eines umfassenden Risikomanagementsystems zu erfüllen sind,[831] welches folglich auch vom Abschlussprüfer zu prüfen und entsprechend Gegenstand der Be-

---

[827] Vgl. *Wüstemann, Jens:* Disclosure Regimes and Corporate Governance, a.a.O., hier S. 723; *Wüstemann, Jens:* Evaluation and Response to Risk in International Accounting and Audit Systems: Framework and German Experiences, a.a.O., hier S. 456.

[828] Vgl. *Lück, Wolfgang:* Anforderungen an die Redepflicht des Abschlussprüfers, in: BB, 56. Jg. (2001), S. 404–408, hier S. 404–406; *Lilienbecker, Thomas et al.:* Beurteilung der Going-Concern-Prämisse durch den Abschlussprüfer bei Unternehmen in der Krise, a.a.O., hier S. 265 f.

[829] *Hommelhoff, Peter:* Die neue Position des Abschlußprüfers im Kraftfeld der aktienrechtlichen Organisationsverfassung (Teil I), a.a.O., hier S. 2572.

[830] Kapitalgesellschaften im Sinne des § 264d HGB haben u.a. über die wesentlichen Merkmale des Risikomanagementsystems in Bezug auf den Rechnungslegungsprozess zu berichten.

[831] Vgl. *Hommelhoff, Peter/Mattheus, Daniela:* Risikomanagementsystem im Entwurf des BilMoG als Funktionselement des Corporate Governance, a.a.O., hier S. 2789; *Weber-Rey, Daniela:* Gesellschafts- und aufsichtsrechtliche Herausforderungen an die Unternehmensorganisation – Aktuelle Entwicklungen im Bereich Corporate Governance, Compliance und Risikomanagement, a.a.O., hier S. 350.

richterstattung sein sollte.[832] Mithin ist eine enge Auslegung des Risikomanagementsystems im Sinne einer Berücksichtigung von ausschließlich bestandsgefährdenden Entwicklungen[833] ökonomisch nicht zu begründen.[834]

Darüber hinaus ist im Rahmen der Beurteilung des Risikofrüherkennungssystems auf den Aspekt der Wirksamkeitsprüfung einzugehen. So hat der Abschlussprüfer zunächst gemäß § 321 Abs. 4 HGB zu beurteilen, ob Maßnahmen zur Verbesserung des internen Überwachungssystems erforderlich sind. Eine ausschließliche Betrachtung formaler oder struktureller Elemente ohne Berücksichtigung der Wirksamkeit des internen Überwachungssystems erscheint hierbei wenig sinnvoll.[835] Ferner ist eine Beschränkung auf die ausschließliche Nennung von Bereichen mit Verbesserungspotenzial nicht nachvollziehbar;[836] vielmehr wäre aufgrund der durch die Prüfung bereits erhaltenen Informationen zumindest eine Angabe von Hinweisen für mögliche Verbesserungen[837] durch den Abschlussprüfer zu fordern.[838] Durch eine konkrete Aufbereitung von potenziellen Verbesserungsvorschlägen würde der Abschlussprüfer einen signifikanten Mehrwert bzgl. der Wahrnehmung der Pflicht zur Überwachung des Risikofrüherkennungssystems durch den Aufsichtsrat leisten und somit zu einer Stärkung der internen Corporate Governance beitragen. Allerdings kann die Prüfungsleistung

---

[832] Vgl. *Hommelhoff, Peter/Mattheus, Daniela*: Risikomanagementsystem im Entwurf des BilMoG als Funktionselement der Corporate Governance, a.a.O., hier S. 2789; *Wohlmannstetter, Gottfried*: Risikomanagement nach dem BilMoG, a.a.O., hier S. 474.

[833] Vgl. *Kort, Michael*: Risikomanagement nach dem Bilanzrechtsmodernisierungsgesetz, a.a.O., hier S. 441; *Vetter, Eberhard*: Der Prüfungsausschuss in der AG nach dem BilMoG, a.a.O., hier S. 770.

[834] Vielmehr wäre eine Ausweitung der Inhalte des Prüfungsberichts auf das gesamte Risikomanagementsystem zu begrüßen, vgl. auch *Kämpfer, Georg et al.*: Das Grünbuch der EU-Kommission zur Abschlussprüfung, in: DB, 63. Jg. (2010), S. 2457–2463, hier S. 2458; *Heusermann, Christian-Hendrik*: Möglichkeiten der Verbesserung der Risikoberichterstattung unter Berücksichtigung der Verantwortung von Vorstand, Aufsichtsrat und Abschlussprüfer, in: DK, 9. Jg. (2011), S. 621–628, hier S. 628.

[835] Dies wird auch von Teilen der juristischen Literatur unterstützt, vgl. *Preußner, Joachim*: Risikomanagement und Compliance in der aktienrechtlichen Verantwortung des Aufsichtsrats unter Berücksichtigung des Gesetzes zur Modernisierung des Bilanzrechts (BilMoG), a.a.O., hier S. 576.

[836] Ein solches Vorgehen steht auch der Intention des Gesetzgebers zu einer aktiveren Rolle des Abschlussprüfers bei der Prüfung des Vorstands sowie zu einem stärkeren Austausch zwischen Abschlussprüfer und Aufsichtsrat entgegen, vgl. Entwurf eines KonTraG, a.a.O., hier S. 11, 29.

[837] Dies ist freilich dadurch begrenzt, dass sämtliche Aufgaben der Geschäftsführung gemäß §§ 76, 93 AktG dem Vorstand obliegen, vgl. *Kort, Michael*: Kommentierung zu § 76 AktG, a.a.O., hier Rn. 42 f.; *Hüffer, Uwe*: Kommentierung zu § 76 AktG, a.a.O., hier Rn. 7–11.

[838] Der Berufsstand der Wirtschaftsprüfer ist diesbezüglich anderer Auffassung, vgl. IDW: Grundsätze ordnungsmäßiger Berichterstattung bei Abschlussprüfungen (IDW PS 450), a.a.O., hier S. 123. In Teilen der Literatur wird allerdings für deren Aufnahme im *management letter* plädiert, vgl. *Dörner, Dietrich*: Ändert das KonTraG die Anforderungen an den Abschlußprüfer?, a.a.O., hier S. 4; *Schindler, Joachim/Rabenhorst, Dirk*: Auswirkungen des KonTraG auf die Abschlußprüfung (Teil II), in: BB, 53. Jg. (1998), S. 1939–1944, hier S. 1941. Nach *Lachnit* und *Müller* entspricht dies gleichfalls „der üblichen Praxis des Berufsstandes", *Lachnit, Laurenz/Müller, Stefan*: Risikomanagement nach KonTraG und Prüfung des Systems durch den Wirtschaftsprüfer, a.a.O., hier S. 387.

des Abschlussprüfers letztlich lediglich eine Unterstützung des Aufsichtsrats darstellen und folglich dessen eigenständige Überwachungsfunktion nicht ersetzen.[839] Dennoch erscheint die Beschränkung der Prüfungs- und Berichterstattungspflicht auf ausschließlich börsennotierte Aktiengesellschaften[840] vor dem Hintergrund der positiven Auswirkungen auf die interne Corporate Governance wenig nachvollziehbar.

cc)   Berichterstattung über die Angaben zum internen Kontroll- und Risikomanagement-
          system im (Konzern-)Lagebericht

Gemäß § 321 Abs. 2 HGB ist im Hauptteil des Prüfungsberichts zu dokumentieren, ob der (Konzern-)Lagebericht den gesetzlichen Vorschriften und den ergänzenden Bestimmungen in Gesellschaftsvertrag oder Satzung entspricht. Mithin hat der Abschlussprüfer auch über das Ergebnis seiner Prüfung hinsichtlich der Darstellung der wesentlichen Merkmale des internen Kontroll- und des Risikomanagementsystems bezogen auf den Rechnungslegungsprozess (§§ 289 Abs. 5, 315 Abs. 2 Nr. 5 HGB) zu berichten.[841] Während die Prüfungs- und Berichterstattungspflicht des Abschlussprüfers in Deutschland auf den rechnungslegungsbezogenen Teil des internen Kontroll- und Risikomanagementsystems beschränkt ist, liegt den entsprechenden nationalen Regelungen im europäischen Vergleich i.d.R. keine derartige Einschränkung zugrunde.[842] Darüber hinaus hat der Abschlussprüfer nach *section 404(b)* des SOA[843] in den USA über die wesentlichen Kontrollmängel des gesamten internen Kontrollsystems[844] zu berichten.[845] Schließlich lassen auch die Überlegungen der Europäischen

---

[839] Vgl. *Hommelhoff, Peter*: Die neue Position des Abschlußprüfers im Kraftfeld der aktienrechtlichen Organisationsverfassung (Teil II), in: BB, 53. Jg. (1998), S. 2625–2631, hier S. 2626; *Mattheus, Daniela*: Die gewandelte Rolle des Wirtschaftsprüfers als Partner des Aufsichtsrats nach dem KonTraG, a.a.O., hier S. 705.

[840] Vgl. auch die Ausführungen in Abschnitt IV.1.b.bb.aaa).

[841] Auf die Prüfung der Darstellung des Risikomanagements sowie der Risiken in Bezug auf Finanzinstrumente gemäß § 289 Abs. 2 Nr. 2 HGB soll an dieser Stelle nicht näher eingegangen werden.

[842] Zur gesetzlichen Verpflichtung zur Einrichtung eines Risikomanagementsystems in Großbritannien, Frankreich und der Schweiz, vgl. *Withus, Karl-Heinz*: Neue Anforderungen nach BilMoG zur Beschreibung der wesentlichen Merkmale des Internen Kontroll- und Risikomanagementsystems im Lagebericht kapitalmarktorientierter Unternehmen, a.a.O., hier S. 442 f.

[843] Die Anforderungen an die Prüfung des internen Kontrollsystems durch den Abschlussprüfer sind im Auditing Standard No. 5 dokumentiert, vgl. PCAOB Release No. 2007-005A: Auditing Standard No. 5: An Audit of Internal Control Over Financial Reporting That Is Integrated with An Audit of Financial Statements, a.a.O.

[844] Im US-amerikanischen Recht ist ein Risikomanagementsystem im Sinne des § 91 Abs. 2 AktG nicht bekannt, vgl. *Mattheus, Daniela*: Die Rolle des Abschlussprüfers in der Corporate Governance, a.a.O., hier S. 592. Aus Sicht des Autors ist eine vergleichende Gegenüberstellung dennoch hilfreich im Rahmen einer ökonomischen Betrachtungsweise.

Kommission im Rahmen des Grünbuchs zum weiteren Vorgehen im Bereich der Abschlussprüfung zumindest teilweise Rückschlüsse auf eine zukünftig vorgesehene Prüfungs- und Berichterstattungspflicht bzgl. des gesamten internen Kontroll- und des Risikomanagementsystems zu.[846] Folglich wäre eine zukünftige Ausweitung der internen Berichterstattung des Abschlussprüfers auf dessen Beurteilung des gesamten internen Kontroll- und des Risikomanagementsystems zu empfehlen, vor allem da die Überwachungspflicht des Aufsichtsrats (§ 107 Abs. 3 Satz 2 AktG) gleichfalls keine Begrenzung auf deren rechnungslegungsbezogenen Teil vorsieht.[847]

Darüber hinaus ist aus ökonomischer Sicht eine weitergehende Berichterstattung bzgl. der Effektivität des Risikomanagementsystems zu empfehlen, wenngleich in der Regierungserklärung zum BilMoG die Notwendigkeit einer Berichterstattung über die Wirksamkeit des internen Kontroll- und des Risikomanagementsystems im (Konzern-)Lagebericht explizit verneint wurde und eine entsprechende Prüfung durch den Abschlussprüfer daher zunächst nicht erforderlich ist.[848] Allerding hat der Abschlussprüfer bspw. in der Bilanzsitzung (§ 171 Abs. 1 Satz 2 AktG) „insbesondere [über] wesentliche Schwächen des internen Kontroll- und des Risikomanagementsystems bezogen auf den Rechnungslegungsprozess" zu informieren.[849] Um dieser Pflicht gerecht werden zu können, erscheint bereits hierfür eine eigenständige Effektivitätsprüfung durch den Abschlussprüfer erforderlich.[850] Darüber hinaus sollten sämtliche Erkenntnisse, die der Abschlussprüfer im Rahmen seiner Prüfungstätigkeiten erhalten hat und die relevant für die Überwachungstätigkeit des Aufsichtsrats sind, an letzteren berichtet werden.[851] Hierzu sind insbesondere auch Erkenntnisse über die Wirksamkeit des internen Kontroll- und des Risikomanagementsystems zu zählen. Schließlich erscheint auch an dieser Stelle ein Blick auf die US-amerikanischen Regelungen wertvoll. So hat der Abschlussprüfer nach *section 404(b)* des SOA explizit die konzeptionelle sowie operative Effektivität und

---

[845] Vgl. *Withus, Karl-Heinz*: Bringt das Bilanzrechtsmodernisierungsgesetz (BilMoG) auch "Euro-SOX"?, a.a.O., hier S. 123; *Wolf, Klaus*: Zur Anforderung eines internen Kontroll- und Risikomanagementsystems im Hinblick auf den (Konzern-) Rechnungslegungsprozess gemäß BilMoG, a.a.O., hier S. 922–924.

[846] So wird z.B. eine Verbesserung der externen Kommunikation durch Weitergabe zusätzlicher Informationen zu potenziellen zukünftigen Risiken betrachtet, vgl. Europäische Kommission: Grünbuch: Weiteres Vorgehen im Bereich der Abschlussprüfung: Lehren aus der Krise, Brüssel 2010, hier S. 9 f.

[847] Vgl. auch die Ausführungen in Abschnitt IV.1.a.bb.bbb).

[848] Vgl. Entwurf eines BilMoG, a.a.O., hier S. 76.

[849] Vgl. auch die Ausführungen in Abschnitt IV.3.c).

[850] Vgl. wohl auch *Spindler, Gerald*: Von der Früherkennung von Risiken zum umfassenden Risikomanagement – zum Wandel des § 91 AktG unter europäischem Einfluss, a.a.O., hier S. 996 ff.

[851] Daher ist auch die Empfehlung des DCGK in Ziffer 7.2.3. zum Abschluss einer Offenlegungsvereinbarung mit dem Abschlussprüfer zu begrüßen, vgl. Regierungskommission Deutscher Corporate Governance Kodex: Deutscher Corporate Governance Kodex 2014, a.a.O., hier S. 15.

mithin die Wirksamkeit des internen Kontrollsystems jährlich im Rahmen der Abschlussprüfung zu prüfen und darüber zu berichten.[852]

c) *Kritische Bewertung von Umfang und Häufigkeit der mündlichen Berichterstattung des Abschlussprüfers gemäß § 171 Abs. 1 Satz 2 AktG*

aa) Berichterstattung zu wesentlichen Schwächen des internen Kontroll- und des Risikomanagementsystems

Gemäß § 171 Abs. 1 Satz 2 AktG hat der Abschlussprüfer an der Bilanzsitzung des Aufsichtsrats teilzunehmen und die im Rahmen der Prüfung ggf. festgestellten wesentlichen Schwächen des internen Kontroll- und des Risikomanagementsystems bezogen auf den Rechnungslegungsprozess zu erläutern.[853] Gleichzeitig liegen dem Abschlussprüfer aufgrund der erforderlichen Prüfung, ob die Chancen und Risiken der zukünftigen Entwicklung im (Konzern-)Lagebericht zutreffend dargestellt sind,[854] über den Rechnungslegungsprozess hinausreichende Informationen zum internen Kontroll- und Risikomanagementsystem vor. Eine Zurückhaltung dieser Erkenntnisse gegenüber dem Aufsichtsrat erscheint aus ökonomischer Sicht wenig sinnvoll, zumal eine potenzielle Gefährdung schutzwürdiger Interessen des Unternehmens bei einer Erweiterung der mündlichen Berichterstattungspflicht auf das gesamte interne Kontroll- und Risikomanagementsystem aufgrund der ausschließlich internen Berichterstattung an dieser Stelle nicht einschlägig ist.

Des Weiteren ist eine lediglich jährliche mündliche Berichterstattung zu wesentlichen Schwächen des internen Kontroll- und des Risikomanagementsystems kritisch zu sehen. Aus ökonomischer Sicht ist eine möglichst zeitnahe Information des Abschlussprüfers an den Aufsichtsrat nach Feststellung etwaiger wesentlicher Schwächen des internen Kontroll- und des Risikomanagementsystems zu fordern, so dass der Aufsichtsrat die Möglichkeit besitzt, im Rahmen seiner Überwachungspflicht entsprechende Maßnahmen zu deren Beseitigung zu ergreifen, bevor aufgrund dieser Schwächen wirtschaftliche Nachteile für das Unternehmen

---

[852] Vgl. *Knechel, Robert W. et al.*: Auditing: Assurance and Risk, a.a.O., hier S. 281–289; PCAOB Release No. 2007-005A: Auditing Standard No. 5: An Audit of Internal Control Over Financial Reporting That Is Integrated with An Audit of Financial Statements, a.a.O., hier S. A1–20, A1–23; *Withus, Karl-Heinz*: Bringt das Bilanzrechtsmodernisierungsgesetz (BilMoG) auch "Euro-SOX"?, a.a.O., hier S. 124 f.

[853] Der Umfang der mündlichen Berichterstattung des Abschlussprüfers in der Bilanzsitzung wurde durch das BilMoG wesentlich ausgeweitet, vgl. *Eibelshäuser, Beate/Stein, Thomas*: Modifikation der Zusammenarbeit des Prüfungsausschusses mit dem Abschlussprüfer durch den Gesetzentwurf des BilMoG, a.a.O., hier S. 490 f.; *Withus, Karl-Heinz*: Internes Kontrollsystem und Risikomanagementsystem – Neue Anforderungen an die Wirtschaftsprüfer durch das BilMoG, a.a.O., hier S. 858 f.

[854] Vgl. die Ausführungen in Abschnitt IV.1.b.bb.bbb).

resultieren.[855] Eine häufigere Berichterstattung, z.B. im Rahmen der Teilnahme des Abschlussprüfers an weiteren Sitzungen des Aufsichtsrats bzw. Prüfungsausschusses,[856] wird daher auch vom Berufsstand der Wirtschaftsprüfer empfohlen[857] und zumindest teilweise in der Praxis bereits umgesetzt.[858]

bb)   Unverzügliche Redepflicht im Rahmen der Frühwarnfunktion des Abschlussprüfers

Die Redepflicht des Abschlussprüfers im Rahmen dessen Frühwarnfunktion geht zurück auf ein Urteil des BGH aus dem Jahr 1954[859] und wird regelmäßig aus der Treuepflicht des Abschlussprüfers gegenüber dem zu prüfenden Unternehmen abgeleitet.[860] Nach Ansicht des BGH muss der Abschlussprüfer „seine Stimme warnend [...] erheben, wenn ihm bei der Abschlussprüfung schwerwiegende Bedenken gegen die Geschäftsführung, die Rentabilität oder Liquidität kommen" würden. Darüber hinaus habe der Abschlussprüfer den Vorstand und den Aufsichtsrat darauf aufmerksam zu machen, falls er „bei der Durchführung seiner Pflichtaufgaben die Bedrohlichkeit der Lage" oder eine potenziell „ruinöse Entwicklung" für das Unternehmen feststellen sollte.[861]

Gleichfalls ist die durch den BGH begründete Redepflicht nicht dahingehend zu verstehen, dass dieser mit der Einhaltung der im Gesetz kodifizierten Berichterstattungspflichten bereits

---

[855] Dieses Vorgehen entspricht auch der Intention des Gesetzgebers zu einer intensiveren Kommunikation zwischen Aufsichtsrat und Abschlussprüfer, vgl. *Hennrichs, Joachim*: Corporate Governance und Abschlussprüfung, a.a.O., hier S. 392.

[856] Vgl. *Eisenhardt, Patrick/Wader, Dominic*: Vorschläge zur Fortentwicklung der Abschlussprüfung – Das Grünbuch der EU-Kommission, in: DStR, 48. Jg. (2010), S. 2532–2538, hier S. 2534.

[857] Vgl. IDW: Treffpunkt IDW, Frankfurt a. M. 2012, hier S. 11.

[858] Vgl. *Mattheus, Daniela*: Die Rolle des Abschlussprüfers in der Corporate Governance, a.a.O., hier S. 570; *Schäfer, Albrecht*: Der Prüfungsausschuss – Arbeitsteilung im Aufsichtsrat, a.a.O., hier S. 425; *Nonnenmacher, Rolf*: Corporate Governance und Abschlussprüfung, a.a.O., hier S. 561. Für eine kritische Gegenüberstellung der Auswirkungen eines Ausbaus der mündlichen Berichterstattung des Abschlussprüfers, vgl. AKEIÜ: Zur künftigen Entwicklung der Abschlussprüfung, in: DB, 67. Jg. (2014), S. 1149–1155, hier S. 1155.

[859] Vgl. BGH: Urteil vom 15.12.1954 - II ZR 322/53, in: BGHZ 16, S. 17–31, hier S. 24–27.

[860] Vgl. *Wüstemann, Jens*: Mängel bei der Abschlussprüfung: Tatsachenberichte und Analysen aus betriebswirtschaftlicher Sicht, a.a.O., hier S. 32 f.; *Lück, Wolfgang*: Anforderungen an die Redepflicht des Abschlussprüfers, a.a.O., hier S. 404.

[861] BGH: Urteil vom 15.12.1954 - II ZR 322/53, a.a.O., hier S. 24–26 (alle Zitate). Die gegenwärtige Rechtslage, insbesondere bzgl. der Anforderungen an die interne Berichterstattung des Abschlussprüfers in Prüfungsbericht und Bilanzsitzung, ist in ihren Grundsätzen unmittelbar auf die Rechtsprechung des BGH rückführbar, vgl. *Wüstemann, Jens*: Mängel bei der Abschlussprüfung: Tatsachenberichte und Analysen aus betriebswirtschaftlicher Sicht, a.a.O., hier S. 33; *Lück, Wolfgang*: Anforderungen an die Redepflicht des Abschlussprüfers, a.a.O., hier S. 404–406.

vollumfänglich genüge getan ist.[862] Vielmehr hat der Abschlussprüfer bspw. bei einem unzureichenden Risikomanagementsystem, durch welches der Bestand des Unternehmens gefährdet oder die Entwicklung wesentlich beeinträchtigt werden könnte, stets unverzüglich an Aufsichtsrat und Vorstand zu berichten:[863] Denn nur bei einer unverzüglichen Berichterstattung kann der Abschlussprüfer seiner Frühwarnfunktion gerecht werden. Darüber hinaus genügt bereits eine potenzielle Bestandsgefährdung bzw. eine potenziell wesentliche Beeinträchtigung der Entwicklung der Lage des Unternehmens, um die unverzügliche Redepflicht des Abschlussprüfers auszulösen.[864]

---

[862] Vgl. *Hommelhoff, Peter*: Die neue Position des Abschlußprüfers im Kraftfeld der aktienrechtlichen Organisationsverfassung (Teil II), a.a.O., hier S. 2629; *Dörner, Dietrich*: Ändert das KonTraG die Anforderungen an den Abschlußprüfer?, a.a.O., hier S. 3.

[863] Vgl. *Hommelhoff, Peter*: Die neue Position des Abschlußprüfers im Kraftfeld der aktienrechtlichen Organisationsverfassung (Teil II), a.a.O., hier S. 2629; *Lilienbecker, Thomas et al.*: Beurteilung der Going-Concern-Prämisse durch den Abschlussprüfer bei Unternehmen in der Krise, a.a.O., hier S. 266.

[864] Vgl. bereits *Leffson, Ulrich*: Der Einfluß einer erkennbaren Gefährdung der Unternehmung auf die Aussagen im Prüfungsbericht und Bestätigungsvermerk, in: WPg, 33. Jg. (1980), S. 637–643, hier S. 639. In der Literatur wird daher auch vom „prophylaktischen Charakter" der Redepflicht gesprochen, *Kohl, Torsten*: Die Berücksichtigung der wirtschaftlichen Lage im Rahmen der Abschlußprüfung, Köln 2001, hier S. 93.

V Externe Berichterstattung über die Informationsgrundlage bei unternehmerischen Entscheidungen als Basis der Überwachung des Vorstands im Rahmen der externen Marktkontrolle

1. Mittelbare Überwachung des Vorstands durch externe Marktteilnehmer und Aufsichtsbehörden

a) Die Bedeutung des externen Kapitalmarkts zur Finanzierung der Geschäftstätigkeit eines Unternehmens

Die Finanzierung der Geschäftstätigkeit eines Unternehmens erfolgt i.d.R. über Eigen- und Fremdkapital.[865] Durch die Bereitstellung von Eigenkapital werden externe Kapitalgeber zu (Mit-)Eigentümern am Vermögen des Unternehmens.[866] Eigenkapital zeichnet sich dadurch aus, dass es unbefristet zur Verfügung gestellt wird, keine festen Zahlungsansprüche induziert und einen nachrangigen Anspruch am Gesellschaftsvermögen aufweist.[867] Im Gegensatz dazu wird Fremdkapital i.d.R. zeitlich befristet bereitgestellt und ist kündbar; ferner begründet es einen festen Zahlungsanspruch des Kapitalgebers, hingegen regelmäßig keinen Anspruch am Gesellschaftsvermögen.[868]

Sowohl Eigen- als auch Fremdkapitalgeber unterliegen grundsätzlich einem Informationsnachteil, da der Vorstand typischerweise besser über den tatsächlichen Wert des Unternehmens informiert ist und gleichfalls Anreize zu dessen verzerrten Außendarstellung hat.[869] Auf

---

[865] Auf die Mitarbeiter eines Unternehmens als weitere Kapitalgeber im Sinne der Bereitstellung von Humankapital soll nicht weiter eingegangen werden, vgl. u.a. *Schmid, Reinhard H./Tyrell, Marcel*: What Constitutes a Financial System in General and the German Financial System in Particular?, a.a.O., hier S. 50. Zur Bedeutung von Humankapital für das Wirtschaftswachstum, vgl. bspw. *Barro, Robert J.*: Human Capital and Growth, in: AER, Vol. 91 (2001), Nr. 2, S. 12–17, hier S. 14–16.

[866] Vgl. *Franke, Günter/Hax, Herbert*: Finanzwirtschaft des Unternehmens und Kapitalmarkt, 6. Aufl., Berlin und Heidelberg 2009, hier S. 32; *Brealey, Richard A. et al.*: Principles of Corporate Finance, a.a.O., hier S. 351 f. Zu den Besonderheiten des Eigenkapitals im Bankaufsichtsrecht, vgl. *Schäfer, Frank A.*: Eigenkapital im Bankaufsichtsrecht und Basel III, in: ZHR, 175. Jg. (2011), S. 319–337, hier S. 322–328. Gemäß IAS 32.11 ist ein „Eigenkapitalinstrument [...] ein Vertrag, der einen Residualanspruch an den Vermögenswerten eines Unternehmens nach Abzug aller dazugehörigen Schulden begründet."

[867] Vgl. *Wüstemann, Jens/Bischof, Jannis*: Eigenkapital im nationalen und internationalen Bilanzrecht: Eine ökonomische Analyse, in: ZHR, 175. Jg. (2011), S. 210–246, hier S. 217.

[868] Vgl. *Brealey, Richard A. et al.*: Principles of Corporate Finance, a.a.O., hier S. 356; *Ross, Stephen A. et al.*: Corporate Finance, a.a.O., hier S. 478 f. Fremdkapitalgeber unterliegen aufgrund des unbedingten Anspruchs auf Zahlung einem geringeren Risiko bzgl. des Verlusts ihrer Vermögensposition, vgl. *Franke, Günter/Hax, Herbert*: Finanzwirtschaft des Unternehmens und Kapitalmarkt, a.a.O., hier S. 34 f.; *Ross, Stephen A. et al.*: Corporate Finance, a.a.O., hier S. 479.

[869] Vgl. *Beaver, William H.*: Financial reporting: An accounting revolution, 3. Aufl., Upper Saddle River, NJ: Prentice Hall 1998, hier S. 30 f.; *Healy, Paul M./Palepu, Krishna G.*: Information asymmetry, corporate disclosure, and the capital markets: A review of the empirical disclosure literature, in: JAE, Vol. 31 (2001), Nr. 1–3, S. 405–440, hier S. 407; *Beyer, Anne et al.*: The financial reporting environment: Review of the recent literature, in: JAE, Vol. 50 (2010), Nr. 2–3, S. 296–343, hier S. 296.

das Problem der Informationsasymmetrie hat bereits *Akerlof* in seiner Analyse der Preisbildung auf dem Markt für Gebrauchtwagen im Jahr 1970 hingewiesen.[870] Aus einer asymmetrischen Informationsverteilung kann sowohl eine Über- als auch eine Unterbewertung von Investitionsobjekten resultieren.[871] Darüber hinaus kann gezeigt werden, dass es aufgrund einer Reduzierung der Zahlungsbereitschaft von Investoren am Aktienmarkt zu einem Rückgang der Marktliquidität bis hin zu einem vollständigen Erliegen der Marktaktivität kommen kann.[872]

Des Weiteren hat der Vorstand nach erfolgter Investition Anreize, das zur Verfügung gestellte Kapital nicht im ausschließlichen Interesse der Kapitalgeber einzusetzen.[873] So hat der Vorstand bspw. einen Anreiz, sich eine höhere Vergütung zu genehmigen oder Investitionsentscheidungen zu treffen, die potenziell negative Auswirkungen auf den Unternehmenswert haben können.[874] Ferner erweist sich die Finanzierung von riskanten Projekten als vorteilhaft, da der Vorstand überproportional von einer positiven Entwicklung profitiert, wohingegen bei einem Scheitern die negativen Auswirkungen vor allem von den Fremdkapitalgebern getragen werden.[875] Von zentraler Bedeutung für eine Auflösung bzw. Reduzierung der dargestellten Konflikte sind neben vertraglichen Vereinbarungen u.a. auch spezialisierte Informationsintermediäre wie bspw. Abschlussprüfer, Finanzanalysten, Ratingagenturen sowie Aufsichtsbehörden (vgl. Abbildung V-1).

---

[870] Vgl. *Akerlof, George A.*: The Market for "Lemons": Quality Uncertainty and the Market Mechanism, in: QJE, Vol. 84 (1970), Nr. 3, S. 488–500, hier S. 490 f. Der Einfluss von asymmetrischen Informationen auf die Preisbildung am Kapitalmarkt konnte in zahlreichen empirischen Studien nachgewiesen werden, vgl. u.a. *Aboody, David/Lev, Baruch*: Information Asymmetry, R&D, and Insider Gains, in: JF, Vol. 55 (2000), Nr. 6, S. 2747–2766, hier S. 2759–2761; *Chan, Kalok et al.*: Information Asymmetry and Asset Prices: Evidence from the China Foreign Share Discount, in: JF, Vol. 63 (2008), Nr. 1, S. 159–196, hier S. 182–185.

[871] Vgl. *Akerlof, George A.*: The Market for "Lemons": Quality Uncertainty and the Market Mechanism, a.a.O., hier S. 490 f.; *Healy, Paul M./Palepu, Krishna G.*: Information asymmetry, corporate disclosure, and the capital markets: A review of the empirical disclosure literature, a.a.O., hier S. 408.

[872] Vgl. *Glosten, Lawrence R./Milgrom, Paul R.*: Bid, Ask and Transaction Prices in a Specialist Market with Heterogeneously Informed Traders, in: JFE, Vol. 14 (1985), Nr. 1, S. 71–100, hier S. 91–94; *Leuz, Christian/Wysocki, Peter*: Economic Consequences of Financial Reporting and Disclosure Regulation: A Review and Suggestions for Future Research, Working Paper, University of Chicago 2008, hier S. 6.

[873] Diese Problematik wird als *moral hazard* bezeichnet, vgl. *Fama, Eugene F./Jensen, Michael C.*: Separation of Ownership and Control, a.a.O., hier S. 304 f.; *Beaver, William H.*: Financial reporting: An accounting revolution, a.a.O., hier S. 31 f.; *Healy, Paul M./Palepu, Krishna G.*: Information asymmetry, corporate disclosure, and the capital markets: A review of the empirical disclosure literature, a.a.O., hier S. 407; *Beyer, Anne et al.*: The financial reporting environment: Review of the recent literature, a.a.O., hier S. 297. Auf den sog. Prinzipal-Agent-Konflikt haben bereits *Berle* und *Means* im Jahr 1932 hingewiesen, vgl. *Berle, Adolph A./ Means, Gardiner C.*: The Modern Corporation and Private Property, a.a.O., hier S. 277.

[874] Vgl. statt vieler *Jensen, Michael C./Meckling, William H.*: Theory of the firm: Managerial behavior, agency costs and ownership structure, a.a.O., hier S. 317.

[875] Vgl. u.a. *Healy, Paul M./Palepu, Krishna G.*: Information asymmetry, corporate disclosure, and the capital markets: A review of the empirical disclosure literature, a.a.O., hier S. 409.

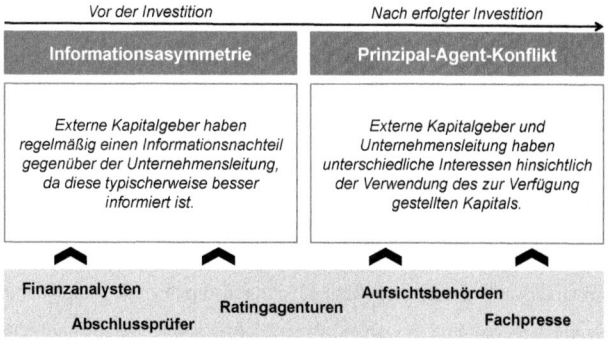

Abbildung V-1: Informationsasymmetrie und Prinzipal-Agent-Konflikt

b) *Möglichkeiten und Grenzen der Unterstützung der Überwachung des Vorstands durch Informationsintermediäre*

aa) Abschlussprüfer

Der Abschlussprüfer nimmt als unabhängiger Prüfer der Rechnungslegung eine zentrale Funktion als Informationsintermediär zwischen Unternehmen und Kapitalmarkt ein.[876] Durch die Bestätigung der Ordnungsmäßigkeit der Finanzberichterstattung[877] wird die Gewissheit bzgl. der Rechtmäßigkeit der vermittelten Informationen für externe Kapitalgeber erhöht.[878] In diesem Sinne trägt die „Zertifizierung"[879] der Finanzberichterstattung zu einem Abbau von Informationsasymmetrien zwischen Vorstand und externem Kapitalmarkt bei.

Allerdings ist die Rolle des Abschlussprüfers als Informationsintermediär dadurch begrenzt, dass eine (öffentliche) Weitergabe von Informationen lediglich über den Bestätigungsvermerk erfolgt. Aufgrund der ausschließlichen Bestätigung der Einhaltung der Rechnungslegungsvorschriften, ohne dabei weiterreichende Informationen, wie bspw. eine Stellungnahme zur wirtschaftlichen Lage des Unternehmens, zu enthalten, ist der Informationsgehalt des Bestäti-

---

[876] Vgl. *Watts, Ross L./Zimmerman, Jerold L.*: Agency Problems, Auditing, and the Theory of the Firm: Some Evidence, a.a.O., hier S. 614 f.; *Scheffler, Eberhard*: Corporate Governance – Auswirkungen auf den Wirtschaftsprüfer, a.a.O., hier S. 483; *Adelopo, Ismail*: Auditor Independence, a.a.O., hier S. 51.

[877] Vgl. u.a. *Mattheus, Daniela*: Die Rolle des Abschlussprüfers in der Corporate Governance, a.a.O., hier S. 565 f. sowie die weiteren Ausführungen in Abschnitt IV.1.b.aa).

[878] Vgl. *Scheffler, Eberhard*: Corporate Governance – Auswirkungen auf den Wirtschaftsprüfer, a.a.O. hier S. 483; *Adelopo, Ismail*: Auditor Independence, a.a.O., hier S. 51; *Knechel, Robert W. et al.*: Auditing: Assurance and Risk, a.a.O., hier S. 5–11.

[879] *Leyens, Patrick C.*: Informationsintermediäre als Gatekeeper: Rechtsökonomische Überlegungen zu einer modernen Intermediärhaftung, in: FS Schäfer, S. 159–170, hier S. 161.

gungsvermerks begrenzt.[880] Eine darüber hinausgehende Informationsvermittlung an externe Kapitalgeber ist dem Abschlussprüfer gesetzlich untersagt.[881] So hält bspw. *Wüstemann* zutreffend fest: „In all other matters, the legal information rights the auditor has are accompanied by duties of confidentiality."[882]

bb)   Ratingagenturen

Eine wesentliche Funktion von Ratingagenturen liegt in der Förderung der Informationseffizienz des Kapitalmarkts.[883] So können Ratingagenturen durch eine komplementäre Analyse von öffentlich verfügbaren und privaten Informationen sowie deren Verdichtung, welche i.d.R. in einer Gesamteinschätzung des Ausfallrisikos eines Schuldners (z.B. Staat oder Unternehmen) oder Wertpapiers mündet, zum Abbau der bestehenden Informationsasymmetrie zwischen Vorstand und externen Kapitalgebern beitragen.[884] Dementgegen wird teilweise angeführt, dass Ratingurteile lediglich auf einer Zusammenfassung von bereits am Markt bekannten Informationen beruhen, so dass deren zusätzlicher Informationswert für externe Kapitalgeber relativ begrenzt sei.[885]

Empirische Evidenz belegt zumindest teilweise (abhängig von Untersuchungsdesign und Erhebungszeitraum) den zusätzlichen Informationsgehalt von negativen Einschätzungen von Ratingagenturen in Form von Herabstufungen des Ratings auf Basis von Änderungen der

---

[880]   Vgl. u.a. *Müller, Welf:* Der Bestätigungsvermerk des Abschlussprüfers, in: FS Hommelhoff, S. 777–790, hier S. 779.

[881]   Vgl. u.a. *Mattheus, Daniela:* Die Rolle des Abschlussprüfers in der Corporate Governance, a.a.O., hier S. 567 f.

[882]   *Wüstemann, Jens:* Evaluation and Response to Risk in International Accounting and Audit Systems: Framework and German Experiences, a.a.O., hier S. 457. Konsistent mit obigen Ausführungen ist die empirische Evidenz zur Relevanz des Bestätigungsvermerks für die externen Kapitalgeber entsprechend begrenzt, vgl. *Healy, Paul M./Palepu, Krishna G.:* Information asymmetry, corporate disclosure, and the capital markets: A review of the empirical disclosure literature, a.a.O., hier S. 415 f.

[883]   Vgl. *Allen, Franklin/Santomero, Anthony M.:* The theory of financial intermediation, in: JBF, Vol. 21 (1997), Nr. 11–12, S. 1461–1485, hier S. 1462; *Tönningsen, Gerrit:* Die Regulierung von Ratingagenturen, in: ZBB, 13. Jg. (2011), S. 460–471, hier S. 460.

[884]   Vgl. *Burghof, Hans-Peter et al.:* Der Informationsgehalt von Ratingänderungen für US- und europäische Unternehmen – Eine empirische Analyse, in: ZBB, 15. Jg. (2013), S. 171–183, hier S. 171; *Tönningsen, Gerrit:* Die Regulierung von Ratingagenturen, a.a.O., hier S. 461 f.

[885]   Vgl. *Weinstein, Mark I.:* The effect of a rating change announcement on bond price, in: JFE, Vol. 5 (1977), Nr. 3, S. 329–350, hier S. 331 f.; *Norden, Lars/Weber, Martin:* Informational efficiency of credit default swap and stock markets: The impact of credit rating announcements, in: JBF, Vol. 28 (2004), Nr. 11, S. 2813–2843, hier S. 2815.

Renditen von Unternehmensanleihen[886] und Aktien[887] sowie *CDS spreads*.[888] So zeigen *Holt-hausen* und *Leftwich* unter Berücksichtigung von täglichen Renditen eine abnormale negative Aktienrendite von 2,66% am Tag sowie Folgetag der Bekanntgabe einer Herabstufung des Ratings; eine abnormale positive Aktienrendite im Fall einer Höherstufung des Ratings kann nicht beobachtet werden.[889] Dementgegen können *Jorion et al.* unter Berücksichtigung des Zeitraums nach Inkrafttreten der Fair-Disclosure-Regulierung in den USA[890] einen signifikant positiven Einfluss der Ankündigung einer Ratingverbesserung auf die Aktienrenditen von US-amerikanischen Unternehmen zeigen,[891] welcher mit dem zusätzlichen, durch die Fair-Disclosure-Regulierung bedingten Informationsgehalt der Ratingurteile erklärt werden kann. Ferner können *Burghof et al.* einen positiven Einfluss einer Verbesserung der Bonitätsnote auf den *CDS spread* von europäischen und US-amerikanischen Unternehmen feststellen.[892]

cc)   Finanzanalysten

Finanzanalysten als unabhängige Informationsintermediäre spielen eine wesentliche Rolle für die Vermittlung von Informationen zwischen Unternehmen und externen (vor allem instituti-onellen) Kapitalgebern.[893] Durch die Bewertung der zukünftigen Entwicklung eines Unter-

---

[886] Vgl. *Katz, Steven*: The Price and Adjustment Process of Bonds to Rating Reclassifications: A Test of Bond Market Efficiency, in: JF, Vol. 29 (1974), Nr. 2, S. 551–559; *Hand, John R. M. et al.*: The Effect of Bond Rating Agency Announcements on Bond and Stock Prices, in: JF, Vol. 47 (1992), Nr. 2, S. 733–752; *Kliger, Doron/Sarig, Oded*: The Information Value of Bond Ratings, in: JF, Vol. 55 (2000), Nr. 6, S. 2879–2902.

[887] Vgl. *Jorion, Philippe et al.*: Informational effects of regulation FD: evidence from rating agencies, in: JFE, Vol. 76 (2005), Nr. 2, S. 309–330; *Holthausen, Robert W./Leftwich, Richard W.*: The Effect of Bond Rating Changes on Common Stock Prices, in: JFE, Vol. 17 (1986), Nr. 1, S. 57–89; *Hand, John R. M. et al.*: The Effect of Bond Rating Agency Announcements on Bond and Stock Prices, a.a.O.; *Kliger, Doron/Sarig, Oded*: The Information Value of Bond Ratings, a.a.O.

[888] Vgl. *Hull, John C. et al.*: The relationship between credit default swap spreads, bond yields, and credit rating announcements, in: JBF, Vol. 28 (2004), Nr. 11, S. 2789–2811; *Burghof, Hans-Peter et al.*: Der Informationsgehalt von Ratingänderungen für US- und europäische Unternehmen – Eine empirische Analyse, a.a.O.; *Norden, Lars/Weber, Martin*: Informational efficiency of credit default swap and stock markets: The impact of credit rating announcements, a.a.O.

[889] Vgl. *Holthausen, Robert W./Leftwich, Richard W.*: The Effect of Bond Rating Changes on Common Stock Prices, a.a.O., hier S. 69–72.

[890] Vgl. SEC: 17 CFR Parts 240, 243, and 249 – Selective Disclosure and Insider Trading, 2000.

[891] Vgl. *Jorion, Philippe et al.*: Informational effects of regulation FD: evidence from rating agencies, a.a.O., hier S. 320 f.

[892] Vgl. *Burghof, Hans-Peter et al.*: Der Informationsgehalt von Ratingänderungen für US- und europäische Unternehmen – Eine empirische Analyse, a.a.O., hier S. 176–181.

[893] Vgl. *Beyer, Anne et al.*: The financial reporting environment: Review of the recent literature, a.a.O., hier S. 300; *Frankel, Richard et al.*: Determinants of the informativeness of analyst research, in: JAE, Vol. 41 (2006), Nr. 1–2, S. 29–54, hier S. 32 f.; *Schipper, Katherine*: Analysts' Forecasts, in: AH, Vol. 5 (1991), Nr. 4, S. 105–121, hier S. 105; *Achleitner, Ann-Kristin/Pietzsch, Luisa*: Funktions- und Wirkungsweise von Finanzanalysten als Kapitalmarktmultiplikatoren – theoretische Überlegungen und empirische Ergebnisse, in: FS Lück, S. 31–51, hier S. 35 f.

nehmens[894] auf Basis von öffentlich verfügbaren und privaten Informationen[895] erhalten (potenzielle) Investoren zusätzliche, entscheidungsrelevante Informationen bei gleichzeitiger Reduzierung der Informationsasymmetrie.[896] Dabei gilt: Je mehr Finanzanalysten ein Unternehmen beobachten, desto präziser sind die vermittelten Informationen und desto geringer sind das mit dem Unternehmen verbundene Risiko[897] und die Informationsasymmetrie zwischen Vorstand und Kapitalgebern.[898]

Empirische Evidenz belegt die Wertrelevanz von Kauf- und Verkaufsempfehlungen von Finanzanalysten. So findet bspw. *Womack* bei der Analyse der Auswirkungen von Empfehlungen von 14 US-amerikanischen Finanzanalysten eine positive Entwicklung der Aktienkurse nach erteilter Kaufempfehlung.[899] Des Weiteren können *Frankel et al.* eine stärkere Reaktion der Aktienkurse von Unternehmen an Tagen der Veröffentlichung von Berichten von Finanzanalysten feststellen,[900] welche nach *Huang et al.* u.a. auf die zusätzliche Informationsbereitstellung in Textform zurückgeführt werden kann.[901] Allerdings können *Michaely* und *Womack* auch signifikante Verzerrungen bzgl. der Kaufempfehlungen von Finanzanalysten für Unternehmen, die gleichzeitig Kunden des Finanzinstituts sind, zeigen.[902] Schließlich stellen *Kothari et al.* fest, dass Einschätzungen von Finanzanalysten aufgrund der fraglichen Glaubwürdigkeit und geringeren Aktualität nur einen begrenzten Einfluss auf die Höhe der

---

[894] Das Ergebnis dieser Bewertung schlägt sich i.d.R. in Form von Gewinnprognosen und/oder einer Empfehlung zu Kauf, Verkauf oder Halten der Aktie des bewerteten Unternehmens nieder.

[895] Eine wesentliche Quelle stellt hierbei die direkte Kommunikation mit der Unternehmensleitung im Rahmen von persönlichen Gesprächen dar, vgl. *Brown, Lawrence D. et al*: Inside the "Black Box" of Sell-Side Financial Analysts, in: JAR, Vol. 53 (2015), Nr. 1, S. 1–47, hier S. 10 f.

[896] Vgl. *Beaver, William H.*: Financial reporting: An accounting revolution, a.a.O., hier S. 10 f.; *Frankel, Richard et al.*: Determinants of the informativeness of analyst research, a.a.O., hier S. 32 f.; *Healy, Paul M./Palepu, Krishna G.*: Information asymmetry, corporate disclosure, and the capital markets: A review of the empirical disclosure literature, a.a.O., hier S. 416.

[897] Vgl. *Easley, David/O'Hara, Maureen*: Information and the Cost of Capital, in: JF, Vol. 49 (2004), Nr. 4, S. 1553–1583, hier S. 1573; *Achleitner, Ann-Kristin/Pietzsch, Luisa*: Funktions- und Wirkungsweise von Finanzanalysten als Kapitalmarktmultiplikatoren – theoretische Überlegungen und empirische Ergebnisse, a.a.O., hier S. 41–43.

[898] Vgl. *Frankel, Richard/Li, Xu*: Characteristics of a firm's information environment and the information asymmetry between insiders and outsiders, in: JAE, Vol. 37 (2004), Nr. 2, S. 229–259, hier S. 248–252. Die Höhe der Informationsasymmetrie wird hierbei über die Profitabilität von und die Anzahl an Insidergeschäften approximiert.

[899] Dieser Effekt ist vor allem im ersten Monat nach der Veröffentlichung zu beobachten, vgl. *Womack, Kent L.*: Do Brokerage Analysts' Recommendations Have Investment Value?, in: JF, Vol. 51 (1996), Nr. 1, S. 137–167, hier S. 153 f. Gleichfalls liegt eine negative Entwicklung der Aktienkurse bei Verkaufsempfehlung innerhalb der ersten sechs Monate nach der Veröffentlichung vor.

[900] Vgl. *Frankel, Richard et al.*: Determinants of the informativeness of analyst research, a.a.O., hier S. 43 f.

[901] Vgl. *Huang, Allen H. et al.*: Evidence on the Information Content of Text in Analyst Reports, in: TAR, Vol. 89 (2014), Nr. 6, S. 2151–2180, hier S. 2163 f.

[902] Vgl. *Michaely, Roni/Womack, Kent L.*: Conflict of Interest and the Credibility of Underwriter Analyst Recommendations, in: RFS, Vol. 12 (1999), Nr. 4, S. 653–686, hier S. 673–676.

Kapitalkosten haben.[903]

dd)   Fachpresse

In Abgrenzung zu Finanzanalysten ist die Fachpresse vor allem als wichtiger Informationsintermediär zwischen Unternehmen und privaten Kapitalgebern zu bezeichnen. So stehen Einschätzungen von Wirtschaftsjournalisten zunächst regelmäßig einem breiteren Publikum zur Verfügung.[904] Aufgrund der Unabhängigkeit sowie einer damit verbundenen objektiven Berichterstattung ist der Fachpresse i.d.R. auch eine höhere Glaubwürdigkeit beizumessen,[905] wenngleich diese bei der Erstellung ihrer unabhängigen Kommentierung i.d.R. auf Einschätzungen von Finanzanalysten zurückgreifen.[906]

Empirische Evidenz belegt den positiven Einfluss der Berichterstattung in der Fachpresse auf das Informationsumfeld von Unternehmen. So weisen bspw. *Bushee et al.* eine Reduzierung der Informationsasymmetrie zwischen Unternehmen und externen Kapitalgebern nach,[907] falls die Gewinnmitteilung eines Unternehmens mit einer verstärkten Berichterstattung in der Fachpresse einhergeht. Hierbei erweist sich die (unkommentierte) Weitergabe der Informationen an die breite Leserschaft als wesentlicher Treiber.[908] *Kothari et al.* können ebenfalls einen signifikanten Einfluss der Berichterstattung von Wirtschaftsjournalisten auf das wahrgenommene Risiko von Unternehmen feststellen, welchen die Autoren insbesondere auf deren höhe-

---

[903] Vgl. *Kothari, S. P. et al.*: The Effect of Disclosures by Management, Analysts, and Business Press on Cost of Capital, Return Volatility, and Analyst Forecasts: A Study Using Content Analysis, in: TAR, Vol. 84 (2009), Nr. 5, S. 1639–1670, hier S. 1644, 1657.

[904] Vgl. u.a. *Bushee, Brian J. et al.*: The Role of the Business Press as an Information Intermediary, in: JAR, Vol. 48 (2010), Nr. 1, S. 1–19, hier S. 2.

[905] Vgl. *Kothari, S. P. et al.*: The Effect of Disclosures by Management, Analysts, and Business Press on Cost of Capital, Return Volatility, and Analyst Forecasts: A Study Using Content Analysis, a.a.O., hier S. 1645.

[906] Vgl. *Döring, Claus*: Finanzpresse und Finanzanalysten, in: Finanzkommunikation, hrsg. v. L. Rolke/ V. Wolff, Frankfurt a. M. 2000, S. 118–127, hier S. 119–122; *Achleitner, Ann-Kristin/Pietzsch, Luisa*: Funktions- und Wirkungsweise von Finanzanalysten als Kapitalmarktmultiplikatoren – theoretische Überlegungen und empirische Ergebnisse, a.a.O., hier S. 37 f.

[907] Die Höhe der Informationsasymmetrie wird hierbei über den *bid-ask spread*, d.h. den Unterschied zwischen dem Preis, der beim Kauf einer Aktie des Unternehmens am Markt verlangt wird und dem Preis, der beim Verkauf einer Aktie am Markt bezahlt wird, sowie das durchschnittliche Volumen von Kauf- und Verkaufsgeboten gemessen.

[908] Vgl. *Bushee, Brian J. et al.*: The Role of the Business Press as an Information Intermediary, a.a.O., hier S. 13 f. Die Bedeutung der Informationsweitergabe durch die Fachpresse für das Informationsumfeld von Unternehmen konnte jüngst von *Drake et al.* empirisch bestätigt werden, vgl. *Drake, Michael S. et al.*: The Media and Mispricing: The Role of the Business Press in the Pricing of Accounting Information, in: TAR, Vol. 89 (2014), Nr. 5, S. 1673–1701, hier S. 1691–1693.

re Glaubwürdigkeit zurückführen.[909] Darüber hinaus konnte *Foster* bereits im Jahr 1979 einen durchschnittlichen Rückgang des Aktienpreises eines Unternehmens in Höhe von 8% am Tag der Veröffentlichung eines kritischen Zeitungsartikels des Wirtschaftsjournalisten Briloff verzeichnen, wodurch ebenfalls eine gewisse Wertrelevanz der Berichterstattung in der Fachpresse erkennbar wird.[910]

c) Möglichkeiten und Grenzen der Einflussnahme von Aufsichtsbehörden auf das (Risiko-)Verhalten des Vorstands

„Jedes Regulierungsinstrument zielt per definitionem darauf ab, menschliches Verhalten in einem bestimmten Sinne zu beeinflussen."[911] Regulierungsansätze können dabei auf der direkten Vorgabe gesetzlicher Normen sowie einer Förderung der Selbstregulierung beruhen (vgl. Abbildung V-2).[912]

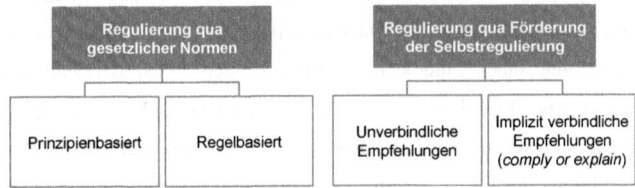

Abbildung V-2: Regulierungsansätze zur Beeinflussung des Verhaltens des Vorstands[913]

Die Vorgabe gesetzlicher Normen kann sowohl prinzipien- als auch regelbasiert erfolgen. Die Vorteile einer prinzipienbasierten Regulierung liegen in einer i.d.R. vollumfassenden Abdeckung des regulierten Bereichs (durch die erforderliche Orientierung an übergeordneten Prin-

---

[909] Vgl. *Kothari, S. P. et al.*: The Effect of Disclosures by Management, Analysts, and Business Press on Cost of Capital, Return Volatility, and Analyst Forecasts: A Study Using Content Analysis, a.a.O., hier S. 1657–1659.

[910] Vgl. *Foster, George*: Briloff and the capital market, in: JAR, Vol. 17 (1979), Nr. 1, S. 262–274, hier S. 264–268.

[911] *Binder, Jens-Hinrich*: Regulierungsinstrumente und Regulierungsstrategien im Kapitalgesellschaftsrecht, Tübingen 2012, hier S. 51.

[912] Eine weitere Kategorisierung erfolgt entlang der Dimensionen *hard law* und *soft law*, vgl. u.a. *Abbott, Kenneth W./Snidal, Duncan*: Hard and Soft Law in International Governance, in: IO, Vol. 54 (2000), Nr. 3, S. 421–456, hier S. 421–423; *Wüstemann, Jens et al.*: The Economics of Private Law, in: Privates Recht, hrsg. v. C. Bumke/A. Röthel, Tübingen 2012, S. 157–186, hier S. 159; *Karlsson-Vinkhuyzen, Sylvia I./Vihma, Antto*: Comparing the legitimacy and effectiveness of global hard and soft law: An analytical framework, in: R&G, Vol. 3 (2009), Nr. 4, S. 400–420, hier S. 401 f.

[913] Eine weitere Differenzierung nach den an der Entwicklung des Regulierungsansatzes beteiligten Institutionen findet sich bspw. bei *Steurer*, vgl. *Steurer, Reinhard*: Die Rolle der Politik im Themenfeld CSR, in: Corporate Social Responsibility, hrsg. v. A. Schneider/R. Schmidpeter, Berlin und Heidelberg 2012, S. 731–749, hier S. 740–743.

zipien bei der Lösung von spezifischen Fragstellungen) sowie einer relativ stärkeren sinnge-mäßen Auslegung der Regulierungsvorschriften durch entsprechendes Vorstandsverhalten.[914] Demgegenüber zeichnen sich regelbasierte Normen dadurch aus, dass sie den betreffenden Personen eine (zumindest wahrgenommene) stärkere Handlungsorientierung gewährleisten, die Vergleichbarkeit der Anwendung erhöhen und dass bei deren Beachtung eine höhere Rechtssicherheit vermutet wird.[915]

Des Weiteren gewinnt die Förderung der Selbstregulierung zunehmend an Bedeutung. Während die Wirksamkeit sowie die Glaubwürdigkeit der Einhaltung von unverbindlichen Emp-fehlungen[916] zumindest teilweise kritisch gesehen werden,[917] scheint die Vorgabe von Emp-fehlungen bei gleichzeitig erforderlicher Angabe einer Begründung bei Nichteinhaltung (*comply or explain*) zumindest einen gewissen Einfluss auf das Vorstandsverhalten zu entfal-ten. So werden bspw. die Empfehlungen des DCGK in weiten Teilen der Unternehmenspraxis befolgt, was u.a. auch mit der verpflichtenden Abgabe einer Entsprechenserklärung gemäß § 161 AktG erklärt werden kann.[918]

---

[914] Vgl. *Binder, Jens-Hinrich*: Regulierungsinstrumente und Regulierungsstrategien im Kapitalgesellschafts-recht, a.a.O., hier S. 191–199. Als Beispiel für eine prinzipienorientierte Regulierung kann das Rundschrei-ben der BaFin zu den MaRisk angeführt werden, vgl. MaRisk i.d.F. 2012, a.a.O.

[915] Vgl. *Binder, Jens-Hinrich*: Regulierungsinstrumente und Regulierungsstrategien im Kapitalgesellschafts-recht, a.a.O., hier S. 178–191. Ein Beispiel für einen vorwiegend regelbasierten Regulierungsansatz ist das Regelungswerk Basel I zur Bestimmung der Eigenkapitalunterlegung von Risiken im Bankensektor, vgl. BCBS: International Convergence of Capital Measurement and Capital Standards, Basel 1988. Die Regelun-gen nach Basel I werden erst durch die jeweiligen Gesetzgeber in nationales Recht überführt. Zu den spezifi-schen Vor- und Nachteilen von prinzipien- und regelbasierten Standards im Bereich der internationalen Rechnungslegung, vgl. u.a. *Benston, George J. et al.*: Principles- Versus Rules-Based Accounting Standards: The FASB's Standard Setting Strategy, in: Abacus, Vol. 42 (2006), Nr. 2, S. 165–188, hier S. 168–171; *Wüstemann, Jens/Wüstemann, Sonja*: Why Consistency of Accounting Standards Matters: A Contribution to the Rules-Versus-Principles Debate in Financial Reporting, in: Abacus, Vol. 46 (2010), Nr. 1, S. 1–27, hier S. 12–21.

[916] Wie bspw. die Empfehlungen zur Nachhaltigkeits-Berichterstattung des BMU, vgl. BMU: Nachhaltigkeits-Berichterstattung: Empfehlungen für eine gute Unternehmenspraxis, Berlin 2009.

[917] So wird bspw. in Teilen der Literatur eine unabhängige Prüfung der Nachhaltigkeits-Berichterstattung zur Erhöhung deren Glaubwürdigkeit gefordert, vgl. u.a. *Dando, Nicole/Swift, Tracey*: Transparency and Assurance: Minding the Credibility Gap, in: JBE, Vol. 44 (2003), Nr. 2–3, S. 195–200, hier S. 196–198. An-dererseits spricht bspw. *Kajüter* den unverbindlichen Leitlinien der Global Reporting Initiative zur Nachhal-tigkeits-Berichterstattung „[a]ufgrund ihrer hohen weltweiten Akzeptanz [...] eine hohe Autorität" zu, *Kajüter, Peter*: Nachhaltigkeitsberichterstattung nach den G4-Leitlinien der GRI, in: WPg, 67. Jg. (2014), S. 599–607, hier S. 600.

[918] Zur Akzeptanz der Empfehlungen des DCGK in der Unternehmenspraxis, vgl. *Werder, Axel von/Bartz, Jenny*: Corporate Governance Report 2013: Abweichungskultur und Unabhängigkeit im Lichte der Akzep-tanz und Anwendung des aktuellen DCGK, a.a.O., hier S. 889–891.

2. Theoretische Fundierung und empirische Ergebnisse zur Effektivität der Überwachung des Vorstands im Rahmen der externen Marktkontrolle

a) *Skizze des ökonomischen Arguments*

aa) Externe Marktkontrolle als Voraussetzung für die Finanzierung des Unternehmens aus externen Quellen

Im Gegensatz zu Insider-Systemen basiert die Überwachung des Vorstands bei Outsider-Systemen vor allem auf der externen Marktkontrolle.[919] Ein wesentliches Instrument ist hierbei zunächst der Markt für Unternehmenskontrolle. Demnach hat der Vorstand eines Unternehmens den Anreiz, aufgrund der potenziellen Gefahr der Übernahme durch ein anderes Unternehmen ein den Unternehmenswert maximierendes Verhalten im Sinne der Anteilseigner zu zeigen.[920] Mithin trägt der Markt für Unternehmenskontrolle unter Voraussetzung von effizienten Kapitalmärkten zu einer Lösung des Prinzipal-Agent-Konflikts bei. Da neben der Steuerung des Vorstandsverhaltens zahlreiche weitere Einflussfaktoren für die Durchführung von Fusionen und Übernahmen bestehen und vollkommen effiziente Kapitalmärkte in der Realität i.d.R. nicht vorliegen,[921] kann die Wirksamkeit des Markts für Unternehmenskontrolle bzgl. der Disziplinierung des Vorstands hingegen empirisch nicht eindeutig bestätigt werden.[922]

---

[919] Vgl. *Leuz, Christian/Wüstemann, Jens*: The Role of Accounting in the German Financial System, a.a.O., hier S. 453; *Wüstemann, Jens*: Institutionenökonomik und internationale Rechnungslegungsordnungen, a.a.O., hier S. 96 *Velte, Patrick et al.*: Reform der europäischen Corporate Governance – Praxisfolgen für die externe Abschlussprüfung, Herne 2013, hier S. 5 f.

[920] Vgl. *Manne, Henry G.*: Mergers and the Market for Corporate Control, in: JPE, Vol. 73 (1965), Nr. 2, S. 110–120, hier S. 112 f.; *Easterbrook, Frank H./Fischel, Daniel R.*: The Economic Structure of Corporate Law, a.a.O., hier S. 173; *Simons, Dirk*: Kosten und Nutzen von Aktienoptionsprogrammen, a.a.O., hier S. 70 f.

[921] Vgl. *Rossi, Stefano/Volpin, Paolo F.*: Cross-country determinants of mergers and acquisitions, in: JFE, Vol. 74 (2004), Nr. 2, S. 277–304, hier S. 283 f. Für eine Übersicht über empirische Studien zum M&A-Markt, vgl. *Martynova, Marina/Renneboog, Luc*: A century of corporate takeovers: What have we learned and where do we stand?, in: JBF, Vol. 32 (2008), Nr. 10, S. 2148–2177.

[922] Zahlreiche Studien können feststellen, dass nach erfolgten Fusionen und Übernahmen ein relativ starker Austausch der Mitarbeiter auf der obersten Führungskräfteebene stattfindet, vgl. u.a. *Franks, Julian/Mayer, Colin*: Takeovers, a.a.O., hier S. 199–201; *Martin, Kenneth J./McConnell, John J.*: Corporate Performance, Corporate Takeovers, and Management Turnover, in: JF, Vol. 46 (1991), Nr. 2, S. 671–687, hier S. 674–677; *Mikkelson, Wayne H./Partch, M. Megan*: The decline of takeovers and disciplinary managerial turnover, in: JFE, Vol. 44 (1999), Nr. 2, S. 205–228, hier S. 213 f. Während allerdings *Martin* und *McConnell* einen starken Wechsel innerhalb der Unternehmensleitung vor allem bei Unternehmen mit unterdurchschnittlicher Renditeerzielung vor Übernahme feststellen können, sind nach *Franks* and *Mayer* feindliche Übernahmen nur selten durch schlechte Leistungen des Vorstands motiviert, vgl. *Martin, Kenneth J./McConnell, John J.*: Corporate Performance, Corporate Takeovers, and Management Turnover, a.a.O., hier S. 678–680; *Franks, Julian/Mayer, Colin*: Hostile takeovers and the correction of managerial failure, in: JFE, Vol. 40 (1996), Nr. 1, S. 163–181, hier S. 175–177.

Des Weiteren besteht aufgrund der relativ zerstreuten Eigentümerstruktur in Outsider-Systemen[923] eine verstärkte Gefahr von Interessenkonflikten zwischen Vorstand und Anteilseignern.[924] Zur Wahrung der Interessen der Eigentümer ist entsprechend ein höherer gesetzlicher Anlegerschutz zu beobachten.[925] Darüber hinaus sind erhöhte Anforderungen an die Transparenz der externen Berichterstattung zu stellen,[926] da diese ein wesentliches Element der Informationsgrundlage im Rahmen der externen Marktkontrolle darstellt.[927] Die Höhe der Kapitalkosten, d.h. der Kosten, die zur Finanzierung der Geschäftätigkeit eines Unternehmens durch Aufnahme von Eigen- und Fremdkapital erforderlich sind,[928] kann hierbei als zentrale Stellgröße der Überwachung des Vorstands durch den externen Kapitalmarkt gesehen werden.

bb)   Einfluss der externen Marktkontrolle auf die Höhe der Refinanzierungskosten eines Unternehmens

aaa)   Reduzierung der Kapitalkosten durch Abbau von Informationsasymmetrien über öffentliche Informationskanäle

Eine transparente externe Berichterstattung wird in der neoklassischen ökonomischen Theorie[929] regelmäßig mit einem Abbau von Informationsasymmetrien zwischen Vorstand und externen Marktteilnehmern über öffentliche Informationskanäle verbunden.[930] Unter der Annahme von unterschiedlichen Informationsständen der Marktteilnehmer besteht demnach grundsätzlich die Gefahr der Ausnutzung des Informationsvorteils von besser informierten

---

[923] Vgl. *La Porta, Rafael et al.*: Corporate Ownership Around the World, a.a.O., hier S. 491–498.

[924] Vgl. statt vieler *Berle, Adolph A./Means, Gardiner C.*: The Modern Corporation and Private Property, a.a.O., hier S. 277.

[925] Vgl. *La Porta, Rafael et al.*: What Works in Securities Laws?, a.a.O., hier S. 15 f. Aufgrund dieser Charakteristika werden u.a. die USA und Großbritannien als typische Beispiele für Outsider-Systeme genannt, vgl. statt vieler *Franks, Julian/Mayer, Colin*: Corporate Ownership and Control in the U.K., Germany, and France, a.a.O., hier S. 39.

[926] Vgl. *Wüstemann, Jens*: Disclosure Regimes and Corporate Governance, a.a.O., hier S. 719 f.

[927] Vgl. statt vieler *Bushman, Robert M./Smith, Abbie J.*: Financial accounting information and corporate governance, in: JAE, Vol. 32 (2001), Nr. 1–3, S. 237–333, hier S. 293–297.

[928] Vgl. statt vieler *Brealey, Richard A. et al.*: Principles of Corporate Finance, a.a.O., hier S. 221.

[929] Den nachfolgenden Überlegungen liegt die Annahme eines rationalen Marktteilnehmers zugrunde, der die verfügbaren Informationen unverfälscht und mit begrenztem Aufwand verarbeiten kann, vgl. auch *Wüstemann, Jens et al.*: Regulierung durch Transparenz – Ökonomische Analysen, empirische Befunde und Empfehlungen für eine europäische Kapitalmarktregulierung, in: Kapitalmarktgesetzgebung im Europäischen Binnenmarkt, hrsg. v. K. J. Hopt et al., Tübingen 2008, S. 1–18, hier S. 4.

[930] Vgl. *Ball, Ray et al.*: The effect of international institutional factors on properties of accounting earnings, a.a.O., hier S. 14 f.; *Tran, Duc H.*: Corporate Governance und Eigenkapitalkosten – Bestandsaufnahme des Schrifttums unter besonderer Berücksichtigung des Informationsaspektes und Forschungsperspektiven, in: ZfB, 81. Jg. (2011), S. 551–585, hier S. 566–568; *Leuz, Christian/Wüstemann, Jens*: The Role of Accounting in the German Financial System, a.a.O., hier S. 453.

Marktteilnehmern gegenüber schlechter informierten Marktteilnehmern, z.B. durch Insider-handel oder bei gegenseitigen Markttransaktionen.[931] Die Bereitstellung von zusätzlichen Informationen durch ein Unternehmen kann hierbei zu einer Reduzierung der von den schlechter informierten Marktteilnehmern geforderten Risikoprämie führen,[932] da die Gefahr einer durch den Informationsnachteil bedingten, ökonomisch ungünstigen Markttransaktion für die schlechter informierten Marktteilnehmer verringert wird. In der Folge kommt es zu einer Reduzierung der Transaktionskosten und einer damit verbundenen Erhöhung der Liquidität der Anteile der Unternehmen.[933] Hierdurch resultiert eine stärkere Nachfrage nach besagten Anteilen, welche letztlich zu einer Reduzierung der Kapitalkosten für das Unternehmen führt.[934]

Graham et al. können im Rahmen einer Befragung von mehr als 400 (mehrheitlich) Finanzvorständen von US-amerikanischen Unternehmen feststellen, dass dieser Wirkungszusammenhang gleichfalls von weiten Teilen der für die Berichterstattung von Unternehmen verantwortlichen Akteure geteilt wird.[935]

bbb)   Reduzierung der Kapitalkosten durch Abbau von Unsicherheiten über die zukünftige Unternehmensentwicklung

Eine transparente externe Berichterstattung wird darüber hinaus mit einer Reduzierung der Unsicherheit über die zukünftige Unternehmensentwicklung assoziiert, die unter bestimmten

---

[931]   Vgl. bereits *Glosten, Lawrence R./Milgrom, Paul R.*: Bid, Ask and Transaction Prices in a Specialist Market with Heterogeneously Informed Traders, a.a.O., hier S. 89 f.; *Leuz, Christian/Wysocki, Peter.* Economic Consequences of Financial Reporting and Disclosure Regulation: A Review and Suggestions for Future Research, a.a.O., hier S. 6. So können bspw. *Aboody* und *Lev* signifikant höhere Gewinne aus dem Insider-Handel für Unternehmen mit relativ hohen Ausgaben im Forschungsbereich feststellen, welche die Autoren auf die vermutete höhere Informationsasymmetrie zurückführen, vgl. *Aboody, David/Lev, Baruch*: Information Asymmetry, R&D, and Insider Gains, a.a.O., hier S. 2757 f.

[932]   Vgl. *Diamond, Douglas W./Verrecchia, Robert E.*: Disclosure, Liquidity, and the Cost of Capital, in: JF, Vol. 46 (1991), Nr. 4, S. 1325–1360, hier S. 1339–1342; *Wüstemann, Jens et al.*: Regulierung durch Transparenz – Ökonomische Analysen, empirische Befunde und Empfehlungen für eine europäische Kapitalmarktregulierung, a.a.O., hier S. 4 f.

[933]   Vgl. grundlegend *Verrecchia, Robert E.*: Essays on disclosure, in: JAE, Vol. 32 (2001), Nr. 1–3, S. 97–180, hier S. 165–172.

[934]   Vgl. ebenda; *Diamond, Douglas W./Verrecchia, Robert E.*: Disclosure, Liquidity, and the Cost of Capital, a.a.O., hier S. 1338 f.; *Easley, David/O'Hara, Maureen*: Information and the Cost of Capital, a.a.O., hier S. 1571 f.; *Wüstemann, Jens et al.*: Regulierung durch Transparenz – Ökonomische Analysen, empirische Befunde und Empfehlungen für eine europäische Kapitalmarktregulierung, a.a.O., hier S. 5. Nach *Lambert et al.* ist dieser Effekt allerdings nur bei unvollkommenem Wettbewerb zu erwarten, vgl. *Lambert, Richard A. et al.*: Information Asymmetry, Information Precision, and the Cost of Capital, in: RF, Vol. 16 (2012), Nr. 1, S. 1–29, hier S. 15–19. Empirische Evidenz hierfür liefern bspw. *Armstrong et al.*, vgl. *Armstrong, Christopher S. et al.*: When Does Information Asymmetry Affect the Cost of Capital?, in: JAR, Vol. 49 (2011), Nr. 1, S. 1–40, hier S. 22–27.

[935]   Vgl. *Graham, John R. et al.*: The economic implications of corporate financial reporting, in: JAE, Vol. 40 (2005), Nr. 1–3, S. 3–73, hier S. 53–57.

Voraussetzungen ebenfalls zu einer Verringerung der Kapitalkosten führt.[936] So kann bspw. die Bereitstellung von zusätzlichen Informationen in einer Reduzierung der Unsicherheit über den Wert eines Unternehmens resultieren, wodurch ebenfalls eine Reduzierung der von den externen Marktteilnehmern geforderten Risikoprämie zu erwarten ist.[937] Allerdings ist hierfür erforderlich, dass das mit der Unsicherheit über die zukünftige Unternehmensentwicklung verbundene Risiko (sog. *estimation risk*) nicht diversifiziert werden kann, da dessen Übernahme anderenfalls im Kapitalmarktgleichgewicht gemäß CAPM[938] nicht vergütet wird.[939] *Lambert et al.* können hierbei modelltheoretisch nachweisen, dass einhergehend mit einer zusätzlichen Berichterstattung aufgrund der Möglichkeit einer besseren Einschätzung der zukünftigen Entwicklung des Unternehmens durch die Marktteilnehmer die Kovarianz der unternehmensspezifischen Zahlungsströme mit den Zahlungsströmen von anderen Unternehmen am Markt verringert wird und dadurch eine Reduzierung der Kapitalkosten des Unternehmens erreicht werden kann.[940]

Dementgegen können mit einer transparenten Berichterstattung auch negative Auswirkungen für das Unternehmen verbunden sein. So besteht u.a. die Gefahr der *self-fulfilling prophecy* bei einer Berichterstattung über mögliche Risiken der zukünftigen Entwicklung, da diese gerade aufgrund ihrer Veröffentlichung tatsächlich eintreten könnten.[941] Als Beispiel kann an dieser Stelle die Berichterstattung eines Finanzinstituts über einen Liquiditätsengpass ange-

---

[936] Vgl. *Lambert, Richard A. et al.*: Accounting Information, Disclosure, and the Cost of Capital, in: JAR, Vol. 45 (2007), Nr. 2, S. 385–420, hier S. 410 f.; *Tran, Duc H.*: Corporate Governance und Eigenkapitalkosten – Bestandsaufnahme des Schrifttums unter besonderer Berücksichtigung des Informationsaspektes und Forschungsperspektiven, a.a.O., hier S. 562–566; *Wüstemann, Jens et al.*: Regulierung durch Transparenz – Ökonomische Analysen, empirische Befunde und Empfehlungen für eine europäische Kapitalmarktregulierung, a.a.O., hier S. 5.

[937] Vgl. *Leuz, Christian/Wysocki, Peter*: Economic Consequences of Financial Reporting and Disclosure Regulation: A Review and Suggestions for Future Research, a.a.O., hier S. 7.

[938] Vgl. grundlegend *Sharpe, William F.*: Capital Asset Prices: A Theory of Market Equilibrium, a.a.O.; *Lintner, John*: The Valuation of Risk Assets and the Selection of Risky Investments in Stock Portfolios and Capital Budgets, a.a.O.; *Mossin, Jan*: Equilibrium in a Capital Asset Market, a.a.O.

[939] Vgl. *Wüstemann, Jens et al.*: Regulierung durch Transparenz – Ökonomische Analysen, empirische Befunde und Empfehlungen für eine europäische Kapitalmarktregulierung, a.a.O, hier S. 5.

[940] Vgl. *Lambert, Richard A. et al.*: Accounting Information, Disclosure, and the Cost of Capital, a.a.O., hier S. 397–402.

[941] Vgl. *Moxter, Adolf*: Die Vorschriften zur Rechnungslegung und Abschlußprüfung im Referentenentwurf eines Gesetzes zur Kontrolle und Transparenz im Unternehmensbereich, a.a.O., hier S. 723; *Wüstemann, Jens*: Evaluation and Response to Risk in International Accounting and Audit Systems: Framework and German Experiences, a.a.O., hier S. 457; *Baetge, Jörg/Schulze, Dennis*: Möglichkeiten der Objektivierung der Lageberichterstattung über "Risiken der künftigen Entwicklung", in: DB, 51. Jg. (1998), S. 937–948, hier S. 943; *Küting, Karlheinz/Hütten, Christoph*: Darstellung und Prüfung der künftigen Entwicklungsrisiken und -chancen im Lagebericht, in: Investororientierte Unternehmenspublizität, hrsg. v. L. Lachnit, Wiesbaden 2000, S. 399–431, hier S. 414–416.

führt werden. Das öffentliche Bekanntwerden der Liquiditätsprobleme kann einerseits zu einer Verschärfung der Situation beitragen, falls bspw. kreditgebende Finanzinstitute höhere Zinsen oder zusätzliche Sicherheiten verlangen oder zugesagte Kreditlinien zurückziehen. Andererseits kann die Unsicherheit über die zukünftige Liquiditätssituation auch zu einem direkten Abzug von Kundeneinlagen und letztes Endes zur Zahlungsunfähigkeit des Finanzinstituts führen.[942]

cc)   Erhöhung der Marktdisziplin durch transparente Berichterstattung

Des Weiteren wird ein positiver Einfluss einer transparenten externen Berichterstattung auf die disziplinierende Funktion des Markts und dadurch mittelbar auf die Qualität der Entscheidungen des Vorstands[943] angenommen.[944] Die Förderung der Marktdisziplin spielt vor allem in der Finanzindustrie eine bedeutende Rolle: Hierbei wird vermutet, dass sich Finanzinstitute aufgrund einer verstärkten Berichterstattung einer erhöhten Marktdisziplin gegenüber sehen, welche zu einer Reduzierung der Bereitschaft des Vorstands zur Übernahme von unverhältnismäßig großen Risiken führt.[945] Die Beeinflussung der Risikobereitschaft von Bankvorständen durch eine Förderung der Marktdisziplin ist gleichfalls Kerngedanke von Säule 3 des Rahmenwerks Basel II.[946]

Als Beispiel kann an dieser Stelle die externe Berichterstattung von Finanzinstituten über Ergebnisse aus Stresstests genannt werden. Hierbei wird regelmäßig angenommen, dass deren

---

[942] Vgl. bereits *Diamond, Douglas W./Dybvig, Philip H.*: Bank Runs, Deposit Insurance, and Liquidity, in: JPE, Vol. 91 (1983), Nr. 3, S. 401–419, hier S. 410.

[943] Im Sinne von den Unternehmenswert steigernden Entscheidungen, vgl. u.a. *Leuz, Christian/Wysocki, Peter*: Economic Consequences of Financial Reporting and Disclosure Regulation: A Review and Suggestions for Future Research, a.a.O., hier S. 9 f.

[944] Für eine Definition von Marktdisziplin unter Berücksichtigung der Besonderheiten des Bankensektors, vgl. *Flannery, Mark J.*: The Faces of "Market Discipline", in: JFSR, Vol. 20 (2001), Nr. 2–3, S. 107–119, hier S. 109 f.; *Stephanou, Constantinos*: Rethinking Market Discipline in Banking: Lessons from the Financial Crisis, Policy Reserach Working Paper 5227, The World Bank 2010, hier S. 4–7.

[945] Vgl. *Nier, Erlend/Baumann, Ursel*: Market discipline, disclosure and moral hazard in banking, in: JFI, Vol. 15 (2006), Nr. 3, S. 332–361, hier S. 334; *Bushman, Robert M./Williams, Christopher D.*: Accounting discretion, loan loss provisioning, and discipline of Banks' risk-taking, in: JAE, Vol. 54 (2012), Nr. 1, S. 1–18, hier S. 4 f.; *Crockett, Andrew*: Market discipline and financial stability, in: JBF, Vol. 26 (2002), Nr. 5, S. 977–987, hier S. 979.

[946] Vgl. BCBS: International Convergence of Capital Measurement and Capital Standards: A Revised Framework, a.a.O., hier S. 226; BCBS: Enhancing Bank Transparency, Basel 1998, hier S. 5 f.; *Linsley, Philip M./Shrives, Philip J.*: Transparency and the disclosure of risk information in the banking sector, in: JFRC, Vol. 13 (2005), Nr. 3, S. 205–214, hier S. 207. Allerdings kann eine verstärkte externe Berichterstattung von Finanzinstituten auch negative Auswirkungen auf die Stabilität des Finanzsystems haben, vgl. *Thakor, Anjan V.*: Strategic information disclosure when there is fundamental disagreement, in: JFI, Vol. 24 (2015), Nr. 2, S. 131–153, hier S. 147 f.

Veröffentlichung durch die Bereitstellung von detaillierten, zukunftsgerichteten Informationen die Marktdisziplin erhöht, da diese Informationen bessere (im Sinne von besser informierte) Entscheidungen der Marktteilnehmer ermöglichen.[947] Die damit einhergehende Reduzierung der Unsicherheit über die zukünftige Vermögens-, Finanz- und Ertragslage des Finanzinstituts sowie über die Stabilität des Finanzsystems ist vor allem in Krisenzeiten von besonderer Bedeutung.[948] So hat bspw. nach Ansicht von *Tarullo*, Mitglied des *board of governors* der US-Notenbank Fed, die Veröffentlichung der Ergebnisse der Stresstests im Rahmen des Supervisory Capital Assessment Program (SCAP)[949] zu einer Erhöhung der Marktdisziplin beigetragen, da die Marktteilnehmer u.a. aufgrund der erhöhten Transparenz die Möglichkeit hatten, eigenständig die künftige Leistungsfähigkeit der Finanzinstitute zu bewerten.[950] Demgegenüber besteht vor allem in Nicht-Krisenzeiten die Gefahr, dass die potenziellen Nachteile einer detaillierten Berichterstattung[951] den Vorteil einer verstärkten Marktdisziplin übersteigen.[952] Darüber hinaus existieren weitere Einflussfaktoren auf die Risikobereitschaft von Vorständen, wie bspw. kulturelle Aspekte,[953] institutionelle Rahmenbedingungen[954] oder unternehmensspezifische Eigentumsverhältnisse,[955] welche ihrerseits einer Beeinflussung durch Berichterstattungspflichten lediglich eingeschränkt zugänglich sind.

---

[947] Vgl. *Goldstein, Itay/Sapra, Haresh*: Should Banks' Stress Test Results be Disclosed? An Analysis of the Costs and Benefits, in: FTF, Vol. 8 (2013), Nr. 1, S. 1–54, hier S. 12 f. So können bspw. *Petrella* und *Resti* abnormale Aktienrenditen für die am EU-Stresstest im Jahr 2011 teilnehmenden Banken feststellen, vgl. *Petrella, Giovanni/Resti, Andrea*: Supervisors as information producers: Do stress tests reduce bank opaqueness?, in: JBF, Vol. 37 (2013), Nr. 12, S. 5406–5420, hier S. 5414 f.

[948] Vgl. *Schuermann, Til*: Stress testing banks, in: IJF, Vol. 30 (2014), Nr. 3, S. 717–728, hier S. 727. So können bspw. *Flannery et al.* zeigen, dass die Undurchsichtigkeit der Vermögens-, Finanz- und Ertragslage von Banken in Krisenzeiten besonders ausgeprägt ist, vgl. *Flannery, Mark J. et al.*: The 2007–2009 financial crisis and bank opaqueness, in: JFI, Vol. 22 (2013), Nr. 1, S. 55–84, hier S. 66 f.

[949] Im Rahmen des SCAP wurden im Jahr 2009 die 19 größten US-amerikanischen Finanzinstitute einer aufsichtsrechtlichen Prüfung durch das Fed unterzogen. Hierbei mussten diese nachweisen, dass sie auch bei einer nachteiligen Entwicklung der wirtschaftlichen Rahmenbedingungen in der Lage waren, ggf. anfallende Verluste zu absorbieren und jederzeit ausreichend Kapital zur Verfügung zu halten.

[950] Vgl. *Tarullo, Daniel K.*: Lessons from the Crisis Stress Tests, Washington, D.C. 2010, hier S. 8 f.

[951] Wie bspw. der potenzielle Rückgang des Handels auf dem Interbankenmarkt, der Anreiz zur Sicherstellung eines vor allem kurzfristig vorteilhaften Ergebnisses, die potenzielle Überreaktion der Marktteilnehmer nach Veröffentlichung der Ergebnisse sowie die mögliche Einschränkung des Informationsumfelds aufgrund eines Rückgangs von spekulativen Handelstätigkeiten, vgl. *Goldstein, Itay/ Sapra, Haresh*: Should Banks' Stress Test Results be Disclosed? An Analysis of the Costs and Benefits, a.a.O., hier S. 17–42.

[952] Vgl. *Schuermann, Til*: Stress testing banks, a.a.O., hier S. 725–727.

[953] Vgl. *Kanagaretnam, Kiridaran et al.*: Influence of National Culture on Accounting Conservatism and Risk-Taking in the Banking Industry, in: TAR, Vol. 89 (2014), Nr. 3, S. 1115–1149, hier S. 1138–1141.

[954] Bspw. die Einrichtung von Einlagensicherungssystemen in der Finanzindustrie, vgl. *Demirgüc-Kunt, Asli/ Detragiache, Enrica*: Does deposit insurance increase banking system stability? An empirical investigation, in: JME, Vol. 49 (2002), Nr. 7, S. 1373–1406, hier S. 1382–1384.

[955] Vgl. bspw. für die Finanzindustrie *Laeven, Luc/Levine, Ross*: Bank governance, regulation and risk taking, in: JFE, Vol. 93 (2009), Nr. 2, S. 259–275, hier S. 264–267.

b)   *Kritische Würdigung ausgewählter empirischer Ergebnisse*

aa)   Reduzierung der Kapitalkosten des Unternehmens

aaa)   Der Einfluss der externen Berichterstattung auf die Kapitalkosten von Unternehmen im Allgemeinen

i)   Kapitalkosten und Qualität der Berichterstattung

„Whether disclosure policies and financial reporting affect a firm's cost of capital is one of the most interesting and important questions in the accounting and finance literature."[956] Zahlreiche empirische Studien belegen einen signifikanten Einfluss der Qualität der externen Berichterstattung – unter Berücksichtigung von freiwillig zur Verfügung gestellten Informationen – auf die Kapitalkosten eines Unternehmens. So findet bspw. *Welker* einen negativen Zusammenhang zwischen der Qualität der Berichterstattung, welche durch einen selbst erstellten Index unter Rückgriff auf Daten der Association of Investment Management and Research (AIMR) approximiert wird, und dem *bid-ask spread*.[957] Ebenfalls unter Verwendung eines selbst konstruierten Index auf Basis von in den Geschäftsberichten des Jahres 1990 freiwillig veröffentlichten Informationen kann *Botosan* einen negativen Zusammenhang zwischen der Publizitätsqualität und den impliziten Eigenkapitalkosten von 122 Unternehmen der Maschinenbauindustrie in den USA feststellen, falls diese einer geringen Beobachtung durch Finanzanalysten unterliegen.[958] In einer Folgestudie können *Botosan* und *Plumlee* dieses Ergebnis anhand einer umfassenderen Datengrundlage grundsätzlich bestätigen.[959] In einer aktuellen Studie zeigen *Balakrishnan et al.* einen signifikant positiven Zusammenhang zwischen einer freiwilligen Berichterstattung von Unternehmen in Form von Gewinnerwartungen des

---

[956]   *Beyer, Anne et al.*: The financial reporting environment: Review of the recent literature, a.a.O., hier S. 307.

[957]   Vgl. *Welker, Michael*: Disclosure Policy, Information Asymmetry, and Liquidity in Equity Markets, in: CAR, Vol. 11 (1995), Nr. 2, S. 801–827, hier S. 814, 817–819. Der *bid-ask spread* wird aufgrund seiner Bedeutung zur Messung der Informationsasymmetrie in der Literatur oftmals als ein indirektes Maß für die Eigenkapitalkosten eines Unternehmens verwendet.

[958]   Vgl. *Botosan, Christine A.*: Disclosure Level and the Cost of Equity Capital, in: TAR, Vol. 72 (1997), Nr. 3, S. 323–349, hier S. 342–345.

[959]   Vgl. *Botosan, Christine A./Plumlee, Marlene A.*: A Re-examination of Disclosure Level and the Expected Cost of Equity Capital, in: JAR, Vol. 40 (2002), Nr. 1, S. 21–40, hier S. 35. Die empirische Untersuchung umfasst nunmehr Daten von US-amerikanischen Unternehmen aus 43 Branchen über einen Zeitraum von 1986 bis 1996. Gleichzeitig belegen die Autoren einen positiven Zusammenhang zwischen der externen Berichterstattung außerhalb des Geschäftsberichts und den Eigenkapitalkosten.

Managements und deren Liquidität[960] sowie in der Folge eine Erhöhung der Unternehmens-

werte.[961] Des Weiteren unterstreichen zahlreiche empirische Studien den skizzierten negati-

ven Zusammenhang auch für Unternehmen außerhalb der USA.[962] Schließlich liegt ebenfalls

empirische Evidenz für einen negativen Zusammenhang zwischen der Publizitätsqualität und

der Höhe der Fremdkapitalkosten vor – aufgrund einer geringeren Datenverfügbarkeit aller-

dings nur in begrenztem Umfang.[963]

Demgegenüber finden bspw. *Francis et al.* nur einen indirekten Einfluss der Publizitätsquali-

tät auf die Eigenkapitalkosten. Die Autoren können zwar einen negativen Zusammenhang

zwischen einem selbst konstruierten Index als Schätzer für die Publizitätsqualität und den

Eigenkapitalkosten feststellen. Dieser Zusammenhang wird bei expliziter Berücksichtigung

der Ergebnisqualität[964] allerdings insignifikant. Daraus schließen *Francis et al.*, dass vielmehr

die Ergebnisqualität ein wesentlicher Einflussfaktor auf die Höhe der Eigenkapitalkosten dar-

stelle und nur aufgrund dessen komplementärer Beziehung zur Publizitätsqualität[965] ein direk-

ter Zusammenhang unterstellt werde.[966] Ebenso weisen *Barth et al.* u.a. eine negative Relation

zwischen der Transparenz der Ergebnisgröße im Jahresabschluss[967] und den Eigenkapitalkos-

ten nach.[968] Schließlich kann auch *Ng* einen indirekten Zusammenhang zwischen der Informa-

tionsqualität und der Höhe der Eigenkapitalkosten feststellen, da erstere zu einer Reduzierung

---

[960] Die Liquidität der (Anteile der) Unternehmen wird hierbei durch die Verwendung der Illiquiditätskennzahl nach *Amihud* (Durchschnitt der täglichen Aktienrendite unter Berücksichtigung des entsprechenden tägli-chen Handelsvolumens) approximiert, vgl. *Amihud, Yakov*: Illiquidity and stock returns: cross-section and time-series effects, in: JFM, Vol. 5 (2002), Nr. 1, S. 31–56, hier S. 33–35.

[961] Vgl. *Balakrishnan, Karthik et al.*: Shaping Liquidity: On the Causal Effects of Voluntary Disclosure, in: JF, Vol. 69 (2014), Nr. 5, S. 2237–2278, hier S. 2266–2270.

[962] Bspw. die Untersuchung von *Hail* für Unternehmen in der Schweiz sowie von *Richardson* und *Welker* für Unternehmen in Kanada, vgl. *Hail, Luzi*: The impact of voluntary corporate disclosures on the ex-ante cost of capital for Swiss firms: in: EAR, Vol. 11 (2002), Nr. 4, S. 741–773, hier S. 760–763; *Richardson, Alan J./ Welker, Michael*: Social disclosure, financial disclosure and the cost of equity capital, in: AOS, Vol. 26 (2001), Nr. 7–8, S. 597–616, hier S. 610 f.

[963] Vgl. *Sengupta, Partha*: Corporate Disclosure Quality and the Cost of Debt, in: TAR, Vol. 73 (1998), Nr. 4, S. 459–474, hier S. 470 f.; *Mazumdar, Sumon C./Sengupta, Partha*: Disclosure and the Loan Spread on Private Debt, in: FAJ, Vol. 61 (2005), Nr. 3, S. 83–95, hier S. 90 f.

[964] Im Rahmen der Untersuchung wird die Ergebnisqualität über vier Konstrukte gemessen: Qualität der Perio-denabgrenzungen, Ergebnisvolatilität über den Zeitraum von 1992 bis 2001, Höhe der abnormalen Perio-denabgrenzungen sowie eine Kombination der aufgeführten Konstrukte.

[965] Vgl. *Francis, Jennifer et al.*: Voluntary Disclosure, Earnings Quality, and Cost of Capital, in: JAR, Vol. 46 (2008), Nr. 1, S. 53–99, hier S. 74–78.

[966] Vgl. ebenda, hier S. 78–81.

[967] Die Transparenz der Ergebnisgröße wird hierbei gemessen über die Kovarianz zwischen Ergebnishöhe sowie Ergebnisänderungen und zeitgleichen Aktienrenditen von Unternehmen. Dabei gilt: Je höher die Kovarianz, desto höher die Transparenz der Ergebnisgröße.

[968] Vgl. *Barth, Mary E. et al.*: Cost of capital and earnings transparency, in: JAE, Vol. 55 (2013), Nr. 2–3, S. 206–224, hier S. 216–218.

des Liquiditätsrisikos beiträgt[969] und dadurch mittelbar die Eigenkapitalkosten beeinflusst.[970] Darüber hinaus ist ein negativer Zusammenhang zwischen dem verpflichtenden Umfang der externen Berichterstattung und den Kapitalkosten empirisch nachweisbar. So kommen bspw. *Hail* und *Leuz* in ihrer Untersuchung der Einflussfaktoren auf die Höhe der Kapitalkosten von Unternehmen aus 40 Ländern u.a. zu dem Ergebnis, dass Unternehmen aus Ländern mit umfassenderen rechtlichen Anforderungen an die externe Berichterstattung[971] geringere Kapitalkosten aufweisen.[972] *Bischof et al.* können ebenfalls einen Zusammenhang zwischen der Erfüllung von externen Berichterstattungspflichten und den Kapitalkosten von Unternehmen feststellen. So weisen Finanzinstitute, die im Rahmen der Ausübung der Option zur Reklassifizierung von finanziellen Vermögenswerten nach IAS 39 in der Finanzkrise[973] diesbezüglich nur unzureichende Angaben gemäß IFRS 7 bereitstellen, einen höheren *bid-ask spread* auf als Finanzinstitute, die alle erforderlichen Angaben veröffentlichen.[974] Als Ergebnis bleibt festzuhalten, dass – während der theoretisch begründete, negative Einfluss der Publizitätsqualität auf die Höhe der Kapitalkosten empirisch i.d.R. bestätigt werden kann – vor allem hinsichtlich der zugrundeliegenden Wirkungsmechanismen noch weiterer Forschungsbedarf besteht.

ii)   Kapitalkosten und Inhalt der Berichterstattung

Ein zunehmend an Bedeutung gewinnender Forschungsansatz zur Erzielung eines besseren Verständnisses der Wirkungszusammenhänge stellt die Analyse des Einflusses von konkreten Inhalten der externen Berichterstattung auf die Höhe der Kapitalkosten von Unternehmen dar.

---

[969] Vgl. *Ng, Jeffrey*: The effect of information quality on liquidity risk, in: JAE, Vol. 52 (2011), Nr. 2–3, S. 126–143, hier S. 133–136. Die Informationsqualität wird hierbei anhand von vier Konstrukten gemessen: Ergebnisvolatilität, Qualität der Periodenabgrenzungen, Grad der Übereinstimmung der Einschätzungen von Finanzanalysten sowie eine Kombination der aufgeführten Konstrukte.

[970] Vgl. ebenda, hier S. 137 f.

[971] Der Umfang der rechtlichen Anforderungen an die externe Berichterstattung wird durch einen Rückgriff auf spezifische Kennzahlen aus der Untersuchung von *La Porta et al.* (z.B. die Höhe der mit einer Börsennotierung verbundenen Publizitätspflichten oder der erforderlichen Angaben zur Vorstandsvergütung) bestimmt, vgl. *La Porta, Rafael et al.*: What Works in Securities Laws?, a.a.O.

[972] Vgl. *Hail, Luzi/Leuz, Christian*: International Differences in the Cost of Equity Capital: Do Legal Institutions and Securities Regulation Matter?, in: JAR, Vol. 44 (2006), Nr. 3, S. 485–531, hier S. 504–507.

[973] Im Oktober 2008 verabschiedete das IASB ergänzende Bestimmungen für die Bilanzierung von finanziellen Vermögenswerten, wodurch Unternehmen die Option gewährt wurde, für einen begrenzten Zeitraum finanzielle Vermögenswerte, die bis dato zum Fair Value bewertet wurden, einer anderen Bewertungskategorie zu fortgeführten Anschaffungskosten zuzuordnen, um Verluste aus einem potenziellen Rückgang des Fair Value zu vermeiden. Gleichfalls erforderte die Ausübung der Option zur Reklassifizierung von finanziellen Vermögenswerten zusätzliche Angaben gemäß IFRS 7, vgl. *André, Paul et al.*: Fair Value Accounting and the Banking Crisis in 2008: Shooting the Messenger, in: AiE, Vol. 6 (2009), Nr. 1, S. 3–24, hier S. 13–15.

[974] Vgl. *Bischof, Jannis et al.*: Fair Value Reclassifications of Financial Assets during the Financial Crisis, Working Paper, Universität Frankfurt a. M. 2014, hier S. 42–44.

So belegen bspw. *Kothari et al.* keinen gleichlaufenden, sondern vielmehr einen richtungsabhängigen Zusammenhang zwischen der Berichterstattung eines Unternehmens und dessen Kapitalkosten. Im Rahmen einer qualitativen Analyse von Unternehmensinformationen aus unterschiedlichen Quellen (Finanzberichterstattung des Vorstands, Berichte von Finanzanalysten, Artikel in der Fachpresse) können die Autoren feststellen, dass positive und die Unsicherheit reduzierende Informationen zu geringeren Eigenkapitalkosten führen, während negative und die Unsicherheit verstärkende Informationen in einem Anstieg der Eigenkapitalkosten resultieren.[975] Dabei sind allerdings signifikante Unterschiede beobachtbar – sowohl hinsichtlich der Berichtsquelle als auch der Unternehmensgröße. So weisen Unternehmensinformationen in der Fachpresse einen wesentlichen Einfluss auf die Höhe der Eigenkapitalkosten auf, während die Effekte der Inhalte der Finanzberichterstattung des Vorstands sowie der Berichte von Finanzanalysten als moderat zu bezeichnen sind.[976] Gleichfalls sind die Zusammenhänge bei kleineren Unternehmen ausgeprägter.[977]

Indirekte empirische Evidenz stellen die Ergebnisse der Untersuchungen von *Ellahie* sowie *Bischof* und *Daske* bzgl. der Auswirkungen der Berichterstattung über die Ergebnisse des EU-Stresstests für Finanzinstitute im Jahr 2011 dar. *Ellahie* kann hierbei zunächst u.a. bedingt durch die Veröffentlichung von detaillierten Informationen über das ausstehende Kreditvolumen gegenüber (anderen) Staaten eine teilweise Reduzierung der Informationsasymmetrie feststellen.[978] Gleichzeitig weisen allerdings *Bischof* und *Daske* darauf hin, dass, falls sich ein beteiligtes Finanzinstitut nicht dazu verpflichtet, zukünftig weiterhin detaillierte Informationen über das ausstehende Kreditvolumen gegenüber (anderen) Staaten zur Verfügung zu stellen, ein signifikanter Anstieg des *bid-ask spread* des entsprechenden Finanzinstituts beobachtet werden kann.[979]

---

[975] Vgl. *Kothari, S. P. et al.*: The Effect of Disclosures by Management, Analysts, and Business Press on Cost of Capital, Return Volatility, and Analyst Forecasts: A Study Using Content Analysis, a.a.O., hier S. 1657 f.

[976] Vgl. ebenda, hier S. 1660 f.

[977] Vgl. ebenda, hier S. 1661–1664.

[978] Vgl. *Ellahie, Atif*: Capital Market Consequences of EU Bank Stress Tests, Working Paper, London Business School 2013, hier S. 35–37.

[979] Vgl. *Bischof, Jannis/Daske, Holger*: Mandatory Disclosure, Voluntary Disclosure, and Stock Market Liquidity: Evidence from the EU Bank Stress Tests, in: JAR, Vol. 51 (2013), Nr. 5, S. 997–1029, hier S. 1023–1025.

bbb) Der Einfluss des Rechnungslegungssystems auf die Kapitalkosten von Unternehmen im Besonderen

Eine weitere Forschungsrichtung untersucht den Einfluss des Rechnungslegungssystems auf die Höhe der Kapitalkosten. Hierbei stellt die zunehmende Anwendung der IFRS eine nahezu einmalige Gelegenheit zur Untersuchung dieses Zusammenhangs dar, da den IFRS regelmäßig eine höhere Qualität im Vergleich zu nationalen Rechnungslegungssystemen[980] zugesprochen wird.[981] Empirisch kann ein positiver Zusammenhang allerdings nur teilweise bestätigt werden. So weisen bspw. *Leuz* und *Verrechia* u.a. einen positiven Effekt der freiwilligen Anwendung von IFRS oder US-GAAP auf den *bid-ask spread* für deutsche Unternehmen nach.[982] Dementgegen kann *Daske* keinen signifikanten Einfluss der Anwendung von IFRS auf die erwarteten Eigenkapitalkosten von deutschen Unternehmen unter Verwendung von impliziten Schätzverfahren zur Bestimmung der Eigenkapitalkosten bestätigen.[983] In einer weiteren Studie belegen *Daske et al.* auf Basis einer weltweiten Stichprobe eine Reduzierung der Eigenkapitalkosten ausschließlich für Unternehmen in Ländern mit starken Anreizen für eine transparente Berichterstattung sowie hoher Qualität der Rechtsanwendung.[984] Diese Ergebnisse können dadurch erklärt werden, dass Unternehmen nur dann von geringeren Eigenkapitalkosten profitieren, wenn die Anwendung von IFRS gleichzeitig mit einer Erhöhung der Qualität der Be-

---

[980] Vgl. *Daske, Holger/Gebhardt, Günther:* International financial reporting standards and experts' perceptions of disclosure quality, in: Abacus, Vol. 42 (2006), Nr. 3–4, S. 461–498, hier S. 475; *Barth, Mary E. et al.:* International Accounting Standards and Accounting Quality, in: JAR, Vol. 46 (2008), Nr. 3, S. 467–498, hier S. 490–494; *Armstrong, Christopher S. et al.:* Market Reaction to the Adoption of IFRS in Europe, in: TAR, Vol. 85 (2010), Nr. 1, S. 31–61, hier S. 49–53. Dieses Verständnis liegt auch der Regierungsbegründung zum KapAEG zugrunde, vgl. Drucksache des Deutschen Bundestages 13/7141 vom 06.03.1997: Entwurf eines Gesetzes zur Verbesserung der Wettbewerbsfähigkeit deutscher Konzerne an internationalen Kapitalmärkten und zur Erleichterung der Aufnahme von Gesellschafterdarlehen (Kapitalaufnahmeerleichterungsgesetz – KapAEG), S. 1–14, hier S. 11. *Leuz* kann keine Überlegenheit der Qualität der Finanzberichterstattung nach US-GAAP gegenüber IFRS feststellen, vgl. *Leuz, Christian:* IAS Versus U.S. GAAP: Information Asymmetry-Based Evidence from Germany's New Market, in: JAR, Vol. 41 (2003), Nr. 3, S. 445–472, hier S. 457–460.

[981] Bspw. führen nach Ansicht von *Levitt,* ehemaliger Vorsitzender der SEC, „high quality accounting standards" zu einer Reduzierung der Kapitalkosten, *Levitt, Arthur:* The Importance of High Quality Accounting Standards, in: AH, Vol. 12 (1998), Nr. 1, S. 79–82, hier S. 81.

[982] Vgl. *Leuz, Christian/Verrecchia, Robert E.:* The Economic Consequences of Increased Disclosure, in: JAR, Vol. 38 (2000), S. 91–124, hier S. 107–109.

[983] Vgl. *Daske, Holger:* Economic Benefits of Adopting IFRS or US-GAAP – Have the Expected Cost of Equity Capital Really Decreased?, in: JBFA, Vol. 33 (2006), Nr. 3–4, S. 329–373, hier S. 354–359.

[984] Vgl. *Daske, Holger et al.:* Mandatory IFRS Reporting around the World: Early Evidence on the Economic Consequences, in: JAR, Vol. 46 (2008), Nr. 5, S. 1085–1142, hier S. 1117–1123.

richterstattung verbunden ist.[985] Auch *Li* kann einen Rückgang der Eigenkapitalkosten von Unternehmen, die aufgrund von EU-Vorgaben seit dem Jahr 2005 verpflichtend nach IFRS bilanzieren,[986] feststellen. Dieser Effekt ist allerdings nur für Unternehmen aus Ländern mit hoher Qualität der Rechtsanwendung beobachtbar.[987] Demgegenüber zeigen *Christensen et al.* auf Basis eines differenzierten Untersuchungsdesigns, dass nicht die Anwendung von IFRS *per se* oder in Verbindung mit einer hohen Qualität der Rechtsanwendung positive Auswirkungen auf den *bid-ask spread* und die Liquidität der Anteile eines Unternehmens hat,[988] sondern vielmehr Änderungen (im Sinne von Verbesserungen) der rechtlichen Durchsetzung von Rechnungslegungsnormen zur Erklärung der beobachtbaren Effekte beitragen.[989]

Indirekte empirische Evidenz stellt darüber hinaus die Untersuchung von *Landsman et al.* dar, wonach Gewinnmitteilungen von nach IFRS bilanzierenden Unternehmen einen höheren Informationsgehalt aufweisen,[990] was sich – ceteris paribus – positiv in den Kapitalkosten niederschlagen sollte. *Glaum et al.* können einhergehend mit der Einführung der IFRS einen Anstieg der Publizitätsqualität von deutschen Unternehmen feststellen, welcher positive Auswir-

---

[985] Vgl. *Daske, Holger et al.*: Adopting a Label: Heterogeneity in the Economic Consequences Around IAS/IFRS Adoptions, in: JAR, Vol. 51 (2013), Nr. 3, S. 495–547, hier S. 517–525.

[986] Seit dem Jahr 2005 haben alle kapitalmarktorientierten Unternehmen in der EU die Rechnungslegungsvorschriften nach IFRS für die Erstellung des Konzernabschlusses verpflichtend anzuwenden, vgl. Verordnung (EG) Nr. 1606/2002 des Europäischen Parlaments und des Rates vom 19. Juli 2002, in: Abl. EG L 243 vom 11.9.2002, S. 1–4, hier S. 3.

[987] Vgl. *Li, Siqi*: Does Mandatory Adoption of International Financial Reporting Standards in the European Union Reduce the Cost of Equity Capital?, in: TAR, Vol. 85 (2010), Nr. 2, S. 607–636, hier S. 620–629.

[988] Die Liquidität der Anteile eines Unternehmens wird hierbei unter Berücksichtigung der Anzahl an Tagen, an denen kein Handel der Anteile stattfindet, des relativen Preiseffekts von Transaktionen sowie der Höhe der Transaktionskosten approximiert.

[989] Vgl. *Christensen, Hans B. et al.*: Mandatory IFRS reporting and changes in enforcement, in: JAE, Vol. 56 (2013), Nr. 2–3, S. 147–177, hier S. 162–171. In ihrem Kommentar zur Studie von *Christensen et al.* kommen *Barth* und *Israeli* hingegen zu dem Ergebnis, dass der Einfluss auf die Liquidität eines Unternehmens dann am stärksten ist, wenn Verbesserungen der rechtlichen Durchsetzung von Rechnungslegungsnormen mit einer IFRS-Rechnungslegung einhergehen, vgl. *Barth, Mary E./Israeli, Doron*: Disentangling mandatory IFRS reporting and changes in enforcement, in: JAE, Vol. 56 (2013), Nr. 2–3, S. 178–188, hier S. 187. Zur Bedeutung der rechtlichen Durchsetzung von IFRS-Rechnungslegungsnormen für deren konsistente Anwendung im internationalen Vergleich, vgl. *Wüstemann, Jens/Kierzek, Sonja*: Transnational legalization of accounting, in: Law and Legalization in Transnational Relations, hrsg. v. C. Brütsch/D. Lehmkuhl, New York, NY: Routledge 2007, S. 33–57, hier S. 43 f.

[990] Vgl. *Landsman, Wayne R. et al.*: The information content of annual earnings announcements and mandatory adoption of IFRS, in: JAE, Vol. 53 (2012), Nr. 1–2, S. 34–54, hier S. 43–50. Als Ursachen hierfür identifizieren die Autoren einen geringeren Zeitraum zwischen Abschlussstichtag und Veröffentlichung der Gewinnmitteilung, eine stärkere Beobachtung durch Finanzanalysten sowie höhere Investitionen aus dem Ausland.

kungen auf die Genauigkeit der Einschätzungen von Finanzanalysten hat.[991] Hiermit ist gleichfalls eine Reduzierung der Informationsasymmetrie und folglich ein Rückgang der Kapitalkosten zu vermuten.

bb) Empirische Ergebnisse zur Beeinflussung des (Risiko-)Verhaltens des Vorstands durch Erhöhung der Marktdisziplin

Aufgrund des (teilweise) empirisch nachweisbaren Zusammenhangs zwischen Berichterstattung und Kapitalkosten eines Unternehmens wird gleichfalls ein signifikanter Einfluss der Anforderungen an die Berichterstattung auf das tatsächliche (Risiko-)Verhalten von Vorständen angenommen.[992] So konnte bspw. auf Basis einer empirischen Analyse von Banken aus insgesamt 32 Ländern ein signifikanter Einfluss des Umfangs der Berichterstattung[993] auf die Höhe der durch den Vorstand freiwillig vorgehaltenen Kapitalpuffer und mithin dessen Risikoverhalten festgestellt werden.[994] Des Weiteren zeigen *Bischof* und *Daske* im Rahmen der Untersuchung der Berichterstattung zu den Ergebnissen des EU-Stresstests für Banken im Jahr 2011 einen signifikanten Rückgang der Risikoübernahme durch Bankvorstände, deren Institute relativ negative Ergebnisse erzielt hatten.[995] Die Berichterstattung zu Ergebnissen aus Stresstests fördert demnach aufgrund der geringeren Risikoübernahme durch einzelne, besonders gefährdete Institute die Marktdisziplin und dadurch mittelbar die Stabilität des Finanzsystems.[996]

Einen indirekten empirischen Nachweis liefert die Untersuchung von *Tadesse*, wonach ein signifikanter Zusammenhang zwischen der Wahrscheinlichkeit des Eintritts einer Finanzkrise

---

[991] Vgl. *Glaum, Martin et al.*: Introduction of International Accounting Standards, Disclosure Quality and Accuracy of Analysts' Earnings Forecasts, in: EAR, Vol. 22 (2013), Nr. 1, S. 79–116, hier S. 100–103. Der übergeordnete Zusammenhang zwischen einer Rechnungslegung nach IFRS und der Genauigkeit der Einschätzungen von Finanzanalysten kann von *Ahmed et al.* im Rahmen einer Meta-Analyse grundsätzlich bestätigt werden, vgl. *Ahmed, Kamran et al.*: A Meta-analysis of IFRS Adoption Effects, in: IJA, Vol. 48 (2013), Nr. 2, S. 173–217, hier S. 205, 208.

[992] Vgl. *Linsley, Philip M./Shrives, Philip J.*: Transparency and the disclosure of risk information in the banking sector, a.a.O., hier S. 206; *Flannery, Mark J.*: The Faces of "Market Discipline", a.a.O., hier S. 114.

[993] Der Umfang der Berichterstattung wurde hierbei unter Berücksichtigung der Existenz einer Börsennotierung in den USA, des Vorliegens eines Ratings von mindestens einer der führenden Ratingagenturen (Standard and Poor's, Moody's oder Fitch) sowie eines selbst konstruierten Index bzgl. des Umfangs von öffentlich verfügbaren Unternehmensinformationen approximiert.

[994] Vgl. *Nier, Erlend/Baumann, Ursel*: Market discipline, disclosure and moral hazard in banking, a.a.O., hier S. 345–347.

[995] Vgl. *Bischof, Jannis/Daske, Holger*: Can supervisory disclosure mitigate bank opaqueness and reduce uncertainties during a financial crisis? Evidence from the EU-wide stress-testing exercises, Working Paper, Universität Mannheim 2012, hier S. 29 f.

[996] Vgl. *Goldstein, Itay/Sapra, Haresh*: Should Banks' Stress Test Results Be Disclosed? An Analysis of the Costs and Benefits, a.a.O., hier S. 43.

in einem Land und den jeweils gesetzlich vorgegebenen Standards zur Berichterstattung besteht. Dabei ist die Wahrscheinlichkeit einer Finanzkrise u.a. umso geringer, je umfassender
die Berichterstattung in Jahresabschluss und Anhang zu erfolgen hat.[997] Weitere indirekte
empirische Evidenz stellt die Studie von *Demirgüç-Kunt et al.* dar, wonach Finanzinstituten
aus Ländern, in denen die Anforderungen an die externe Berichterstattung stärker beachtet
werden, eine höhere Kreditwürdigkeit zugeordnet wird.[998] Schließlich können *Hunton et al.*
im Rahmen einer experimentellen Studie einen direkten Zusammenhang zwischen der Transparenz der Berichterstattung und dem Verhalten des Managements bzgl. des Ausweises von
Gewinngrößen im Jahresabschluss feststellen. Dabei gilt: Je höher die Transparenz der Berichterstattung, desto geringer die Beeinflussung durch das Management.[999] Folglich kann
auch hier eine indirekte Beeinflussung der Berichterstattung auf das Risikoverhalten des Vorstands vermutet werden, da das einem Unternehmen zur Verfügung stehende Risikokapital
wesentlich von dessen Wahrnehmung am Kapitalmarkt bestimmt wird.

---

[997] Vgl. *Tadesse, Solomon*: Banking Fragility & Disclosure: International Evidence, Working Paper, University
of Michigan 2006, hier S. 16 f.
[998] Vgl. *Demirgüç-Kunt, Aslı et al.*: Banking on the principles: Compliance with Basel Core Principles and bank
soundness, in: JFI, Vol. 17 (2008), Nr. 4, S. 511–542, hier S. 526–528.
[999] Vgl. *Hunton, James E. et al.*: Financial Reporting Transparency and Earnings Management, in: TAR, Vol. 81
(2006), Nr. 1, S. 135–157, hier S. 148.

3. Konkretisierung der Anforderungen an die externe Berichterstattung zur Unterstützung der Überwachung des Vorstands im Rahmen der externen Marktkontrolle

a) Kritische Bewertung des Informationsgehalts des Bestätigungsvermerks des Abschlussprüfers gemäß § 322 HGB

aa) Bestätigung der Vermittlung eines den tatsächlichen Verhältnissen entsprechenden Bilds der Vermögens-, Finanz- und Ertragslage

Gemäß § 322 Abs. 3 HGB erklärt der Abschlussprüfer in einem uneingeschränkten Bestätigungsvermerk u.a., dass der Jahres- bzw. Konzernabschluss „ein den tatsächlichen Verhältnissen entsprechendes Bild der Vermögens-, Finanz- und Ertragslage des Unternehmens oder des Konzerns vermittelt" und bestätigt demnach die Einhaltung der Generalnorm der Rechnungslegung für Kapitalgesellschaften gemäß § 264 Abs. 2 Satz 1 HGB.[1000] Ebenso ist zu beurteilen, ob der (Konzern-)Lagebericht mit dem Jahres- bzw. Konzernabschluss „in Einklang steht und insgesamt ein zutreffendes Bild von der Lage des Unternehmens oder des Konzerns vermittelt" (§ 322 Abs. 6 Satz 1 HGB). Eine positive Beurteilung des Abschlussprüfers bedarf hierbei u.a. einer rechtmäßigen Erstellung des (Konzern-)Lageberichts gemäß §§ 289, 315 HGB.[1001]

Aufgrund der „erhebliche[n] Einschränkungen der Aussagekraft der Rechnungslegung"[1002] (z.B. durch die Bildung von stillen Reserven) stellt die Bestätigung des Abschlussprüfers hingegen keine Aussage über die wirtschaftliche Situation des Unternehmens bzw. des Konzerns dar; er beurteilt ausschließlich, ob Jahres- bzw. Konzernabschluss und (Konzern-)Lagebericht ein zutreffendes Bild der Unternehmenslagen darstellen.[1003] Auch das Ergebnis der Prüfung des Risikofrüherkennungssystems (§ 317 Abs. 4 HGB) ist nicht Gegenstand des Bestätigungsvermerks.[1004] Vielmehr ist ein uneingeschränkter Bestätigungsvermerk stets dann zu erteilen, wenn die Ordnungs- und Gesetzmäßigkeit der Rechnungslegung bejaht werden

---

[1000] Vgl. u.a. *Adler/Düring/Schmaltz*: Kommentierung zu § 322 HGB, in: Adler/Düring/Schmaltz, hier Rn. 20.

[1001] Vgl. u.a. *Ebke, Werner F.*: Kommentierung zu § 322 HGB, in: Münchener Kommentar HGB, hier Rn. 32; *Habersack, Mathias/Schürnbrand, Jan*: Kommentierung zu § 322 HGB, in: Staub Großkommentar HGB, hier Rn. 14.

[1002] *Moxter, Adolf*: Die Vorschriften zur Rechnungslegung und Abschlußprüfung im Referentenentwurf eines Gesetzes zur Kontrolle und Transparenz im Unternehmensbereich, a.a.O., hier S. 728 f. [im Original teilweise hervorgehoben].

[1003] Vgl. *Erle, Bernd*: Der Bestätigungsvermerk des Abschlussprüfers, Düsseldorf 1990, hier S. 126–128; *Habersack, Mathias/Schürnbrand, Jan*: Kommentierung zu § 322 HGB, a.a.O., hier Rn. 2.

[1004] Vgl. *Mattheus, Daniela*: Die Rolle des Abschlussprüfers in der Corporate Governance, a.a.O., hier S. 590 f. Falls Mängel des Risikofrüherkennungssystems Auswirkungen auf die Ordnungs- und Gesetzmäßigkeit der Rechnungslegung aufweisen, ist darüber im Bestätigungsvermerk zu berichten.

kann.[1005] Der Bestätigungsvermerk darf – *de lege lata* – keine darüber hinausreichenden Informationen beinhalten.[1006]

bb)   Berichterstattung zu potenziell bestandsgefährdenden Risiken im Bestätigungsvermerk

aaa)   Notwendige Differenzierung zwischen abstrakt und konkret bestandsgefährdenden Risiken

Gemäß § 322 Abs. 2 Satz 3 HGB hat der Abschlussprüfer auf Risiken, die den Fortbestand des Unternehmens bzw. des Konzerns gefährden, gesondert hinzuweisen – auch dann, wenn entsprechende Angaben im (Konzern-)Lagebericht enthalten sind.[1007] Zudem ist gemäß § 322 Abs. 6 Satz 2 HGB „darauf einzugehen, ob die Chancen und Risiken der zukünftigen Entwicklung zutreffend dargestellt sind." Letztere beinhalten insbesondere auch den Fortbestand gefährdende und die Entwicklung der Vermögens-, Finanz- und Ertragslage des Unternehmens bzw. des Konzerns wesentlich beeinträchtigende Risiken.[1008] Mithin hat sich der Gesetzgeber im Zuge des BilMoG unstrittig für die Funktion des Abschlussprüfers im Sinne des „*whistle-blowing*"[1009] festgelegt.

Die Urteilsbildung bedarf der Durchführung einer eigenständigen Risikoanalyse durch den Abschlussprüfer unter Berücksichtigung der ihm zur Verfügung stehenden Informationen, um den externen Marktteilnehmern eine zusätzliche, unabhängige (und mithin unverzerrte) Einschätzung[1010] bzgl. möglicher bestandsgefährdender Risiken bereitzustellen. Aus ökonomischer Sicht ist dabei zwingend eine Differenzierung zwischen abstrakt und konkret bestandsgefährdenden Risiken vorzunehmen.[1011] Zunächst ist die Gefahr der tatsächlichen Verwirklichung eines (abstrakt oder konkret) bestandsgefährdenden Risikos bei dessen expliziter Nen-

---

[1005] Vgl. *Scheffler, Eberhard*: Corporate Governance – Auswirkungen auf den Wirtschaftsprüfer, a.a.O., hier S. 486; *Mattheus, Daniela*: Die Rolle des Abschlussprüfers in der Corporate Governance, a.a.O., hier S. 567 f.

[1006] Vgl. *Müller, Welf*: Der Bestätigungsvermerk des Abschlussprüfers, a.a.O., hier S. 778 f.; *Mattheus, Daniela*: Die Rolle des Abschlussprüfers in der Corporate Governance, a.a.O., hier S. 568; wohl auch *Ebke, Werner F.*: Kommentierung zu § 322 HGB, a.a.O., hier Rn. 31.

[1007] Vgl. *Habersack, Mathias/Schürnbrand, Jan*: Kommentierung zu § 322 HGB, a.a.O., hier Rn. 29; *Ebke, Werner F.*: Kommentierung zu § 322 HGB, a.a.O., hier Rn. 46 f.; *Kämpfer, Georg et al.*: Das Grünbuch der EU-Kommission zur Abschlussprüfung, a.a.O., hier S. 2457.

[1008] Vgl. u.a. *Schmidt, Stefan/Küster, Thomas*: Kommentierung zu § 322 HGB, in: Beck Bil.-Komm., hier Rn. 33.

[1009] *Wüstemann, Jens*: Evaluation and Response to Risk in International Accounting and Audit Systems: Framework and German Experiences, a.a.O., hier S. 457.

[1010] Vgl. *Wüstemann, Jens*: Disclosure Regimes and Corporate Governance, a.a.O., hier S. 723.

[1011] Vgl. wohl auch *Schmidt, Stefan/Küster, Thomas*: Kommentierung zu § 322 HGB, a.a.O., hier Rn. 38 mit Verweis auf *Adler/Düring/Schmaltz*: Kommentierung zu § 289 HGB, in: Adler/Düring/Schmaltz, hier Rn. 14–16 sowie die Ausführungen in Abschnitt III.3.a.cc).

nung im Bestätigungsvermerk als besonders hoch einzuschätzen.[1012] Des Weiteren findet durch die ausschließliche Berichterstattung über Risiken im Bestätigungsvermerk bereits eine einseitige Hervorhebung von potenziell negativen zukünftigen Entwicklungen statt,[1013] welche durch eine Berücksichtigung von abstrakt bestandsgefährdenden Risiken zusätzlich verstärkt werden würde. Schließlich ist auch im (Konzern-)Lagebericht die Darstellung auf die wesentlichen Chancen und Risiken begrenzt, so dass eine Aufnahme von abstrakt bestandsgefährdenden Risiken im Bestätigungsvermerk, die nicht von wesentlicher Natur sind (z.b. ein unwahrscheinlicher Zahlungsausfall eines Kunden), nicht sachgerecht erscheint.[1014] Folglich sollte der Bestätigungsvermerk ausschließlich bei Vorliegen eines konkret bestandsgefährdenden Risikos ergänzt werden, da bei einem abstrakt bestandsgefährdenden Risiko insbesondere die Gefahr der *self-fulfilling prophecy* die mit einer transparenten Berichterstattung verbundenen ökonomischen Vorteile[1015] überwiegen könnte.[1016] Der Abschlussprüfer sollte dabei möglichst objektivierte (im Sinne von intersubjektiv nachprüfbare) Informationen zur Risikobewertung heranziehen.[1017]

bbb)   Vorgehensweise bei übereinstimmender oder abweichender Risikoeinschätzung von Abschlussprüfer und Vorstand

Aufgrund der notwendigen Beurteilung der im (Konzern-)Lagebericht dargestellten Risikosituation durch den Abschlussprüfer besteht immer dann ein „besonderes Konfliktpotential", wenn die Risikoeinschätzungen von Vorstand und Abschlussprüfer nicht übereinstimmen.[1018] Kommt der Abschlussprüfer zu dem Ergebnis, dass die Darstellung der Risikolage des Unternehmens bzw. des Konzerns zutreffend ist, ist ein uneingeschränkter Bestätigungsvermerk zu erteilen. Dabei hat der Abschlussprüfer auf bestandsgefährdende Risiken gesondert hinzuweisen – auch wenn diese zutreffend im (Konzern-)Lagebericht dargestellt sind (§ 322 Abs. 2

[1012] Vgl. statt vieler *Ebke, Werner F.*: Kommentierung zu § 322 HGB, a.a.O., hier Rn. 50.

[1013] Vgl. u.a. *Dörner, Dietrich*: Ändert das KonTraG die Anforderungen an den Abschlußprüfer?, a.a.O., hier S. 4 f.

[1014] Vgl. die Ausführungen in Abschnitt V.3.b.aa.bbb).

[1015] Vgl. die Ausführungen in Abschnitt V.2.

[1016] Vgl. u.a. *Forster, Karl-Heinz*: Zur "Erwartungslücke" bei der Abschlußprüfung, in: WPg, 47. Jg. (1994), S. 789–795, hier S. 791; a.A. hingegen *Baetge, Jörg/Linßen, Thomas*: Beurteilung der wirtschaftlichen Lage durch den Abschlußprüfer und Darstellung des Urteils im Prüfungsbericht und Bestätigungsvermerk, in: BFuP, 51. Jg. (1999), S. 369–389, hier S. 386.

[1017] Vgl. *Schindler, Joachim/Rabenhorst, Dirk*: Auswirkungen des KonTraG auf die Abschlußprüfung (Teil II), a.a.O., hier S. 1943; *Baetge, Jörg/Linßen, Thomas*: Beurteilung der wirtschaftlichen Lage durch den Abschlußprüfer und Darstellung des Urteils im Prüfungsbericht und Bestätigungsvermerk, a.a.O., hier S. 374 f.; *Kirsch, Hans-Jürgen*: Erwartungslücke und Bestätigungsvermerk, in: FS Baetge, S. 955–980, hier S. 974.

[1018] Vgl. ebenda, hier S. 973 (auch Zitat).

Satz 3 HGB).[1019] Hierfür wird u.a. zur Vermeidung von Wiederholungen und einer damit verbundenen Aufblähung des Bestätigungsvermerks die Angabe der Risikoart sowie ein Verweis auf die entsprechende Darstellung im (Konzern-)Lagebericht als ausreichend angesehen.[1020] Ist der Abschlussprüfer der Auffassung, dass „die Risikosituation entgegen der gesetzlichen Verpflichtung [...] nicht oder unzutreffend dargestellt" ist, hat dieser unter Hinweis auf die entsprechenden Risiken[1021] den Bestätigungsvermerk einzuschränken oder zu versagen.[1022] Die Entscheidung bzgl. einer Einschränkung oder Versagung des Bestätigungsvermerks hängt dabei von dem Ausmaß der Verzerrung der Darstellung der Vermögens-, Finanz- und Ertragslage aufgrund der unzutreffenden Berichterstattung über die Risikosituation des Unternehmens bzw. des Konzerns ab. So fordert bspw. das IDW eine Einschränkung bei einer unzutreffenden Darstellung von wesentlichen Unsicherheiten bzgl. der Unternehmensfortführung, wohingegen bei einer nicht angemessenen Fortführungsannahme der Bestätigungsvermerk grundsätzlich zu versagen sei.[1023]

ccc)   Möglichkeiten und Grenzen der Aufnahme zusätzlicher Informationen in den Bestätigungsvermerk

Die Anforderungen an den Bestätigungsvermerk gemäß § 322 HGB haben zur Folge, dass ein uneingeschränkter Bestätigungsvermerk keine Gewähr für das Fortbestehen des Unterneh-

---

[1019] Vgl. u.a. *Lilienbecker, Thomas et al.*: Beurteilung der Going-Concern-Prämisse durch den Abschlussprüfer bei Unternehmen in der Krise, a.a.O., hier S. 265.

[1020] Vgl. *Schindler, Joachim/Rabenhorst, Dirk*: Auswirkungen des KonTraG auf die Abschlußprüfung (Teil II), a.a.O., hier S. 1943; *Lilienbecker, Thomas et al.*: Beurteilung der Going-Concern-Prämisse durch den Abschlussprüfer bei Unternehmen in der Krise, a.a.O., hier S. 265. So sieht bspw. auch das IDW bei Vorliegen einer angemessenen Darstellung eines bestandsgefährdenden Risikos im Lagebericht die Aufnahme eines ergänzenden Hinweises auf die Art des Risikos sowie die entsprechenden Angaben im Lagebericht vor, vgl. IDW: Grundsätze für die ordnungsmäßige Erteilung von Bestätigungsvermerken bei Abschlussprüfungen (IDW PS 400), in: WPg, 63. Jg. (2010), Supplement 4, S. 25–54, hier Rn. 77; IDW: Presseinformation 2/2009, Düsseldorf 2009, hier Rn. 45.

[1021] Die Aufnahme von Risikoinformationen in den Bestätigungsvermerk wird dadurch eingeschränkt, dass diesem unternehmensextern zuwiegend die Aufgabe der Bestätigung der Richtigkeit der Rechnungslegung zukommt, vgl. u.a. *Mattheus, Daniela*: Die Rolle des Abschlussprüfers in der Corporate Governance, a.a.O., hier S. 587, 591; *Schmidt, Stefan/Küster, Thomas*: Kommentierung zu § 322 HGB, a.a.O., hier Rn. 25; a.A. hingegen *Kirsch, Hans-Jürgen*: Erwartungslücke und Bestätigungsvermerk, a.a.O., hier S. 972 f.

[1022] Vgl. *Schmidt, Stefan/Küster, Thomas*: Kommentierung zu § 322 HGB, a.a.O., hier Rn. 39 (auch Zitat); *Habersack, Mathias/Schürnbrand, Jan*: Kommentierung zu § 322 HGB, a.a.O., hier Rn. 29; *Ebke, Werner F.*: Kommentierung zu § 322 HGB, a.a.O., hier Rn. 47; *Schindler, Joachim/Rabenhorst, Dirk*: Auswirkungen des KonTraG auf die Abschlußprüfung (Teil II), a.a.O., hier S. 1943. Dies hat sowohl bei einer unzutreffenden Darstellung der Chancen und Risiken der zukünftigen Entwicklung als auch bei fehlenden oder fehlerhaften Angaben zu bestandsgefährdenden Risiken zu erfolgen.

[1023] Vgl. IDW: Die Beurteilung der Fortführung der Unternehmenstätigkeit im Rahmen der Abschlussprüfung (IDW PS 270), in: WPg, 56. Jg. (2003), S. 775–780, hier S. 778 f.; IDW: Presseinformation 2/2009, a.a.O., hier Rn. 48.

mens bzw. des Konzerns impliziert,[1024] wenngleich eine kurz nach Erteilung eines uneinge-schränkten Bestätigungsvermerks ohne Hinweis auf ein bestandsgefährdendes Risiko eintre-tende Überschuldung oder Zahlungsunfähigkeit die Qualität der Risikoanalyse des Ab-schlussprüfers fragwürdig erscheinen lässt.[1025] Diese Tatsache sowie die negative Wahrneh-mung einer Einschränkung des Bestätigungsvermerks in der Öffentlichkeit hat die Europäi-sche Kommission dazu veranlasst, im Grünbuch zum weiteren Vorgehen im Bereich der Ab-schlussprüfung eine mögliche Erweiterung des Bestätigungsvermerks (z.B. zu potenziellen Risiken) zu diskutieren.[1026] Die Aufnahme von unternehmensspezifischen Angaben würde ferner dessen (*de lege lata* begrenzten) Informationsgehalt erhöhen,[1027] was sich gleichfalls positiv auf den Anlegerschutz auswirken dürfte.[1028] Auch im internationalen Kontext werden zahlreiche Reformvorschläge unterbreitet, die u.a. die Struktur, die sprachliche Ausgestaltung, den Umfang der darzustellenden Prüfungssachverhalte und -handlungen sowie Angaben zu

---

[1024] Vgl. bereits *Erle, Bernd*: Der Bestätigungsvermerk des Abschlussprüfers, a.a.O., hier S. 123–126; *Dörner, Dietrich*: Ändert das KonTraG die Anforderungen an den Abschlußprüfer?, a.a.O., hier S. 8; *Müller, Welf*: Der Bestätigungsvermerk des Abschlussprüfers, a.a.O., hier S. 782. Dies wird bspw. auch durch die Aussage des Vorstandssprechers des IDW, Klaus-Peter Naumann, dass „das Testat des Abschlussprüfers [...] keine Überlebensgarantie für das Unternehmen" darstelle, hervorgehoben, IDW: Presseinformation 2/2009, a.a.O., hier S. 3.

[1025] Vgl. *Sikka, Prem*: Financial crisis and the silence of the auditors, in: AOS, Vol. 34 (2009), Nr. 6–7, S. 868–873, hier S. 871 f.; *Seibert, Ulrich*: Finanzmarktkrise, Corporate Governance, Aufsichtsrat, in: DB, 62. Jg. (2009), S. 1167–1171, hier S. 1167. Allerdings weisen *Geiger et al.* einen signifikanten Anstieg einer Ein-schränkung des Bestätigungsvermerks für US-amerikanische Unternehmen, die im Zuge der Finanzkrise in Konkurs geraten sind, während der Krise im Vergleich zur Vorkrisenzeit nach, vgl. *Geiger, Marshall A. et al.*: The Global Financial Crisis: U.S. Bankruptcies and Going-Concern Audit Opinions, in: AH, Vol. 28 (2014), Nr. 1, S. 59–75, hier S. 66–70. Bei einer nachträglichen Prüfung der Angemessenheit eines uneinge-schränkten Bestätigungsvermerks ist grundsätzlich die Gefahr des *hindsight bias* zu berücksichtigen, vgl. bspw. *Kinney Jr., William R./Nelson, Mark W.*: Outcome Information and the "Expectation Gap": The Case of Loss Contingencies, in: JAR, Vol. 34 (1996), Nr. 2, S. 281–299, hier S. 286 f., 292 f. sowie die Ausfüh-rungen in Abschnitt II.1.a).

[1026] Vgl. Europäische Kommission: Grünbuch: Weiteres Vorgehen im Bereich der Abschlussprüfung: Lehren aus der Krise, a.a.O., hier S. 9.

[1027] Vgl. *Müller, Welf*: Der Bestätigungsvermerk des Abschlussprüfers, a.a.O., hier S. 780–784; *Velte, Patrick et al.*: Entwicklung der Risiko- und Prognoseberichterstattung am deutschen Kapitalmarkt, in: JfB, 61. Jg. (2011), S. 123–177, hier S. 172. Allerdings zeigen bspw. *Menon* und *Williams*, dass einem eingeschränkten Bestätigungsvermerk in den USA auch in der gegenwärtigen (begrenzten) Form ein wesentlicher Informati-onsgehalt, vor allem von institutionellen Anlegern, beigemessen wird, vgl. *Menon, Krishnagopal/Williams, David D.*: Investor Reaction to Going Concern Audit Reports, in: TAR, Vol. 85 (2010), Nr. 6, S. 2075–2105, hier S. 2089–2092.

[1028] Vgl. u.a. *Böcking, Hans-Joachim/Orth, Christian*: Mehr Kontrolle und Transparenz im Unternehmensbe-reich durch die Verbesserung der Qualität der Abschlußprüfung?, a.a.O., hier S. 430 f.

Verantwortlichkeit und Unabhängigkeit des Abschlussprüfers betreffen.[1029]

Vor dem Hintergrund dieser (internationalen) Reformbewegungen fordern Vertreter des Berufsstands der Wirtschaftsprüfer zunächst eine Untersuchung des tatsächlichen Informationsbedarfs der externen Marktteilnehmer,[1030] da eine Ausweitung des Bestätigungsvermerks vor allem auch die Gefahr einer geringeren Vergleichbarkeit und Verständlichkeit mit sich bringen würde.[1031] Eine erweiterte Informationsbereitstellung im Bestätigungsvermerk ohne eine damit einhergehende Modifizierung des Prüfungsurteils sowie eine Ausweitung der gesetzlichen Anforderungen an die Abschlussprüfung dürfte darüber hinaus zu einer Vergrößerung der Erwartungslücke beitragen.[1032] Schließlich wird auch eine Ergänzung des Bestätigungsvermerks um eine Gesamtbeurteilung der wirtschaftlichen Lage des Unternehmens diskutiert.[1033] Obgleich eine solche Ergänzung ökonomisch grundsätzlich zu befürworten wäre, ist diese u.a. aufgrund des zusätzlichen Haftungsrisikos für den Abschlussprüfer kritisch zu betrachten.

Durch die ex-ante nur bedingt absehbaren Implikationen einer Erweiterung des Bestätigungsvermerks ist daher zu empfehlen, vor der Umsetzung einzelner Reformvorschläge eine umfassende Analyse der damit verbundenen Auswirkungen durchzuführen.[1034]

[1029] Für eine Übersicht über internationale Reformvorschläge, vgl. IOSCO: Auditor Communications, 2009, hier S. 17–24. In jüngster Zeit haben IAASB und PCAOB darüber hinaus konkrete Vorschläge zur Erweiterung des Bestätigungsvermerks entwickelt, vgl. IFAC: Reporting on Audited Financial Statements: Proposed New and Revised International Standards on Auditing (ISAs), Genf 2013, hier S. 18–39; PCAOB: Release No. 2013-005, Washington, D.C. 2013, hier S. 13–21.

[1030] Vgl. *Kämpfer, Georg et al.*: Das Grünbuch der EU-Kommission zur Abschlussprüfung, a.a.O., hier S. 2461.

[1031] Vgl. *Eisenhardt, Patrick/Wader, Dominic*: Vorschläge zur Fortentwicklung der Abschlussprüfung – Das Grünbuch der EU-Kommission, a.a.O., hier S. 2534 f.; *Heusermann, Christian-Hendrik*: Möglichkeiten der Verbesserung der Risikoberichterstattung unter Berücksichtigung der Verantwortung von Vorstand, Aufsichtsrat und Abschlussprüfer, a.a.O., hier S. 627 f.; AKEIÜ: Zur künftigen Entwicklung der Abschlussprüfung, a.a.O., hier S. 1154.

[1032] So können bspw. *Hatherly et al.* im Rahmen eines experimentellen Untersuchungsdesigns feststellen, dass die Adressaten aufgrund eines erweiterten Bestätigungsvermerks eine höhere Sicherheit bzgl. der Freiheit des Unternehmens von betrügerischen Handlungen erwarten, vgl. *Hatherly, David et al.*: The Expanded Audit Report – An Empirical Investigation, in: ABR, Vol. 21 (1991), Nr. 84, S. 311–319, hier S. 315. Zur Problematik der Erwartungslücke bei der Abschlussprüfung vgl. u.a. *Ruhnke, Klaus et al.*: Die Erwartungslücke als permanentes Phänomen der Abschlussprüfung – Definitionsansatz, empirische Untersuchung und Schlussfolgerungen, a.a.O.; *Ruhnke, Klaus/Schmidt, Martin*: The audit expectation gap: existence, causes, and the impact of changes, in: ABR, Vol. 44 (2014), Nr. 5, S. 572–601; *Erle, Bernd*: Der Bestätigungsvermerk des Abschlussprüfers, a.a.O., hier S. 1–6.

[1033] Vgl. *Müller, Welf*: Der Bestätigungsvermerk des Abschlussprüfers, a.a.O., hier S. 786–788.

[1034] Bspw. mit Hilfe von experimentellen Studien, vgl. hierzu u.a. *Libby, Robert et al.*: Experimental research in financial accounting, in: AOS, Vol. 27 (2002), Nr. 8, S. 775–810, hier S. 778.

b) *Kritische Bewertung von Umfang und Detaillierungsgrad der Risikoberichterstattung*
   im (Konzern-)Lagebericht gemäß §§ 289, 315 HGB

aa)   Darstellung der voraussichtlichen Entwicklung des Unternehmens bzw. des Konzerns
      mit ihren wesentlichen Chancen und Risiken

aaa) Beschränkung auf die voraussichtliche Entwicklung entsprechend der Schutzfunktion
      der Rechnungslegung

Im (Konzern-)Lagebericht ist die voraussichtliche Entwicklung des Unternehmens bzw. des

Konzerns mit ihren wesentlichen Chancen und Risiken unter Angabe der zugrunde liegenden

Annahmen zu beurteilen und zu erläutern.[1035] Mithin liegt eine explizite Einschränkung der zu

berichtenden Risiken durch das Gesetz vor: Es sind weder unwesentliche, noch sind aufgrund

des Fokus auf die voraussichtliche Entwicklung relativ unwahrscheinliche Risiken zu berich-

ten. Aus ökonomischer Sicht ist diese Einschränkung zu begrüßen: Zunächst besteht die Ge-

fahr des *information overload* der Berichtsadressaten bei einer Abbildung sämtlicher Risi-

ken,[1036] insbesondere falls diese vornehmlich durch die Reduzierung möglicher Haftungsrisi-

ken[1037] motiviert ist. Des Weiteren wird bei Abbildung sämtlicher Risiken aufgrund der feh-

lenden Priorisierung der Informationsgehalt der Berichterstattung eingeschränkt.[1038] Schließ-

lich ist bei einer Aufnahme von relativ unwahrscheinlichen Risiken in den (Konzern-)La-

gebericht die bereits erläuterte Problematik der *self-fulfilling prophecy* zu berücksichtigen.

Entsprechend ist auch eine detaillierte Beschreibung von Risiken aufgrund der Schutzfunkti-

---

[1035] Die Anforderungen an die Darstellung des Risikomanagements und der Risiken in Bezug auf die Verwendung von Finanzinstrumenten gemäß §§ 289 Abs. 2 Nr. 2, 315 Abs. 2 Nr. 2 HGB sollen an dieser Stelle
nicht näher betrachtet werden.

[1036] So konnte z.B. ein degressiver Zusammenhang zwischen Berichtsumfang und Berichtsqualität für die Risikoberichterstattung deutscher Aktiengesellschaften festgestellt werden, vgl. *Ewelt, Corinna et al.*: Mehr =
besser? Zur Entwicklung des Berichtsumfangs in der Unternehmenspublizität am Beispiel der risikoorientierten Berichterstattung deutscher Aktiengesellschaften, in: KoR, 9. Jg. (2009), S. 706–715, hier S. 712 f.
Eine Reduktion des *information overload* ist auch eine zentrale Zielsetzung der Initiative Integrated Reporting, vgl. *AKEU*: Integrated Reporting – Herausforderungen für die Finanzberichterstattung, in: BB, 68. Jg.
(2013), S. 875–882, hier S. 876; *Beyhs, Oliver/Barth, Daniela*: Integrated Reporting – Aktuelle Entwicklungen auf dem Weg zu einer integrierten Unternehmensberichterstattung, in: DB, 64. Jg. (2011), S. 2857–
2863, hier S. 2857. Zu den Grenzen der Förderung der externen Marktkontrolle durch eine transparente externe Berichterstattung aufgrund der Möglichkeit des *information overload*, vgl. bspw. *Möllers, Thomas M.
J./Kernchen, Eva*: Information Overload am Kapitalmarkt, in: ZGR, 40. Jg. (2011), S. 1–26, hier S. 2–11.

[1037] Vgl. *Wüstemann, Jens*: Evaluation and Response to Risk in International Accounting and Audit Systems:
Framework and German Experiences, a.a.O., hier S. 458.

[1038] So kritisieren z.B. *Hoffmann* und *Lüdenbach* bei ihrer Analyse des Lageberichts der IKB aus dem Jahr 2007
den begrenzten Informationsgehalt der Risikoberichterstattung, da „die relevanten Aussagen völlig unterge-
hen" würden, *Hoffmann, Wolf-Dieter/Lüdenbach, Norbert*: Die bilanzielle Abbildung der Hypothekenkrise
und die Zukunft des Bilanzrechts, a.a.O., hier S. 2214. Vgl. grundlegend *Adler/Düring/Schmaltz*: Kommentierung zu § 289 HGB, a.a.O., hier Rn. 9; *Lange, Knut W.*: Kommentierung zu § 289 HGB, in: Münchener
Kommentar HGB, hier Rn. 86.

on der Rechnungslegung kritisch zu bewerten. Nach *Moxter* wird daher „im Lagebericht [...] nicht die tatsächliche wirtschaftliche Lage wiedergegeben, sondern nur das, was man als Lageberichtslage bezeichnen muss."[1039]

Vor diesem Hintergrund ist bspw. auch die Berichterstattung zu Ergebnissen aus Stresstests zu bewerten. Zunächst liegt der Fokus bei Stresstests gerade nicht auf der voraussichtlichen Entwicklung, sondern vielmehr auf Entwicklungen, die extrem, gleichzeitig aber auch plausibel sind.[1040] Darüber hinaus werden für eine sachgerechte Interpretation von Ergebnissen aus Stresstests detaillierte Informationen über die zugrunde liegenden Risikopositionen und Annahmen benötigt.[1041] Folglich ist eine verpflichtende Berichterstattung zu Ergebnissen aus Stresstests kritisch zu sehen, wenngleich deren Veröffentlichung das Risikoverhalten von Vorständen positiv beeinflussen kann.[1042] Dementgegen sind Sensitivitätsanalysen regelmäßig in den (Konzern-)Lagebericht aufzunehmen, da hierbei gerade ausgehend von der voraussichtlichen Entwicklung des Unternehmens bzw. des Konzerns die Auswirkungen von sowohl positiven als auch negativen Abweichungen im Sinne von Chancen und Risiken untersucht werden.

bbb) Beschränkung auf wesentliche Chancen und Risiken unter besonderer Berücksichtigung des DRS 20

Die Einschätzung der Wesentlichkeit von Chancen und Risiken obliegt der sachgerechten Ausübung des unternehmerischen Ermessens durch den Vorstand. Allerdings existiert in Form des DRS 20 ein separater Standard des Deutschen Rechnungslegungs Standards Committee (DRSC),[1043] der die gesetzlichen Anforderungen an die Konzernlageberichterstattung

---

[1039] *Moxter, Adolf:* Die Vorschriften zur Rechnungslegung und Abschlußprüfung im Referentenentwurf eines Gesetzes zur Kontrolle und Transparenz im Unternehmensbereich, a.a.O., hier S. 723. Auch nach Ansicht des BGH stellt die Abschlussprüfung „eine Rechnungslegungsprüfung und keine Prüfung der von der Rechnungslegung erfaßten wirtschaftlichen Vorgänge und Tatsachen" dar, BGH: Urteil vom 15.12.1954 - II ZR 322/53, a.a.O., hier S. 23.

[1040] Vgl. die Ausführungen in Abschnitt III.2.b.aa.ccc) sowie III.2.b.bb.bbb).

[1041] Ein wesentlicher Kritikpunkt an dem ersten EU-Stresstest im Jahr 2009 lag in der fehlenden Veröffentlichung der Namen der beteiligten Institute sowie der zugrunde liegenden Risikopositionen und Annahmen, was u.a. dazu beigetragen hat, dass das Ziel der Vertrauensbildung in das europäische Finanzsystem nicht erreicht wurde. Die Anforderungen an die Veröffentlichung der Ergebnisse in darauf folgenden Stresstests von CEBS bzw. EBA wurden daraufhin deutlich erhöht, vgl. *Gammelin, Cerstin:* Wenn Banken unter Stress gesetzt werden, in: Süddeutsche Zeitung vom 23. Juli 2010.

[1042] Vgl. bspw. *Bischof, Jannis/Daske, Holger:* Can supervisory disclosure mitigate bank opaqueness and reduce uncertainties during a financial crisis? Evidence from the EU-wide stress-testing exercises, a.a.O., hier S. 29 f.

[1043] Vgl. BMJ: Bekanntmachung des Deutschen Rechnungslegungs Standards Nr. 20 vom 25.11.2012, in: BAnz., 64. Jg. (2012), Allgemeiner Teil vom 4.12., S. 1–28, hier S. 16 f.

konkretisiert,[1044] da bei Berücksichtigung dessen Empfehlungen eine Beachtung der „die Konzernrechnungslegung betreffenden Grundsätze ordnungsmäßiger Buchführung" vermutet wird (§ 342 Abs. 2 HGB).[1045]

Gemäß dem Grundsatz der Wesentlichkeit soll der Konzernlagebericht dabei ausschließlich Informationen enthalten, die für ein Verständnis von Geschäftsverlauf, Lage und voraussichtlicher Entwicklung des Konzerns benötigt werden (DRS 20.32 f.).[1046] Darüber hinaus wird in einzelnen Empfehlungen (teilweise indirekt) Bezug auf das Kriterium der Wesentlichkeit genommen.[1047] So soll bspw. über sämtliche Risiken berichtet werden, die für einen verständigen Berichtsempfänger entscheidungsrelevant sein können (DRS 20.146). Wesentliche Risiken sind im Risikobericht einzeln darzustellen und zu bewerten (DRS 20.149), bestandsgefährdende Risiken sind deutlich als solche zu kennzeichnen (DRS 20.148). Die dargestellten Risiken sind zu quantifizieren, falls diese Informationen für einen verständigen Berichtsempfänger wesentlich sind (DRS 20.152). Folglich sind bestandsgefährdende Risiken nach DRS 20 als Teilmenge der wesentlichen Risiken zu verstehen; eine weitergehende Konkretisierung des Kriteriums der Wesentlichkeit liegt indes nicht vor.[1048]

In der Literatur wird oftmals eine relative und mithin unternehmensspezifische Bewertung der Wesentlichkeit von Risiken unter Berücksichtigung der potenziellen Auswirkungen auf die Vermögens-, Finanz- und Ertragslage des Unternehmens bzw. des Konzerns vorgeschla-

---

[1044] Vgl. u.a. *Böcking, Hans-Joachim et al.*: Der neue Konzernlagebericht nach DRS 20, in: DK, 11. Jg. (2013), S. 30–43, hier S. 39; *Pauli, Marcus/Albrecht, Christoph*: Wachsende Bedeutung der Risikoberichterstattung in Konzernen durch DRS 20, in: BB, 69. Jg. (2014), S. 1195–1199, hier S. 1195 f.

[1045] Nach deren Veröffentlichung im Bundesanzeiger, vgl. u.a. *Küting, Karlheinz/Weber, Claus-Peter*: Der Konzernabschluss: Praxis der Konzernrechnungslegung nach HGB und IFRS, 13. Aufl., Stuttgart 2012, hier S. 7–9; *Baetge, Jörg et al.*: Konzernbilanzen, 10. Aufl., Düsseldorf 2013, hier S. 28 f. Eine sinngemäße Anwendung des DRS 20 auf die Lageberichterstattung wird empfohlen (DRS 20.2).

[1046] Der Grundsatz der Wesentlichkeit der Konzernlageberichterstattung wurde im Rahmen der Entwicklung des DRS 20 erstmals explizit aufgenommen und war in vorherigen Empfehlungen des DRSC nicht enthalten, vgl. u.a. *Senger, Thomas/Brune, Jens*: DRS 20: neue und geänderte Anforderungen an den Konzernlagebericht, in: WPg, 65. Jg. (2012), S. 1285–1289, hier S. 1286; *Zülch, Henning/ Höltken, Matthias*: Die "neue" (Konzern-)Lageberichterstattung nach DRS 20 – ein Anwendungsleitfaden, in: DB, 66. Jg. (2013), S. 2457–2465, hier S. 2460.

[1047] Gemäß DRS 20.165 sind die im Rahmen der Risikoberichterstattung geforderten Informationen sinngemäß auch für die Chancen der zukünftigen Entwicklung anzugeben, vgl. auch *Baetge, Jörg et al.*: Konzernbilanzen, a.a.O., hier S. 532 f.; *Barth, Daniela et al.*: Ausgewählte Anwendungsfragen zur Konzernlageberichterstattung nach DRS 20, in: KoR, 14. Jg. (2014), S. 47–56, hier S. 50.

[1048] Diesbezüglich hat im Rahmen der Überarbeitung des DRS 5 und der daraus resultierenden Verabschiedung des DRS 20 keine Änderung stattgefunden, vgl. zum Grundsatz der Wesentlichkeit gemäß DRS 5 u.a. *Heusermann, Christian-Hendrik*: Möglichkeiten der Verbesserung der Risikoberichterstattung unter Berücksichtigung der Verantwortung von Vorstand, Aufsichtsrat und Abschlussprüfer, a.a.O., hier S. 626; *Dobler, Michael*: Risikoberichterstattung: Eine ökonomische Analyse, Frankfurt a. M. 2004, hier S. 171 f.

gen.[1049] Dies erscheint insbesondere vor dem Hintergrund der mit einer *self-fulfilling prophecy* verbundenen Problematik als bedeutsam. Daher sollten anstatt sämtlicher möglicher entscheidungsrelevanter Risiken vielmehr die wesentlichen Risiken in den (Konzern-)Lagebericht aufgenommen werden, welche sinnvollerweise vom Berichtsempfänger bei seiner Entscheidung zu berücksichtigen sind und insoweit diese nicht gegen das (wohlverstandene) Unternehmensinteresse verstoßen. In diesem Sinne ist ebenfalls Umfang und Detaillierungsgrad der Berichterstattung über die Chancen der künftigen Entwicklung festzulegen.[1050] Hierfür ist (weiterhin) eine sachgerechte Ausübung des unternehmerischen Ermessens durch den Vorstand erforderlich.[1051]

ccc) Möglichkeiten und Grenzen einer gesetzlichen Verankerung von Empfehlungen des DRS 20

Wenngleich die gesetzlichen Anforderungen an die (Konzern-)Lageberichterstattung in den letzten Jahren sukzessive erhöht wurden,[1052] konnten in zahlreichen empirischen Studien (weiterhin) signifikante Mängel in der tatsächlichen Berichterstattung identifiziert werden.[1053] Daher wird zur Verbesserung der (Konzern-)Lageberichterstattung in Teilen der Literatur u.a.

[1049] Vgl. *Moxter, Adolf:* Die Vorschriften zur Rechnungslegung und Abschlußprüfung im Referentenentwurf eines Gesetzes zur Kontrolle und Transparenz im Unternehmensbereich, a.a.O., hier S. 723; *Baetge, Jörg/ Schulze, Dennis:* Möglichkeiten der Objektivierung der Lageberichterstattung über "Risiken der künftigen Entwicklung", a.a.O., hier S. 942; *Adler/Düring/Schmaltz:* Kommentierung zu § 289 HGB, a.a.O., hier Rn. 11; *Lange, Knut W.:* Kommentierung zu § 289 HGB, a.a.O., hier Rn. 86; *Grottel, Bernd:* Kommentierung zu § 289 HGB, in: Beck Bil.-Komm., hier Rn. 53. In einem Beispiel legen *Barth et al.* die Wesentlichkeitsgrenze für intern an den Vorstand einer börsennotierten Aktiengesellschaft zu berichtende Risiken bei einer potenziellen Auswirkung auf deren Ertragslage in Höhe von € 1 Mio. fest, vgl. *Barth, Daniela et al.:* Ausgewählte Anwendungsfragen zur Konzernlageberichterstattung nach DRS 20, a.a.O., hier S. 54 f.
[1050] Denn die externe Berichterstattung über die wesentlichen Chancen der künftigen Entwicklung birgt zumindest teilweise die Gefahr von Wettbewerbsnachteilen für das publizierende Unternehmen, vgl. bereits *Moxter, Adolf:* Der Einfluß von Publizitätsvorschriften auf das unternehmerische Verhalten, a.a.O., hier S. 19–39; *Ewert, Ralf/Wagenhofer, Alfred:* Unternehmenspublizität und Konkurrenzwirkungen, in: ZfB, 62. Jg. (1992), S. 297–324, hier S. 299–302.
[1051] Vgl. wohl zustimmend *Velte, Patrick et al.:* Entwicklung der Risiko- und Prognoseberichterstattung am deutschen Kapitalmarkt, a.a.O., hier S. 170.
[1052] Für eine Übersicht über die Entwicklung der gesetzlichen Anforderungen an die Lageberichterstattung, vgl. *Stein, Thomas:* Eine ökonomische Analyse der Entwicklung der Lageberichtsqualität, Wiesbaden 2011, hier S. 255–265.
[1053] Für eine Übersicht über empirische Studien zur Beurteilung von Quantität und Qualität der Risikoberichterstattung von deutschen Unternehmen, vgl. bspw. *Velte, Patrick et al.:* Entwicklung der Risiko- und Prognoseberichterstattung am deutschen Kapitalmarkt, a.a.O., hier S. 139–154; *Lenz, Hansrudi/Diehm, Johannes:* Einfluss der Finanz- und Wirtschaftskrise auf die Risikoberichterstattung im SDAX, in: KoR, 10. Jg. (2010), S. 385–394, hier S. 386. Allerdings können *Schlüter et al.* eine kontinuierliche Verbesserung der Qualität der Risikoberichterstattung von 30 deutschen Banken zwischen 2002 und 2011 feststellen, vgl. *Schlüter, Tobias et al.:* Die Risikoberichterstattung deutscher Banken: Erhebung des Branchenstandards, in: ZfbF, 66. Jg. (2014), S. 386–427, hier S. 404 f.

eine gesetzliche Verankerung spezifischer Empfehlungen des DRS 20 gefordert.[1054] Eine substanzielle Verbesserung der (Konzern-)Lageberichterstattung alleine aufgrund einer (teilweisen) gesetzlichen Kodifizierung des DRS 20 darf hingegen vor allem wegen der (weiterhin) bestehenden, in großen Teilen relativ unkonkreten Empfehlungen des DRS 20[1055] bezweifelt werden. Aufgrund dessen Prinzipienorientierung würde allerdings gleichzeitig die Voraussetzung für eine integrative Umsetzung der zahlreichen unterschiedlichen Anforderungen an die Risikoberichterstattung, bspw. nach HGB und IFRS, geschaffen werden.[1056]

bb)   Beschreibung der wesentlichen Merkmale des Risikomanagementsystems im Hinblick auf den Rechnungslegungsprozess

aaa)   Beschränkung der Berichterstattung auf wesentliche sowie rechnungslegungsbezogene Merkmale des Risikomanagementsystems aufgrund schutzwürdiger Interessen des Unternehmens

Gemäß §§ 289 Abs. 5, 315 Abs. 2 Nr. 5 HGB sind im (Konzern-)Lagebericht die wesentlichen Merkmale des internen Kontroll- und des Risikomanagementsystems im Hinblick auf den Rechnungslegungsprozess zu beschreiben.[1057] Folglich ist eine Beschränkung auf die wesentlichen Merkmale des internen Kontroll- und des Risikomanagementsystems sowie auf deren rechnungslegungsbezogenen Teil durch das Gesetz festgelegt.[1058] Erstere umfasst vor-

---

[1054] Vgl. *Velte, Patrick et al.*: Entwicklung der Risiko- und Prognoseberichterstattung am deutschen Kapitalmarkt, a.a.O., hier S. 171; ähnlich *Stein, Thomas*: Eine ökonomische Analyse der Entwicklung der Lageberichtsqualität, a.a.O., hier S. 226 f. Nach Ansicht von *Dobler* ist ein wesentlicher Schwachpunkt der DRS in der auf die schwache Bindungswirkung zurückzuführenden, mangelnden Durchsetzung der Empfehlungen des DRSC in der Praxis zu sehen, vgl. *Dobler, Michael*: Risikoberichterstattung: Eine ökonomische Analyse, a.a.O., hier S. 182.

[1055] Bspw. bzgl. des Kriteriums der Wesentlichkeit, vgl. die Ausführungen in Abschnitt V.3.b.aa.bbb).

[1056] Vgl. *Weber, Dieter/Menk, Michael T.*: Risikoberichterstattung kapitalmarktorientierter Banken nach DRS 20 – Handlungsfelder und Umsetzungsvorschläge im Kontext aufsichtsrechtlicher Anforderungen, in: ZBB, 16. Jg. (2014), S. 390–421, hier S. 392.

[1057] Dies gilt ausschließlich für Kapitalgesellschaften im Sinne des § 264d HGB. Hierbei ist grundsätzlich eine Integration in den Chancen- und Risikobericht des (Konzern-)Lageberichts möglich, vgl. *Withus, Karl-Heinz*: Standardisierungsrat überarbeitet Rechnungslegungsstandards zum Konzernlagebericht, in: DB, 63. Jg. (2010), S. 68–74, hier S. 72; *Wolf, Klaus*: Zur Anforderung eines internen Kontroll- und Risikomanagementsystems im Hinblick auf den (Konzern-) Rechnungslegungsprozess gemäß BilMoG, a.a.O., hier S. 921.

[1058] Vgl. *Lange, Tobias/Müller, Stefan*: Die Lageberichterstattung als Teil der Corporate Governance deutscher Unternehmen – Eine empirische Analyse der Risikoberichterstattung von Unternehmen mit Rechnungslegung nach IFRS – Teil I: Der Lagebericht als Informationsinstrument, in: ZCG, 4. Jg. (2009), S. 235–237, hier S. 237; *Lange, Knut W.*: Kommentierung zu § 289 HGB, a.a.O., hier Rn. 157. Für eine Übersicht über die damit verbundenen Anforderungen, vgl. *Withus, Karl-Heinz*: Neue Anforderungen nach BilMoG zur Beschreibung der wesentlichen Merkmale des Internen Kontroll- und Risikomanagementsystems im Lagebericht kapitalmarktorientierter Unternehmen, a.a.O., hier S. 444–451.

nehmlich die Strukturen und Prozesse der Systeme[1059] und ist unter Berücksichtigung deren Bedeutung für den Jahres- bzw. Konzernabschluss festzustellen.[1060] Letztere wird im Rahmen der Regierungsbegründung zum BilMoG mit der potenziellen Gefährdung schutzwürdiger Interessen des Unternehmens gerechtfertigt,[1061] die – anders als für den Prüfungsbericht[1062] – aufgrund der externen Kommunikation an dieser Stelle nachvollziehbar erscheint.[1063] Gleichzeitig wird in Teilen der Literatur der Schutz des Unternehmensinteresses trotz der „doppelte[n] Einschränkung der Berichterstattung" aufgrund der unklaren Abgrenzung von rechnungslegungs- und nicht-rechnungslegungsbezogenen Merkmalen und der damit verbundenen Gefahr einer überbordenden Berichterstattung teilweise infrage gestellt.[1064]

Zur Förderung der externen Marktkontrolle bei gleichzeitiger Sicherung der schutzwürdigen Interessen des Unternehmens ist daher eine Darstellung der wesentlichen Strukturen und Prozesse des internen Kontroll- und des Risikomanagementsystems zu empfehlen, welche sich auf den gesamten Rechnungslegungsprozess (d.h. von der Buchung einzelner Geschäftsvorfälle bis zur Erstellung des Jahres- bzw. Konzernabschlusses)[1065] bezieht sowie eine aussagekräftige Beschreibung der zentralen Bestandteile (anstatt einer bloßen „Berichterstattung in Form von Textbausteinen"[1066]) enthält.

[1059] Vgl. *Grottel, Bernd*: Kommentierung zu § 289 HGB, a.a.O., hier Rn. 156; *Bischof, Stefan/Selch, Barbara*: Neuerungen für den Lagebericht nach dem Regierungsentwurf eines Bilanzrechtsmodernisierungsgesetzes (BilMoG), a.a.O., hier S. 1025; *Strieder, Thomas*: Erweiterung der Lageberichterstattung nach dem BilMoG, in: BB, 64. Jg. (2009), S. 1002–1006, hier S. 1003 f.

[1060] Vgl. u.a. *Withus, Karl-Heinz*: Standardisierungsrat überarbeitet Rechnungslegungsstandards zum Konzernlagebericht, a.a.O., hier S. 72.

[1061] Vgl. Entwurf eines BilMoG, hier S. 77.

[1062] Vgl. die Ausführungen in Abschnitt IV.3.b).

[1063] Die entsprechenden Empfehlungen des DRSC reichen darüber hinaus. Gemäß DRS 20.K137 sollen alle kapitalmarktorientierten Unternehmen die Merkmale des gesamten Risikomanagementsystems darstellen. Dies gilt gemäß DRS 20.A1.1 für alle Finanzdienstleistungsunternehmen unabhängig von ihrer Kapitalmarktorientierung, vgl. BMJ: Bekanntmachung des Deutschen Rechnungslegungs Standards Nr. 20 (vom 25. November 2012), a.a.O., hier S. 16, 24.

[1064] Vgl. *Lange, Knut W.*: Kommentierung zu § 289 HGB, a.a.O., hier Rn. 157, 160 (auch Zitat). Hierzu trägt bspw. auch die i.d.R. weite Auslegung des in §§ 289 Abs. 5, 315 Abs. 2 Nr. 5 HGB verwendeten Begriffs der Rechnungslegung bei, vgl. *Bischof, Stefan/Selch, Barbara*: Neuerungen für den Lagebericht nach dem Regierungsentwurf eines Bilanzrechtsmodernisierungsgesetzes (BilMoG), a.a.O., hier S. 1024; *Strieder, Thomas*: Erweiterung der Lageberichterstattung nach dem BilMoG, a.a.O., hier S. 1003.

[1065] Vgl. *Grottel, Bernd*: Kommentierung zu § 289 HGB, a.a.O., hier Rn. 151; *Strieder, Thomas*: Erweiterung der Lageberichterstattung nach dem BilMoG, a.a.O., hier S. 1003.

[1066] *Bischof, Stefan/Selch, Barbara*: Neuerungen für den Lagebericht nach dem Regierungsentwurf eines Bilanzrechtsmodernisierungsgesetzes (BilMoG), a.a.O., hier S. 1026.

bbb) Möglichkeiten und Grenzen einer Berichterstattung zur Effektivität des internen Risikomanagementsystems

Die Einschränkung der externen Berichterstattung über das interne Kontroll- und das Risiko-managementsystem durch den in der Regierungserklärung zum BilMoG explizit geäußerten Verzicht auf die Berichterstattung über deren Effektivität[1067] ist aus ökonomischer Sicht nicht überzeugend.[1068] Zwar fordert der Gesetzgeber vom Vorstand eine Beurteilung der Effektivität der Systeme, er sieht diese allerdings bereits durch die Auseinandersetzung des Vorstands mit dem internen Kontroll- und dem Risikomanagementsystem im Rahmen der Beschreibung der wesentlichen Merkmale gegeben.[1069] Dieser offensichtlich impliziten Vermutung des Gesetzgebers würde durch eine explizite Pflicht zur Berichterstattung über die Effektivität ein höherer Grad an Sicherheit verliehen, ohne dadurch nachteilige Effekte für das Unternehmen zu bewirken; die Gefährdung von schutzwürdigen Interessen erscheint an dieser Stelle nicht einschlägig. Gleichfalls hat der Vorstand bereits (wenngleich unternehmensintern) über die Effektivität des internen Kontroll- und des Risikomanagementsystems an den Aufsichtsrat zu berichten.[1070] Des Weiteren ist die Berichterstattung zur Effektivität des internen Kontroll- und des Risikomanagementsystems in zahlreichen anderen europäischen Rechtssystemen ge-setzlich vorgeschrieben.[1071] Auch der Vorstand in den USA wurde im Zuge des SOA dazu verpflichtet, zum Abschlussstichtag die Effektivität des internen Kontrollsystems zu beurteilen und darüber zu berichten.[1072]

[1067] Vgl. Entwurf eines BilMoG, hier S. 76.

[1068] Vgl. zustimmend *Stein, Thomas*: Eine ökonomische Analyse der Entwicklung der Lageberichtsqualität, a.a.O., hier S. 220 f.

[1069] Ohne kritische Bewertung der Regierungsbegründung, vgl. u.a. *Lange, Tobias/Müller, Stefan*: Die Lage-berichterstattung als Teil der Corporate Governance deutscher Unternehmen – Eine empirische Analyse der Risikoberichterstattung von Unternehmen mit Rechnungslegung nach IFRS – Teil I: Der Lagebericht als Informationsinstrument, a.a.O., hier S. 237; *Wolf, Klaus*: Zur Anforderung eines internen Kontroll- und Risikomanagementsystems im Hinblick auf den (Konzern-) Rechnungslegungsprozess gemäß BilMoG, a.a.O., hier S. 921; *Lange, Knut W.*: Kommentierung zu § 289 HGB, a.a.O., hier Rn. 159; *Baetge, Jörg et al.*: Konzernbilanzen, a.a.O., hier S. 538.

[1070] Vgl. u.a. *Melcher, Winfried/Mattheus, Daniela*: Zur Umsetzung der HGB-Modernisierung durch das BilMoG: Neue Offenlegungspflichten zur Corporate Governance, a.a.O., hier S. 78; *Wolf, Klaus*: Zur Anfor-derung eines internen Kontroll- und Risikomanagementsystems im Hinblick auf den (Konzern-) Rechnungs-legungsprozess gemäß BilMoG, a.a.O., hier S. 924.

[1071] Für die Anforderungen zur Überwachung der Effektivität des internen Kontroll- und Risikomanagement-systems in Frankreich, Großbritannien und der Schweiz, vgl. *Withus, Karl-Heinz*: Neue Anforderungen nach BilMoG zur Beschreibung der wesentlichen Merkmale des Internen Kontroll- und Risikomanagement-systems im Lagebericht kapitalmarktorientierter Unternehmen, a.a.O., hier S. 451.

[1072] Vgl. *Lander, Guy P.*: What is Sarbanes-Oxley?, a.a.O., hier S. 11; *Gruson, Michael/Kubicek, Matthias*: Der Sarbanes-Oxley Act, Corporate Governance und das deutsche Aktienrecht (Teil II), a.a.O., hier S. 398; *Withus, Karl-Heinz*: Bringt das Bilanzrechtsmodernisierungsgesetz (BilMoG) auch "Euro-SOX"?, a.a.O., hier S. 124.

Folglich wäre zur Stärkung der Überwachung des Vorstands im Rahmen der externen Markt-kontrolle eine explizite Einschätzung des Vorstands zur Effektivität des internen Kontroll- und des Risikomanagementsystems im (Konzern-)Lagebericht zu empfehlen. *De lege lata* ist eine freiwillige Berichterstattung über die Effektivität der Systeme möglich,[1073] welche in der Praxis auch teilweise anzutreffen ist (vgl. Tabelle V-1).

Unternehmen	Freiwillige Berichterstattung zur Wirksamkeit des internen Kontroll- und des Risikomanagementsystems gemäß §§ 289 Abs. 5, 315 Abs. 2 Nr. 5 HGB
Bayer	„Der Vorstand der Bayer AG hat die Wirksamkeit des rechnungslegungsbezogenen internen Kontrollsystems und dessen Kriterien für das Geschäftsjahr 2013 als funktionsfähig beurteilt."
Continental	"Um die Zuverlässigkeit der Daten sowohl für die Erstellung des Konzernabschlusses einschließlich des Berichts über die Lage der Gesellschaft und des Konzerns als auch für die interne Berichterstattung sicherzustellen, existiert ein wirksames internes Steuerungs- und Kontrollsystem."
Deutsche Bank	„Die vom Management durchgeführte fokussierte Überprüfung führte zum 31. Dezember 2013 zu der Feststellung, dass die Ausgestaltung des IKSRL zweckmäßig ist und die Kontrollen wirksam sind."
Fresenius Medical Care	„Zum 31. Dezember 2013 hat das Management das interne Kontrollsystem für die Finanzberichterstattung von Fresenius Medical Care beurteilt und dessen Wirksamkeit festgestellt."
Henkel	„Die eingerichteten Systeme überprüfen wir regelmäßig hinsichtlich ihrer Optimierungs- und Weiterentwicklungspotenziale. Wir erachten diese Systeme als angemessen und funktionsfähig."
Infineon Technologies	„Das interne Kontrollsystem erfüllt die nach BilMoG geforderte Effektivität und ist Bestandteil des Rechnungslegungsprozesses in allen bedeutenden rechtlichen Einheiten und Zentralfunktionen."
Siemens	„Zum 30. September 2013 hat das Management die Wirksamkeit der internen Kontrollen über die Finanzberichterstattung festgestellt."

Tabelle V-1: Freiwillige Berichterstattung zur Effektivität des internen Kontroll- und des Risikomanagementsystems in der Unternehmenspraxis[1074]

c)   *Notwendige Konkretisierung der Anforderungen an die Risikoberichterstattung im Rahmen des IFRS Practice Statement Management Commentary*

aa)   Darstellung von Risikolage und Risikomanagement unter Anwendung des *management approach*

Zielsetzung des *IFRS Practice Statement Management Commentary* (PS MC), das am 8. De-zember 2010 in Form einer unverbindlichen Anwendungsleitlinie veröffentlicht wurde, ist eine den IFRS-Abschluss ergänzende Berichterstattung aus Sicht der Unternehmenslei-

---

[1073] Vgl. u.a. *Stein, Thomas*: Eine ökonomische Analyse der Entwicklung der Lageberichtsqualität, a.a.O., hier S. 221; *Melcher, Winfried/Mattheus, Daniela*: Zur Umsetzung der HGB-Modernisierung durch das BilMoG: Neue Offenlegungspflichten zur Corporate Governance, a.a.O., hier S. 78.

[1074] Quelle: Bayer AG: Geschäftsbericht 2013 – Erweiterte Fassung, Leverkusen 2014, hier S. 215; Continental AG: Geschäftsbericht 2013, Hannover 2014, hier S. 146; Deutsche Bank AG: Jahresbericht 2013, Frankfurt a. M. 2014, hier S. 309; Fresenius Medical Care AG: Geschäftsbericht 2013, Bad Homburg 2014, hier S. 109; Henkel AG & Co. KGaA: Geschäftsbericht 2013, Düsseldorf 2014, hier S. 91; Infineon Technolo-gies AG: Geschäftsbericht 2013, Neubiberg 2013, hier S. 142; Siemens AG: Jahresbericht 2013, Berlin und München 2013, hier S. 256.

tung.[1075] Hierbei empfiehlt das IASB u.a. über die Risiken des Unternehmens zu berichten, wobei insbesondere die internen und externen Risiken und deren Veränderung im Zeitablauf sowie die Strategie des Risikomanagements zur Risikosteuerung dargestellt werden sollen (PS MC.31 f.).[1076] Gleichfalls ist eine Beschränkung der Berichterstattung auf die wesentlichen Risiken des Unternehmens erforderlich;[1077] eine Konkretisierung des Kriteriums der Wesentlichkeit liegt indes nicht vor.[1078]

Die Darstellung von Risikolage und Risikomanagement ist aus Sicht der Unternehmensleitung vorzunehmen;[1079] damit folgt die Berichterstattung im PS MC dem sog. *management approach*.[1080] Zur Gewährleistung der Vermittlung von entscheidungsnützlichen Informationen unter Anwendung des *management approach* werden einerseits relativ allgemein gehaltene Vorgaben, bspw. an Gegenstand und Form der Berichterstattung, formuliert, um unternehmensspezifische Besonderheiten abbilden zu können.[1081] Andererseits führt die fehlende Konkretisierung der Anforderungen im PS MC dazu, dass der Informationswert für die Be-

---

[1075] Vgl. u.a. *Mackenzie, Bruce et al.*: WILEY 2014 – Interpretation and Application of International Financial Reporting Standards, Hoboken, NJ: John Wiley & Sons 2014, hier S. 34; *Melcher, Winfried/Murer, Alexander*: Das IFRS Practice Statement "Management Commentary" im Vergleich zu den DRS Verlautbarungen zur Lageberichterstattung, in: DB, 64. Jg. (2011), S. 430–434, hier S. 430; *Buchheim, Regine*: ED Management Commentary des IASB – Neues zum Lagebericht aus London?, in: BB, 64. Jg. (2009), S. 1685–1687, hier S. 1685 f.

[1076] Weitere Berichtsinhalte können aus den Bereichen Art der Geschäftätigkeit, Ziele und Strategien, Geschäftsergebnis und -aussichten sowie Leistungsmaßstäbe und -indikatoren stammen (PS MC.24).

[1077] Vgl. u.a. *Fink, Christian/Kajüter, Peter*: Das IFRS Practice Statement „Management Commentary", in: KoR, 11. Jg. (2011), S. 177–181, hier S. 180; in diesem Sinne auch *Mackenzie, Bruce et al.*: WILEY 2014 – Interpretation and Application of International Financial Reporting Standards, a.a.O., hier S. 35. Die Beschränkung der Berichterstattung kann u.a. auf den Grundsatz der Wesentlichkeit (PS MC.21) zurückgeführt werden.

[1078] Analog zu §§ 289 Abs. 5, 315 Abs. 2 Nr. 5 HGB i.V.m. DRS 20, vgl. die Ausführungen in Abschnitt V.3.b.aa.bbb).

[1079] Der Grundsatz des *management's view* stellt einen der beiden übergeordneten Grundsätze der Managementberichterstattung gemäß PS MC dar (PS MC.12).

[1080] Gemäß IFRS 8.5 unterliegt die Identifizierung der operativen Geschäftsbereiche als Grundlage der Segmentberichterstattung nach IFRS ebenfalls dem *management approach*. Nach Ansicht von *Keusch et al.* führt die Vorgabe von unverbindlichen Leitlinien in Verbindung mit der Anwendung des *management approach* gemäß PS MC insbesondere aufgrund der höheren Gefahr eines *self-serving bias* auf Seiten der Unternehmensleitung zu keiner Verbesserung der Qualität der Berichterstattung, vgl. *Keusch, Thomas et al.*: Self-serving Bias in Annual Report Narratives: An Empirical Analysis of the Impact of Economic Crises, in: EAR, Vol. 21 (2012), Nr. 3, S. 623–648, hier S. 645.

[1081] Vgl. *Fink, Christian/Kajüter, Peter*: Das IFRS Practice Statement „Management Commentary", a.a.O., hier S. 178; *Geirhofer, Susanne*: Vom Lagebericht zum Managementbericht: Ein Überblick über den IASB Exposure Draft „Management Commentary", in: IRZ, 4. Jg. (2009), S. 431–437, hier S. 433.

richtsempfänger aufgrund einer begrenzten Vergleichbarkeit deutlich eingeschränkt wird.[1082] Entsprechend differenziert erweist sich die Bewertung des PS MC in der betriebswirtschaftlichen Literatur.[1083]

bb)   Implikationen für die (Konzern-)Lageberichterstattung gemäß §§ 289, 315 HGB

In einer vergleichenden Betrachtung von PS MC und (Konzern-)Lagebericht ist zunächst festzustellen, dass mit beiden Berichtsinstrumenten eine (weitgehend) identische Zielsetzung – scilicet eine den Jahres- bzw. Konzernabschluss ergänzende Bereitstellung von entscheidungsnützlichen Informationen – verfolgt wird.[1084] Daher erscheinen auch die zahlreichen Übereinstimmungen bzgl. der Berichtsinhalte (ausgenommen der im (Konzern-)Lagebericht nicht erforderlichen Berichterstattung über Ziele und Strategien des Unternehmens[1085]) zwischen PS MC und (Konzern-)Lagebericht[1086] wenig überraschend. Folglich enthält das PS MC für Unternehmen, die bereits einen (Konzern-)Lagebericht erstellen, keine (bedeutenden) zusätzlichen Anforderungen.[1087]

Wesentliche Unterschiede liegen hingegen vor allem im Verbindlichkeitscharakter sowie im Detaillierungsgrad der Anforderungen an die Managementberichterstattung.[1088] So würden

---

[1082] So werden bspw. ausschließlich qualitative Angaben zur zukünftigen Entwicklung und der zugrunde liegenden Annahmen gefordert, vgl. u.a. *Fink, Christian/Kajüter, Peter*: Das IFRS Practice Statement „Management Commentary", a.a.O., hier S. 179; wohl zustimmend *Kirsch, Hans-Jürgen/Scheele, Alexander*: Diskussionspapier des IASB zum "Management Commentary", in: WPg, 59. Jg. (2006), S. 89–91, hier S. 90.

[1083] Vgl. bspw. *Kajüter, Peter et al.*: Die DRS zur Lageberichterstattung auf dem Prüfstand, in: DB, 63. Jg. (2010). S. 457–465, hier S. 464. Die Studie bezieht sich auf den *exposure draft* des PS MC.

[1084] Vgl. *Fink, Christian/Kajüter, Peter*: Das IFRS Practice Statement „Management Commentary", a.a.O., hier S. 177; *Geirhofer, Susanne*: Vom Lagebericht zum Managementbericht: Ein Überblick über den IASB Exposure Draft „Management Commentary", a.a.O., hier S. 432 f.

[1085] Vgl. *Fink, Christian/Kajüter, Peter*: Das IFRS Practice Statement „Management Commentary", a.a.O., hier S. 180; *Buchheim, Regine*: ED Management Commentary des IASB – Neues zum Lagebericht aus London?, a.a.O., hier S. 1687.

[1086] Vgl. *Geirhofer, Susanne*: Vom Lagebericht zum Managementbericht: Ein Überblick über den IASB Exposure Draft „Management Commentary", a.a.O., hier S. 437; *Kajüter, Peter/Fink, Christian*: Management Commentary – Kritische Punkte und offene Fragen zum IFRS Practice Statement des IASB, in: KoR, 12. Jg. (2012), S. 247–252, hier S. 251.

[1087] Vgl. wohl zustimmend *Melcher, Winfried/Murer, Alexander*: Das IFRS Practice Statement "Management Commentary" im Vergleich zu den DRS Verlautbarungen zur Lageberichterstattung, a.a.O., hier S. 430; *Kajüter, Peter et al.*: Ergänzung des IFRS-Abschlusses um einen Managementbericht, in: KoR, 10. Jg. (2010), S. 183–190, hier S. 185; *Grottke, Markus/Strobl, Sascha*: Eine kritische Analyse des Exposure Draft Management Commentary mit Blick auf seine zentralen Zielsetzungen, in: IRZ, 4. Jg. (2009), S. 483–488, hier S. 485.

[1088] Vgl. *Kajüter, Peter et al.*: Ergänzung des IFRS-Abschlusses um einen Managementbericht, a.a.O., hier S. 185; *Melcher, Winfried/Murer, Alexander*: Das IFRS Practice Statement "Management Commentary" im Vergleich zu den DRS Verlautbarungen zur Lageberichterstattung, a.a.O., hier S. 432. Weitere Unterschiede betreffen Berichtersteller, Adressaten, Berichtsinhalte und Prüfungspflicht.

bspw. aufgrund der unverbindlichen und allgemein formulierten Leitlinien des PS MC „die deutschen gesetzlichen Regelungen und die dazu ergangenen Verlautbarungen des Deutschen Standardisierungsrats (DSR) weit über [...] [dessen] Anforderungen [...] hinaus[gehen]".[1089] Dieser Einschätzung ist auch trotz bestehender Kritik an der teilweise unzureichenden Konkretisierung durch DRS 20 zuzustimmen.[1090] Darüber hinaus wird aufgrund der fehlenden Konkretisierung und Verbindlichkeit des PS MC die Qualität der Berichterstattung im (Konzern-)Lagebericht im deutschen Schrifttum als deutlich höher eingeschätzt.[1091] Daher ist auch anzunehmen, dass der deutsche Gesetzgeber der Erstellung eines Managementberichts nach IFRS keine von der Berichterstattungspflicht gemäß §§ 289, 315 HGB befreiende Wirkung zuteil lassen wird.[1092]

cc)   Möglichkeiten und Grenzen der Erzielung einer international vergleichbaren Risikoberichterstattung

Durch die Verlautbarung des PS MC in Form einer unverbindlichen Anwendungsleitlinie besteht die Möglichkeit einer sukzessiven Annäherung der Risikoberichterstattung auf internationaler Ebene, da sich vor allem Länder mit gegenwärtig nicht vorhandenen Regelungen zur Risikoberichterstattung an diesen Leitlinien orientieren können.[1093] Gleichfalls ist zu erwarten, dass – wo vorhanden – „nationale Traditionen der Managementberichterstattung" und die damit verbundenen regionalen Unterschiede weiterhin bestehen bleiben, so dass eine internationale Harmonisierung der Risikoberichterstattung (zumindest in absehbarer Zeit) äußerst fraglich erscheint.[1094] Des Weiteren kann das PS MC aufgrund einer fehlenden Konkretisierung einerseits sowie eines (ausschließlichen) Abstellens auf den *management approach* andererseits nur unwesentlich zu einer Erhöhung der Vergleichbarkeit der

---

[1089] Vgl. *Melcher, Winfried/Murer, Alexander:* Das IFRS Practice Statement "Management Commentary" im Vergleich zu den DRS Verlautbarungen zur Lageberichterstattung, a.a.O., hier S. 430 (auch Zitat); *Kirsch, Hans-Jürgen/Scheele, Alexander:* Diskussionspapier des IASB zum "Management Commentary", a.a.O., hier S. 91.

[1090] Zur bestehenden Kritik an DRS 20 siehe die Ausführungen in Abschnitt V.3.b.aa).

[1091] Vgl. *Melcher, Winfried/Murer, Alexander:* Das IFRS Practice Statement "Management Commentary" im Vergleich zu den DRS Verlautbarungen zur Lageberichterstattung, a.a.O., hier S. 434.

[1092] Vgl. u.a. *Kajüter, Peter/Fink, Christian:* Management Commentary – Kritische Punkte und offene Fragen zum IFRS Practice Statement des IASB, a.a.O., hier S. 248.

[1093] Vgl. *Melcher, Winfried/Murer, Alexander:* Das IFRS Practice Statement "Management Commentary" im Vergleich zu den DRS Verlautbarungen zur Lageberichterstattung, a.a.O., hier S. 430; *Kajüter, Peter/Fink, Christian:* Management Commentary – Kritische Punkte und offene Fragen zum IFRS Practice Statement des IASB, a.a.O., hier S. 248.

[1094] Vgl. *Fink, Christian/Kajüter, Peter:* Das IFRS Practice Statement „Management Commentary", a.a.O., hier S. 181 (auch Zitat); *Buchheim, Regine:* ED Management Commentary des IASB – Neues zum Lagebericht aus London?, a.a.O., hier S. 1685.

Risikoberichterstattung beitragen.[1095] Darüber hinaus wird erwartet, dass einige Länder die Empfehlungen des PS MC nicht in die Anforderungen an die Rechnungslegung auf nationaler Ebene übernehmen werden.[1096] Mithin scheint die mit dem vorliegenden PS MC beabsichtigte internationale Harmonisierung der Risikoberichterstattung lediglich begrenzt erreicht zu werden.

[1095] Vgl. u.a. *Kajüter, Peter/Fink, Christian*: Management Commentary – Kritische Punkte und offene Fragen zum IFRS Practice Statement des IASB, a.a.O., hier S. 250.

[1096] Vgl. u.a. *Mackenzie, Bruce et al.*: WILEY 2014 – Interpretation and Application of International Financial Reporting Standards, a.a.O., hier S. 34.

1.   Die Rechtsfigur der *business judgment rule* gewährt dem Vorstandsmitglied einen Er-messensspielraum, innerhalb dessen eine in der ex-post-Betrachtung fehlgeschlagene Maßnahme nicht zwangsläufig zu einer persönlichen Haftung führt, da aus einem im Nachgang festgestellten Misserfolg einer unternehmerischen Entscheidung nicht schlechthin auf eine Pflichtverletzung des Vorstandsmitglieds zum Zeitpunkt der Ent-scheidungsfindung geschlossen werden kann. Der Ermessensspielraum bei unternehmeri-schen Entscheidungen ist grundsätzlich weit zu fassen: Denn nur so kann – entsprechend des Normzwecks von § 93 Abs. 1 Satz 2 AktG – eine sachgerechte Reduzierung der Ge-fahr der Vermeidung von ökonomisch sinnvollen Risiken und folglich der Gefährdung der langfristigen Rentabilität des Unternehmens durch die Nutzung von unternehmeri-schen Chancen gewährleistet werden.

2.   Ein weiter Ermessensspielraum wird bei Vorliegen einer unternehmerischen Entschei-dung durch die Rechtsprechungspraxis grundsätzlich gebilligt. In Einzelfällen erscheint die von den Gerichten gestellte Anforderung an die Informationsgrundlage – regelmäßig unter Berufung auf die als zumindest unglücklich zu bezeichnende Formulierung des BGH aus dem Jahr 2008, nach der alle verfügbaren tatsächlichen und rechtlichen Infor-mationsquellen zu berücksichtigen seien – aus ökonomischer Sicht hingegen überhöht: Denn gerade eine Einschätzung über die Angemessenheit der Informationsgrundlage durch den Entscheidungsträger erfordert letzten Endes ebenfalls eine Abwägung unter Unsicherheiten, welche in einer ex-post-Betrachtung wiederum der Gefahr des *hindsight bias* unterliegt.

3.   Dem internen Risikomanagement kommt aufgrund dessen Aufgabe der Aufbereitung von entscheidungsrelevanten Informationen für den Vorstand eine zentrale Rolle im Rahmen der Sicherstellung einer angemessenen Informationsgrundlage sowie eines angemessenen Entscheidungsverhaltens zu. Entsprechend folgt aus einer ökonomischen Analyse der normativen Anforderungen an das Risikofrüherkennungssystem gemäß § 91 Abs. 2 AktG die Notwendigkeit der Einrichtung eines umfassenden Risikomanagements, welches eine

möglichst frühzeitige Erkennung und Überwachung von sämtlichen Risiken und Chancen durch eine effiziente Organisationsstruktur gewährleistet.

4. Zentrale Anforderungen an die Organisationsstruktur des Risikomanagements aus ökonomischer Sicht umfassen deren Dokumentation und kontinuierliche Kommunikation an die Mitarbeiter, die Einbindung des Vorstands und die Sicherstellung dessen Wahrnehmung der Gesamtverantwortung für das Risikomanagement sowie ein adressatengerechtes internes Berichtswesen. Die Angemessenheit des Risikomanagements ist dabei stets unter Berücksichtigung von Größe und Komplexität des Geschäftsmodells des Unternehmens sowie Art und Höhe der einzugehenden Risiken zu beurteilen.

5. Im Rahmen der Aufbereitung der Informationsgrundlage bei unternehmerischen Entscheidungen muss das Risikomanagement eine adäquate Berücksichtigung der mit der unternehmerischen Entscheidung verbundenen Chancen und Risiken ermöglichen; insbesondere sind zunächst Art und Höhe der Risiken zu analysieren und ex-ante anhand von Simulationen die Auswirkungen auf das Risikoprofil zu quantifizieren. Anschließend ist eine ganzheitliche Betrachtung der potenziellen Auswirkungen der unternehmerischen Entscheidung auf Einzelebene als auch im Kontext der bestehenden Vermögens-, Finanz- und Ertragslage des Unternehmens durchzuführen. Ferner sind Chancen und Risiken anhand von relevanten Frühwarnindikatoren kontinuierlich zu überwachen.

6. Das Eingehen von bestandsgefährdenden Risiken ist zumindest in Einzelfällen, wie bspw. bei Start-Up-Unternehmen, zwingend notwendig und daher nicht vermeidbar. Dabei sind allerdings erhöhte Anforderungen an das Risikomanagement und den Entscheidungsprozess zu stellen: Neben einer ökonomischen Begründung für die Übernahme der Risiken müssen diese grundsätzlich durch den *risk appetite* des Unternehmens gedeckt sein. Die Möglichkeit sowie die Art der Bestandsgefährdung ist anhand von Szenarioanalysen unter Berücksichtigung von erwarteten und extremen Szenarien sowohl für das Einzelrisiko als auch für dessen Auswirkungen auf die Vermögens-, Finanz- und Ertragslage des Unternehmens zu analysieren.

7. Eine abstrakte Bestandsgefährdung liegt vor, wenn im extremen Szenario und mithin lediglich bei einer sehr geringen ex-ante-Wahrscheinlichkeit des Risikoeintritts die Risikotragfähigkeit oder Zahlungsfähigkeit nicht mehr gegeben ist. Dementgegen liegt eine konkrete Bestandsgefährdung vor, wenn bereits im erwarteten Szenario die Risikotragfähigkeit oder Zahlungsfähigkeit gefährdet ist. Während das Eingehen von konkret bestandsgefährdenden Risiken aus ökonomischer Sicht grundsätzlich abzulehnen ist, sind abstrakt bestandsgefährdende Risiken nicht *per se* auszuschließen; vielmehr erfordern letztere eine weitergehende Analyse durch das Risikomanagement sowie eine Zustimmung durch den Aufsichtsrat.

8. Das Eingehen von Risikokonzentrationen bedarf einer sorgfältigen Analyse der mit der unternehmerischen Entscheidung verbundenen Risiken und Interdependenzen; ein kategorisches Verbot des Eingehens von Risikokonzentrationen ist weder ökonomisch sinnvoll noch rechtlich begründbar. Auf Grundlage eines Limitsystems, welches konsistent aus *risk appetite* und Risikostrategie des Unternehmens abzuleiten ist, sind Risikokonzentrationen fortlaufend zu überwachen. Bei Limit-Überschreitungen sind unmittelbar Maßnahmen zu deren Reduzierung einzuleiten. Bei einer anstehenden unternehmerischen Entscheidung ist folglich jeweils abzuschätzen, inwieweit diese potenziell zu unangemessen hohen Konzentrationsrisiken für das Unternehmen in der Gesamtheit führen.

9. Eine effektive Überwachung des Vorstandshandelns stellt eine kritische Voraussetzung für eine nachhaltig profitable Entwicklung der Gesellschaft dar. Die Überwachung des Vorstands erfolgt dabei regelmäßig im Rahmen der internen Corporate Governance sowie der externen Marktkontrolle; deren relative Bedeutung unterscheidet sich in Abhängigkeit von der zugrunde liegenden Art des Finanzsystems. Durch die Berichterstattung der Informationsgrundlage bei unternehmerischen Entscheidungen über die internen und externen Informationsflüsse an die Überwachungsorgane Aufsichtsrat und Kapitalmarkt wird gleichfalls deren Einflussnahme auf das tatsächliche (Risiko-)Verhalten des Vorstands gefördert.

10. Der Aufsichtsrat kann zur Wahrnehmung seiner Überwachungspflichten auf einen umfangreichen, gesetzlich kodifizierten Informationsstand zurückgreifen. Die mit der direk-

ten Berichterstattung des Vorstands sowie mit dem Prüfungsbericht und der mündlichen Berichtspflicht des Abschlussprüfers einhergehende Reduzierung der Informationsasymmetrie zwischen Vorstand und Aufsichtsrat spielt für eine effektive Überwachung des Vorstands eine wichtige Rolle: Denn auf Basis einer transparenten Berichterstattung über die Informationsgrundlage bei unternehmerischen Entscheidungen sowie der gleichzeitigen Erkenntnisse aus der Erfüllung der dem Aufsichtsrat obliegenden Pflicht zur Überwachung des Risikomanagements hat dieser die Möglichkeit, durch die zur Verfügung stehenden Instrumente das (Risiko-)Verhalten des Vorstands maßgeblich zu beeinflussen.

11. Der Abschlussprüfer nimmt durch die Zusammenarbeit mit dem Aufsichtsrat eine besondere Stellung im Rahmen der internen Corporate Governance ein. Zur weiteren Stärkung der internen Überwachung des Vorstands sollte eine Erweiterung der Berichterstattung des Abschlussprüfers an den Aufsichtsrat dergestalt angestrebt werden, dass sämtliche während der Durchführung der Prüfung erhaltenen Informationen, die für den Aufsichtsrat zur Wahrnehmung seiner Überwachungstätigkeit relevant sind, über den Prüfungsbericht und im Rahmen der mündlichen Berichterstattung an diesen weitergegeben werden.

12. Eine transparente Berichterstattung der Informationsgrundlage bei unternehmerischen Entscheidungen über öffentliche Informationskanäle trägt aufgrund der damit einhergehenden Reduzierung der Informationsasymmetrie zwischen Vorstand und externen Kapitalgebern, des Abbaus von Unsicherheiten über die Unternehmensentwicklung sowie der Erhöhung der Marktdisziplin zu einer Stärkung der Überwachung des (Risiko-)Verhaltens des Vorstands durch die externe Marktkontrolle bei. Von großer Bedeutung für die Intensität der genannten Wirkungszusammenhänge erweisen sich hierbei vor allem Informationsintermediäre und Aufsichtsbehörden.

13. Aufgrund der zunehmenden Internationalisierung der Kapitalmärkte sowie der Entwicklung der institutionellen Rahmenbedingungen in Deutschland erweist sich die Überwachung des Vorstands durch die externe Marktkontrolle für deutsche Unternehmen von zunehmender Bedeutung. Bei der Bestimmung von Umfang und Detailtiefe der extern zu kommunizierenden (Risiko-)Informationen im Rahmen von Bestätigungsvermerk, (Konzern-)Lagebericht und *IFRS Practice Statement Management Commentary* ist jeweils kri-

tisch abzuwägen, inwieweit mögliche positive Effekte durch eine Stärkung der externen Marktkontrolle, wie bspw. eine Reduktion der Kapitalkosten, durch potenziell negative Auswirkungen, wie bspw. der Gefahr einer *self-fulfilling prophecy*, konterkariert werden könnten.

14. Der Bestätigungsvermerk sollte ausschließlich bei Vorliegen eines konkret bestandsgefährdenden Risikos ergänzt werden. Bei einer abweichenden Risikoeinschätzung von Abschlussprüfer und Vorstand ist – abhängig von dem Ausmaß der verzerrten Darstellung der Vermögens-, Finanz- und Ertragslage des Unternehmens – eine Einschränkung oder eine Versagung des Bestätigungsvermerks vorzunehmen. Eine Erweiterung des Bestätigungsvermerks um eine Beurteilung der wirtschaftlichen Lage des Unternehmens durch den Abschlussprüfer wäre aus ökonomischer Sicht zwar zu befürworten, erfordert gleichfalls allerdings eine sachgerechte, gegenwärtig nicht absehbare Lösung des damit einhergehenden zusätzlichen Haftungsrisikos für den Abschlussprüfer.

15. Der Beschränkung der Berichterstattung auf die voraussichtliche Entwicklung des Unternehmens bzw. des Konzerns mit den wesentlichen Chancen und Risiken im (Konzern-)Lagebericht ist aus ökonomischer Sicht zuzustimmen; eine detaillierte Beschreibung von sämtlichen, auch relativ unwahrscheinlichen Risiken scheidet aufgrund der Schutzfunktion der Rechnungslegung grundsätzlich aus. Gleichfalls erscheint die Einschränkung auf die wesentlichen, rechnungslegungsbezogenen Merkmale des internen Kontroll- und des Risikomanagementsystems vor dem Hintergrund der schutzwürdigen Interessen des Unternehmens sachgerecht. Zur Stärkung der externen Marktkontrolle wäre allerdings eine explizite Einschätzung des Vorstands zur Effektivität des internen Kontroll- und des Risikomanagementsystems zu begrüßen.

16. Die angestrebte internationale Harmonisierung der Risikoberichterstattung durch das *IFRS Practice Statement Management Commentary* wird aufgrund dessen Verlautbarung in Form einer unverbindlichen Anwendungsleitlinie bei gleichzeitig bestehenden, signifikanten nationalen Unterschieden in der Risikoberichterstattung lediglich eingeschränkt erreicht.

Verzeichnis abgekürzt zitierter Schriften

Adler/Düring/Schmaltz   Rechnungslegung und Prüfung der Unternehmen, Ergänzungsband und Teilband 7, neu bearb. v. K.-H. Forster et al., 6. Aufl., Stuttgart 2000 und 2001.

Beck Bil.-Komm.   Beck'scher Bilanz-Kommentar, begr. v. W. D. Budde et al., hrsg. v. G. Förschle et al., 9. Aufl., München 2014.

Consbruch/Fischer   Kreditwesengesetz – Bank-, Bankaufsichts- und Kapitalmarktrecht mit amtlichen Verlautbarungen (Textsammlung), begr. v. J. Consbruch/A. Möller, hrsg. v. R. Fischer, München 2014 (Loseblatt).

FS Baetge   Jahresabschluß und Jahresabschlußprüfung: Probleme, Perspektiven, internationale Einflüsse: Festschrift zum 60. Geburtstag von Jörg Baetge, hrsg. v. T. R. Fischer, Düsseldorf 1997.

FS Ballwieser   Rechnungslegung, Prüfung und Unternehmensbewertung: Festschrift zum 65. Geburtstag von Professor Dr. Dr. h.c. Wolfgang Ballwieser, hrsg. v. M. Dobler et al., Stuttgart 2014.

FS Beusch   Festschrift für Karl Beusch zum 68. Geburtstag am 31. Oktober 1993, hrsg. v. H. Beisse et al., Berlin und New York, NY 1993.

FS Bezzenberger   Festschrift für Gerold Bezzenberger zum 70. Geburtstag, hrsg. v. P. Westermann/K. Mock, Berlin et al. 2000.

FS BGH   Festschrift aus Anlaß des fünfzigjährigen Bestehens von Bundesgerichtshof, Bundesanwaltschaft und Rechtsanwaltschaft beim Bundesgerichtshof, hrsg. v. K. Geiß et al., Köln 2000.

FS Canaris   Festschrift für Claus-Wilhelm Canaris zum 70. Geburtstag, hrsg. v. A. Heldrich, München 2007.

FS Clemm	Rechnungslegung – warum und wie?: Festschrift für Hermann Clemm zum 70. Geburtstag, hrsg. v. W. Ballwieser et al., München 1996.
FS Doralt	Festschrift Peter Doralt zum 65. Geburtstag, hrsg. v. S. Kalss et al., Wien: Manz 2004.
FS Fleck	Festschrift für Hans-Joachim Fleck zum 70. Geburtstag am 30. Januar 1988, hrsg. v. R. Goerdeler, Berlin et al. 1988.
FS Goette	Festschrift für Wulf Goette zum 65. Geburtstag, hrsg. v. M. Habersack/P. Hommelhoff, München 2011.
FS Hommelhoff	Festschrift für Peter Hommelhoff zum 70. Geburtstag, hrsg. v. B. Erle et al., Köln 2012.
FS Hopt	Festschrift für Klaus J. Hopt zum 70. Geburtstag am 24. August 2010, hrsg. v. S. Grundmann et al., Berlin und New York, NY 2010.
FS Hüffer	Festschrift für Uwe Hüffer zum 70. Geburtstag, hrsg. v. P. Kindler et al., München 2010.
FS Lück	Wirtschaftsprüfung und Unternehmensüberwachung – Festschrift für Wolfgang Lück, hrsg. v. P. Wollmert et al., Düsseldorf 2003.
FS Mestmäcker	Festschrift für Ernst-Joachim Mestmäcker: zum siebzigsten Geburtstag, hrsg. v. U. Immenga, Baden-Baden 1996.
FS Rudolph	Risikomanagement und kapitalmarktorientierte Finanzierung – Festschrift zum 65. Geburtstag von Bernd Rudolph, hrsg. v. K. Schäfer et al., Frankfurt a. M. 2009.

FS Schäfer	Internationalisierung des Rechts und seine ökonomische Analyse – Festschrift für Hans-Bernd Schäfer zum 65. Geburtstag, hrsg. v. T. Eger et al., Wiesbaden 2008.
FS Schmidt	Festschrift für Karsten Schmidt zum 70. Geburtstag, hrsg. v. G. Bitter et al., Köln 2009.
FS Strobel	Die deutsche Rechnungslegung und Wirtschaftsprüfung im Umbruch: Festschrift für Wilhelm Theodor Strobel zum 70. Geburtstag, hrsg. v. C.-C. Freidank, München 2001.
FS Ulmer	Festschrift für Peter Ulmer zum 70. Geburtstag, hrsg. v. M. Habersack, Berlin 2003.
FS Wiedemann	Festschrift für Herbert Wiedemann zum 70. Geburtstag, hrsg. v. R. Wank, München 2002.
Großkommentar AktG	Aktiengesetz Großkommentar, hrsg. v. K. J. Hopt/H. Wiedemann, Band 3 und 4, 4. Aufl., Berlin 2006 und 2008.
Münchener Kommentar AktG	Münchener Kommentar zum Aktiengesetz, hrsg. v. W. Goette et al., Band 2, 4. Aufl., München 2014.
Münchener Kommentar HGB	Münchener Kommentar zum Handelsgesetzbuch, hrsg. v. K. Schmidt/W. F. Ebke, Band 4, 3. Aufl., München 2013.
Kommentar KWG	Kreditwesengesetz, hrsg. v. K.-H. Boos et al., 4. Aufl., München 2012.
Kommentar VAG	Versicherungsaufsichtsgesetz – VAG – Kommentar, hrsg. v. D. Kaulbach et al., 5. Aufl., München 2012.
Kurzkommentar AktG	Beck'scher Kurz-Kommentar Aktiengesetz, begr. v. U. Hüffer, bearb. v. J. Koch, 11. Aufl., München 2014.
Staub Großkommentar HGB	Staub Großkommentar HGB, hrsg. v. C.-W. Canaris et al., Band 7, 5. Aufl., Berlin und New York, NY 2010.

Verzeichnis zitierter Schriften

Abbott, Kenneth W./Snidal, Duncan: Hard and Soft Law in International Governance, in: IO, Vol. 54 (2000), Nr. 3, S. 421–456.

Aboody, David/Lev, Baruch: Information Asymmetry, R&D, and Insider Gains, in: JF, Vol. 55 (2000), Nr. 6, S. 2747–2766.

Acerbi, Carlo/Tasche, Dirk: On the coherence of expected shortfall, in: JBF, Vol. 26 (2002), Nr. 7, S. 1487–1503.

Acharya, Viral V./Bharath, Sreedhar T./Srinivasan, Anand: Does industry-wide distress affect defaulted firms? Evidence from creditor recoveries, in: JFE, Vol. 85 (2007), Nr. 3, S. 787–821.

Acharya, Viral V./Hasan, Iftekhar/Saunders, Anthony: Should Banks be Diversified? Evidence from Individual Bank Loan Portfolios, in: JB, Vol. 79 (2006), Nr. 3, S. 1355–1412.

Achleitner, Ann-Kristin/Pietzsch, Luisa: Funktions- und Wirkungsweise von Finanzanalysten als Kapitalmarktmultiplikatoren – theoretische Überlegungen und empirische Ergebnisse, in: FS Lück, S. 31–51.

Ackermann, Josef: Finanzkrisen und ihre Bewältigung: Wiederkehrende Herausforderungen für Großbanken, in: ZfgK, 61. Jg. (2008), S. 426–428.

Adam, Silke/Quick, Reiner: Das Going-Concern-Prinzip – Konzeption und praktische Implikationen, in: BFuP, 62. Jg. (2010), S. 243–259.

Adelopo, Ismail: Auditor Independence, Farnham: Gower 2012.

Adler/Düring/Schmaltz: Kommentierung zu § 289 HGB, in: Adler/Düring/Schmaltz.

———: Kommentierung zu § 322 HGB, in: Adler/Düring/Schmaltz.

Aebi, Vincent/Sabato, Gabriele/Schmid, Markus: Risk management, corporate governance, and bank performance in the financial crisis, in: JBF, Vol. 36 (2012), Nr. 12, S. 3213–3226.

Ahmed, Kamran/Chalmers, Keryn/Khlif, Hichem: A Meta-analysis of IFRS Adoption Effects, in: IJA, Vol. 48 (2013), Nr. 2, S. 173–217.

Ajinkya, Bipin/Bhojraj, Sanjeev/Sengupta, Partha: The Association between Outside Directors, Institutional Investors and the Properties of Management Earnings Forecasts, in: JAR, Vol. 43 (2005), Nr. 3, S. 343–376.

AKEIÜ: Prüfungsausschüsse in deutschen Aktiengesellschaften, in: DB, 53. Jg. (2000), S. 2281–2285.

——: Praktische Empfehlungen für unternehmerisches Entscheiden, in: DB, 59. Jg. (2006), S. 2189–2196.

——: Überwachung der Wirksamkeit des internen Kontrollsystems und des Risikomanagementsystems durch den Prüfungsausschuss – Best Practice, in: DB, 64. Jg. (2011), S. 2101–2105.

——: Zur künftigen Entwicklung der Abschlussprüfung, in: DB, 67. Jg. (2014), S. 1149–1155.

Akerlof, George A.: The Market for "Lemons": Quality Uncertainty and the Market Mechanism, in: QJE, Vol. 84 (1970), Nr. 3, S. 488–500.

Akerlof, George A./Shiller, Robert J.: Animal Spirits: How Human Psychology Drives the Economy, and Why It Matters for Global Capitalism, Princeton, NJ: Princeton University Press 2009.

AKEU: Integrated Reporting – Herausforderungen für die Finanzberichterstattung, in: BB, 68. Jg. (2013), S. 875–882.

Akresh, Abraham D.: A Risk Model to Opine on Internal Control, in: AH, Vol. 24 (2010), Nr. 1, S. 65–78.

Albrecht, Peter/Maurer, Raimond: Investment- und Risikomanagement, 3. Aufl., Stuttgart 2008.

Alessandri, Piergiorgio/Drehmann, Mathias: An economic capital model integrating credit and interest rate risk in the banking book, in: JBF, Vol. 34 (2010), Nr. 4, S. 730–742.

Alfaro, Rodrigo/Drehmann, Mathias: Macro stress tests and crises: what can we learn?, in: BIS Quarterly Review, December 2009, S. 29–42.

Alford, Andrew/Jones, Jennifer/Leftwich, Richard/Zmijewski, Mark: The Relative Informativeness of Accounting Disclosures in Different Countries, in: JAR, Vol. 31 (1993), Supplement, S. 183–223.

Ali, Ashiq/Hwang, Lee-Seok: Country-Specific Factors Related to Financial Reporting and the Value Relevance of Accounting Data, in: JAR, Vol. 38 (2000), Nr. 1, S. 1–21.

Allais, Maurice: Le Comportement de l'Homme Rationnel devant le Risque: Critique des Postulats et Axiomes de l'Ecole Americaine, in: Econometrica, Vol. 21 (1953), Nr. 4, S. 503–546.

Allen, Franklin/Gale, Douglas: A welfare comparison of intermediaries and financial markets in Germany and the US, in: EER, Vol. 39 (1995), Nr. 2, S. 179–209.

Altman, Edward I./Brady, Brooks/Resti, Andrea/Sironi, Andrea: The Link between Default and Recovery Rates: Theory, Empirical Evidence, and Implications, in: JB, Vol. 78 (2005), Nr. 6, S. 2203–2227.

Aman, Todd M.: Cost-Benefit Analysis of the Business Judgment Rule: A Critique In Light of the Financial Meltdown, in: Albany Law Review, Vol. 74 (2011), Nr. 1, S. 1–45.

Amihud, Yakov: Illiquidity and stock returns: cross-section and time-series effects, in: JFM, Vol. 5 (2002), Nr. 1, S. 31–56.

Andersson, Hakan/Lindell, Andreas: Risk Tolerance Concepts and Scenario Analysis of Bank Capital, in: Stress Testing for Financial Institutions: Applications, Regulations and Techniques, hrsg. v. D. Rösch/H. Scheule, London: Risk Books 2008, S. 399–422.

André, Paul/Cazavan-Jeny, Anne/Dick, Wolfgang/Richard, Chrystelle/Walton, Peter: Fair Value Accounting and the Banking Crisis in 2008: Shooting the Messenger, in: AiE, Vol. 6 (2009), Nr. 1, S. 3–24.

Annetzberger, Christian/Gann, Philipp: Stress Testing im Kontext des Internal Capital Adequacy Assessment Process (ICAAP), in: FS Rudolph, S. 473–494.

Ansoff, H. Igor: Managing Surprise and Discontinuity – Strategic Response to Weak Signals, in: ZfbF, 28. Jg. (1976), S. 129–152.

Aragones, Jose R./Blanco, Carlos/Dowd, Kevin: Stress Tests, Market Risk Measures and Extremes: Bringing Stress Tests to the Forefront of Market Risk Management, in: Stress Testing for Financial Institutions: Applications, Regulations and Techniques, hrsg. v. D. Rösch/H. Scheule, London: Risk Books 2008, S. 17–33.

Armstrong, Christopher S./Barth, Mary E./Jagolinzer, Alan D./Riedl, Edward J.: Market Reaction to the Adoption of IFRS in Europe, in: TAR, Vol. 85 (2010), Nr. 1, S. 31–61.

Armstrong, Christopher S./Core, John E./Taylor, Daniel J./Verrecchia, Robert E.: When Does Information Asymmetry Affect the Cost of Capital?, in: JAR, Vol. 49 (2011), Nr. 1, S. 1–40.

Arnold, Arnd: Die Steuerung des Vorstandshandelns, München 2007.

Artzner, Philippe/Delbaen, Freddy/Eber, Jean-Marc/Heath, David: Coherent Measures of Risk, in: MF, Vol. 9 (1999), Nr. 3, S. 203–228.

Bachmann, Gregor: Reformbedarf bei der Business Judgement Rule?, in: ZHR, 177. Jg. (2013) S. 1–12.

———: Organhaftung in Europa – Die Ergebnisse der LSE-Studie 2013, in: ZIP, 34. Jg. (2013), S. 1946–1952.

Bade, Benjamin/Rösch, Daniel/Scheule, Harald: Default and Recovery Risk Dependencies in a Simple Credit Risk Model, in: EFM, Vol. 17 (2011), Nr. 1, S. 120–144.

Baetge, Jörg/Kirsch, Hans-Jürgen/Thiele, Stefan: Bilanzen, 12. Aufl., Düsseldorf 2012.

————: Konzernbilanzen, 10. Aufl., Düsseldorf 2013.

Baetge, Jörg/Linßen, Thomas: Beurteilung der wirtschaftlichen Lage durch den Abschlußprüfer und Darstellung des Urteils im Prüfungsbericht und Bestätigungsvermerk, in: BFuP, 51. Jg. (1999), S. 369–389.

Baetge, Jörg/Schulze, Dennis: Möglichkeiten der Objektivierung der Lageberichterstattung über "Risiken der künftigen Entwicklung", in: DB, 51. Jg. (1998), S. 937–948.

Bainbridge, Stephen M.: The Business Judgment Rule as Abstention Doctrine. In: Vanderbilt Law Review, Vol. 57 (2004), Nr. 1, S. 81–130.

————: Caremark and Enterprise Risk Management, in: JCL, Vol. 34 (2009), Nr. 4, S. 967–990.

Balakrishnan, Karthik/Billings, Mary B./Kelly, Bryan/Ljungqvist, Alexander: Shaping Liquidity: On the Causal Effects of Voluntary Disclosure, in: JF, Vol. 69 (2014), Nr. 5, S. 2237–2278.

Ball, Ray: International Financial Reporting Standards (IFRS): pros and cons for investors, in: ABR, Vol. 36 (2006), Supplement 1, S. 5–27.

Ball, Ray/Kothari, S. P./Robin, Ashok: The effect of international institutional factors on properties of accounting earnings, in: JAE, Vol. 29 (2000), Nr. 1, S. 1–51.

Ball, Ray/Robin, Ashok/Wu, Joanna S.: Incentives versus standards: properties of accounting income in four East Asian countries, in: JAE, Vol. 36 (2003), Nr. 1–3, S. 235–270.

Ballwieser, Wolfgang: Controlling und Risikomanagement, in: Handbuch Corporate Governance, hrsg. v. P. Hommelhoff et al., 2. Aufl., Köln und Stuttgart 2009, S. 447–462.

Balotti, R. Franklin/Hinsey, Joseph: Director Care, Conduct, and Liability: The Model Business Corporation Act Solution, in: The Business Lawyer, Vol. 56 (2000), Nr. 1, S. 35–61.

Balthasar, Stephan/Hamelmann, Uwe: Finanzkrise und Vorstandshaftung nach § 93 Abs. 2 AktG: Grenzen der Justiziabilität unternehmerischer Entscheidungen, in: WM, 64. Jg. (2010), S. 589–594.

Barberis, Nicholas: The Psychology of Tail Events: Progress and Challenges, in: AER, Vol. 103 (2013), Nr. 3, S. 611–616.

Barro, Robert J.: Human Capital and Growth, in: AER, Vol. 91 (2001), Nr. 2, S. 12–17.

Barth, Daniela/Rahe, Ingo/Rabenhorst, Dirk: Ausgewählte Anwendungsfragen zur Konzernlageberichterstattung nach DRS 20, in: KoR, 14. Jg. (2014), S. 47–56.

Barth, Mary E./Israeli, Doron: Disentangling mandatory IFRS reporting and changes in enforcement, in: JAE, Vol. 56 (2013), Nr. 2–3, S. 178–188.

Barth, Mary E./Konchitchki, Yaniv/Landsman, Wayne R.: Cost of capital and earnings transparency, in: JAE, Vol. 55 (2013), Nr. 2–3, S. 206–224.

Barth, Mary E./Landsman, Wayne R./Lang, Mark H.: International Accounting Standards and Accounting Quality, in: JAR, Vol. 46 (2008), Nr. 3, S. 467–498.

Basak, Suleyman/Shapiro, Alexander: Value-at-Risk-Based Risk Management: Optimal Policies and Asset Prices, in: RFS, Vol. 14 (2001), Nr. 2, S. 371–405.

Baum, Heinz-Georg/Coenenberg, Adolf G./Günther, Thomas: Strategisches Controlling, 5. Aufl., Stuttgart 2013.

Baums, Theodor: Bericht der Regierungskommission Corporate Governance, Köln 2001.

———: Managerhaftung und Verjährung, in: ZHR, 174. Jg. (2010), S. 593–615.

———: Risiko und Risikosteuerung im Aktienrecht, in: ZGR, 40. Jg. (2011), S. 218–274.

Bayer AG: Geschäftsbericht 2013 – Erweiterte Fassung, Leverkusen 2014, abrufbar unter http://www.geschaeftsbericht2013.bayer.de/de/bayer-geschaeftsbericht-2013.pdfx (abgerufen am 12.3.2015).

Bayer, Walter/Scholz, Philipp: Haftungsbegrenzung und D&O-Versicherung im Recht der aktienrechtlichen Organhaftung, in: NZG, 17. Jg. (2014), S. 926–934.

Bazerman, Max H./Moore, Don A.: Judgment in Managerial Decisions, 8. Aufl., Hoboken, NJ: John Wiley & Sons 2013.

Bea, Franz X./Scheurer, Steffen: Die Kontrollfunktion des Aufsichtsrats, in: DB, 47. Jg. (1994), S. 2145–2152.

Beattie, Vivien/Jones, Michael J.: Corporate Reporting Using Graphs: A Review and Synthesis, in: JAL, Vol. 27 (2008), S. 71–110.

Beaver, William H.: Financial reporting: An accounting revolution, 3. Aufl., Upper Saddle River, NJ: Prentice Hall 1998.

Bebchuk, Lucian A./Source, Alma C.: Firms' Decisions Where to Incorporate, in: JLE, Vol. 46 (2003), Nr. 2, S. 383–425.

Becker, Bernhard/Janker, Bernd/Müller, Stefan: Die Optimierung des Risikomanagements als Chance für den Mittelstand, in: DStR, 42. Jg. (2004), S. 1578–1584.

Becker, Christian/Walla, Fabian/Endert, Volker: Wer bestimmt das Risiko? – Zur Untreue-strafbarkeit durch riskante Wertpapiergeschäfte in der Banken-AG, in: WM, 64. Jg. (2010), S. 875–881.

Bedard, Jean C./Graham, Lynford: Detection and Severity Classifications of Sarbanes-Oxley Section 404 Internal Control Deficiencies, in: TAR, Vol. 86 (2011), Nr. 3, S. 825–855.

Beisse, Heinrich: Zum Verhältnis von Bilanzrecht und Betriebswirtschaftslehre, in: StuW, 61. Jg. (1984), S. 1–14.

———: Gläubigerschutz – Grundprinzip des deutschen Bilanzrechts, in: FS Beusch, S. 77–97.

Benston, George J./Bromwich, Michael/Wagenhofer, Alfred: Principles- Versus Rules-Based Accounting Standards: The FASB's Standard Setting Strategy, in: Abacus, Vol. 42 (2006), Nr. 2, S. 165–188.

Berger, Allen N./Hasan, Iftekhar/Zhou, Mingming: The effects of focus versus diversification on bank performance: Evidence from Chinese banks, in: JBF, Vol. 34 (2010), Nr. 7, S. 1417–1435.

Berger, Philip G./Ofek, Eli: Diversification's effect on firm value, in: JFE, Vol. 37 (1995), Nr. 1, S. 39–65.

———: Bustup Takeovers of Value-Destroying Diversified Firms, in: JF, Vol. 51 (1996), Nr. 4, S. 1175–1201.

Berglöf, Erik: Capital Structure as a Mechanism of Control: a Comparison of Financial Systems, in: The firm as a nexus of treaties, hrsg. v. M. Aoki et al., London et al.: Sage Publications 1990, S. 237–262.

———: A Note on the Typology of Financial Systems, in: Comparative corporate governance: Essays and materials, hrsg. v. K. J. Hopt/E. Wymeersch, Berlin et al. 1997, S. 151–164.

Berkowitz, Jeremy: A Coherent Framework for Stress Testing, in: JR, Vol. 2 (2000), Nr. 2, S. 5–15.

Berle, Adolph A./Means, Gardiner C.: The Modern Corporation and Private Property, 2. Aufl., New York, NY: Harcourt, Brace & World 1932.

Bernanke, Ben S.: Lessons of the Financial Crisis for Banking Supervision, Conference on Bank Structure and Competition, Federal Reserve Bank of Chicago, IL 2009, abrufbar unter http://www.federalreserve.gov/newsevents/speech/bernanke20090507a.htm (abgerufen am 12.3.2015).

Bernoulli, Daniel: Exposition of a New Theory on the Measurement of Risk, in: Econometrica, Vol. 22 (1954), Nr. 1, S. 23–36.

Beyer, Anne/Cohen, Daniel A./Lys, Thomas Z./Walther, Beverly R.: The financial reporting environment: Review of the recent literature, in: JAE, Vol. 50 (2010), Nr. 2–3, S. 296–343.

Beyhs, Oliver/Barth, Daniela: Integrated Reporting – Aktuelle Entwicklungen auf dem Weg zu einer integrierten Unternehmensberichterstattung, in: DB, 64. Jg. (2011), S. 2857–2863.

Bihr, Dietrich/Kalinowsky, Marc: Risikofrüherkennungssystem bei nicht börsennotierten Aktiengesellschaften – Haftungsfalle für Vorstand, Aufsichtsrat und Wirtschaftsprüfer, in: DStR, 46. Jg. (2008), S. 620–627.

Binder, Jens-Hinrich: Anforderungen an Organentscheidungsprozesse in der neueren höchstrichterlichen Rechtsprechung – Grundlagen einer körperschaftsrechtlichen Entscheidungslehre?, in: AG, 22. Jg. (2012), S. 885–898.

———: Regulierungsinstrumente und Regulierungsstrategien im Kapitalgesellschaftsrecht, Tübingen 2012.

Bischof, Jannis/Brüggemann, Ulf/Daske, Holger: Fair Value Reclassifications of Financial Assets during the Financial Crisis, Working Paper, Universität Frankfurt a. M. 2014, abrufbar unter http://papers.ssrn.com/sol3/Papers.cfm?abstract_id= 1628843 (abgerufen am 12.3.2015).

Bischof, Jannis/Daske, Holger: Can supervisory disclosure mitigate bank opaqueness and reduce uncertainties during a financial crisis? Evidence from the EU-wide stress-testing exercises, Working Paper, Universität Mannheim 2012, abrufbar unter http://s3.amazonaws.com/zanran_storage/research.chicagobooth.edu/Content Pages/2546638133.pdf (abgerufen am 12.3.2015).

———: Mandatory Disclosure, Voluntary Disclosure, and Stock Market Liquidity: Evidence from the EU Bank Stress Tests, in: JAR, Vol. 51 (2013), Nr. 5, S. 997–1029.

Bischof, Stefan/Selch, Barbara: Neuerungen für den Lagebericht nach dem Regierungsentwurf eines Bilanzrechtsmodernisierungsgesetzes (BilMoG), in: WPg, 62. Jg. (2008), S. 1021–1031.

Bitz, Horst: Abgrenzung des Risiko-Frühwarnsystems i.e.S. nach KonTraG zu einem umfassenden Risiko-Managementsystem im betriebswirtschaftlichen Sinn, in: BFuP, 52. Jg. (2000), S. 231–241.

Black, Fischer/Scholes, Myron: The Pricing of Options and Corporate Liabilities, in: JPE, Vol. 81 (1973), Nr. 3, S. 637–654.

Block, Dennis J./Barton, Nancy E./Radin, Stephen A.: The Business Judgment Rule – Fiduciary Duties of Corporate Directors, 5. Aufl., New York, NY: Aspen Law & Business 1998.

BMU: Nachhaltigkeits-Berichterstattung: Empfehlungen für eine gute Unternehmenspraxis, Berlin 2009, abrufbar unter http://www.bmub.bund.de/fileadmin/bmu-import/files/pdfs/allgemein/application/pdf/broschuere_csr_nachhaltigkeitsbericht-erstattung.pdf (abgerufen am 12.3.2015).

Bock, Julita M./Chwolka, Anne: Zum Nutzen von Risikomanagementsystemen und Stand der Umsetzung in börsennotierten Industrie- und Handelsunternehmen, in: CF biz, 3. Jg. (2013), S. 490–500.

Bock, Markus A./Quick, Markus: Die Risikoinventur gemäß MaRisk, in: Die Bank (2014), Nr. 11, S. 28–34.

Böcking, Hans-Joachim/Gros, Marius: Unternehmensinterne und unternehmensexterne Überwachung der Finanzberichterstattung, in: FS Hommelhoff, S. 99–114.

Böcking, Hans-Joachim/Gros, Marius/Koch, Sebastian/Wallek, Christoph: Der neue Konzernlagebericht nach DRS 20, in: DK, 11. Jg. (2013), S. 30–43.

Böcking, Hans-Joachim/Orth, Christian: Mehr Kontrolle und Transparenz im Unternehmensbereich durch eine Verbesserung der Qualität der Abschlußprüfung?, in: BFuP, 51. Jg. (1999), S. 418–436.

————: Risikomanagement und das Testat des Abschlussprüfers, in: BFuP, 52. Jg. (2000), S. 242–260.

Böcking, Hans-Joachim/Stein, Thomas: Prüfung des Konzernlageberichts durch Abschlussprüfer, Aufsichtsräte und Deutsche Prüfstelle für Rechnungslegung, in: DK, 5. Jg. (2007), S. 43–54.

Böttcher, Lars: Bankvorstandshaftung im Rahmen der Sub-Prime Krise, in: NZG, 12. Jg. (2009), S. 1047–1052.

Bogle, John C.: Black Monday and Black Swans, in: FAJ, Vol. 64 (2008), Nr. 2, S. 30–40.

Bolton, Patrick/Freixas, Xavier/Shapiro, Joel: The Credit Ratings Game, in: JF, Vol. 67 (2012), Nr. 1, S. 85–111.

Bonti, Gabriel/Kalkbrener, Michael/Lotz, Christopher/Stahl, Gerhard: Credit Risk Concentrations under Stress, in: JCR, Vol. 2 (2006), Nr. 3, S. 115–136.

Bornhorn, Hubert: Möglichkeiten und Grenzen mathematisch-statistischer Methoden bei der Quantifizierung von Risiken, in: Frühwarnindikatoren und Krisenfrühaufklärung, hrsg. v. J. Jacobs et al., Wiesbaden 2012, S. 45–71.

Bosch, Nikolaus/Lange, Knut W.: Unternehmerischer Handlungsspielraum des Vorstandes zwischen zivilrechtlicher Verantwortung und strafrechtlicher Sanktion, in: JZ, 64. Jg. (2009), S. 225–237.

Botosan, Christine A.: Disclosure Level and the Cost of Equity Capital, in: TAR, Vol. 72 (1997), Nr. 3, S. 323–349.

Botosan, Christine A./Plumlee, Marlene A.: A Re-examination of Disclosure Level and the Expected Cost of Equity Capital, in: JAR, Vol. 40 (2002), Nr. 1, S. 21–40.

Brealey, Richard A./Myers, Stewart C./Allen, Franklin: Principles of Corporate Finance, 11. Aufl., New York, NY: McGraw-Hill 2014.

Breuer, Thomas/Csiszár, Imre: Systematic stress tests with entropic plausibility constraints, in: JBF, Vol. 37 (2013), Nr. 5, S. 1552–1559.

Breuer, Thomas/Jandačka, Martin/Mencía, Javier/Summer, Martin: A systematic approach to multi-period stress testing of portfolio credit risk, in: JBF, Vol. 36 (2012), Nr. 2, S. 332–340.

Breuer, Thomas/Jandačka, Martin/Rheinberger, Klaus/Summer, Martin: Does adding up of economic capital for market- and credit risk amount to conservative risk assessment?, in: JBF, Vol. 34 (2010), Nr. 4, S. 703–712.

Brinkbäumer, Klaus/Hornig, Frank/Goos, Hauke/Ludwig, Udo/Pauly, Christoph: Gorillas Spiel, in: Spiegel 2009, Nr. 11, S. 40–52.

Brockman, Paul/Unlu, Emre: Dividend policy, creditor rights, and the agency costs of debt, in: JFE, Vol. 92 (2009), Nr. 2, S. 276–299.

Brömmelmeyer, Christoph: Neue Regeln für die Binnenhaftung des Vorstands – Ein Beitrag zur Konkretisierung der Business Judgement Rule, in: WM, 59. Jg. (2005), S. 2065–2070.

Brokmann, Torben/Weinrich, Günter: Frühwarnindikatoren und Krisenfrühaufklärung – Ansätze und Praxisanforderungen, in: Frühwarnindikatoren und Krisenfrühaufklärung, hrsg. v. J. Jacobs et al., Wiesbaden 2012, S. 14–41.

Brown, Lawrence D./Call, Andrew C./Clement, Michael B./Sharp, Nathan Y.: Inside the "Black Box" of Sell-Side Financial Analysts, in: JAR, Vol. 53 (2015), Nr. 1, S. 1–47.

Bruche, Max/González-Aguado, Carlos: Recovery rates, default probabilities, and the credit cycle, in: JBF, Vol. 34 (2010), Nr. 4, S. 754–764.

Bruckmann, Gerhart: Konzentrationsmessung, in: Statistik für Wirtschaftswissenschaftler, hrsg. v. J. Bleymüller, 16. Aufl., München 2012, S. 191–196.

Brüning, Janique/Samson, Erich: Bankenkrise und strafrechtliche Haftung wegen Untreue gem. § 266 StGB, in: ZIP, 30. Jg. (2009), S. 1089–1094.

Buchheim, Regine: ED Management Commentary des IASB – Neues zum Lagebericht aus London?, in: BB, 64. Jg. (2009), S. 1685–1687.

Buehler, Kevin S./Pritsch, Gunnar: Running with risk, in: McK Qtly, Vol. 12 (2003), Nr. 4, S. 40–49.

Bungartz, Oliver: Risk Reporting, Berlin 2003.

Bunting, Nikolaus: Das Früherkennungssystem des § 91 Abs. 2 AktG in der Prüfungspraxis – eine kritische Betrachtung des IDW PS 340, in: ZIP, 33. Jg. (2012), S. 357–362.

Bunz, Thomas: Die Business Judgment Rule bei Interessenkonflikten im Kollegialorgan, in: NZG, 14. Jg. (2011), S. 1294–1297.

————: Ist nur vollständige Information "angemessen"? Anforderungen an den Grad der Informiertheit bei unternehmerischen Entscheidungen, in: DK, 10. Jg. (2012), S. 444–449.

Burger, Anton/Buchhart, Anton: Zur Berücksichtigung von Risiko in der strategischen Unternehmensführung, in: DB, 55. Jg. (2002), S. 593–599.

Burghof, Hans-Peter/Schneider, Johannes/Wengner, Andreas: Der Informationsgehalt von Ratingänderungen für US- und europäische Unternehmen – Eine empirische Analyse, in: ZBB, 15. Jg. (2013), S. 171–183.

Burgstahler, David C./Hail, Luzi/Leuz, Christian: The Importance of Reporting Incentives: Earnings Management in European Private and Public Firms, in: TAR, Vol. 81 (2006), Nr. 5, S. 983–1016.

Bushee, Brian J./Core, John E./Guay, Wayne/Hamm, Sophia J.W.: The Role of the Business Press as an Information Intermediary, in: JAR, Vol. 48 (2010), Nr. 1, S. 1–19.

Bushman, Robert M./Piotroski, Joseph D.: Financial reporting incentives for conservative accounting: The influence of legal and political institutions, in: JAE, Vol. 42 (2006), Nr. 1–2, S. 107–148.

Bushman, Robert M./Piotroski, Joseph D./Smith, Abbie J.: What Determines Corporate Transparency?, in: JAR, Vol. 42 (2004), Nr. 2, S. 207–252.

Bushman, Robert M./Smith, Abbie J.: Financial accounting information and corporate governance, in: JAE, Vol. 32 (2001), Nr. 1–3, S. 237–333.

Bushman, Robert M./Williams, Christopher D.: Accounting discretion, loan loss provisioning, and discipline of Banks' risk-taking, in: JAE, Vol. 54 (2012), Nr. 1, S. 1–18.

Camerer, Colin F.: An Experimental Test of Several Generalized Utility Theories, in: JRU, Vol. 2 (1989), Nr. 1, S. 61–104.

Camerer, Colin F./Lovallo, Dan: Overconfidence and Excess Entry: An Experimental Approach, in: AER, Vol. 89 (1999), Nr. 1, S. 306–318.

Campa, Jose M./Kedia, Simi: Explaining the Diversification Discount, in: JF, Vol. 57 (2002), Nr. 4, S. 1731–1762.

Carling, Kenneth/Jacobson, Tor/Lindé, Jesper/Roszbach, Kasper: Corporate credit risk modeling and the macroeconomy, in: JBF, Vol. 31 (2007), Nr. 3, S. 845–868.

Casper, Matthias: Die Anwendbarkeit der Business Judgment Rule bei Landesbanken, in: FS Goette, S. 29–42.

Chan, Kalok/Menkveld, Albert J./Yang, Zhishu: Information Asymmetry and Asset Prices: Evidence from the China Foreign Share Discount, in: JF, Vol. 63 (2008), Nr. 1, S. 159–196.

Chan, Siu Y.: The use of graphs as decision aids in relation to information overload and managerial decision quality, in: JIS, Vol. 27 (2001), Nr. 6, S. 417–425.

Christensen, Hans B./Hail, Luzi/Leuz, Christian: Mandatory IFRS reporting and changes in enforcement, in: JAE, Vol. 56 (2013), Nr. 2–3, S. 147–177.

Christoffersen, Peter F.: Elements of Financial Risk Management, 2. Aufl., Amsterdam und Boston, MA: Academic Press 2012.

Clemen, Robert T./Winkler, Robert L.: Combining Probability Distributions From Experts in Risk Analysis, in: RA, Vol. 19 (1999), Nr. 2, S. 187–203.

Clinton, Sarah B./White, Joshua T./Woidtke, Tracie: Differences in the information environment prior to seasoned equity offerings under relaxed disclosure regulation, in: JAE, Vol. 58 (2014), Nr. 1, S. 59–78.

Colletaz, Gilbert/Hurlin, Christophe/Pérignon, Christophe: The Risk Map: A new tool for validating risk models, in: JBF, Vol. 37 (2013), Nr. 10, S. 3843–3854.

Continental AG: Geschäftsbericht 2013, Hannover 2014, abrufbar unter http://report.conti-online.com/pages/service/download/docs/gb_2013_de.pdf (abgerufen am 12.3.2015).

COSO: COSO Enterprise Risk Management – Integrated Framework, New Jersey 2004.

Crockett, Andrew: Market discipline and financial stability, in: JBF, Vol. 26 (2002), Nr. 5, S. 977–987.

Damodaran, Aswath: Strategic Risk Taking: A Framework for Risk Management, Upper Saddle River, NJ: Wharton School Publishing 2008.

Dando, Nicole/Swift, Tracey: Transparency and Assurance: Minding the Credibility Gap, in: JBE, Vol. 44 (2003), Nr. 2–3, S. 195–200.

Daske, Holger: Economic Benefits of Adopting IFRS or US-GAAP – Have the Expected Cost of Equity Capital Really Decreased?, in: JBFA, Vol. 33 (2006), Nr. 3–4, S. 329–373.

Daske, Holger/Gebhardt, Günther: International financial reporting standards and experts' perceptions of disclosure quality, in: Abacus, Vol. 42 (2006), Nr. 3–4, S. 461–498.

Daske, Holger/Hail, Luzi/Leuz, Christian/Verdi, Rodrigo: Mandatory IFRS Reporting around the World: Early Evidence on the Economic Consequences, in: JAR, Vol. 46 (2008), Nr. 5, S. 1085–1142.

————: Adopting a Label: Heterogeneity in the Economic Consequences Around IAS/IFRS Adoptions, in: JAR, Vol. 51 (2013), Nr. 3, S. 495–547.

David, René/Brierley, John E. C.: Major Legal Systems in the World Today: An Introduction to the Comparative Study of Law, 2. Aufl., London: Stevens 1978.

Dawes, Robyn M./Thaler, Richard H.: Anomalies: Cooperation, in: JEP, Vol. 2 (1988), Nr. 3, S. 187–197.

DeFond, Mark/Hung, Mingyi/Trezevant, Robert: Investor protection and the information content of annual earnings announcements: International evidence, in: JAE, Vol. 43 (2007), Nr. 1, S. 37–67.

DellaVigna, Stefano: Psychology and Economics: Evidence from the Field, in: JEL, Vol. 47 (2009), Nr. 2, S. 315–372.

Demirgüc-Kunt, Asli/Detragiache, Enrica: Does deposit insurance increase banking system stability? An empirical investigation, in: JME, Vol. 49 (2002), Nr. 7, S. 1373–1406.

Demirgüç-Kunt, Aslı/Detragiache, Enrica/Tressel, Thierry: Banking on the principles: Compliance with Basel Core Principles and bank soundness, in: JFI, Vol. 17 (2008), Nr. 4, S. 511–542.

Denis, David J./Denis, Diane K./Sarin, Atulya: Agency Problems, Equity Ownership, and Corporate Diversification, in: JF, Vol. 52 (1997), Nr. 1, S. 135–161.

Deutsche Bank AG: Geschäftsbericht 2013 – Lagebericht, Frankfurt a. M. 2014, abrufbar unter https://www.deutsche-bank.de/ir/de/download/Deutsche_Bank_Geschaeftsbericht_2013_gesamt.pdf (abgerufen am 12.3.2015).

————: Jahresbericht 2013, Frankfurt a. M. 2014, abrufbar unter https://www.deutsche-bank.de/ir/de/download/Deutsche_Bank_Jahresbericht_2013.pdf (abgerufen am 12.3.2015).

Deutsche Bundesbank: Monatsbericht Juni 2006, Frankfurt a. M. 2006, abrufbar unter http://www.bundesbank.de/Redaktion/DE/Downloads/Veroceffentlichungen/Monatsberichte/2006/2006_06_monatsbericht.pdf?__blob=publicationFile (abgerufen am 12.3.2015).

Deutscher Juristentag: Verhandlungen des 63. Deutschen Juristentages: Leipzig 2000, Band 2,1, Sitzungsberichte – Referate und Beschlüsse, München 2000.

————: Verhandlungen des 70. Deutschen Juristentages: Hannover 2014, Band I, Gutachten, München 2014.

Diamond, Douglas W.: Financial Intermediation and Delegated Monitoring, in: RES, Vol. 51 (1984), Nr. 166, S. 393–414.

Diamond, Douglas W./Dybvig, Philip H.: Bank Runs, Deposit Insurance, and Liquidity, in: JPE, Vol. 91 (1983), Nr. 3, S. 401–419.

Diamond, Douglas W./Verrecchia, Robert E.: Disclosure, Liquidity, and the Cost of Capital, in: JF, Vol. 46 (1991), Nr. 4, S. 1325–1360.

Diederichs, Marc: Risikomanagement und Risikocontrolling, 3. Aufl., München 2012.

Dobler, Michael: Risikoberichterstattung: Eine ökonomische Analyse, Frankfurt a. M. 2004.

Dombret, Andreas: Geschäftsmodelle und Bankenstruktur aus Sicht der Finanzstabilität, 16. Banken-Symposium des European Center for Financial Services, Düsseldorf 2012, abrufbar unter http://www.bundesbank.de/Redaktion/DE/Reden/2012/2012_09_20_ dombret_ecfs.html (abgerufen am 12.3.2015).

Döllerer, Georg: Maßgeblichkeit der Handelsbilanz in Gefahr, in: BB, 26. Jg. (1971), S. 1333–1335.

Döring, Claus: Finanzpresse und Finanzanalysten, in: Finanzkommunikation, hrsg. v. L. Rolke/V. Wolff, Frankfurt a. M. 2000, S. 118–127.

Dörner, Dietrich: Ändert das KonTraG die Anforderungen an den Abschlußprüfer?, in: DB, 51. Jg. (1998), S. 1–8.

Dörner, Dietrich/Schwegler, Iren: Anstehende Änderungen der externen Rechnungslegung sowie deren Prüfung durch den Wirtschaftsprüfer, in: DB, 50. Jg. (1997), S. 285–289.

Drake, Michael S./Guest, Nicholas M./Twedt, Brady: The Media and Mispricing: The Role of the Business Press in the Pricing of Accounting Information, in: TAR, Vol. 89 (2014), Nr. 5, S. 1673–1701.

Dreher, Meinrad: Ausstrahlungen des Aufsichtsrechts auf das Aktienrecht, in: ZGR, 39. Jg. (2010), S. 496–542.

Drehmann, Mathias/Sorensen, Steffen/Stringa, Marco: The integrated impact of credit and interest rate risk on banks: A dynamic framework and stress testing application, in: JBF, Vol. 34 (2010), Nr. 4, S. 713–729.

Druey, Jean N.: Standardisierung der Sorgfaltspflicht? Fragen zur Business Judgment Rule, in: FS Goette, S. 57–73.

Drygala, Tim: Die Pflicht des Managements zur Vermeidung existenzgefährdender Risiken, in: FS Hopt, S. 541–558.

Drygala, Tim/Drygala, Anja: Wer braucht ein Frühwarnsystem?, in: ZIP, 21. Jg. (2000), S. 297–305.

Easley, David/O'Hara, Maureen: Information and the Cost of Capital, in: JF, Vol. 49 (2004), Nr. 4, S. 1553–1583.

Easterbrook, Frank H./Fischel, Daniel R.: The Economic Structure of Corporate Law, Cambridge und London: Harvard University Press 1991.

Ebke, Werner F.: Kommentierung zu § 317 HGB, in: Münchener Kommentar HGB.

———: Kommentierung zu § 319a HGB, in: Münchener Kommentar HGB.

———: Kommentierung zu § 321 HGB, in: Münchener Kommentar HGB.

———: Kommentierung zu § 322 HGB, in: Münchener Kommentar HGB.

Eckhold, Thomas: Das Geschäftsleiterermessen des Bankvorstandes in der Krise, in: ZBB, 14. Jg. (2012), S. 364–373.

Edwards, Franklin R.: Hedge Funds and the Collapse of Long-Term Capital Management, in: JEP, Vol. 13 (1999), Nr. 2, S. 189–210.

Eggemann, Gerd/Konradt, Thomas: Risikomanagement nach KonTraG aus dem Blickwinkel des Wirtschaftsprüfers, in: BB, 55. Jg. (2000), S. 503–509.

Eibelshäuser, Beate/Stein, Thomas: Modifikation der Zusammenarbeit des Prüfungsausschusses mit dem Abschlussprüfer durch den Gesetzentwurf des BilMoG, in: DK, 6. Jg. (2008), S. 486–493.

Eichner, Christian/Höller, Timo: Anforderungen an das Tätigwerden des Aufsichtsrats bei Verdacht einer Sorgfaltspflichtverletzung des Vorstands, in: AG, 21. Jg. (2011), S. 885–894.

Eisenführ, Franz/Weber, Martin/Langer, Thomas: Rationales Entscheiden, 5. Aufl., Heidelberg et al. 2010.

Eisenhardt, Patrick/Wader, Dominic: Vorschläge zur Fortentwicklung der Abschlussprüfung – Das Grünbuch der EU-Kommission, in: DStR, 48. Jg. (2010), S. 2532–2538.

Ellahie, Atif: Capital Market Consequences of EU Bank Stress Tests, Working Paper, London Business School 2013, abrufbar unter http://papers.ssrn.com/sol3/ papers.cfm?abstract_id=2157715 (abgerufen am 12.3.2015).

Ellsberg, Daniel: Risk, Ambiguity, and the Savage Axioms, in: QJE, Vol. 75 (1961), Nr. 4, S. 643–669.

Emmerich, Gerhard: Risikomanagement in Industrieunternehmen – gesetzliche Anforderungen und Umsetzung nach dem KonTraG, in: ZfbF, 51. Jg. (1999), S. 1075–1089.

Erle, Bernd: Der Bestätigungsvermerk des Abschlussprüfers, Düsseldorf 1990.

Ernst, Christoph: KonTraG und KapAEG sowie aktuelle Entwicklungen zur Rechnungslegung und Prüfung in der EU, in: WPg, 51. Jg. (1998), S. 1025–1035.

Ernst, Christoph/Seidler, Holger: Der Regierungsentwurf eines Gesetzes zur Modernisierung des Bilanzrechts, in: ZGR, 37. Jg. (2008), S. 631–675.

Euler, Robin/Layr, Christian/Schäfer, Dirk: Management-Reporting als Erfolgsfaktor, in: ZfCM, 54. Jg. (2010), S. 108–112.

Ewelt, Corinna/Knauer, Thorsten/Sieweke, Michael: Mehr = besser? Zur Entwicklung des Berichtsumfangs in der Unternehmenspublizität am Beispiel der risikoorientierten Berichterstattung deutscher Aktiengesellschaften, in: KoR, 9. Jg. (2009), S. 706–715.

Ewert, Ralf/Wagenhofer, Alfred: Unternehmenspublizität und Konkurrenzwirkungen, in: ZfB, 62. Jg. (1992), S. 297–324.

Fahlenbrach, Rüdiger/Stulz, René M.: Bank CEO incentives and the credit crisis, in: JFE, Vol. 99 (2011), Nr. 1, S. 11–26.

Falkenhausen, Joachim Freiherr von: Die Haftung außerhalb der Business Judgment Rule, in: NZG, 15. Jg. (2012), S. 644–651.

Fama, Eugene F.: The Behaviour of Stock-Market Prices, in: JB, Vol. 38 (1965), Nr. 1, S. 34–105.

Fama, Eugene F./Jensen, Michael C.: Separation of Ownership and Control, in: JLE, Vol. 26 (1983), Nr. 2, S. 301–325.

Feddersen, Dieter: Neue gesetzliche Anforderungen an den Aufsichtsrat, in: AG, 10. Jg. (2000), S. 385–396.

Fink, Christian/Kajüter, Peter: Das IFRS Practice Statement „Management Commentary“, in: KoR, 11. Jg. (2011), S. 177–181.

Fischer, Reinfrid: Banken- und Finanzdienstleistungsaufsicht, in: Bankrecht, hrsg. v. R. Fischer/T. Klanten, 4. Aufl., Köln 2010, S. 55–214.

Fischhoff, Baruch: Hindsight ≠ Foresight: The Effect of Outcome Knowledge on Judgment Under Uncertainty, in: J. Exp. Psy. Hu. Perc. Perf., Vol. 1 (1975), Nr. 3, S. 288–299.

————: Debiasing, in: Judgment under uncertainty: Heuristics and biases, hrsg. v. D. Kahneman et al., Cambridge: Cambridge University Press 1982, S. 422–444.

Fischhoff, Baruch/Slovic, Paul/Lichtenstein, Sarah: Knowing with Certainty: The Appropriateness of Extreme Confidence, in: J. Exp. Psy. Hu. Perc. Perf., Vol. 3 (1977), Nr. 4, S. 552–564.

Flannery, Mark J.: The Faces of "Market Discipline", in: JFSR, Vol. 20 (2001), Nr. 2–3, S. 107–119.

Flannery, Mark J./Kwan, Simon H./Nimalendran, Mahendrarajah: The 2007–2009 financial crisis and bank opaqueness, in: JFI, Vol. 22 (2013), Nr. 1, S. 55–84.

Fleischer, Holger: Die "Business Judgment Rule" im Spiegel von Rechtsvergleichung und Rechtsökonomie, in: FS Wiedemann, S. 827–849.

————: Die „Business Judgment Rule": Vom Richterrecht zur Kodifizierung, in: ZIP, 25. Jg. (2004), S. 685–692.

————: Aktuelle Entwicklungen der Managerhaftung, in: NJW, 62. Jg. (2009), S. 2337–2343.

————: Shareholders vs. Stakeholders: Aktienrechtliche Fragen, in: Handbuch Corporate Governance, hrsg. v. P. Hommelhoff et al., 2. Aufl., Köln und Stuttgart 2009, S. 185–218.

————: Vorstandshaftung und Vertrauen auf anwaltlichen Rat, in: NZG, 13. Jg. (2010), S. 121–125.

————: Verantwortlichkeit von Bankgeschäftsleitern und Finanzmarktkrise, in: NJW, 63. Jg. (2010), S. 1504–1506.

————: Gestaltungsgrenzen für Zustimmungsvorbehalte des Aufsichtsrats nach § 111 Abs. 4 S. 2 AktG, in: BB, 68. Jg. (2013), S. 835–843.

————: Verjährung von Organhaftungsansprüchen: Rechtspraxis – Rechtsvergleichung – Rechtspolitik, in: AG, 24. Jg. (2014), S. 457–472.

————: Aktienrechtliche Compliance-Pflichten im Praxistest: Das Siemens/Neubürger-Urteil des LG München I, in: NZG, 17. Jg. (2014), S. 321–329.

————: Ruinöse Managerhaftung: Reaktionsmöglichkeiten de lege lata und de lege ferenda, in: ZIP, 35. Jg. (2014), S. 1305–1316.

Florstedt, Tim: Zur organhaftungsrechtlichen Aufarbeitung der Finanzmarktkrise, in: AG, 20. Jg. (2010), S. 315–323.

Fonk, Hans-Joachim: Zustimmungsvorbehalte des AG-Aufsichtsrats, in: ZGR, 35. Jg. (2006), S. 841–874.

Forster, Karl-Heinz: Zur "Erwartungslücke" bei der Abschlußprüfung, in: WPg, 47. Jg. (1994), S. 789–795.

―――: MG, Schneider, Balsam und die Folgen – was können Aufsichtsräte und Abschlußprüfer gemeinsam tun?, in: AG, 5. Jg. (1995), S. 1–7.

―――: Abschlußprüfung nach dem Regierungsentwurf des KonTraG, in: WPg, 51. Jg. (1998), S. 41–56.

―――: Zum Zusammenspiel von Aufsichtsrat und Abschlußprüfer nach dem KonTraG, in: AG, 9. Jg. (1999), S. 193–198.

Foster, George: Briloff and the capital market, in: JAR, Vol. 17 (1979), Nr. 1, S. 262–274.

Francis, Jennifer/Nanda, Dhananjay/Olsson, Per: Voluntary Disclosure, Earnings Quality, and Cost of Capital, in: JAR, Vol. 46 (2008), Nr. 1, S. 53–99.

Franke, Günter/Hax, Herbert: Finanzwirtschaft des Unternehmens und Kapitalmarkt, 6. Aufl., Berlin und Heidelberg 2009.

Frankel, Richard/Kothari, S.P./Weber, Joseph: Determinants of the informativeness of analyst research, in: JAE, Vol. 41 (2006), Nr. 1–2, S. 29–54.

Frankel, Richard/Li, Xu: Characteristics of a firm's information environment and the information asymmetry between insiders and outsiders, in: JAE, Vol. 37 (2004), Nr. 2, S. 229–259.

Franks, Julian/Mayer, Colin: Takeovers, in: EP, Vol. 5 (1990), Nr. 1, S. 189–231.

―――: Hostile takeovers and the correction of managerial failure, in: JFE, Vol. 40 (1996), Nr. 1, S. 163–181.

―――: Corporate Ownership and Control in the U.K., Germany, and France, in: J. Appl. Corp. Fin., Vol. 9 (1997), Nr. 4, S. 30–45.

―――: Ownership and Control of German Corporations, in: RFS, Vol. 14 (2001), Nr. 4, S. 943–977.

Freitag, Robert/Korch, Stefan: Die Angemessenheit der Information im Rahmen der Business Judgment Rule (§ 93 Abs. 1 Satz 2 AktG), in: ZIP, 33. Jg. (2012), S. 2281–2286.

Fresenius Medical Care AG: Geschäftsbericht 2013, Bad Homburg 2014, abrufbar unter http://www.fmc-ag.de/files/FMC_Geschaeftsbericht_2013_de.pdf (abgerufen am 12.3.2015).

FRoSTA AG: Risikopolitik, Bremerhaven und Hamburg 2014, abrufbar unter http://www.frosta-ag.com/investor-relations/corporate-governance/risikopolitik.html (abgerufen am 12.3.2015).

FSA: Procyclicality – Ratings migration – FSA Note to the CRSG, London 2005, abrufbar unter http://www.fsa.gov.uk/static/pubs/international/rm.pdf (abgerufen am 12.3.2015).

FT Alphaville: Killing VaR, 2012, abrufbar unter http://ftalphaville.ft.com/2012/05/03/986781/killing-var/ (abgerufen am 12.3.2015).

Gammelin, Cerstin: Wenn Banken unter Stress gesetzt werden, in: Süddeutsche Zeitung vom 23. Juli 2010, abrufbar unter http://www.sueddeutsche.de/geld/finanzmarkt-wenn-banken-unter-stress-gesetzt-werden-1.978575 (abgerufen am 12.3.2015).

Gann, Philipp/Rudolph, Bernd: Anforderungen an das Risikomanagement, in: Handbuch Corporate Governance von Banken, hrsg. v. K. J. Hopt/G. Wohlmannstetter, München 2011, S. 601–626.

Geiger, Marshall A./Raghunandan, K./Riccardi, William: The Global Financial Crisis: U.S. Bankruptcies and Going-Concern Audit Opinions, in: AH, Vol. 28 (2014), Nr. 1, S. 59–75.

Geirhofer, Susanne: Vom Lagebericht zum Managementbericht: Ein Überblick über den IASB Exposure Draft „Management Commentary", in: IRZ, 4. Jg. (2009), S. 431–437.

Gerdes, Ann-Kristin/Wolz, Matthias: Mangelnde Risikotransparenz als Ursache vor der Finanzmarktkrise – Hat das externe Rechnungswesen versagt?, in: FB, 10. Jg. (2009), S. 264–272.

Gerner-Beuerle, Carsten/Paech, Philipp/Schuster, Edmund P.: Study on Directors' Duties and Liability, London 2013, abrufbar unter http://ec.europa.eu/internal_market/company/docs/board/2013-study-analysis_en.pdf (abgerufen am 12.3.2015).

Gesell, Harald: Prüfungsausschuss und Aufsichtsrat nach dem BilMoG, in: ZGR, 40. Jg. (2011), S. 361–397.

Glaum, Martin/Baetge, Jörg/Grothe, Alexander/Oberdörster, Tatjana: Introduction of International Accounting Standards, Disclosure Quality and Accuracy of Analysts' Earnings Forecasts, in: EAR, Vol. 22 (2013), Nr. 1, S. 79–116.

Gleißner, Werner/Leibbrand, Frank/Kamaras, Endre/Helm, Roland/Gerking, Harald: Krisenprävention: Stresstests für das Unternehmen?, in: RM, 6. Jg. (2011), S. 1, 6–15.

Glosten, Lawrence R./Milgrom, Paul R.: Bid, Ask and Transaction Prices in a Specialist Market with Heterogeneously Informed Traders, in: JFE, Vol. 14 (1985), Nr. 1, S. 71–100.

Goette, Constantin: Managerhaftung: Handeln auf Grundlage angemessener Information – Umfang einer Due-Diligence-Prüfung beim Unternehmenskauf, in: DStR, 52. Jg. (2014), S. 1776–1780.

Goette, Wulf: Leitung, Aufsicht, Haftung – zur Rolle der Rechtsprechung bei der Sicherung einer modernen Unternehmensführung, in: FS BGH, S. 123–142.

Götz, Heinrich: Die Überwachung der Aktiengesellschaft im Lichte jüngerer Unternehmenskrisen, in: AG, 5. Jg. (1995), S. 337–353.

———: Rechte und Pflichten des Aufsichtsrats nach dem Transparenz- und Publizitätsgesetz, in: NZG, 5. Jg. (2002), S. 599–604.

Goldstein, Itay/Sapra, Haresh: Should Banks' Stress Test Results be Disclosed? An Analysis of the Costs and Benefits, in: FTF, Vol. 8 (2013), Nr. 1, S. 1–54.

Gorton, Gary: The Subprime Panic, in: EFM, Vol. 15 (2009), Nr. 1, S. 10–46.

Graham, John R./Harvey, Campbell R./Rajgopal, Shiva: The economic implications of corporate financial reporting, in: JAE, Vol. 40 (2005), Nr. 1–3, S. 3–73.

Graumann, Matthias: Der Entscheidungsbegriff in § 93 Abs. 1 Satz 2 AktG, in: ZGR, 40. Jg. (2011), S. 293–303.

Graumann, Matthias/Grundei, Jens: Business Judgment Rule, in: DBW, 65. Jg. (2005), S. 652–657.

———: Wann entsprechen unternehmerische Entscheidungen der gesellschaftsrechtlichen Anforderung »angemessener Information«?, in: DBW, 71. Jg. (2011), S. 379–399.

Graumann, Matthias/Grundei, Jens/Linderhaus, Holger: Ausübung des Geschäftsleiterermessens bei riskanten Entscheidungen, in: ZCG, 4. Jg. (2009), S. 20–26.

Graumann, Matthias/Linderhaus, Holger/Grundei, Jens: Wann ist die Risikobereitschaft bei unternehmerischen Entscheidungen „in unzulässiger Weise überspannt"?, in: BFuP, 61. Jg. (2009), S. 492–505.

Griffin, John M./Tang, Dragon Y.: Did Subjectivity Play a Role in CDO Credit Ratings?, in: JF, Vol. 67 (2012), Nr. 4, S. 1293–1328.

Griffith, Sean J.: Good Faith Business Judgement: A Theory of Rhetoric in Corporate Law Jurisprudence, in: Duke Law Journal, Vol. 55 (2005), Nr. 1, S. 1–73.

Groß, Carsten: Vorbemerkung zu den Großkreditvorschriften in §§ 13 bis 13b, in: Kommentar KWG.

Grottel, Bernd: Kommentierung zu § 289 HGB, in: Beck Bil.-Komm.

Grottke, Markus/Strobl, Sascha: Eine kritische Analyse des Exposure Draft Management Commentary mit Blick auf seine zentralen Zielsetzungen, in: IRZ, 4. Jg. (2009), S. 483–488.

Grundei, Jens/Werder, Axel von: Die Angemessenheit der Informationsgrundlage als Anwendungsvoraussetzung der Business Judgment Rule, in: AG, 15. Jg. (2005), S. 825–834.

Grunert, Jens/Weber, Martin: Recovery rates of commercial lending: Empirical evidence for German companies, in: JBF, Vol. 33 (2009), Nr. 3, S. 505–513.

Grunewald, Barbara/Hennrichs, Joachim: Haftungsgrundsätze für Entscheidungen unter Unsicherheit, in: FS Hüffer, S. 147–159.

Gruson, Michael/Kubicek, Matthias: Der Sarbanes-Oxley Act, Corporate Governance und das deutsche Aktienrecht (Teil II), in: AG, 13. Jg. (2003), S. 393–406.

Gutenberg, Erich: Grundlagen der Betriebswirtschaftslehre, 21. Aufl., Berlin et al. 1975.

Haarmann, Wilhelm/Weiß, Michael: Reformbedarf bei der aktienrechtlichen Organhaftung, in: BB, 69. Jg. (2014), S. 2115–2125.

Habbe, Julia S./Köster, Anna-Elisabeth: Neue Anforderungen an Vorstand und Aufsichtsrat von Finanzinstituten, in: BB, 66. Jg. (2011), S. 265–268.

Habersack, Mathias: Aufsichtsrat und Prüfungsausschuss nach dem BilMoG, in: AG, 18. Jg. (2008), S. 98–107.

————: Perspektiven der aktienrechtlichen Organhaftung, in: ZHR, 177. Jg. (2013), S. 782–806.

————: Kommentierung zu § 111 AktG, in: Münchener Kommentar AktG.

————: Kommentierung zu § 116 AktG, in: Münchener Kommentar AktG.

Habersack, Mathias/Schürnbrand, Jan: Kommentierung zu § 317 HGB, in: Staub Großkommentar HGB.

————: Kommentierung zu § 321 HGB, in: Staub Großkommentar HGB.

————: Kommentierung zu § 322 HGB, in: Staub Großkommentar HGB.

Hackethal, Andreas/Schmidt, Reinhard H.: Financing Patterns: Measurement Concepts and Empirical Results, Working Paper Series Finance & Accounting, No. 125, Universität Frankfurt a. M. 2004, abrufbar unter http://ssrn.com/abstract=254463 (abgerufen am 12.3.2015).

Hackethal, Andreas/Schmidt, Reinhard H./Tyrell, Marcel: Banks and German Corporate Governance: on the way to a capital market-based system?, in: CG, Vol. 13 (2005), Nr. 3, S. 397–407.

Hail, Luzi: The impact of voluntary corporate disclosures on the ex-ante cost of capital for Swiss firms, in: EAR, Vol. 11 (2002), Nr. 4, S. 741–773.

Hail, Luzi/Leuz, Christian: International Differences in the Cost of Equity Capital: Do Legal Institutions and Securities Regulation Matter?, in: JAR, Vol. 44 (2006), Nr. 3, S. 485–531.

Hand, John R. M./Holthausen, Robert W./Leftwich, Richard W.: The Effect of Bond Rating Agency Announcements on Bond and Stock Prices, in: JF, Vol. 47 (1992), Nr. 2, S. 733–752.

Hannemann, Ralf/Schneider, Andreas/Weigl, Thomas: Mindestanforderungen an das Risikomanagement (MaRisk): Kommentar unter Berücksichtigung der Instituts-Vergütungsverordnung (InstitutsVergV), 4. Aufl., Stuttgart 2013.

Harris, Milton/Raviv, Artur: The Theory of Capital Structure, in: JF, Vol. 46 (1991), Nr. 1, S. 297–355.

Harris, Trevor S./Lang, Mark/Möller, Hans P.: The Value Relevance of German Accounting Measures: An Empirical Analysis, in: JAR, Vol. 32 (1994), Nr. 2, S. 187–209.

Hartmann, Philipp: Interaction of market and credit risk, in: JBF, Vol. 34 (2010), Nr. 4, S. 697–702.

Hartmann-Wendels, Thomas/Pfingsten, Andreas/Weber, Martin: Bankbetriebslehre, 6. Aufl., Berlin und Heidelberg 2015.

Hasselbach, Kai: Überwachungs- und Beratungspflichten des Aufsichtsrats in der Krise, in: NZG, 15. Jg. (2012), S. 41–48.

Hatherly, David/Innes, John/Brown, Tom: The Expanded Audit Report – An Empirical Investigation, in: ABR, Vol. 21 (1991), Nr. 84, S. 311–319.

Hayden, Evelyn/Porath, Daniel/Westernhagen, Natalja von: Does Diversification Improve the Performance of German Banks? Evidence from Individual Bank Loan Portfolios, in: JFSR, Vol. 32 (2007), Nr. 3, S. 123–140.

He, Jie/Qian, Jun/Strahan, Philip E.: Credit Ratings and the Evolution of the Mortgage-Backed Securities Market, in: AER, Vol. 101 (2011), Nr. 3, S. 131–135.

Healy, Paul M./Palepu, Krishna G.: Information asymmetry, corporate disclosure, and the capital markets: A review of the empirical disclosure literature, in: JAE, Vol. 31 (2001), Nr. 1–3, S. 405–440.

————: The Fall of Enron, in: JEP, Vol. 17 (2003), Nr. 2, S. 3–26.

Heidorn, Thomas/Schmaltz, Christian: Die neuen Prinzipien für sachgerechtes Liquiditätsmanagement, in: ZfgK, 62. Jg. (2009), S. 112–117.

Hemeling, Peter: Reform der Organhaftung?, in: ZHR, 178. Jg. (2014), S. 221–226.

Henkel AG & Co. KGaA: Geschäftsbericht 2013, Düsseldorf 2014, abrufbar unter http://www.henkel.de/blob/19318/c29b79513a66f57fc9c37fb6cb68ecea/data/2013-geschaeftsbericht.pdf (abgerufen am 12.3.2015).

Hennrichs, Joachim: Corporate Governance und Abschlussprüfung, in: FS Hommelhoff, S. 383–400.

Henze, Hartwig: Die Entscheidungspraxis des Bundesgerichtshofes, in: NJW, 51. Jg. (1998), S. 3309–3312.

————: Leitungsverantwortung des Vorstands – Überwachungspflicht des Aufsichtsrats, in: BB, 55. Jg. (2000), S. 209–216.

Herrmann, Marco/Olufs, Detlef/Barth, Daniel: Haftung des Vorstandes und des Aufsichtsrates in der Staatsschuldenkrise, in: BB, 67. Jg. (2012), S. 1935–1943.

Hesse, Frederik/Ingermann, Peter-Hendrik: Die bimodale Verteilung der Recovery Rates in Sparkassen und Genossenschaftsbanken – Untersuchung und Erklärungsansatz, in: ZBB, 15. Jg. (2013), S. 408–413.

Heusermann, Christian-Hendrik: Möglichkeiten der Verbesserung der Risikoberichterstattung unter Berücksichtigung der Verantwortung von Vorstand, Aufsichtsrat und Abschlussprüfer, in: DK, 9. Jg. (2011), S. 621–628.

Hirshleifer, David/Teoh, Siew H.: Limited attention, information disclosure, and financial reporting, in: JAE, Vol. 36 (2003), Nr. 1–3, S. 337–386.

Hofer, Markus/Hanenberg, Ludger: Die aktuellen MaRisk nach der 4. Novelle – Umsetzung internationaler Entwicklungen in deutsche bankaufsichtliche Regeln zum Risikomanagement, in: WPg, 67. Jg. (2014), S. 570–578.

Hoffmann, Wolf-Dieter/Lüdenbach, Norbert: Die bilanzielle Abbildung der Hypothekenkrise und die Zukunft des Bilanzrechts, in: DB, 60. Jg. (2007), S. 2213–2219.

Hoffmann-Becking, Michael: Das Recht des Aufsichtsrats zur Prüfung durch Sachverständige nach § 111 Abs. 2 Satz 2 AktG, in: ZGR, 40. Jg. (2011), S. 136–154.

Holle, Philipp M.: Rechtsbindung und Business Judgment Rule, in: AG, 21. Jg. (2011), S. 778–786.

Holst, Jonny/Holtkamp, Willy: Risikoquantifizierung und Frühwarnsystem auf Basis der Value at Risk-Konzeption, in: BB, 55. Jg. (2000), S. 815–820.

Holthausen, Robert W./Leftwich, Richard W.: The Effect of Bond Rating Changes on Common Stock Prices, in: JFE, Vol. 17 (1986), Nr. 1, S. 57–89.

Hommelhoff, Peter: Die neue Position des Abschlußprüfers im Kraftfeld der aktienrechtlichen Organisationsverfassung (Teil I), in: BB, 53. Jg. (1998), S. 2567–2573.

————: Die neue Position des Abschlußprüfers im Kraftfeld der aktienrechtlichen Organisationsverfassung (Teil II), in: BB, 53. Jg. (1998), S. 2625–2631.

Hommelhoff, Peter/Mattheus, Daniela: Risikomanagementsystem im Entwurf des BilMoG als Funktionselement der Corporate Governance, in: BB, 62. Jg. (2007), S. 2787–2791.

Hopt, Klaus J.: Die Haftung von Vorstand und Aufsichtsrat, in: FS Mestmäcker, S. 909–931.

————: Kommentierung zu § 93 AktG, in: Großkommentar AktG.

————: Die Verantwortlichkeit von Vorstand und Aufsichtsrat: Grundsatz und Praxisprobleme – unter besonderer Berücksichtigung der Banken, in: ZIP, 34. Jg. (2013), S. 1793–1806.

Hopt, Klaus J./Roth, Markus: Nachtrag zu § 93 AktG, in: Großkommentar AktG.

————: Kommentierung zu § 107 AktG, in: Großkommentar AktG.

————: Kommentierung zu § 111 AktG, in: Großkommentar AktG.

————: Kommentierung zu § 116 AktG, in: Großkommentar AktG.

Horn, Norbert: Die Haftung des Vorstands der AG nach § 93 AktG und die Pflichten des Aufsichtsrats, in: ZIP, 18. Jg. (1997), S. 1129–1139.

HSBC Holdings plc: Annual Report and Accounts 2013, London 2014, abrufbar unter http://www.hsbc.com/~/media/HSBC-com/InvestorRelationsAssets/annual-results-2013/annual-reports-accounts-2013.pdf (abgerufen am 12.3.2015).

Huang, Allen H./Zang, Amy Y./Zheng, Rong: Evidence on the Information Content of Text in Analyst Reports, in: TAR, Vol. 89 (2014), Nr. 6, S. 2151–2180.

Hucke, Anja: Aufsichtsrat und Abschlussprüfer – Eine symbiotische Beziehung?, in: FS Lück, S. 115–131.

Hüffer, Uwe: Kommentierung zu § 76 AktG, in: Kurzkommentar AktG.

————: Kommentierung zu § 90 AktG, in: Kurzkommentar AktG.

————: Kommentierung zu § 91 AktG, in: Kurzkommentar AktG.

————: Kommentierung zu § 93 AktG, in: Kurzkommentar AktG.

————: Kommentierung zu § 111 AktG, in: Kurzkommentar AktG.

————: Kommentierung zu § 116 AktG, in: Kurzkommentar AktG.

Hull, John C.: Risk Management and Financial Institutions, 3. Aufl., Hoboken, NJ: John Wiley & Sons 2012.

Hull, John C./Predescu, Mirela/White, Alan: The relationship between credit default swap spreads, bond yields, and credit rating announcements, in: JBF, Vol. 28 (2004), Nr. 11, S. 2789–2811.

Hung, Mingyi: Accounting standards and value relevance of financial statements: An international analysis, in: JAE, Vol. 30 (2001), Nr. 3, S. 401–420.

Hunton, James E./Libby, Robert/Mazza, Cheri L.: Financial Reporting Transparency and Earnings Management, in: TAR, Vol. 81 (2006), Nr. 1, S. 135–157.

Huth, Mark-Alexander: Grundsätze ordnungsmäßiger Risikoüberwachung, in: BB, 62. Jg. (2007), S. 2167–2170.

IDW: Presseinformation 2/2009, Düsseldorf 2009, abrufbar unter http://www.idw.de/idw/download/Presseinfo_02_2009.pdf?id=587376&property=Datei (abgerufen am 12.3.2015).

————: Erkenntnisse aus der Finanzmarktkrise – ein Blick nach vorn, Düsseldorf 2009, abrufbar unter http://www.idw.de/idw/download/IDW_Finanzmarktkrise.pdf?id=587762&property=Datei (abgerufen am 12.3.2015).

————: Treffpunkt IDW, Frankfurt a. M. 2012, abrufbar unter www.idw.de/recherche/anlage.jsp?ANLAGE_ID=4466 (abgerufen am 8.1.2015).

Ihrig, Hans-Christoph: Reformbedarf beim Haftungstatbestand des § 93 AktG, in: WM, 58. Jg. (2004), S. 2098–2107.

IIF: Final Report of the IIF Committee on Market Best Practices: Principles of Conduct and Best Practice Recommendations, 2008, abrufbar unter https://www.iif.com/publication/regulatory-report/global-finance-leaders-release-comprehensive-proposals-strengthen (abgerufen am 12.3.2015).

Imbierowicz, Björn/Rauch, Christian: The relationship between liquidity risk and credit risk in banks, in: JBF, Vol. 40 (2014), S. 242–256.

Infineon Technologies AG: Geschäftsbericht 2013, Neubiberg 2013, abrufbar unter http://www.infineon.com/dgdl/InfineonGB2013_D.pdf?fileId=db3a304342e8be2c0142fc 6fd2054f22 (abgerufen am 12.3.2015).

ISO: ISO 31000:2009(E): Risk management – Principles and guidelines, Geneva 2009.

Jarrow, Robert A./Turnbull, Stuart M.: The intersection of market and credit risk, in: JBF, Vol. 24 (2000), Nr. 1–2, S. 271–299.

Jensen, Michael C.: Agency costs of free cash flow, corporate finance and takeovers, in: AER, Vol. 76 (1986), Nr. 2, S. 323–329.

Jensen, Michael C./Meckling, William H.: Theory of the firm: Managerial behavior, agency costs and ownership structure, in: JFE, Vol. 3 (1976), Nr. 4, S. 305–360.

Jensen, Michael C./Smith Jr., Clifford W.: Stockholder, Manager, and Creditor Interests: Applications of Agency Theory, in: Recent Advances in Corporate Finance, hrsg. v. E. I. Altman/M. G. Subrahmanyam, Homewood, IL: Irwin 1985, S. 93–131.

Johanning, Lutz: Strategisches Risikomanagement, in: FS Rudolph, S. 459–471.

————: Risiko, Risikomessung und Risikoregulierung aus ökonomischer Sicht, in: Ökonomie versus Recht im Finanzmarkt?, hrsg. v. E. Kempf et al., Berlin und Boston, MA 2011, S. 205–215.

Johnson, Kristin N.: Addressing Gaps in the Dodd-Frank Act: Directors' Risk Management Oversight Obligations, in: Michigan Journal of Law Reform, Vol. 45 (2011), Nr. 1, S. 55–112.

Jolls, Christine: Behavioral Law and Economics, NBER Working Paper No. 12827, NBER 2007, abrufbar unter http://www.nber.org/papers/w12879.pdf (abgerufen am 12.3.2015).

Jorion, Philippe: How Informative Are Value-at-Risk Disclosures?, in: TAR, Vol. 77 (2002), Nr. 4, S. 911–931.

————: Value at Risk: The New Benchmark for Managing Financial Risk, 3. Aufl., New York, NY: McGraw-Hill 2007.

————: Risk Management Lessons from the Credit Crisis, in: EFM, Vol. 15 (2009), Nr. 5, S. 923–933.

Jorion, Philippe/Liu, Zhu/Shi, Charles: Informational effects of regulation FD: evidence from rating agencies, in: JFE, Vol. 76 (2005), Nr. 2, S. 309–330.

Jorion, Philippe/Zhang, Gaiyan: Credit Contagion from Counterparty Risk, in: JF, Vol. 64 (2009), Nr. 5, S. 2053–2088.

Jouanin, Jean-Frederic/Riboulet, Gael/Roncalli, Thierry: Financial Applications of Copula Functions, in: Risk Measures for the 21st Century, hrsg. v. G. Szegö, Chichester et al.: John Wiley & Sons 2004, S. 273–301.

JP Morgan Chase & Co.: Financial Results 2Q, 2012, abrufbar unter http://files.shareholder.com/downloads/ONE/3806863721x0x582938/17E65C91-5F4C-455B-ACEDC2CF6446C173/2Q12_Earnings_Presentation_FINAL_V2.pdf (abgerufen am 12.3.2015).

Kämpfer, Georg/Kayser, Harald/Schmidt, Stefan: Das Grünbuch der EU-Kommission zur Abschlussprüfung, in: DB, 63. Jg. (2010), S. 2457–2463.

Kahneman, Daniel: Maps of Bounded Rationality: Psychology for Behavioral Economics, in: AER, Vol. 93 (2003), Nr. 5, S. 1449–1475.

————: Thinking, fast and slow, New York, NY: Farrar, Straus und Giroux 2011.

Kahneman, Daniel/Tversky, Amos: Prospect Theory: An Analysis of Decision under Risk, in: Econometrica, Vol. 47 (1979), Nr. 2, S. 263–292.

Kajüter, Peter: Nachhaltigkeitsberichterstattung nach den G4-Leitlinien der GRI, in: WPg, 67. Jg. (2014), S. 599–607.

Kajüter, Peter/Bachert, Kristian/Blaesing, Daniel: Ergänzung des IFRS-Abschlusses um einen Managementbericht, in: KoR, 10. Jg. (2010), S. 183–190.

Kajüter, Peter/Bachert, Kristian/Blaesing, Daniel/Kleinmanns, Hermann: Die DRS zur Lageberichterstattung auf dem Prüfstand, in: DB, 63. Jg. (2010), S. 457–465.

Kajüter, Peter/Fink, Christian: Management Commentary – Kritische Punkte und offene Fragen zum IFRS Practice Statement des IASB, in: KoR, 12. Jg. (2012), S. 247–252.

Kanagaretnam, Kiridaran/Lim, Chee Y./Lobo, Gerald J.: Influence of National Culture on Accounting Conservatism and Risk-Taking in the Banking Industry, in: TAR, Vol. 89 (2014), Nr. 3, S. 1115–1149.

Karlsson-Vinkhuyzen, Sylvia I./Vihma, Antto: Comparing the legitimacy and effectiveness of global hard and soft law: An analytical framework, in: R&G, Vol. 3 (2009), Nr. 4, S. 400–420.

Kasiske, Peter: Aufarbeitung der Finanzkrise durch das Strafrecht? Zur Untreuestrafbarkeit durch Portfolioinvestments in Collateralized Debt Obligations via Zweckgesellschaften, in: Die sogenannte Finanzkrise – Systemversagen oder global organisierte Kriminalität?, hrsg. v. B. Schünemann, Berlin 2010, S. 13–42.

Katz, Steven: The Price and Adjustment Process of Bonds to Rating Reclassifications: A Test of Bond Market Efficiency, in: JF, Vol. 29 (1974), Nr. 2, S. 551 559.

Kennedy, Duncan: Cost-Benefit Analysis of Entitlement Problems: A Critique, in: Stanford Law Review, Vol. 33 (1981), Nr. 3, S. 387–445.

Kessler, Oliver: Der Einsatz komplexer Finanzinstrumente im Unternehmen – gesellschaftsrechtliche Anforderungen an das Risikomanagement, in: BB, 68. Jg. (2013), S. 1098–1103.

Keusch, Thomas/Bollen, Laury H. H./Harold, F. D.: Self-serving Bias in Annual Report Narratives: An Empirical Analysis of the Impact of Economic Crises, in: EAR, Vol. 21 (2012), Nr. 3, S. 623–648.

Keynes, John M.: The General Theory of Employment, in: QJE, Vol. 51 (1937), Nr. 2, S. 209–223.

Kieser, Alfred/Spindler, Gerald/Walgenbach, Peter: Mehr Rechtssicherheit durch normative Managementkonzepte und Organisationsnormung?, in: ZfbF, 54. Jg. (2002), S. 395–425.

Kindler, Peter: Unternehmerisches Ermessen und Pflichtenbindung, in: ZHR, 162. Jg. (1998), S. 101–119.

Kinney Jr., William R./Martin, Roger D./Shepardson, Marcy L.: Reflections on a Decade of SOX 404(b) Audit Production and Alternatives, in: AH, Vol. 27 (2013), Nr. 4, S. 799–813.

Kinney Jr., William R./Nelson, Mark W.: Outcome Information and the "Expectation Gap": The Case of Loss Contingencies, in: JAR, Vol. 34 (1996), Nr. 2, S. 281–299.

Kinzl, Ulrich-Peter: Wie angemessen muss "angemessene Information" als Grundlage für Vorstandsentscheidungen sein?, in: DB, 57. Jg. (2004), S. 1653–1654.

Kirkpatrick, Grant: The Corporate Governance Lessons from the Financial Crisis, in: OECD Financial Market Trends 2009.

Kirsch, Hans-Jürgen: Erwartungslücke und Bestätigungsvermerk, in: FS Baetge, S. 955–980.

Kirsch, Hans-Jürgen/Scheele, Alexander: Diskussionspapier des IASB zum "Management Commentary", in: WPg, 59. Jg. (2006), S. 89–91.

Kliger, Doron/Sarig, Oded: The Information Value of Bond Ratings, in: JF, Vol. 55 (2000), Nr. 6, S. 2879–2902.

Klöhn, Lars: Interessenkonflikte zwischen Aktionären und Gläubigern der Aktiengesellschaft im Spiegel der Vorstandspflichten, in: ZGR, 37. Jg. (2008), S. 110–158.

Knechel, Robert W./Salterio, Steven E./Ballou, Brian: Auditing: Assurance and Risk, 3. Aufl., Mason, OH: Thomson 2007.

Knight, Frank H.: Risk, Uncertainty and Profit, Boston, MA und New York, NY: Houghton Mifflin Company 1921.

Knobloch, Alois P.: Value at Risk: Regulatory and Other Applications, Methods, and Criticism, in: Risk Management: Challenge and Opportunity, hrsg. v. M. Frenkel et al., 2. Aufl., Berlin und Heidelberg 2005, S. 99–124.

Knobloch, Alois P./Bock, Frank/Thiel, Thomas: Risikokosten im Kreditgeschäft, in: FB, 1. Jg. (1999), S. 423–429.

Koch, Jens: Das Gesetz zur Unternehmensintegrität und Modernisierung des Anfechtungsrechts (UMAG) – ein Überblick, in: ZGR, 35. Jg. (2006), S. 769–804.

————: Keine Ermessensspielräume bei der Entscheidung über die Inanspruchnahme von Vorstandsmitgliedern, in: AG, 19. Jg. (2009), S. 93–102.

————: Beschränkung der Regressfolgen im Kapitalgesellschaftsrecht, in: AG, 22. Jg. (2012), S. 429–440.

————: Die schleichende Erosion der Verfolgungspflicht nach ARAG/Garmenbeck, in: NZG, 17. Jg. (2014), S. 934–942.

Kocher, Dirk: Zur Reichweite der Business Judgment Rule, in: CCZ, 2. Jg. (2009), S. 215–221.

Kock, Martin/Dinkel, Renate: Die zivilrechtliche Haftung von Vorständen für unternehmerische Entscheidungen – Die geplante Kodifizierung der Business Judgment Rule im Gesetz zur Unternehmensintegrität und Modernisierung des Anfechtungsrechts, in: NZG, 7. Jg. (2004), S. 441–448.

Kohl, Torsten: Die Berücksichtigung der wirtschaftlichen Lage im Rahmen der Abschlußprüfung, Köln 2001.

Kort, Michael: Kommentierung zu § 76 AktG, in: Großkommentar AktG.

————: Kommentierung zu § 90 AktG, in: Großkommentar AktG.

————: Kommentierung zu § 91 AktG, in: Großkommentar AktG.

————: Compliance-Pflichten von Vorstandsmitgliedern und Aufsichtsratsmitgliedern, in: FS Hopt, S. 983–1003.

————: Risikomanagement nach dem Bilanzrechtsmodernisierungsgesetz, in: ZGR, 39. Jg. (2010), S. 440–471.

————: Vorstandshandeln im Spannungsverhältnis zwischen Unternehmensinteresse und Aktionärsinteressen, in: AG, 22. Jg. (2012), S. 605–610.

———: Gemeinwohlbelange beim Vorstandshandeln, in: NZG, 15. Jg. (2012), S. 926–930.

Kothari, S. P./Li, Xu/Short, James E.: The Effect of Disclosures by Management, Analysts, and Business Press on Cost of Capital, Return Volatility, and Analyst Forecasts: A Study Using Content Analysis, in: TAR, Vol. 84 (2009), Nr. 5, S. 1639–1670.

Krahl, Oliver/Wagner, Jörg: Stresstests im Kreditrisikomanagement – neue Herausforderungen für Banken, in: ZfgK, 60. Jg. (2007), S. 1155–1158.

Kropff, Bruno: Zur Information des Aufsichtsrats über das interne Überwachungssystem, in: NZG, 6. Jg. (2003), S. 346–350.

Krystek, Ulrich: Strategische Früherkennung, in: ZfCM, 51. Jg. (2007), Sonderheft 2, S. 50–59.

Krystek, Ulrich/Herzhoff, Marc: Szenario-Technik und Frühaufklärung: Anwendungsstand und Integrationspotenzial, in: ZfCM, 50. Jg. (2006), S. 305–310.

Kübler, Bernhard: Statistische Aspekte der Risikotragfähigkeit, in: ZfgK, 65. Jg. (2012), S. 282–284.

Küting, Karlheinz/Gattung, Andreas: Zweckgesellschaften als Tochterunternehmen nach SIC-12, in: KoR, 7. Jg. (2007), S. 397–408.

Küting, Karlheinz/Hütten, Christoph: Die Lageberichterstattung über Risiken der künftigen Entwicklung, in: AG, 7. Jg. (1997), S. 250–256.

———: Darstellung und Prüfung der künftigen Entwicklungsrisiken und -chancen im Lagebericht, in: Investororientierte Unternehmenspublizität, hrsg. v. L. Lachnit, Wiesbaden 2000, S. 399–431.

Küting, Karlheinz/Weber, Claus-Peter: Der Konzernabschluss: Praxis der Konzernrechnungslegung nach HGB und IFRS, 13. Aufl., Stuttgart 2012.

Kuhner, Christoph: Unternehmensinteresse vs. Shareholder Value als Leitmaxime kapitalmarktorientierter Aktiengesellschaften, in: ZGR, 33. Jg. (2004), S. 244–279.

Kuhner, Christoph/Schilling, Dirk: Maßnahmen der Unternehmensleitung zur Abwehr von Unternehmensübernahmen in der rechts- und wirtschaftspolitischen Diskussion, in: BFuP, 54. Jg. (2002), S. 445–477.

Kuritzkes, Andrew/Schuermann, Til: What We Know, Don't Know and Can't Know about Bank Risk: A View from the Trenches, in: The Known, The Unknown and The Unknowable in Financial Risk Management, hrsg. v. F. X. Diebold et al., Princeton, NJ: Princeton University Press 2010, S. 103–144.

Kust, Egon: Zur Sorgfaltspflicht und Verantwortlichkeit eines ordentlichen und gewissenhaften Geschäftsleiters, in: WM, 34. Jg. (1980), S. 758–765.

La Porta, Rafael/Lopez-de-Silanes, Florencio/Shleifer, Andrei: Corporate Ownership Around the World, in: JF, Vol. 54 (1999), Nr. 2, S. 471–571.

————: What Works in Securities Laws?, in: JF, Vol. 61 (2006), Nr. 1, S. 1–32.

La Porta, Rafael/Lopez-de-Silanes, Florencio/Shleifer, Andrei/Vishny, Robert W.: Legal Determinants of External Finance, in: JF, Vol. 52 (1997), Nr. 3, S. 1131–1151.

————: Law and Finance, in: JPE, Vol. 106 (1998), Nr. 6, S. 1113–1155.

————: Agency Problems and Dividend Policies Around the World, in: JF, Vol. 55 (2000), Nr. 1, S. 1–33.

————: Investor protection and corporate governance, in: JFE, Vol. 58 (2000), Nr. 1–2, S. 3–27.

Lachnit, Laurenz/Müller, Stefan: Risikomanagement nach KonTraG und Prüfung des Systems durch den Wirtschaftsprüfer, in: FS Strobel, S. 363–393.

Laeven, Luc/Levine, Ross: Bank governance, regulation and risk taking, in: JFE, Vol. 93 (2009), Nr. 2, S. 259–275.

Lambert, Richard A./Leuz, Christian/Verrecchia, Robert E.: Accounting Information, Disclosure, and the Cost of Capital, in: JAR, Vol. 45 (2007), Nr. 2, S. 385–420.

————: Information Asymmetry, Information Precision, and the Cost of Capital, in: RF, Vol. 16 (2012), Nr. 1, S. 1–29.

Lander, Guy P.: What is Sarbanes-Oxley?, New York, NY et al.: McGraw-Hill 2004.

Landier, Augustin/Sraer, David/Thesmar, David: Financial Risk Management: When Does Independence Fail?, in: AER, Vol. 99 (2009), Nr. 2, S. 454–458.

Landsman, Wayne R./Maydew, Edward L./Thornock, Jacob R.: The information content of annual earnings announcements and mandatory adoption of IFRS, in: JAE, Vol. 53 (2012), Nr. 1–2, S. 34–54.

Lanfermann, Georg/Röhricht, Victoria: Pflichten des Prüfungsausschusses nach dem BilMoG, in: BB, 64. Jg. (2009), S. 887–891.

Lang, Larry H. P./Stulz, René M.: Tobin's q, Corporate Diversification, and Firm Performance, in: JPE, Vol. 102 (1994), Nr. 6, S. 1248–1280.

Lange, Knut W.: Kommentierung zu § 289 HGB, in: Münchener Kommentar HGB.

Lange, Tobias/Müller, Stefan: Die Lageberichterstattung als Teil der Corporate Governance deutscher Unternehmen – Eine empirische Analyse der Risikoberichterstattung von Unternehmen mit Rechnungslegung nach IFRS – Teil I: Der Lagebericht als Informationsinstrument, in: ZCG, 4. Jg. (2009), S. 235–237.

Laux, Helmut/Gillenkirch, Robert M./Schenk-Mathes, Heike Y.: Entscheidungstheorie, 9. Aufl., Berlin und Heidelberg 2014.

Leffson, Ulrich: Die Grundsätze ordnungsmäßiger Buchführung, 7. Aufl., Düsseldorf 1987.

Leffson, Ulrich: Der Einfluß einer erkennbaren Gefährdung der Unternehmung auf die Aussagen im Prüfungsbericht und Bestätigungsvermerk, in: WPg, 33. Jg. (1980), S. 637–643.

Lehner, Ulrich: Risikomanagement – ein Gegenstand der Abschlußprüfung, in: Auswirkungen des KonTraG auf Rechnungslegung und Prüfung, hrsg. v. J. Baetge, Düsseldorf 1999, S. 23–41.

Leivian, Gregory M.: How to Communicate Financial Data More Effectively, in: MA, Vol. 62 (1980), Nr. 1, S. 31–34.

Lenz, Hansrudi/Diehm, Johannes: Einfluss der Finanz- und Wirtschaftskrise auf die Risikoberichterstattung im SDAX, in: KoR, 10. Jg. (2010), S. 385–394.

Lenz, Hansrudi/Ostrowski, Markus: Kontrolle und Transparenz im Unternehmensbereich durch die Institution Abschlußprüfung, in: BB, 52. Jg. (1997), S. 1523–1529.

Leuz, Christian: The Development of Voluntary Cash Flow Statements in Germany and the Influence of International Reporting Standards, in: sbr, 52. Jg. (2000), S. 182–207.

————: IAS Versus U.S. GAAP: Information Asymmetry-Based Evidence from Germany's New Market, in: JAR, Vol. 41 (2003), Nr. 3, S. 445–472.

Leuz, Christian/Nanda, Dhananjay/Wysocki, Peter D.: Earnings management and investor protection: an international comparison, in: JFE, Vol. 69 (2003), Nr. 3, S. 505–527.

Leuz, Christian/Verrecchia, Robert E.: The Economic Consequences of Increased Disclosure, in: JAR, Vol. 38 (2000), Supplement, S. 91–124.

Leuz, Christian/Wüstemann, Jens: The Role of Accounting in the German Financial System, in: The German Financial System, hrsg. v. J. P. Krahnen/R. H. Schmidt, Oxford: Oxford University Press 2004, S. 450–481.

Leuz, Christian/Wysocki, Peter: Economic Consequences of Financial Reporting and Disclosure Regulation: A Review and Suggestions for Future Research, Working Paper, University of Chicago 2008, abrufbar unter http://papers.ssrn.com/sol3/papers.cfm?abstract_id=1105398 (abgerufen am 12.3.2015).

Levine, Ross: Economic Development and Financial Growth: Views and Agenda, in: JEL, Vol. 35 (1997), Nr. 2, S. 688–726.

———: Bank-Based or Market-Based Financial Systems: Which Is Better?, in: JFI, Vol. 11 (2002), Nr. 4, S. 398–428.

Levitt, Arthur: The Importance of High Quality Accounting Standards, in: AH, Vol. 12 (1998), Nr. 1, S. 79–82.

Leyens, Patrick C.: Informationsintermediäre als Gatekeeper: Rechtsökonomische Überlegungen zu einer modernen Intermediärhaftung, in: FS Schäfer, S. 159–170.

Leyens, Patrick C./Schmidt, Frauke: Corporate Governance durch Aktien-, Bankaufsichts- und Versicherungsaufsichtsrecht – Ausgewählte Einflüsse, Impulse und Brüche, in: AG, 23. Jg. (2013), S. 533–547.

Li, Siqi: Does Mandatory Adoption of International Financial Reporting Standards in the European Union Reduce the Cost of Equity Capital?, in: TAR, Vol. 85 (2010), Nr. 2, S. 607–636.

Libby, Robert/Bloomfield, Robert/Nelson, Mark W.: Experimental research in financial accounting, in: AOS, Vol. 27 (2002), Nr. 8, S. 775–810.

Lilienbecker, Thomas/Link, Robert/Rabenhorst, Dirk: Beurteilung der Going-Concern-Prämisse durch den Abschlussprüfer bei Unternehmen in der Krise, in: BB, 64. Jg. (2009), S. 262–266.

Lindemann, Jens: Kapitalmarktrelevanz der Rechnungslegung – Konzepte, Methodik und Ergebnisse empirischer Forschung, in: ZfB, 76. Jg. (2006), S. 967–1003.

Linsley, Philip M./Shrives, Philip J.: Transparency and the disclosure of risk information in the banking sector, in: JFRC, Vol. 13 (2005), Nr. 3, S. 205–214.

Lintner, John: The Valuation of Risk Assets and the Selection of Risky Investments in Stock Portfolios and Capital Budgets, in: RES, Vol. 47 (1965), Nr. 1, S. 13–37.

Litzenberger, Robert H./Modest, David M.: Crisis and Noncrisis Risk in Financial Markets, in: The Known, The Unknown and The Unknowable in Financial Risk Management, hrsg. v. F. X. Diebold et al., Princeton, NJ: Princeton University Press 2010, S. 74–102.

Löbbe, Marc/Fischbach, Jonas: Die Business Judgment Rule bei Kollegialentscheidungen des Vorstands, in: AG, 24. Jg. (2014), S. 717–729.

Lohse, Andrea: Unternehmerisches Ermessen: Zu den Aufgaben und Pflichten von Vorstand und Aufsichtsrat, Tübingen 2005.

Loritz, Karl-Georg/Wagner, Klaus-R.: Haftung von Vorständen und Aufsichtsräten, in: DStR, 50. Jg. (2012), S. 2189–2195.

Lück, Wolfgang: Elemente eines Risiko-Managementsystems, in: DB, 51. Jg. (1998), S. 8–14.

———: Der Umgang mit unternehmerischen Risiken durch ein Risikomanagementsystem und durch ein Überwachungssystem, in: DB, 51. Jg. (1998), S. 1925–1930.

———: Anforderungen an die Redepflicht des Abschlussprüfers, in: BB, 56. Jg. (2001), S. 404–408.

Lutter, Marcus: Interessenkonflikte und Business Judgment Rule, in: FS Canaris, S. 245–256.

———: Die Business Judgement Rule und ihre praktische Anwendung, in: ZIP, 28. Jg. (2007), S. 841–848.

———: Bankenkrise und Organhaftung, in: ZIP, 30. Jg. (2009), S. 197–201.

Lutter, Marcus/Krieger, Gerd/Verse, Dirk A.: Rechte und Pflichten des Aufsichtsrats, 6. Aufl., Köln 2014.

Mackenzie, Bruce/Coetsee, Danie/Njikizana, Tapiwa/Selbst, Edwin/Chamboko, Raymond/ Colyvas, Blaise/Hanekom, Brandon: WILEY 2014 – Interpretation and Application of International Financial Reporting Standards, Hoboken, NJ: John Wiley & Sons 2014.

Malmendier, Ulrike/Tate, Geoffrey: CEO Overconfidence and Corporate Investment, in: JF, Vol. 60 (2005), Nr. 6, S. 2661–2700.

———: Who makes acquisitions? CEO overconfidence and the market's reaction, in: JFE, Vol. 89 (2008), Nr. 1, S. 20–43.

Mandelbrot, Benoit: The Variation of Certain Speculative Prices, in: JB, Vol. 36 (1963), Nr. 4, S. 394–419.

Mandelbrot, Benoit/Taleb, Nassim N.: Mild vs. Wild Randomness, in: The Known, The Unknown and The Unknowable in Financial Risk Management, hrsg. v. F. X. Diebold et al., Princeton, NJ: Princeton University Press 2010, S. 47–58.

Manne, Henry G.: Mergers and the Market for Corporate Control, in: JPE, Vol. 73 (1965), Nr. 2, S. 110–120.

Markowitz, Harry: Portfolio Selection, in: JF, Vol. 7 (1952), Nr. 1, S. 77–91.

Martens, Klaus-Peter: Der Grundsatz gemeinsamer Vorstandsverantwortung, in: FS Fleck, S. 191–208.

Martin, Kenneth J./McConnell, John J.: Corporate Performance, Corporate Takeovers, and Management Turnover, in: JF, Vol. 46 (1991), Nr. 2, S. 671–687.

Martynova, Marina/Renneboog, Luc: A century of corporate takeovers: What have we learned and where do we stand?, in: JBF, Vol. 32 (2008), Nr. 10, S. 2148–2177.

Mattheus, Daniela: Die gewandelte Rolle des Wirtschaftsprüfers als Partner des Aufsichtsrats nach dem KonTraG, in: ZGR, 28. Jg. (1999), S. 682–714.

————: Die Rolle des Abschlussprüfers in der Corporate Governance, in: Handbuch Corporate Governance, hrsg. v. P. Hommelhoff et al., 2. Aufl., Köln und Stuttgart 2009, S. 563–602.

Mazumdar, Sumon C./Sengupta, Partha: Disclosure and the Loan Spread on Private Debt, in: FAJ, Vol. 61 (2005), Nr. 3, S. 83–95.

McClelland, Gary H./Schulze, William D./Coursey, Don L.: Insurance for low-probability hazards: A bimodal response to unlikely events, in: JRU, Vol. 7 (1993), Nr. 1, S. 95–116.

McDaniel, Morey W.: Bondholders and Stockholders, in: JCL, Vol. 13 (1988), Nr. 2, S. 205–315.

McNeil, Alexander J./Frey, Rüdiger/Embrechts, Paul: Quantitative risk management, Princeton, NJ: Princeton University Press 2005.

Melcher, Winfried/Mattheus, Daniela: Zum Referentenentwurf des Bilanzrechtsmodernisierungsgesetzes (BilMoG): Lageberichterstattung, Risikomanagement-Bericht und Corporate Governance-Statement, in: DB, 61. Jg. (2008), Beilage Nr. 1, S. 52–55.

————: Zur Umsetzung der HGB-Modernisierung durch das BilMoG: Neue Offenlegungspflichten zur Corporate Governance, in: DB, 62. Jg. (2009), Beilage Nr. 5, S. 77–82.

Melcher, Winfried/Murer, Alexander: Das IFRS Practice Statement "Management Commentary" im Vergleich zu den DRS Verlautbarungen zur Lageberichterstattung, in: DB, 64. Jg. (2011), S. 430–434.

Menon, Krishnagopal/Williams, David D.: Investor Reaction to Going Concern Audit Reports, in: TAR, Vol. 85 (2010), Nr. 6, S. 2075–2105.

Merkt, Hanno: Managerhaftung im Finanzsektor: Status Quo und Reformbedarf, in: FS Hommelhoff, S. 711–729.

————: Compliance und Risikofrüherkennung in kleinen und mittleren Unternehmen, in: ZIP, 35. Jg. (2014), S. 1705–1714.

Merton, Robert C.: On the Pricing of Corporate Debt: The Risk Structure of Interest Rates, in: JF, Vol. 29 (1974), Nr. 2, S. 449–470.

Meyer, Andreas: Finanzmarktkrise und Organhaftung, in: CCZ, 4. Jg. (2011), S. 41–47.

Michaely, Roni/Womack, Kent L.: Conflict of Interest and the Credibility of Underwriter Analyst Recommendations, in: RFS, Vol. 12 (1999), Nr. 4, S. 653–686.

Mikkelson, Wayne H./Partch, M. Megan: The decline of takeovers and disciplinary managerial turnover, in: JFE, Vol. 44 (1999), Nr. 2, S. 205–228.

Möllers, Thomas M. J.: Professionalisierung des Aufsichtsrates, in: ZIP, 16. Jg. (1995), S. 1725–1735.

Möllers, Thomas M. J./Kernchen, Eva: Information Overload am Kapitalmarkt, in: ZGR, 40. Jg. (2011), S. 1–26.

Mölls, Sascha H./Strauß, Michael: Bewertungsrelevanz der Rechnungslegung, in: ZfB, 77. Jg. (2007), S. 955–995.

Mossin, Jan: Equilibrium in a Capital Asset Market, in: Econometrica, Vol. 34 (1966), Nr. 4, S. 768–783.

Moxter, Adolf: Der Einfluß von Publizitätsvorschriften auf das unternehmerische Verhalten, Köln und Opladen 1962.

———: Die handelsrechtlichen Grundsätze ordnungsmäßiger Buchführung und das neue Bilanzrecht, in: ZGR, 9. Jg. (1980), S. 254–276.

———: Zur wirtschaftlichen Betrachtungsweise im Bilanzrecht, in: StuW, 58. Jg. (1981), S. 232–241.

———: Entziehbarer Gewinn?, in: FS Clemm, S. 231–241.

———: Die Vorschriften zur Rechnungslegung und Abschlußprüfung im Referentenentwurf eines Gesetzes zur Kontrolle und Transparenz im Unternehmensbereich, in: BB, 52. Jg. (1997), S. 722–730.

———: Missverständnisse um das Maßgeblichkeitsprinzip, in: DStZ, 88. Jg. (2000), S. 157–161.

———: Grundsätze ordnungsmäßiger Rechnungslegung, Düsseldorf 2003.

Mülbert, Peter O.: Rechtliche Grenzen der Optimierung – das gesellschaftsrechtlich erlaubte Risiko, in: Ökonomie versus Recht im Finanzmarkt?, hrsg. v. E. Kempf et al., Berlin und Boston, MA 2011, S. 85–93.

Müller, Stefan/Brackschulze, Kai: Prozyklische Effekte von Risikomanagementsystemen nach KonTraG in Finanz- und Vertrauenskrisen, in: DB, 64. Jg. (2011), S. 2389–2396.

Müller, Welf: Der Bestätigungsvermerk des Abschlussprüfers, in: FS Hommelhoff, S. 777–790.

Müller-Michaels, Olaf/Wingerter, Eugen: Die Wiederbelebung der Sonderprüfung durch die Finanzkrise: IKB und die Folgen, in: AG, 20. Jg. (2010), S. 903–910.

Myers, Stewart C.: Financing of Corporations, in: Handbook of the Economics of Finance, bearb. v. G. M. Constantinides et al., Amsterdam: Elsevier 2003, S. 215–253.

Nauheim, Markus/Goette, Constantin: Managerhaftung im Zusammenhang mit Unternehmenskäufen – Anmerkungen zur Business Judgment Rule aus der M&A-Praxis, in: DStR, 51. Jg. (2013), S. 2520–2526.

Neumann, John von/Morgenstern, Oskar: Theory of Games and Economic Behavior, 3. Aufl., Princeton, NJ: Princeton University Press 1953.

Ng, Jeffrey: The effect of information quality on liquidity risk, in: JAE, Vol. 52 (2011), Nr. 2–3, S. 126–143.

Niemeier, Wilhelm: Die Steigerung der Aussagekraft des handelsrechtlichen Jahresabschlusses durch die Änderungen der 4. und 7. Richtlinie, in: WPg, 59. Jg. (2006), S. 173–185.

Nier, Erlend/Baumann, Ursel: Market discipline, disclosure and moral hazard in banking, in: JFI, Vol. 15 (2006), Nr. 3, S. 332–361.

Nonnenmacher, Rolf: Corporate Governance und Abschlussprüfung, in: FS Ballwieser, S. 547–566.

Nonnenmacher, Rolf/Pohle, Klaus/Werder, Axel von: Aktuelle Anforderungen an Prüfungsausschüsse, in: DB, 60. Jg. (2007), S. 2412–2417.

————: Aktuelle Anforderungen an Prüfungsausschüsse, in: DB, 62. Jg. (2009), S. 1447–1454.

Norden, Lars/Weber, Martin: Informational efficiency of credit default swap and stock markets: The impact of credit rating announcements, in: JBF, Vol. 28 (2004), Nr. 11, S. 2813–2843.

NYSE: Section 303A.07(b)(iii)(D) of the NYSE Listed Company Manual, abrufbar unter http://nysemanual.nyse.com (abgerufen am 12.3.2015).

o.V.: Enron – Kein Ende mit Schrecken, in: Manager Magazin 2001, abrufbar unter http://www.manager-magazin.de/unternehmen/artikel/a-170794.html (abgerufen am 12.3.2015).

————: Deutsche Bank hält an Nahrungsmittel-Spekulation fest, in: FAZ vom 20. Januar 2013, abrufbar unter http://www.faz.net/aktuell/finanzen/devisen-rohstoffe/agrarrohstoffe-deutsche-bank-haelt-an-nahrungsmittel-spekulation-fest-12031549.html (abgerufen am 12.3.2015).

Obama, Barack H.: Modernizing Our Regulation of Financial Markets, Cooper Union, New York, NY 2008, abrufbar unter http://www.presidency.ucsb.edu/ws/?pid=93292 (abgerufen am 12.3.2015).

Oehler, Andreas/Unser, Matthias: Finanzwirtschaftliches Risikomanagement, 2. Aufl., Berlin et al. 2002.

Oltmanns, Martin: Geschäftsleiterhaftung und unternehmerisches Ermessen, Frankfurt a. M. et al. 2001.

Othman, Hakim B./Zeghal, Daniel: A study of earnings-management motives in the Anglo-American and Euro-Continental accounting models: The Canadian and French cases, in: IJA, Vol. 41 (2006), Nr. 4, S. 406–435.

Paefgen, Walter G.: Dogmatische Grundlagen, Anwendungsbereich und Formulierung einer Business Judgment Rule im künftigen UMAG, in: AG, 14. Jg. (2004), S. 245–261.

————: Die Inanspruchnahme pflichtvergessener Vorstandsmitglieder als unternehmerische Ermessensentscheidung des Aufsichtsrats, in: AG, 18. Jg. (2008), S. 761–769.

————: Organhaftung: Bestandsaufnahme und Zukunftsperspektiven, in: AG, 24. Jg. (2014), S. 554–584.

Pauli, Marcus/Albrecht, Christoph: Wachsende Bedeutung der Risikoberichterstattung in Konzernen durch DRS 20, in: BB, 69. Jg. (2014), S. 1195–1199.

Pesaran, M. Hashem/Schuermann, Til/Treutler, Bjorn-Jakob/Weiner, Scott M.: Macro-economic Dynamics and Credit Risk: A Global Perspective, in: JMCB, Vol. 38 (2006), Nr. 5, S. 1211–1261.

Pesaran, M. Hashem/Schuermann, Til/Weiner, Scott M.: Modeling Regional Interdependencies Using a Global Error-Correcting Macroeconometric Model, in: JBES, Vol. 22 (2004), Nr. 2, S. 129–162.

Peter, Christian: Eigenkapitalunterlegungen von Verbriefungen – externe Ratings und interne Risikoanalyse, in: ZfgK, 65. Jg. (2012), S. 946–950.

Peters, Kai: Angemessene Informationsbasis als Voraussetzung pflichtgemäßen Vorstandshandelns, in: AG, 20. Jg. (2010), S. 811–817.

Petrella, Giovanni/Resti, Andrea: Supervisors as information producers: Do stress tests reduce bank opaqueness?, in: JBF, Vol. 37 (2013), Nr. 12, S. 5406–5420.

Philipp Holzmann AG: Geschäftsbericht 1999, Frankfurt a. M. 2000.

Picot, Arnold: Prognosen und Pläne: Warum ist ihre Prüfung so schwierig?, in: FS Ballwieser, S. 605–620.

Pohl, Michael: Das Liquiditätsrisiko in Banken: Ansätze zur Messung und ertragsorientierten Steuerung, Frankfurt a. M. 2008.

Pollanz, Manfred: Offene Fragen der Prüfung von Risikomanagementsystemen nach KonTraG, in: DB, 54. Jg. (2001), S. 1317–1325.

Posner, Richard A.: Economic analysis of law, 9. Aufl., Austin, TX et al.: Wolters Kluwer Law & Business 2014.

Power, Michael: The risk management of nothing, in: AOS, Vol. 34 (2009), Nr. 6–7, S. 849–855.

Preußner, Joachim: Risikomanagement und Compliance in der aktienrechtlichen Verantwortung des Aufsichtsrats unter Berücksichtigung des Gesetzes zur Modernisierung des Bilanzrechts (BilMoG), in: NZG, 11. Jg. (2008), S. 574–576.

Preußner, Joachim/Becker, Florian: Ausgestaltung von Risikomanagementsystemen durch die Geschäftsleitung – Zur Konkretisierung einer haftungsrelevanten Organisationspflicht, in: NZG, 5. Jg. (2002), S. 846–851.

Preußner, Joachim/Zimmermann, Dörte: Risikomanagement als Gesamtaufgabe des Vorstandes, in: AG, 12. Jg. (2002), S. 657–662.

Probst, Arno/Theisen, Manuel R.: Herausforderungen und Grenzen "mitunternehmerischer" Entscheidungen im Aufsichtsrat, in: DB, 63. Jg. (2010), S. 1573–1578.

Rabin, Matthew: Psychology and Economics, in: JEL, Vol. 36 (1998), Nr. 1, S. 11–46.

Rachlinski, Jeffrey J.: A Positive Psychological Theory of Judging in Hindsight, in: The University of Chicago Law Review, Vol. 65 (1998), Nr. 2, S. 571–625.

———: Heuristics and Biases in the Courts: Ignorance or Adaptation, in: Oregon Law Review, Vol. 79 (2000), Nr. 1, S. 61–102.

Raiser, Thomas: Pflicht und Ermessen von Aufsichtsratsmitgliedern – Zum Urteil des OLG Düsseldorf im Fall ARAG/Garmenbeck, in: NJW, 49. Jg. (1996), S. 552–554.

Rau-Bredow, Hans: Value-at-Risk, Expected Shortfall and Marginal Risk Contribution, in: Risk Measures for the 21st Century, hrsg. v. G. Szegö, Chichester et al.: John Wiley & Sons 2004, S. 61–68.

Redeke, Julian: Zu den Organpflichten bei bestandsgefährdenden Risiken, in: ZIP, 31. Jg. (2010), S. 159–167.

Regierungskommission Deutscher Corporate Governance Kodex: Deutscher Corporate Governance Kodex 2014, abrufbar unter http://www.dcgk.de//files/dcgk/usercontent/de/download/kodex/D_CorGov_Endfassung_2014.pdf (abgerufen am 12.3.2015).

Reitz, Stefan: Moderne Konzepte zur Messung des Liquiditätsrisikos, in: Handbuch Liquiditätsrisiko, hrsg. v. P. Bartetzky et al., Stuttgart 2008, S. 121–140.

Rice, Sarah C./Weber, David P.: How Effective Is Internal Control Reporting under SOX 404? Determinants of the (Non-)Disclosure of Existing Material Weaknesses, in: JAR, Vol. 50 (2012), Nr. 3, S. 811–843.

Richardson, Alan J./Welker, Michael: Social disclosure, financial disclosure and the cost of equity capital, in: AOS, Vol. 26 (2001), Nr. 7–8, S. 597–616.

Rieder, Markus S./Holzmann, Daniel: Die Auswirkungen der Finanzkrise auf die Organhaftung, in: AG, 21. Jg. (2011), S. 265–274.

Rieger, Norbert/Rothenfußer, Christoph: Zusammenwirken von Vorstand und Aufsichtsrat bei wesentlichen Unternehmensentscheidungen, in: NZG, 17. Jg. (2014), S. 1012–1015.

Roe, Mark J.: Some Differences in Corporate Governance in Germany, Japan und America, in: Institutional Investors and Corporate Governance, hrsg. v. T. Baums et al., Berlin und New York, NY 1994, S. 23–88.

Röhrich, Raimund: Risikomanagement: Pflichten und Haftungsumfang des Aufsichtsrats, in: ZCG, 1. Jg. (2006), S. 41–44.

Rönnau, Thomas: Rating – Ersatz für unternehmerische Entscheidungen, in: Ökonomie versus Recht im Finanzmarkt?, hrsg. v. E. Kempf et al., Berlin und Boston, MA 2011, S. 115–127.

Rosenberg, Joshua V./Schuermann, Til: A General Approach to Integrated Risk Management with Skewed, Fat-tailed Risks, in: JFE, Vol. 79 (2006), Nr. 3, S. 569–614.

Ross, Stephen A./Westerfield, Randolph W./Jaffe, Jeffrey: Corporate Finance, 10. Aufl., New York, NY: McGraw-Hill Irwin 2013.

Rossi, Stefano/Volpin, Paolo F.: Cross-country determinants of mergers and acquisitions, in: JFE, Vol. 74 (2004), Nr. 2, S. 277–304.

Roth, Markus: Unternehmerisches Ermessen und Haftung des Vorstands, München 2001.

————: Das unternehmerische Ermessen des Vorstands, in: BB, 59. Jg. (2004), S. 1066–1069.

————: Information und Organisation des Aufsichtsrats, in: ZGR, 41. Jg. (2012), S. 343–381.

Rudolph, Bernd: Lehren aus den Ursachen und dem Verlauf der internationalen Finanzkrise, in: ZfbF, 60. Jg. (2008), S. 713–741.

————: Die internationale Finanzkrise: Ursachen, Treiber, Veränderungsbedarf und Reformansätze, in: ZGR, 39. Jg. (2010), S. 1–47.

Ruhnke, Klaus: Geschäftsrisikoorientierte Abschlussprüfung – Revolution im Prüfungswesen oder Weiterentwicklung des risikoorientierten Prüfungsansatzes?, in: DB, 55. Jg. (2002), S. 437–443.

Ruhnke, Klaus/Schmidt, Martin: The audit expectation gap: existence, causes, and the impact of changes, in: ABR, Vol. 44 (2014), Nr. 5, S. 572–601.

Ruhnke, Klaus/Schmiele, Catharina/Schwind, Jochen: Die Erwartungslücke als permanentes Phänomen der Abschlussprüfung – Definitionsansatz, empirische Untersuchung und Schlussfolgerungen, in: ZfbF, 62. Jg. (2010), S. 394–421.

Ruhnke, Klaus/Simons, Dirk: Rechnungslegung nach IFRS und HGB, 3. Aufl., Stuttgart 2012.

Ryan, Stephen G.: Risk reporting quality: implications of academic research for financial reporting policy, in: ABR, Vol. 42 (2012), Nr. 3, S. 295–324.

Sächsischer Rechnungshof: Sonderbericht nach § 99 SäHO – Landesbank Sachsen Girozentrale, Leipzig 2009, abrufbar unter http://www.rechnungshof.sachsen.de/files/SRH_Sonderbericht_SLB_2009.pdf (abgerufen am 12.3.2015).

Säcker, Franz J.: Finanzmarktkrise, Sorglosigkeit von Verwaltungsorganen und Untreuetatbestand, in: Die Finanzkrise, das Wirtschaftsstrafrecht und die Moral, hrsg. v. K. Lüderssen et al., Berlin und New York, NY 2010, S. 119–131.

Säcker, Franz J./Rehm, Christian: Grenzen der Mitwirkung des Aufsichtsrats an unternehmerischen Entscheidungen in der Aktiengesellschaft, in: DB, 61. Jg. (2008), S. 2814–2821.

Sander, Julian/Schneider, Stefan: Die Pflicht der Geschäftsleiter zur Einholung von Rat, in: ZGR, 42. Jg. (2013), S. 725–759.

Saudagaran, Shahrokh M./Biddle, Gary C.: Financial Disclosure Levels and Foreign Stock Exchange Listing Decisions, in: JIFMA, Vol. 4 (1992), Nr. 2, S. 106–148.

Schäfer, Achim/Zeller, Ulrich: Finanzkrise, Risikomodelle und Organhaftung, in: BB, 64. Jg. (2009), S. 1706–1711.

Schäfer, Albrecht: Der Prüfungsausschuss – Arbeitsteilung im Aufsichtsrat, in: ZGR, 33. Jg. (2004), S. 416–431.

Schäfer, Carsten: Die Binnenhaftung von Vorstand und Aufsichtsrat nach der Renovierung durch das UMAG, in: ZIP, 26. Jg. (2005), S. 1253–1259.

Schäfer, Frank A.: Eigenkapital im Bankaufsichtsrecht und Basel III, in: ZHR, 175. Jg. (2011), S. 319–337.

Schäfer, Hans-Bernd/Ott, Claus: Lehrbuch der ökonomischen Analyse des Zivilrechts, 5. Aufl., Berlin und Heidelberg 2012.

Schäfer, Marc/Lenhardt, Marco: Management Reporting in turbulenten Zeiten, in: Die Bank (2013), Nr. 6, S. 44–48.

Schaub, Peter/Schaub, Michael: Ratingurteile als Entscheidungsgrundlage für Vorstand und Abschlussprüfer?, in: ZIP, 34. Jg. (2013), S. 656–664.

Scheffler, Eberhard: Controlling als Bindeglied zwischen Vorstand und Aufsichtsrat, in: Corporate Governance und Controlling, hrsg. v. C.-C. Freidank, Heidelberg 2004, S. 97–112.

————: Corporate Governance – Auswirkungen auf den Wirtschaftsprüfer, in: WPg, 58. Jg. (2005), S. 477–486.

————: Rolle des Aufsichtsrats bei der Vermeidung und Überwindung von Unternehmenskrisen, in: BB, 69. Jg. (2014), S. 2859–2863.

Schick, Allen G./Gordon, Lawrence A./Haka, Susan: Information Approach: A Temporal Approach, in: AOS, Vol. 15 (1990), Nr. 3, S. 199–220.

Schierenbeck, Henner/Pohl, Michael: Integrierte Risikomessung im Rahmen der Ertrags- und Risikosteuerung nach den MaRisk, in: FS Rudolph, S. 511–529.

Schildbach, Thomas: Der handelsrechtliche Jahresabschluss, 9. Aufl., Herne 2009.

Schindler, Joachim/Rabenhorst, Dirk: Auswirkungen des KonTraG auf die Abschlußprüfung (Teil I), in: BB, 53. Jg. (1998), S. 1886–1893.

————: Auswirkungen des KonTraG auf die Abschlußprüfung (Teil II), in: BB, 53. Jg. (1998), S. 1939–1944.

Schipper, Katherine: Analysts' Forecasts, in: AH, Vol. 5 (1991), Nr. 4, S. 105–121.

Schlüter, Tobias/Hartmann-Wendels, Thomas/Weber, Tim/Zander, Michael: Die Risikoberichterstattung deutscher Banken: Erhebung des Branchenstandards, in: ZfbF, 66. Jg. (2014), S. 386–427.

Schmidt, Reiner/Bulla, Simon: Zur Haftung von Mitgliedern der Aufsichtsorgane von Anstalten des öffentlichen Rechts am Beispiel der Bayerischen Landesbank und der Bayerischen Staatsforsten, in: FS Hommelhoff, S. 1001–1022.

Schmid, Reinhard H./Tyrell, Marcel: What Constitutes a Financial System in General and the German Financial System in Particular?, in: The German Financial System, hrsg. v. J. P. Krahnen/R. H. Schmidt, Oxford: Oxford University Press 2004, S. 18–67.

Schmidt, Reinhard H./Weiß, Marco: Shareholder vs. Stakeholder: Ökonomische Fragen, in: Handbuch Corporate Governance, hrsg. v. P. Hommelhoff et al., 2. Aufl., Köln und Stuttgart 2009, S. 161–184.

Schmidt, Stefan: Geschäftsverständnis, Risikobeurteilungen und Prüfungshandlungen des Abschlussprüfers als Reaktion auf beurteilte Risiken, in: WPg, 58. Jg. (2005), S. 873–887.

Schmidt, Stefan/Küster, Thomas: Kommentierung zu § 322 HGB, in: Beck Bil.-Komm.

Schmitz-Remberg, Florian J.: Existenzgefährdende Maßnahmen im Lichte der Business Judgement Rule des § 93 Abs. 1 S. 2 AktG, in: BB, 69. Jg. (2014), S. 2701–2704.

Schneider, Sven H.: "Unternehmerische Entscheidungen" als Anwendungsvoraussetzung für die Business Judgement Rule, in: DB, 58. Jg. (2005), S. 707–712.

Schön, Wolfgang: Gesellschafter-, Gläubiger- und Anlegerschutz im Europäischen Bilanzrecht, in: ZGR, 29. Jg. (2000), S. 706–742.

Schröder, Christian: Das erlaubte Risiko im Bankgeschäft am Beispiel der Pflichtwidrigkeit von ABS-Investitionen im Vorfeld der Finanzkrise, in: Ökonomie versus Recht im Finanzmarkt?, hrsg. v. E. Kempf et al., Berlin und Boston, MA 2011, S. 59–74.

Schünemann, Bernd: Die sogenannte Finanzkrise – Systemversagen oder global organisierte Kriminalität?, in: Die sogenannte Finanzkrise – Systemversagen oder global organisierte Kriminalität?, hrsg. v. B. Schünemann, Berlin 2010, S. 71–105.

Schuermann, Til: Stress testing banks, in: IJF, Vol. 30 (2014), Nr. 3, S. 717–728.

SEC: In the Matter of John J. Aesoph, CPA, and Darren M. Bennett, CPA, 2013, abrufbar unter https://www.sec.gov/litigation/admin/2013/34-68605.pdf (abgerufen am 12.3.2015).

Seibert, Ulrich: Die Entstehung des § 91 Abs. 2 AktG im KonTraG – "Risikomanagement" oder "Frühwarnsystem"?, in: FS Bezzenberger, S. 427–439.

———: Finanzmarktkrise, Corporate Governance, Aufsichtsrat, in: DB, 62. Jg. (2009), S. 1167–1171.

Seibert, Ulrich/Schütz, Carsten: Der Referentenentwurf eines Gesetzes zur Unternehmensintegrität und Modernisierung des Anfechtungsrechts – UMAG, in: ZIP, 25. Jg. (2004), S. 252–258.

Seibt, Christoph H./Wollenschläger, Bernward: Haftungsrisiken für Manager wegen fehlgeschlagener Post Merger Integration, in: DB, 62. Jg. (2009), S. 1579–1583.

Selter, Wolfgang: Haftungsrisiken von Vorstandsmitgliedern bei fehlendem und von Aufsichtsratsmitgliedern bei vorhandenem Fachwissen, in: AG, 22. Jg. (2012), S. 11–20.

Semler, Johannes: Entscheidungen und Ermessen im Aktienrecht, in: FS Ulmer, S. 627–642.

———: Zustimmungsvorbehalte als Instrument der Überwachung durch den Aufsichtsrat, in: FS Doralt, S. 609–623.

———: Anforderungen an die Befähigung eines Aufsichtsratsmitglieds, in: FS Schmidt, S. 1489–1505.

———: Überlegungen zur Praktikabilität der Organhaftungsvorschriften, in: FS Goette, S. 499–512.

Senger, Thomas/Brune, Jens: DRS 20: neue und geänderte Anforderungen an den Konzernlagebericht, in: WPg, 65. Jg. (2012), S. 1285–1289.

Sengupta, Partha: Corporate Disclosure Quality and the Cost of Debt, in: TAR, Vol. 73 (1998), Nr. 4, S. 459–474.

Senior Supervisors Group: Observations on Developments in Risk Appetite Frameworks and IT Infrastructure, 2010, abrufbar unter http://www.newyorkfed.org/newsevents/news/banking/2010/an101223.pdf (abgerufen am 12.3.2015).

Servaes, Henri/Tamayo, Ane/Tufano, Peter: The Theory and Practice of Corporate Risk Management, in: J. Appl. Corp. Fin., Vol. 21 (2009), Nr. 4, S. 60–78.

Sharpe, William F.: Capital Asset Prices: A Theory of Market Equilibrium, in: JF, Vol. 19 (1964), Nr. 3, S. 425–442.

Shleifer, Andrei: Psychologists at the Gate: A Review of Daniel Kahneman's Thinking, Fast and Slow, in: JEL, Vol. 50 (2012), Nr. 4, S. 1080–1091.

Shleifer, Andrei/Vishny, Robert W.: A Survey of Corporate Governance, in: JF, Vol. 52 (1997), Nr. 2, S. 737–783.

Shroff, Nemit/Sun, Amy X./White, Hal D./Zhang, Weining: Voluntary Disclosure and Information Asymmetry: Evidence from the 2005 Securities Offering Reform, in: JAR, Vol. 51 (2013), Nr. 5, S. 1299–1345.

Sibbertsen, Philipp/Lehne, Hartmut: Statistik, Berlin und Heidelberg 2012.

Siemens AG: Jahresbericht 2013, Berlin und München 2013, abrufbar unter http://www.siemens.com/annual/13/de/download/pdf/Siemens_JB2013.pdf (abgerufen am 12.3.2015).

Sikka, Prem: Financial crisis and the silence of the auditors, in: AOS, Vol. 34 (2009), Nr. 6–7, S. 868–873.

Simon, Herbert A.: A Behavioral Model of Rational Choice, in: QJE, Vol. 69 (1955), Nr. 1, S. 99–118.

Simon, Stefan/Merkelbach, Matthias: Organisationspflichten des Vorstands betreffend das Compliance-System – Der Neubürger-Fall, in: AG, 24. Jg. (2014), S. 318–321.

Simons, Dirk: Kosten und Nutzen von Aktienoptionsprogrammen, Wiesbaden 2002.

――――: Internationalisierung von Rechnungslegung, Prüfung und Corporate Governance, Wiesbaden 2005.

Simons, Dirk/Voeller, Dennis: Zusammenarbeit von Abschlussprüfung und Controlling im Rahmen der internationalen Rechnungslegung, in: Controlling und Corporate Governance-Anforderungen, hrsg. v. A. Wagenhofer, Berlin 2010, S. 179–197.

Singer, Jürgen: Value at Risk oder die MgM-Methode? – ein Zwischenruf, in: ZfgK, 66. Jg. (2013), S. 1154–1155.

Sinn, Hans-Werner: Kasino-Kapitalismus: Wie es zur Finanzkrise kam, und was jetzt zu tun ist, 2. Aufl., Berlin 2009.

Slovic, Paul/Fischhoff, Baruch/Lichtenstein, Sarah: Accident Probabilities and Seat Bealt Usage: A Psychological Perspective, in: AAP, Vol. 10 (1978), Nr. 4, S. 281–285.

Slovic, Paul/Fischhoff, Baruch/Lichtenstein, Sarah/Corrigan, Bernard/Combs, Barbara: Preference for Insuring Against Probable Small Losses: Insurance Implications, in: JRI, Vol. 44 (1977), Nr. 2, S. 237–258.

Slywotzky, Adrian J./Drzik, John: Countering the Biggest Risk of All, in: HBR, Vol. 83 (2005), Nr. 4, S. 78–88.

Spielberg, Holger/Becher, Florian: Welche Risikoaggregationsmethode ist MaRisk-konform?, in: Die Bank (2013), Nr. 4, S. 30–34.

Spindler, Gerald: Von der Früherkennung von Risiken zum umfassenden Risikomanagement – zum Wandel des § 91 AktG unter europäischem Einfluss, in: FS Canaris, S. 985–998.

――――: Sonderprüfung und Pflichten eines Bankvorstands in der Finanzmarktkrise, in: NZG, 13. Jg. (2010), S. 281–285.

――――: Organhaftung in der AG – Reformbedarf aus wissenschaftlicher Perspektive, in: AG, 23. Jg. (2013), S. 889–904.

――――: Kommentierung zu § 90 AktG, in: Münchener Kommentar AktG.

――――: Kommentierung zu § 93 AktG, in: Münchener Kommentar AktG.

――――: Risikomanagementpflichten nach § 91 Abs. 2 AktG und Prüfung durch den Abschlussprüfer, in: FS Ballwieser, S. 849–872.

Standard Chartered plc: Annual Report 2013, London 2014, abrufbar unter http://reports.standardchartered.com/annual-report-2013/pdf/2013-Annual-Report.pdf (abgerufen am 12.3.2015).

Stanovich, Keith E./West, Richard F.: Individual differences in reasoning: Implications for the rationality debate?, in: BBS, Vol. 23 (2000), Nr. 5, S. 645–665.

Stein, Thomas: Eine ökonomische Analyse der Entwicklung der Lageberichtsqualität, Wiesbaden 2011.

Stempel, Jonathan: Judge OKs $ 125 mln New Century lawsuit settlement, New York, NY 2010, abrufbar unter http://www.reuters.com/article/2010/08/11/newcentury-settlement-idUSN1018298820100811 (abgerufen am 12.3.2015).

Stephanou, Constantinos: Rethinking Market Discipline in Banking: Lessons from the Financial Crisis, Policy Research Working Paper 5227, The World Bank 2010, abrufbar unter http://papers.ssrn.com/sol3/papers.cfm?abstract_id=1565988 (abgerufen am 12.3.2015).

Steurer, Reinhard: Die Rolle der Politik im Themenfeld CSR, in: Corporate Social Responsibility, hrsg. v. A. Schneider/R. Schmidpeter, Berlin und Heidelberg 2012, S. 731–749.

Stibi, Eva: Prüfungsrisikomodell und Risikoorientierte Abschlußprüfung, Düsseldorf 1995.

Stone, Eric R./Yates, J. Frank/Parker, Andrew M.: Risk Communication: Absolute versus Relative Expressions of Low-Probability Risks, in: Org. Beh. Hum. Dec. P., Vol. 60 (1994), Nr. 3, S. 387–408.

Stout, Lynn A.: In Praise of Procedure: An Economic and Behavioral Defense of Smith v. Van Gorkom and the Business Judgment Rule, in: Northwestern University Law Review, Vol. 96 (2001), Nr. 2, S. 675–693.

———: On the Proper Motives of Corporate Directors (Or, Why You Don't Want to Invite Homo Economicus to Join Your Board), in: Delaware Journal of Corporate Law, Vol. 28 (2003), Nr. 1, S. 1–25.

Strieder, Thomas: Erweiterung der Lageberichterstattung nach dem BilMoG, in: BB, 64. Jg. (2009), S. 1002–1006.

Stulz, René M.: Risk Management Failures: What Are They and When Do They Happen?, in: J. Appl. Corp. Fin., Vol. 20 (2008), Nr. 4, S. 39–48.

———: 6 Ways Companies Mismanage Risk, in: HBR, Vol. 87 (2009), Nr. 3, S. 86–94.

Sun, Jerry/Liu, Guoping: Audit committees' oversight of bank risk-taking, in: JBF, Vol. 40 (2014), S. 376–387.

Sunstein, Cass R.: Behavioral Law and Economics: A Progress Report, in: ALER, Vol. 1 (1999), Nr. 1–2, S. 115–157.

Svenson, Ola: Are We All Less Risky and More Skillful Fellow Drivers?, in: AP, Vol. 47 (1981), Nr. 2, S. 143–148.

Szegö, Giorgio: Measures of risk, in: JBF, Vol. 26 (2002), Nr. 7, S. 1253–1272.

Tabak, Benjamin M./Fazio, Dimas M./Cajueiro, Daniel O.: The effects of loan portfolio concentration on Brazilian banks' return and risk, in: JBF, Vol. 35 (2011), Nr. 11, S. 3065–3076.

Tadesse, Solomon: Banking Fragility & Disclosure: International Evidence, Working Paper, University of Michigan 2006, abrufbar unter http://deepblue.lib.umich.edu/bitstream/handle/2027.42/57254/wp874?sequence=1 (abgerufen am 12.3.2015).

Taleb, Nassim N.: The Black Swan: The Impact of the Highly Improbable, New York, NY: Random House 2007.

————: Errors, robustness, and the fourth quadrant, in: IJF, Vol. 25 (2009), Nr. 4, S. 744–759.

Tarullo, Daniel K.: Lessons from the Crisis Stress Tests, Washington, D.C. 2010, abrufbar unter http://www.federalreserve.gov/newsevents/speech/tarullo20100326a.htm (abgerufen am 12.3.2015).

Terwedow, Nicole/Klavina, Zane: Inwieweit dürfen sich Vorstand, Aufsichtsrat und Abschlussprüfer auf Ratings erworbener Finanzprodukte verlassen?, in: DK, 10. Jg. (2012), S. 535–547.

Thakor, Anjan V.: Strategic information disclosure when there is fundamental disagreement, in: JFI, Vol. 24 (2015), Nr. 2, S. 131–153.

Thaler, Richard H.: Toward a Positive Theory of Consumer Choice, in: JEBO, Vol. 1 (1980), Nr. 1, S. 39–60.

The Company Law Review Steering Group: Modern Company Law for a Competitive Economy – Developing the Framework, London 2000, abrufbar unter http://webarchive.nationalarchives.gov.uk/20121029131934/http://www.berr.gov.uk/whatwedo/businesslaw/co-act-2006/clr-review/page25086.html (abgerufen am 12.3.2015).

Theisen, Manuel R.: Risikomanagement als Herausforderung für die Corporate Governance, in: BB, 58. Jg. (2003), S. 1426–1430.

————: Gesetzliche versus funktionsgerechte Informationsversorgung, in: ZGR, 42. Jg. (2013), S. 1–25.

Thiessen, Jan: Zustimmungsvorbehalte des Aufsichtsrats zwischen Pflicht und Kür, in: AG, 23. Jg. (2013), S. 573–582.

Thole, Christophe: Managerhaftung für Gesetzesverstöße, in: ZHR, 173. Jg. (2009), S. 504–535.

Thümmel, Roderich C.: Aufsichtsratshaftung vor neuen Herausforderungen – Überwachungsfehler, unternehmerische Fehlentscheidungen, Organisationsmängel und andere Risikofelder, in: AG, 14. Jg. (2004), S. 83–91.

————: Organhaftung nach dem Referentenentwurf des Gesetzes zur Unternehmensintegrität und Modernisierung des Anfechtungsrechts (UMAG) – Neue Risiken für Manager?, in: DB, 57. Jg. (2004), S. 471–474.

Thun, Christian: Stresstesting – Häufige Stolpersteine vermeiden, in: Die Bank (2013), Nr. 11, S. 22–23.

Tirole, Jean: Corporate governance, in: Econometrica, Vol. 69 (2001), Nr. 1, S. 1–35.

Tobin, James: A General Equilibrium Approach To Monetary Theory, in: JMCB, Vol. 1 (1969), Nr. 1, S. 15–29.

Tönningsen, Gerrit: Die Regulierung von Ratingagenturen, in: ZBB, 13. Jg. (2011), S. 460–471.

Tolikas, Konstantinos: Unexpected tails in risk measurement: Some international evidence, in: JBF, Vol. 40 (2014), S. 476–493.

Tran, Duc H.: Corporate Governance und Eigenkapitalkosten – Bestandsaufnahme des Schrifttums unter besonderer Berücksichtigung des Informationsaspektes und Forschungsperspektiven, in: ZfB, 81. Jg. (2011), S. 551–585.

Tversky, Amos/Kahneman, Daniel: Judgment under Uncertainty: Heuristics and Biases, in: Science, Vol. 185 (1974), Nr. 4157, S. 1124–1131.

————: The Framing of Decisions and the Psychology of Choice, in: Science, Vol. 211 (1981), Nr. 4481, S. 453–458.

UBS: Shareholder Report on UBS's Write-Downs, Zürich 2008, abrufbar unter http://maths-fi.com/ubs-shareholder-report.pdf (abgerufen am 12.3.2015).

Ulmer, Peter: Die Aktionärsklage als Instrument zur Kontrolle des Vorstands- und Aufsichtsratshandelns, in: ZHR, 163. Jg. (1999), S. 290–342.

————: Haftungsfreistellung bis zur Grenze grober Fahrlässigkeit bei unternehmerischen Fehlentscheidungen von Vorstand und Aufsichtsrat?, in: DB, 57. Jg. (2004), S. 859–863.

US District Court: Southern District of New York: The New Century Liquidating Trust and Reorganized New Century Warehouse Corporation vs. KPMG International, 2009, abrufbar unter http://online.wsj.com/public/resources/documents/KPMG Intl0401.pdf (abgerufen am 12.3.2015).

Varotto, Simone: Stress testing credit risk: The Great Depression scenario, in: JBF, Vol. 36 (2012), Nr. 12, S. 3133–3149.

Velte, Patrick/Stiglbauer, Markus/Sepetauz, Karsten: Entwicklung der Risiko- und Prognoseberichterstattung am deutschen Kapitalmarkt, in: JfB, 61. Jg. (2011), S. 123–177.

Velte, Patrick/Weber, Stefan C./Stiglbauer, Markus: Reform der europäischen Corporate Governance – Praxisfolgen für die externe Abschlussprüfung, Herne 2013.

Verrecchia, Robert E.: Essays on disclosure, in: JAE, Vol. 32 (2001), Nr. 1–3, S. 97–180.

Vetter, Eberhard: Der Prüfungsausschuss in der AG nach dem BilMoG, in: ZGR, 39. Jg. (2010), S. 751–793.

————: Aktienrechtliche Organhaftung und Satzungsautonomie, in: NZG, 17. Jg. (2014), S. 921–926.

Volnhals, Martina/Hirsch, Bernhard: Information Overload und Controlling, in: ZfCM, 52. Jg. (2008), Sonderheft 1, S. 50–56.

Wagner, Gerhard: Organhaftung im Interesse der Verhaltenssteuerung – Skizze eines Haftungsregimes, in: ZHR, 178. Jg. (2014), S. 227–281.

Wall, Friederike: Betriebswirtschaftliches Risikomanagement im Lichte des KonTraG, in: Risikomanagement nach dem KonTraG, hrsg. v. K. W. Lange/F. Wall, München 2001, S. 207–235.

————: Kompatibilität des betriebswirtschaftlichen Risikomanagement mit den gesetzlichen Anforderungen?, in: WPg, 56. Jg. (2003), S. 457–471.

————: Funktionen des Controllings im Rahmen der Corporate Governance, in: ZfCM, 52. Jg. (2008), S. 228–233.

Walther, Wolfgang F.: Risikomanagement im derivativen Geschäft, in: Handbuch Risikomanagement - Band 2, hrsg. v. L. Johanning/B. Rudolph, Bad Soden 2000, S. 701–728.

Watts, Ross L./Zimmerman, Jerold L.: Agency Problems, Auditing, and the Theory of the Firm: Some Evidence, in: JLE, Vol. 26 (1983), Nr. 3, S. 613–633.

Weber, Dieter/Menk, Michael T.: Risikoberichterstattung kapitalmarktorientierter Banken nach DRS 20 – Handlungsfelder und Umsetzungsvorschläge im Kontext aufsichtsrechtlicher Anforderungen, in: ZBB, 16. Jg. (2014), S. 390–421.

Weber, Jürgen/Weißenberger, Barbara E./Liekweg, Arnim: Ausgestaltung eines unternehmerischen Chancen- und Risikomanagements nach dem KonTraG, in: DStR, 37. Jg. (1999), S. 1710–1716.

Weber-Rey, Daniela: Gesellschafts- und aufsichtsrechtliche Herausforderungen an die Unternehmensorganisation – Aktuelle Entwicklungen im Bereich Corporate Governance, Compliance und Risikomanagement, in: AG, 18. Jg. (2008), S. 345–359.

Weinstein, Mark I.: The effect of a rating change announcement on bond price, in: JFE, Vol. 5 (1977), Nr. 3, S. 329–350.

Weinstein, Neil D./Kolb, Kathryn/Goldstein, Bernard D.: Using Time Intervals Between Expected Events to Communicate Risk Magnitudes, in: RA, Vol. 16 (1996), Nr. 3, S. 305–308.

Welker, Michael: Disclosure Policy, Information Asymmetry, and Liquidity in Equity Markets, in: CAR, Vol. 11 (1995), Nr. 2, S. 801–827.

Werder, Axel von: Management: Mythos oder regelgeleitete Kunst des Möglichen?, in: DB, 48. Jg. (1995), S. 2177–2183.

————: Grundsätze ordnungsmäßiger Unternehmensführung (GoF) – Zusammenhang, Grundlagen und Systemstruktur von Führungsgrundsätzen für die Unternehmungsleitung (GoU), Überwachung (GoÜ) und Abschlußprüfung (GoA), in: ZfbF, 48. Jg. (1996), Sonderheft, S. 1–26.

————: Grundsätze ordnungsmäßiger Unternehmensleitung (GoU) – Bedeutung und erste Konkretisierung von Leitlinien für das Top-Management, in: ZfbF, 48. Jg. (1996), Sonderheft, S. 27–73.

————: Vorstandsentscheidungen nur auf der Grundlage "sämtlicher relevanter Informationen"?, in: ZfB, 67. Jg. (1997), S. 901–922.

————: Shareholder Value-Ansatz als (einzige) Richtschnur des Vorstandshandelns?, in: ZGR, 27. Jg. (1998), S. 69–91.

————: Wirtschaftskrise und persönliche Managementverantwortung: Sanktionsmechanismen aus betriebswirtschaftlicher Sicht, in: ZIP, 30. Jg. (2009), S. 500–507.

Werder, Axel von/Bartz, Jenny: Corporate Governance Report 2013: Abweichungskultur und Unabhängigkeit im Lichte der Akzeptanz und Anwendung des aktuellen DCGK, in: DB, 66. Jg. (2013), S. 885–895.

Werder, Axel von/Talaulicar, Till: Kodex Report 2007: Die Akzeptanz der Empfehlungen und Anregungen des Deutschen Corporate Governance Kodex, in: DB, 60. Jg. (2007), S. 869–875.

Wiedemann, Herbert: Verantwortung in der Gesellschaft – Gedanken zur Haftung der Geschäftsleiter und der Gesellschafter in der Kapitalgesellschaft, in: ZGR, 40. Jg. (2011), S. 183–217.

Wilson, Thomas: Portfolio Credit Risk (I), in: Risk, Vol. 10 (1997), Nr. 9, S. 111–117.

Withus, Karl-Heinz: Bringt das Bilanzrechtsmodernisierungsgesetz (BilMoG) auch "Euro-SOX"?, in: ZCG, 4. Jg. (2009), S. 119–125.

————: Internes Kontrollsystem und Risikomanagementsystem – Neue Anforderungen an die Wirtschaftsprüfer durch das BilMoG, in: WPg, 63. Jg. (2009), S. 858–862.

—————: Neue Anforderungen nach BilMoG zur Beschreibung der wesentlichen Merkmale des Internen Kontroll- und Risikomanagementsystems im Lagebericht kapitalmarktorientierter Unternehmen, in: KoR, 9. Jg. (2009), S. 440–451.

—————: Standardisierungsrat überarbeitet Rechnungslegungsstandards zum Konzernlagebericht, in: DB, 63. Jg. (2010), S. 68–74.

Witte, Jürgen J./Indenhuck, Moritz: Wege aus der Haftung – die Beauftragung externer Berater durch den Aufsichtsrat, in: BB, 69. Jg. (2014), S. 2563–2569.

Wittmann, Edgar: Organisation des Risikomanagements im Siemens Konzern, in: Risk Controlling in der Praxis, hrsg. v. H. Schierenbeck, Stuttgart 2000, S. 457–482.

Wohlmannstetter, Gottfried: Corporate Governance von Banken, in: Handbuch Corporate Governance, hrsg. v. P. Hommelhoff et al., 2. Aufl., Köln und Stuttgart 2009, S. 905–930.

—————: Risikomanagement nach dem BilMoG, in: ZGR, 39. Jg. (2010), S. 472–488.

Wolf, Klaus: Potenziale derzeitiger Risikomanagementsysteme, in: DStR, 40. Jg. (2002), S. 1729–1733.

—————: Zur Anforderung eines internen Kontroll- und Risikomanagementsystems im Hinblick auf den (Konzern-) Rechnungslegungsprozess gemäß BilMoG, in: DStR, 47. Jg. (2009), S. 920–925.

Womack, Kent L.: Do Brokerage Analysts' Recommendations Have Investment Value?, in: JF, Vol. 51 (1996), Nr. 1, S. 137–167.

Wüstemann, Jens: Generally Accepted Accounting Principles, Berlin 1999.

—————: Mängel bei der Abschlussprüfung: Tatsachenberichte und Analysen aus betriebswirtschaftlicher Sicht, in: Der Wirtschaftsprüfer als Element der Corporate Governance, hrsg. v. M. Lutter, Düsseldorf 2001, S. 19–43.

—————: Institutionenökonomik und internationale Rechnungslegungsordnungen, Tübingen 2002.

—————: Disclosure Regimes and Corporate Governance, in: JITE, Vol. 159 (2003), Nr. 4, S. 717–726.

—————: Evaluation and Response to Risk in International Accounting and Audit Systems: Framework and German Experiences, in: JCL, Vol. 29 (2004), Nr. 2, S. 449–466.

Wüstemann, Jens/Bischof, Jannis: Eigenkapital im nationalen und internationalen Bilanzrecht: Eine ökonomische Analyse, in: ZHR, 175. Jg. (2011), S. 210–246.

Wüstemann, Jens/Bischof, Jannis/Koch, Christopher: Regulierung durch Transparenz – Ökonomische Analysen, empirische Befunde und Empfehlungen für eine europäische Kapitalmarktregulierung, in: Kapitalmarktgesetzgebung im Europäischen Binnenmarkt, hrsg. v. K. J. Hopt et al., Tübingen 2008, S. 1–18.

Wüstemann, Jens/Bischof, Jannis/Wüstemann, Sonja: The Economics of Private Law, in: Privates Recht, hrsg. v. C. Bumke/A. Röthel, Tübingen 2012, S. 157–186.

Wüstemann, Jens/Kierzek, Sonja: Transnational legalization of accounting, in: Law and Legalization in Transnational Relations, hrsg. v. C. Brütsch/D. Lehmkuhl, New York, NY: Routledge 2007, S. 33–57.

Wüstemann, Jens/Wüstemann, Sonja: Why Consistency of Accounting Standards Matters: A Contribution to the Rules-Versus-Principles Debate in Financial Reporting, in: Abacus, Vol. 46 (2010), Nr. 1, S. 1–27.

Yamai, Yasuhiro/Yoshiba, Toshinao: Value-at-risk versus expected shortfall: A practical perspective, in: JBF, Vol. 29 (2005), Nr. 4, S. 997–1015.

Zimmer, Daniel/Sonneborn, Andrea M.: § 91 Abs. 2 AktG – Anforderungen und gesetzgeberische Absichten, in: Risikomanagement nach dem KonTraG, hrsg. v. K. W. Lange/ F. Wall, München 2001, S. 38–59.

Zitzmann, Axel/Decker, Torsten: Informations- und Publizitätspflichten von Unternehmen, in: Handbuch Unternehmenskommunikation, hrsg. v. M. Piwinger/A. Zerfaß, 2. Aufl., Wiesbaden 2014, S. 271–289.

Zülch, Henning/Höltken, Matthias: Die "neue" (Konzern-)Lageberichterstattung nach DRS 20 – ein Anwendungsleitfaden, in: DB, 66. Jg. (2013), S. 2457–2465.

Verzeichnis zitierter deutscher Rechtsprechung

BGH: Urteil vom 15.12.1954 - II ZR 322/53, in: BGHZ 16, S. 17–31.

——: Urteil vom 4.7.1977 - II ZR 150/75, in: BGHZ 69, S. 207–223.

——: Urteil vom 9.7.1979 - II ZR 118/77, in: BGHZ 75, S. 96–116.

——: Urteil vom 15.11.1982 - II ZR 27/82, in: BGHZ 85, S. 293–300.

——: Urteil vom 25.3.1991 - II ZR 188/89, in: BGHZ 114, S. 127–137.

——: Urteil vom 15.11.1993 - II ZR 235/92, in: BGHZ 124, S. 111–128.

——: Beschluss vom 24.2.1997 - II ZB 11/96, in: BGHZ 134, S. 392–401.

——: Urteil vom 21.4.1997 - II ZR 175/95, in: BGHZ 135, S. 244–257.

——: Urteil vom 3.12.2001 - II ZR 308/99, in: ZIP, 23. Jg. (2002), S. 213–216.

——: Urteil vom 6.12.2001 - 1 StR 215/01, in BGHSt 47, S. 187–202.

——: Urteil vom 4.11.2002 - II ZR 224/00, in: BGHZ 152, S. 280–290.

——: Urteil vom 21.3.2005 - II ZR 54/03, in: ZIP, 26. Jg. (2005), S. 981–985.

——: Urteil vom 21.12.2005 - 3 StR 470/04, in: BGHSt 50, S. 331–346.

——: Urteil vom 11.12.2006 - II ZR 243/05, in: ZIP, 28. Jg. (2007), S. 224–226.

——: Urteil vom 14.5.2007 - II ZR 48/06, in: ZIP, 28. Jg. (2007), S. 1265–1267.

——: Beschluss vom 14.7.2008 - II ZR 202/07, in: ZIP, 29. Jg. (2008), S. 1675–1677.

——: Urteil vom 3.3.2008 - II ZR 124/06, in: BGHZ 175, S. 365–374.

——: Beschluss vom 3.11.2008 - II ZR 236/07, in: ZIP, 30. Jg. (2009), S. 223–224.

——: Urteil vom 13.8.2009 - 3 StR 576/08, in: ZIP, 30. Jg. (2009), S. 1854–1859.

——: Urteil vom 1.12.2008 - II ZR 102/07, in: BGHZ 179, S. 71–84.

——: Urteil vom 16.3.2009 - II ZR 280/07, in: ZIP, 30. Jg. (2009), S. 860–863.

——: Urteil vom 22.2.2011 - II ZR 146/09, in: ZIP, 32. Jg. (2011), S. 766–768.

————: Urteil vom 20.9.2011 - II ZR 234/09, in: ZIP, 32. Jg. (2011), S. 2097–2102.

————: Urteil vom 15.1.2013 - II ZR 90/11, in: ZIP, 34. Jg. (2013), S. 455–458.

————: Urteil vom 18.6.2013 - II ZR 86/11, in: DB, 66. Jg. (2013), S. 1959–1964.

KG Berlin: Urteil vom 27.9.2004 - 2 U 191/02, in: AG, 15. Jg. (2005), S. 205–210.

————: Urteil vom 22.3.2005 - 14 U 248/03, in: ZIP, 26. Jg. (2005), S. 1866–1868.

LG Düsseldorf: Urteil vom 25.4.2014 - 39 O 36/11 U, in: BeckRS 2014, Nr. 08434.

LG Essen: Urteil vom 25.4.2012 - 41 O 45/10, in: NZG, 15. Jg. (2012), S. 1307–1310.

LG Leipzig: Schlussurteil vom 8.11.2013 - 08 O 3757/10, in: BeckRS 2014, Nr. 01102.

LG München: Urteil vom 5.4.2007 - 5 HK O 15964/06, in: AG, 17. Jg. (2007), S. 417–419.

————: Urteil vom 15.10.2010 - 5 HK O 2122/09, in: ZIP, 31. Jg. (2010), S. 2451–2457.

————: Urteil vom 10.12.2013 - 5 HK O 1387/10, in: ZIP, 35. Jg. (2014), S. 570–583.

OLG Brandenburg: Urteil vom 15.2.2012 - 7 U 141/09, in: BeckRS 2012, Nr. 11396.

OLG Celle: Urteil vom 28.5.2008 - 9 U 184/07, in: WM, 62. Jg. (2008), S. 1745–1748.

OLG Düsseldorf: Beschluss vom 9.12.2009 - I-6 W 45/09, in: AG, 20. Jg. (2010), S. 126–130.

————: Urteil vom 31.5.2012 - I-16 U 176/10, in: AG, 23. Jg. (2013), S. 171–173.

————: Urteil vom 5.7.2012 - I-6 U 69/11, in: NZG, 16. Jg. (2013), S. 546–548.

OLG Frankfurt a. M.: Urteil vom 7.12.2010 - 5 U 29/10, in: ZIP, 21. Jg. (2011), S. 75–84.

————: Urteil vom 1.10.2013 - 5 U 214/12, in: AG, 24. Jg. (2014), S. 373–376.

OLG Hamburg: Urteil vom 15.9.1995 - 11 U 20/95, in: ZIP, 16. Jg. (1995), S. 1673–1676.

OLG Hamm: Urteil vom 12.7.2012 - I-27 U 12/10, in: DB, 65. Jg. (2012), S. 1975–1978.

OLG Jena: Urteil vom 8.8.2000 - 8 U 1387/98, in: NZG, 4. Jg. (2001), S. 86–88.

OLG Koblenz: Urteil vom 24.9.2007 - 12 U 1437/04, in: BeckRS 2008, Nr. 02728.

————: Urteil vom 23.12.2014 - 3 U 1544/13, in: ZIP, 36. Jg. (2015), S. 224–225.

OLG Köln: Beschluss vom 22.2.2010 - 18 W 1/10, in: AG, 20. Jg. (2010), S. 414–416.

OLG München: Urteil vom 21.3.2013 - 23 U 3344/12, in: DB, 66. Jg. (2013), S. 1596–1600.

OLG Oldenburg: Urteil vom 22.6.2006 - 1 U 34/03, in: DB, 59. Jg. (2006), S. 2511–2516.

OLG Stuttgart: Urteil vom 30.5.2007 - 20 U 12/06, in: ZIP, 28. Jg. (2007), S. 1210–1217.

————: Urteil vom 25.11.2009 - 20 U 5/09, in: ZIP, 30. Jg. (2009), S. 2386–2391.

————: Beschluss vom 14.10.2010 - 20 W 16/06, in: BeckRS 2010, Nr. 25689.

————: Urteil vom 29.2.2012 - 20 U 3/11, in: ZIP, 33. Jg. (2012), S. 625–636.

————: Beschluss vom 29.2.2012 - 20 W 5/11, in: ZIP, 33. Jg. (2012), S. 970–980.

Verzeichnis zitierter US-amerikanischer Rechtsprechung

Aronson v. Lewis, 473 A.2d 805 (Del. 1984).

Brehm v. Eisner, 746 A.2d 244 (Del. 2000).

Cede & Co. v. Technicolor Inc., 634 A.2d 345 (Del. 1993).

In re Caremark International Inc. Derivative Litigation, 698 A.2d 959 (Del. 1996).

In re Citigroup Inc. Shareholder Litigation, 2009 WL 481906 at 10 (Del. 2009).

In re Consumers Power Co. Derivative Litigation, 132 F.R.D. 455 (Mich. 1990).

McMullin v. Beran, 765 A.2d 910 (Del. 2000).

Percy v. Millaudon, 8 Mart. (n.s) 68 (La. 1829).

Revlon, Inc. v. MacAndrews & Forbes Holding, 506 A.2d 173 (Del. 1986).

Smith v. van Gorkom, 488 A.2d 858 (Del. 1985).

Unocal Corporation v. Mesa Petroleum Co., 493 A.2d 946 (Del. 1985).

Verzeichnis zitierter Verlautbarungen nationaler und internationaler Fachnormsetzer

American Law Institute: American Law Institute Principles of Corporate Governance: Analysis and Recommendations (1994), in: Corporations and other business organizations: statutes, rules, materials, and forms, hrsg. v. M. A. Eisenberg, New York, NY: Thomson Reuters/Foundation Press 2012, S. 1331–1399.

BaFin: Rundschreiben 3/2009 vom 22.1.2009 betr. aufsichtsrechtliche Mindestanforderungen an das Risikomanagement (MaRisk VA), in: Kommentar VAG, Anhang zu § 64a.

————: Rundschreiben 10/2012 (BA) vom 14.12.2012 betr. Mindestanforderungen an das Risikomanagement (MaRisk), in: Consbruch/Fischer, B 64.44.

BCBS: International Convergence of Capital Measurement and Capital Standards, Basel 1988, abrufbar unter http://www.bis.org/publ/bcbs04a.pdf (abgerufen am 12.3.2015).

————: Enhancing Bank Transparency, Basel 1998, abrufbar unter http://www.bis.org/publ/bcbs41.pdf (abgerufen am 12.3.2015).

————: International Convergence of Capital Measurement and Capital Standards: A Revised Framework, Basel 2006, abrufbar unter http://www.bis.org/publ/bcbs128.pdf (abgerufen am 12.3.2015).

————: Principles for sound stress testing practices and supervision, Basel 2009, abrufbar unter http://www.bis.org/publ/bcbs155.pdf (abgerufen am 12.3.2015).

————: Fundamental review of the trading book, Basel 2012, abrufbar unter http://www.bis.org/publ/bcbs219.pdf (abgerufen am 12.3.2015).

————: Fundamental review of the trading book: A revised market risk framework, Basel 2013, abrufbar unter http://www.bis.org/publ/bcbs265.pdf (abgerufen am 12.3.2015).

————: Principles for effective risk data aggregation and risk reporting, Basel 2013, abrufbar unter http://www.bis.org/publ/bcbs239.pdf (abgerufen am 12.3.2015).

BMJ: Entwurf eines Gesetzes zur Unternehmensintegrität und Modernisierung des Anfechtungsrechts (UMAG) vom 28.01.2004, Berlin 2004, abrufbar unter http://www.gesmat.bundesgerichtshof.de/gesetzesmaterialien/15_wp/umag/refe.pdf (abgerufen am 12.3.2015).

————: Bekanntmachung des Deutschen Rechnungslegungs Standards Nr. 20 vom 25.11.2012, in: BAnz, 64. Jg. (2012), Allgemeiner Teil vom 4.12., S. 1–28.

CEBS: Guidelines on Liquidity Buffers & Survival Periods, 2009, abrufbar unter https://www.eba.europa.eu/documents/10180/16094/Guidelines-on-Liquidity-Buffers.pdf (abgerufen am 12.3.2015).

Europäische Kommission: Grünbuch: Weiteres Vorgehen im Bereich der Abschlussprüfung: Lehren aus der Krise, Brüssel 2010, abrufbar unter http://eur-lex.europa.eu/LexUriServ/ LexUriServ.do?uri=COM:2010:0561:FIN:DE:PDF (abgerufen am 12.3.2015).

————: Grünbuch: Europäischer Corporate Governance-Rahmen, Brüssel 2011, abrufbar unter http://ec.europa.eu/internal_market/company/docs/modern/com2011-164_de.pdf (abgerufen am 12.3.2015).

IASB: IFRS Practice Statement Management Commentary – A framework for presentation, Dezember 2010, abrufbar unter http://www.ifrs.org/Current-Projects/IASB-Projects/ Management-Commentary/IFRS-Practice-Statement/Documents/ Managementcommentarypracticestatement8December.pdf (abgerufen am 12.3.2015).

IDW: Die Prüfung des Risikofrüherkennungssystems nach § 317 Abs. 4 HGB (IDW PS 340), in: WPg, 52. Jg. (1999), S. 658–662.

————: Ziele und allgemeine Grundsätze der Durchführung von Abschlussprüfungen (IDW PS 200), in: WPg, 53. Jg. (2000), S. 706–710.

————: Interne Revision und Abschlussprüfung (IDW PS 321), in: WPg, 55. Jg. (2002), S. 686–689.

————: Die Beurteilung der Fortführung der Unternehmenstätigkeit im Rahmen der Abschlussprüfung (IDW PS 270), in: WPg, 56. Jg. (2003), S. 775–780.

————: Grundsätze ordnungsmäßiger Berichterstattung bei Abschlussprüfungen (IDW PS 450), in: WPg, 59. Jg. (2006), S. 113–128.

————: Rechnungslegungs- und Prüfungsgrundsätze für die Abschlussprüfung (IDW PS 201), in: WPg, 61. Jg. (2008), Supplement 2, S. 21–26.

————: Grundsätze für die ordnungsmäßige Erteilung von Bestätigungsvermerken bei Abschlussprüfungen (IDW PS 400), in: WPg, 63. Jg. (2010), Supplement 4, S. 25–54.

IFAC: Reporting on Audited Financial Statements: Proposed New and Revised International Standards on Auditing (ISAs), Genf 2013, abrufbar unter http://www.ifac.org/sites/default/files/publications/files/Complete%20ED,%20Reporting %20on%20Audited%20Financial%20Statements.pdf (abgerufen am 12.3.2015).

IOSCO: Auditor Communications, 2009, abrufbar unter http://www.iosco.org/library/ pubdocs/pdf/IOSCOPD303.pdf (abgerufen am 12.3.2015).

PCAOB Release No. 2007-005A: Auditing Standard No. 5: An Audit of Internal Control Over Financial Reporting That Is Integrated with An Audit of Financial Statements, 2007, abrufbar unter http://pcaobus.org/Rules/Rulemaking/Docket%20021/2007-06-12_Release_No_2007-005A.pdf (abgerufen am 12.3.2015).

PCAOB: Release No. 2013-005, Washington, D.C. 2013, abrufbar unter http://pcaobus.org/Rules/Rulemaking/Docket034/Release_2013-005_ARM.pdf (abgerufen am 12.3.2015).

SEC: 17 CFR Parts 240, 243, and 249 – Selective Disclosure and Insider Trading, 2000, abrufbar unter http://www.sec.gov/rules/final/33-7881.htm (abgerufen am 12.3.2015).

———: 17 CFR PARTS 210, 228, 229, 240, 249, 270 and 274 – Management's Report on Internal Control Over Financial Reporting and Certification of Disclosure in Exchange Act Periodic Reports, 2003, abrufbar unter http://www.sec.gov/rules/final/33-8238.htm (abgerufen am 12.3.2015).

———: Securities Offering Reform, 2005, abrufbar unter http://www.sec.gov/rules/final/33-8591.pdf (abgerufen am 12.3.2015).

———: 17 CFR 229, 240, and 249 – Shareholder Approval of Executive Compensation and Golden Parachute Compensation, in: Federal Register, Vol. 76 (2011), Nr. 22, S. 6010–6047.

Verzeichnis zitierter amtlicher Drucksachen

Bayerischer LT-Drucksache 15/10950
Drucksache des Bayerischen Landtages 15/10950 vom 26.06.2008: Schlussbericht BayernLB, S. 1–70.

BT-Drucksache 13/7141
Drucksache des Deutschen Bundestages vom 06.03.1997: Entwurf eines Gesetzes zur Verbesserung der Wettbewerbsfähigkeit deutscher Konzerne an internationalen Kapitalmärkten und zur Erleichterung der Aufnahme von Gesellschafterdarlehen (Kapitalaufnahmeerleichterungsgesetz – KapAEG), S. 1–14.

BT-Drucksache 13/9712
Drucksache des Deutschen Bundestages vom 28.01.1998: Entwurf eines Gesetzes zur Kontrolle und Transparenz im Unternehmensbereich (KonTraG), S. 1–37.

BT-Drucksache 14/8769
Drucksache des Deutschen Bundestages vom 11.04.2002: Entwurf eines Gesetzes zur weiteren Reform des Aktien- und Bilanzrechts, zu Transparenz und Publizität (Transparenz- und Publizitätsgesetz), S. 1–34.

BT-Drucksache 15/3419
Drucksache des Deutschen Bundestages vom 24.06.2004: Entwurf eines Gesetzes zur Einführung internationaler Rechnungslegungsstandards und zur Sicherung der Qualität der Abschlussprüfung (Bilanzrechtsreformgesetz – BilReG), S. 1–63.

BT-Drucksache 15/5092
Drucksache des Deutschen Bundestages vom 14.03.2005: Entwurf eines Gesetzes zur Unternehmensintegrität und Modernisierung des Anfechtungsrechts (UMAG), S. 1–44.

BT-Drucksache 16/10067
Drucksache des Deutschen Bundestages vom 30.07.2008: Entwurf eines Gesetzes zur Modernisierung des Bilanzrechts (Bilanzrechtsmodernisierungsgesetz – BilMoG), S. 1–124.

Richtlinie 2006/43/EG
Richtlinie 2006/43/EG des Europäischen Parlaments und des Rates vom 17. Mai 2006 über Abschlussprüfungen von Jahresabschlüssen und konsolidierten Abschlüssen, zur Änderung der Richtlinien 78/660/EWG und 83/349/EWG des Rates und zur Aufhebung der Richtlinie 84/253/EWG des Rates, in: Abl. EU L 157 vom 9.6.2006, S. 87–107.

Verordnung (EG) Nr. 1606/2002
Verordnung (EG) Nr. 1606/2002 des Europäischen Parlaments und des Rates vom 19. Juli 2002, in: Abl. EG L 243 vom 11.9.2002, S. 1–4.

Verzeichnis zitierter Gesetze

Aktiengesetz (AktG) in der Fassung der Bekanntmachung vom 06.09.1965 (BGBl. I S. 1089), zuletzt geändert durch Art. 26 des Gesetzes vom 23.07.2013 (BGBl. I S. 2586).

Arbeitsförderungsgesetz (AFG) in der Fassung der Bekanntmachung vom 25.06.1969 (BGBl. I S. 582), zuletzt geändert durch Art. 8 des Gesetzes vom 16.12.1997 (BGBl. I S. 2970).

Bürgerliches Gesetzbuch (BGB) in der Fassung der Bekanntmachung vom 02.01.2002 (BGBl. I S. 42, 2909; 2003 I S. 738), zuletzt geändert durch Art. 1 des Gesetzes vom 22.07.2014 (BGBl. I S. 1218).

Einkommensteuergesetz (EStG) in der Fassung der Bekanntmachung vom 8.10.2009 (BGBl. I S. 3366, 3862), zuletzt geändert durch Art. 5 des Gesetzes vom 22.12.2014 (BGBl. I S. 2417).

Handelsgesetzbuch (HGB) in der Fassung der Bekanntmachung vom 10.05.1897 (RGBl. S. 219), zuletzt geändert durch Art. 1 des Gesetzes vom 22.12.2014 (BGBl. I S. 2409).

IAS 27 Konzernabschlüsse und Bilanzierung von Anteilen an Tochterunternehmen. In: Verordnung (EG) Nr. 1725/2003 der Kommission vom 29.9.2003, Abl. EU L 261, 13.10.2003.

IAS 32 Finanzinstrumente: Angaben und Darstellung. In: Verordnung (EG) Nr. 2237/2004 der Kommission vom 29.12.2004, Abl. EU L 393, 31.12.2004.

IAS 39 Finanzinstrumente: Ansatz und Bewertung mit Ausnahme der Bestimmungen, die die Verwendung der Option der Bewertung zum beizulegenden Zeitwert und einige Bestimmungen auf dem Gebiet der Bilanzierung von Sicherungsgeschäften betreffen. In: Verordnung (EG) Nr. 2086/2004 der Kommission vom 19.11.2004, Abl. EU L 363, 9.12.2004.

IFRS 7 Finanzinstrumente: Angaben. In: Verordnung (EG) Nr. 108/2006 der Kommission vom 27.1.2006, Abl. EU L 24/1, 27.1.2006.

IFRS 8 Geschäftssegmente. In: Verordnung (EG) Nr. 1358/2007 der Kommission vom 21.11.2007, Abl. EU L 304, 22.11.2007.

Insolvenzordnung (InsO) in der Fassung der Bekanntmachung vom 05.10.1994 (BGBl. I S. 2866), zuletzt geändert durch Art. 6 des Gesetzes vom 31.10.2013 (BGBl. I S. 3533).

Kreditwesengesetz (KWG) in der Fassung der Bekanntmachung vom 10.07.1961 (BGBl. I S. 881), zuletzt geändert durch Art. 2 des Gesetzes vom 10.12.2014 (BGBl. I S. 2091).

SIC-12: Konsolidierung – Zweckgesellschaften. In: Verordnung (EG) Nr. 1725/2003 der Kommission vom 29.9.2003, Abl. EU L 261, 13.10.2003.

Versicherungsaufsichtsgesetz (VAG) in der Fassung der Bekanntmachung vom 17.12.1992 (BGBl. 1993 I S. 2), zuletzt geändert durch Art. 4 des Gesetzes vom 10.12.2014 (BGBl. I S. 2085).

Wertpapiererwerbs- und Übernahmegesetz (WpÜG) in der Fassung der Bekanntmachung vom 20.12.2001 (BGBl. I S. 3822), zuletzt geändert durch Art. 4 des Gesetzes vom 07.10.2013 (BGBl. I S. 3154).

Springer Gabler RESEARCH

„Rechnungswesen und Unternehmensüberwachung"
Herausgeber: Prof. Dr. Hans-Joachim Böcking, Prof. Dr. Michael Hommel
und Prof. Dr. Jens Wüstemann
zuletzt erschienen:

Andreas D. Christ
Verbriefungsplattformen nach IFRS
Konsolidierungsprüfung von Zweckgesellschaften
2014. XXV, 280 S., 50 Abb., Br. € 59,99
ISBN 978-3-658-06164-7

Nadja Kiehne
Zur Entscheidungsnützlichkeit von Zwischenberichten
Eine kritische Würdigung vor dem Hintergrund der IFRS-Rechnungslegung
und der aktuellen Corporate Governance
2013. XXI, 276 S., 13 Abb., 16 Tab., Br. € 49,95
ISBN 978-3-8349-3584-7

Axel Schulten
Rollenverständnis und Vergütung des deutschen Aufsichtsrats
Eine empirische Analyse
2013. XXIV, 242 S., 31 Abb., 58 Tab., Br. € 49,99
ISBN 978-3-658-00470-5

Julia Späth
**Deckungsrückstellungen bei Versicherungsunternehmen
nach HGB und US-GAAP**
2015. XXXII, 406 S., 12 Abb., 56 Tab., Br. € 59,99
ISBN 978-3-658-10362-0

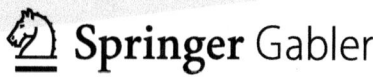 **Springer** Gabler

Änderungen vorbehalten. Stand: Mai 2015. Erhältlich im Buchhandel oder beim Verlag.
Abraham-Lincoln-Str. 46 . 65189 Wiesbaden . www.springer-gabler.de

Printed by Books on Demand, Germany